明治維新史

自力工業化の奇跡

石井寛治

講談社学術文庫

目次

明治維新史

明治維新史

自力工業化の奇跡

世界市場と維新変革――はじめに

欧米列強の対日戦略

二〇〇年あまりつづいた鎖国《さこく》の夢を、黒船《くろふね》をひきいて打ち破ったのが、アメリカ合衆国の東インド艦隊司令長官マシュー・C・ペリー提督《ていとく》であり、つづいて日本を世界市場にひきいれる修好通商条約を最初に幕府とむすんだのが、同国の初代駐日総領事タウンゼンド・ハリスであったことはよく知られている。ペリーとハリス、この二人こそは、日本を開国させた最大の立役者であった。

しかし、安政《あんせい》六年（一八五九）に横浜・長崎・箱館（函館）の三港で条約にもとづく自由貿易がはじまってみると、貿易の主導権をにぎったのはアメリカ商人ではなくイギリス商人であった。そして、幕末維新《いしん》期の対日外交をリードしたのも、イギリスであった。当時、世界の貿易を支配し、中国との貿易でも圧倒的優位を占めていたのがイギリス商人であったことを考えれば、対日貿易をイギリス商人が牛耳《ぎゅうじ》ることは、当然であったといえよう。むしろ問題は、なぜ、そのイギリスが日本開国の先鞭《せんべん》をつけないで、アメリカが先にのりこむのをゆるしたか、ということにあるのだが、その点は本論でふれることにしたい。

ここで指摘しておきたいのは、イギリスの対日戦略の狙《ねら》いがどこにあり、その真の主役が

黒船の図　黒色塗装の西洋帆船を意味した語が，ペリー来航後蒸気船の代名詞になった。外輪式で帆走も可能。

誰だったのか、ということである。ずばりいえば、最大の狙いは、綿製品を中心とするイギリス工業製品のための「新しい市場」の獲得にあり、そうした対日戦略を推進した真の主役は、マンチェスターの綿工業ブルジョアジーであった。イギリスの初代駐日公使ラザフォード・オールコックは、一八六三年に著わした『大君《タイクーン》の都』につぎのように記している（傍点原文、・印引用者）。

> われわれにとって唯一《ゆいいつ》の目的は、通商ということである。これはシャムでも中国でも日本でも同じことである。（中略）
>
> われわれの条約の公然たる唯一の目的は、高価な武力に訴えることなしに通商を拡張し、自由に発展させることだ。（中略）衝突や中断の危険なしに新しい市場を獲得することが、マンチェスターの夢であり、広くわが国製造業界の希望である。

この箇所は、自由貿易をできれば平和裡《へいわり》に実現したいというかれらの願いをしめすものとしてよく引用される。しかし、このすぐあとに重要な但《ただ》し書《がき》があるのを見おとしてはならない。

背景に強圧という手段があってしかるべきだ。そして、他のすべての手段をもってしても条約の規定を忠実に履行《りこう》させることができないなら、強圧的な手段に訴える意志があり、そうすることもできるということも知らさなければならない。

ここには、世界市場を制覇《せいは》しつつある主役としてのイギリス産業ブルジョアジーの精神が、きわめてみごとに代弁されている。かれらの狙いは、みずからの製品を売りさばくあたらしい市場の獲得と拡張の一点にあり、可能ならば、それを人的、物的コストのかかる軍事衝突ぬきで実現したいけれども、どうしても必要となれば、いつでも断固とした武力発動を自国政府に要求する、というものだったのである。

イギリス外交とブルジョアジー

オールコックをはじめとするイギリス外交官の役割は、マンチェスター商業会議所に結集するこうした産業ブルジョアジーの利益が、対日貿易のなかでまっすぐにつらぬかれるように配慮することにあった。具体的には、日本の開港場で活躍するイギリス商人の生命・財産をまもり、その活動をバックアップすることが、かれらの任務の中心だったといってよい。

たとえば、代表的なイギリス商社であるジャーディン・マセソン商会横浜店が、日本人生《き》糸《いと》売込み商高須屋《たかすや》へ九万ドルをこえる巨額の焦付《こげつ》き債権をつくってこまりはてたときに、イギリス領事ウィンチェスターは幕府とかけあい、債権回収を手伝っている。イギリスのケンブリッジ大学図書館に寄託されている膨大な同商会文書のなかにある、ウィンチェスターの同商会横浜店ホープあて書簡の一部を訳出しよう。一八六四年（元治《げんじ》元）六月二三日付である。

今朝、幕府の役人が来て、別紙のような提案をおこないました。これに対して、私はあなたに相談の上、すぐ返答すると約束しました。提案それ自体は月賦返済額が少なくて返済が長期にわたり、決して満足できるものではありませんが、はじめに三五〇〇ドルがすぐ支払われることや、この国との通商関係などの性格を考えると、これ以上良い示談をまとめることはできないだろうと思います。

あなたの従順なしもべ　　チャールズ・A・ウィンチェスター

C・S・ホープ殿

この高須屋事件が、外国商社による国内流通機構支配の試みを挫折させるうえで決定的な意味をもっていたことや、イギリス領事がかくも弱気にならざるをえなかった理由については、本論であらためてふれよう。ここでは、幕府役人にたいし、高圧的な態度でふるまうことで有名であったイギリス外交官が、イギリス商社の利益をまもるためには全力をあげていること、そうした点で、かれらは文字どおり自国の商人に奉仕する「従順なしもべ」にほかならなかったということを強調しておきたい。

もちろん、「あなたの従順なしもべ」(Your Obedient Servant) というのは、公文書の末尾に常用される文言であり、辞書ではふつう「敬具」と訳される表現である。しかし、元来は身分の高い人びとへあてた書簡でつかわれていたこうした表現を、イギリス外交官が一介《いっかい》のイギリス商人にあてた書簡でもちいており、しかもそれが状況にぴったり適合していると ころに、当時のイギリスにおける国家権力と経済社会の関係がよくしめされていると思う。政治家・外交官は貿易商人のためにはたらき、貿易商人の活動は本国の産業ブルジョアジーの利害に立脚している、これが当時のイギリスの国家権力と経済社会の基本関係であった。

日本ブルジョアジーと権力

これにたいして、開国を余儀なくされ、維新変革の激動へと突入した日本の状況はどうであったか。明治維新史についての従来の諸研究が一様に強調してきたことは、変革を主導すべきブルジョアジーの不在ないし弱体性であった。そして、イギリスを先頭とする列強《れっきょう》の「外圧《がいあつ》」に抗しつつ、なんとか独立を維持してあらたな国家を形成し、「上から」の資本主義化を推進したのは、薩長《さっちょう》両藩の下級武士を中心とする維新官僚であったとされてきた。

かれら下級武士は、窮迫《きゅうはく》する藩財政のしわよせをうけて生活苦にあえぎ、封建制の崩壊を実感しており、すぐれた才能をもつ者は、きびしい身分制度の枠にしばられて能力を発揮できないため、変革への意欲をもやしていた。外圧を契機とする政治的激動は、かれらが藩政

渋沢栄一（1840～1931）
農民出身。幕臣をへて大蔵省出仕。明治６年下野して第一国立銀行頭取に。財界の最高指導者。

の中枢へ進出する機会となり、そのなかから倒幕派のリーダーがうまれ、やがて維新官僚へと転身する、というのである。

「開国と維新」の総過程を大きく特徴づけようとするとき、こうした評価自体はけっしてまちがってはいない。明治六年（一八七三）に大蔵省をやめて以降、第一国立銀行を拠点に財界のトップリーダーとして活躍した渋沢栄一《しぶさわえいいち》は、日清《にっしん》戦後の明治二九年におこなった講演で、維新変革のあとにおいても、ブルジョアジーの社会的地位がいかに低かったかを強調している（・印引用者）。

旧幕府時代に在《あっ》ては、（中略）一般の社界が商工業者を見るは頗《すこぶ》る之《これ》を軽蔑《けいべつ》し、商工業者も亦《また》自ら卑屈《ひくつ》に安《やす》んして居《お》りました、（中略）天運循環して明治の時代となりまして、政府も民間も皆な商工業の振興せさるへからさることを論する様にはなりましたれとも、因襲《いんしゅう》の久しき官尊民卑の風は遽《にわ》かに消除することは出来ませぬ。加之《しかのみならず》維新の革命は諸藩士の力に依《よ》りしものとも云《い》ふへき程でありましたから、天下の人士は皆強く政治思想に傾むきまして、有為《ゆうい》の人物は勿論《もちろん》、一芸一能ある人までも悉《ことごと》く官途を企望するの有様にして、我日本の商工業の衰頽を憂《うれ》ひて之を隆興せんと企図《きと》せしものは、実に落々晨星《らくらくしんせい》（夜明けの星のようにまばらなこと——引用者）の姿

でありました

渋沢はつづけて、その後、商工業者を志望する優れた人材が増加したことをのべるが、同時にかれらには「不羈《ふき》独立と云ふ気力が少い」ことを憂えており、日清戦後になっても依然として国家権力が経済社会を圧倒し、後者に自立性が乏しいことを指摘している。

政治と経済の近代化

しかしながら、国家権力といえども、無から有を生ぜしめる打ち出の小槌《こづち》をもっていたわけではない。あらたな権力をうみおとした維新変革自体が、幕藩体制内部でつちかわれてきた諸階層の力によって外圧に抗しつつ推進され、その後の経済近代化も外資への依存を排し、国内での資本蓄積をもとに自力でおこなわれたのである。

とすれば、政治と経済の画期的な変革の担い手が誰であり、その成果がなんであったかがあらためて全体として問われなければなるまい。私は、この問題を解く鍵は、いわゆる豪農商層＝中間層の役割の評価にあるのではないかと思う。豪農商は、幕藩制社会において、もともと被支配階級という意味では広義の民衆に属し、その経済的上昇をつうじて支配体制を掘りくずしながら、しばしば特権商人や村役人となって支配の末端をになう役割もはたしており、その意味で中間層とよばれる存在であった。

もしも、開国がずっとおくれたと仮定できれば、かれらのなかや、さらに下層から本格的なブルジョアジーに成長する者が多数あらわれたことであろう。

しかし、ペリーが来航した一八五〇年代の日本社会は、経済的には産業革命をへた欧米列強に大きくたちおくれてしまっていた。そして、自立した諸個人による市民社会とその上に立つ国家権力をつくりだす動きにいたっては、きびしい宗教統制がしかれつつ外国との交流が禁止された条件にはばまれて、ほとんど進展をみせていなかったといっても過言ではない。

外圧に耐えて独立をまっとうできる権力と経済力をつくりだすには、こうした政治と経済における先進国との落差をなんらかのしかたで埋めなければならない。倒幕派とその一部からの転身者である維新官僚に協力しつつ、豪農商はこの課題をはたしていった。国内的、階級的にはすでに支配力を失いかけていた三都《さんと》の有力商人が、息を吹きかえす事態もそこではみられたが、それは、かれらが外圧に対抗するという民族的課題をになったためでもあった。だが、豪農商らの活動の成果は政治と経済ではかなり異なっている。

政治的には、維新変革の所産である近代天皇制国家は、国民の基本的人権と財産権をまもる国民主権の原理を究極的には否定する専制権力でしかなかったのにたいし、経済的には、維新変革はともかくも産業革命のスタートを切るところまで近代化を推しすすめることに成功したのである。

近年ふたたび明治維新を高く評価する見方が内外で流行しているが、その評価の中味をよくみると、工業化の成功と、それを基礎とした独立の維持ということにおかれているばあいがほとんどである。だが、それらの成功と裏腹に、政治的近代化＝民主化がひどくたちおくれたままになった事実と、その結果、きわめてはやくから対外侵略がはじまる事実を、われわれは同時にしっかりと直視する必要があるのではなかろうか。そうした問題性は、歴史的にはおそらく幕藩制社会の構造の奥ふかいところに根ざし、維新変革のありかたを規定しつつ、その所産たる近代天皇制国家の全生涯をつらぬいて存続し、さらに、現代の日本社会にもなお根強く存在しているのである。

現代日本の政治と経済のアンバランスな発展の原点を、以下、「開国と維新」の総過程のなかにさぐってみよう。

第一章　広がる黒船ショック

1　ペリー艦隊の来航

琉球から江戸湾へ

嘉永《かえい》六年（一八五三）六月三日（太陽暦七月八日）朝、蒸気船二隻《せき》、帆船二隻からなるアメリカ合衆国の艦隊が、伊豆《いず》半島沖に姿をあらわした。そして相模《さがみ》湾を八〜九ノット（時速一五〜一七キロ）という速度で突っ切り、江戸湾入口の浦賀《うらが》水道を通過、午後四時ごろ浦賀町の沖合に投錨《とうびょう》した。

六日前に琉球《りゅうきゅう》の那覇《なは》港を出発したアメリカ東インド艦隊の主力である。司令長官M・C・ペリーのの旗艦《きかん》サスケハナ号（二四五〇トン）が帆走軍艦サラトガ号（八八二トン）を、蒸気軍艦ミシシッピ号（一六九二トン）が帆走軍艦プリマス号（九八九トン）を、それぞれ曳航《えいこう》し、おいすがる日本船をみるみるうちにとりのこして、江戸湾入口まで進入したのであった。

前年の一八五二年一一月二四日に、更迭《こうてつ》されたJ・H・オーリックにかわりペリーがミシ

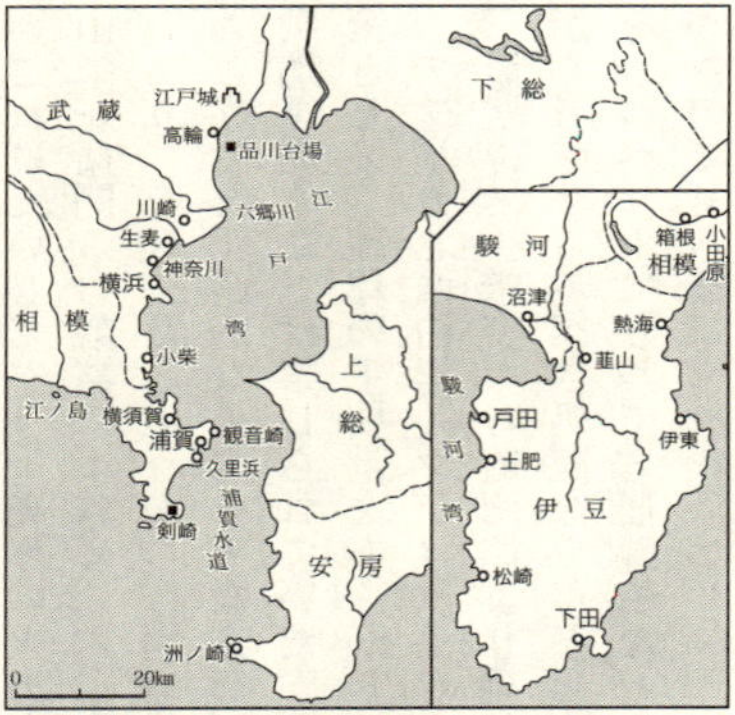

図1　幕末の江戸湾と伊豆

シッピ号でアメリカ東海岸のノーフォーク港を出発したときは、一二隻編成の大艦隊を予定していた。それからみると、四隻編成のこのペリー艦隊はいかにも小規模であったといわねばならない。しかし、蒸気軍艦サスケハナ号は、最大の海軍国イギリスにもない世界最大級の新鋭軍艦であった。サスケハナ号をくわえたアメリカ東インド艦隊は、一挙に東アジア海域における最強の軍事力にのしあがっていた。

鎖《さ》国《こく》下の日本では大船建造が禁止されており、人びとはせいぜい千石船《せんごくぶね》（米一〇〇〇石＝約一五〇トン積）しか見たことがなかった。したがって、ペリーのひきいる黒々とした巨大軍艦の威容《いよう》に圧倒されたのも無理はない。

ペリーは、各艦に戦闘態勢をとらせ、大砲には弾丸がこめられた。同艦隊の火力は、江戸湾防備の諸砲台のそれとはくらべものにならない威力をもっていた。老中《ろうじゅう》首座阿部正弘《あべまさひろ》の指揮により、浦賀奉行所《ぶぎょうしょ》の北の観音崎《かんのんざき》方面の防備を川越《かわごえ》藩、南の剣崎《けんざき》方面を彦根《ひこね》藩、対岸の房総《ぼうそう》方面を会津《あいづ》・忍《おし》両藩が担当した。しかし、砲台の強化がすすめられつつあったとはいえ、嘉永三年当時の備砲は全部で九八門、うち六貫目《かんめ》（五〇封度《ポンド》）以上のものはわずか一一門という貧弱な状態であった。

これにたいしてペリー艦隊の火力は公表されはしなかったが、応接した浦賀奉行所与力《よりき》香山栄左衛門《かやまえいざえもん》らの観察によれば、六〇ないし八〇封度級大砲が七〇門前後（ほかに一二封度野砲《やほう》あり）を数えたというから、両者の差は明白であったといってよい。

こうした圧倒的な火力をそなえながら、ペリーは防御上必要なばあいをのぞき、みずから戦端を開くことは禁じられていた。そこで、ペリーは日本政府との交渉が失敗したときの対策として、琉球の主要港をあらかじめ占拠《せんきよ》する計画をたてていた。

アフリカ北西沿岸のマディラ島からJ・ケネディ海軍卿へあてた手紙で、ペリーは、この「占拠」は、「厳密なる道徳律より見て正当とさるるのみならず、厳正なる緊要律に基いてしかく考慮せらるべき処置ならんと思う」とのべている。生粋《きっすい》の海軍軍人として輝かしい戦歴をもつペリーにとって、捕鯨船《ほげいせん》などの避難港・補給港を確保することはまさに正義の行動だったのであろう。

だが、非武装の琉球人をあいてに、ペリーがとった態度は脅迫的《きようはく》なものであった。同行した宣教師S・W・ウィリアムズはその日記に、かれらは「これまで何びとによっても、こんな傲慢《ごうまん》きわまりない侵入を受けたためしがなかったのである。いわば弱者・正義と強者・不正との闘いでもあった。そして私はこのような執行団《しっこうだん》の一員であることを恥じ入るばかりであった」と記している。

ペリーは軍事的威圧を背景にもちつつ、日本政府にたいしては一貫して平和的交渉の線をつらぬいた。その態度そのものが、じつは、交渉が失敗したばあいは、かわりに琉球（および小笠原諸島《おがさわら》)を領有するという前提条件にささえられていたことを見おとしてはなるまい。江戸湾へむかう途中で、ペリーがまず琉球を訪問して石炭資源の調査をし、さらに小笠原諸島にも足をのばして調査しているのは、その点できわめて重要な意義をもつものであった。

ペリーを送り出した力

ペリーが持参したM・フィルモア大統領からの日本皇帝あて国書《こくしょ》には、「余《よ》が強力なる艦隊をもつてペルリ提督《ていとく》を派遣し、陛下《へいか》の有名なる江戸市を訪問せしめたる唯一《ゆいいつ》の目的は次の如《ごと》し。即《すなわ》ち友交 (friendship)、通商 (commerce)、石炭と食料の供給 (a supply of coal and provisions)、及び吾《わ》が難破民の保護 (protection for our shipwrecked people) これなり」と記されていた。

翌年になされた日本側の回答は、後述するように、「通商」をのぞいて受諾する、というものであり、ペリーも、とりあえずその回答をうけいれるのである。軍人としてのペリーも、軍事的威圧を背景に鎖国《さこく》日本へただちにおしつけうる要求の限界がそのあたりにあったことを自覚していた節《ふし》がある。

ペリー（1794〜1858）
アメリカ海軍軍人。蒸気軍艦の建造と実戦指揮で有名。対日遠征計画にも早くからコミットした。

こうした事情を重視して、学界では、ペリ

ー派遣の背景としてのアメリカ資本主義の発展と、それにもとづく対アジア貿易の拡大をあまり問題にする必要はない、という主張がしばしばとなえられてきた。だが、そうした説は、ペリーの和親《わしん》条約だけを念頭におき、それにつづくハリスによる通商条約のことをまったく無視している点で、視野がせますぎる。さらに、ペリーをおくりだすまでのアメリカ国内での長年にわたる議会や政府への貿易商人による請願《せいがん》等の活動を見おとしている点でも、不十分さをまぬがれない。

フィルモア大統領が日本への使節派遣を決心したのは、一つの事件が直接の契機となっている。それは、アメリカ東インド艦隊プレブル号のJ・グリン艦長が長崎へのりこんで、遭《そう》難《なん》したアメリカ船員の引取り交渉に成功し（一八四九年四月）、ニューヨーク港へ帰還して市民の熱狂的歓迎をうけた（一八五一年一月）事件である。

しかし、それとならんで、ニューヨークの貿易商アーロン・H・パーマーを中心とする五、六十人の貿易関係者による対日使節派遣への執拗《しつよう》な努力が、このころようやく実をむすびつつあったことも、重視されねばならない。

一八四五年二月に下院《かいん》へ提出された日本および朝鮮への使節派遣を要請する決議案は、パーマーの画策によるものであった。五一年五月にフィルモア大統領が日本への使節派遣を決定するうえで、国務省に雇われたパーマーが同年一月に作成した計画は大きな役割を果たしたという。

パーマーとはいかなる人物であろうか。一八四六年一一月にパーマーがJ・ブキャナン国務長官へ提出したアジア諸国への使節派遣をもとめる請願書がある。それによれば、かれはニューヨークで一五年前から貿易商社をいとなみ、蒸気船・機関類をはじめアメリカ機械工業の製品を手数料をとって海外へ輸出していた。輸出先は西ヨーロッパをのぞく全世界にひろがり、パーマーは、一四万枚にのぼる絵入りカタログを配ったうえ、アジア諸国へはアメリカの雑誌・年鑑類をおくって宣伝につとめた。とくに日本にたいしては、四二年二月以来、オランダの友人を介して何回となく大量のカタログや雑誌などを長崎へおくりつけたという。

当時、アメリカ造船業はイギリスに肉迫し、むしろ凌駕《りょうが》しつつあった。この点を考えると、対日使節派遣をもとめる動きは、対中国貿易を主導したボストン商人とその背後にある綿工業ブルジョアジーによるものだけではなく、世界市場への外部志向性を強めつつあったアメリカ北東部＝ニュー・イングランドの商工業の発展全体から生じていた、とすべきであろう。

一八六〇年代の南北戦争を画期として、アメリカ経済は内需《ないじゅ》重視、つまり内部成長型の経済へと転換していく。しかし、ペリーをおくりだした五〇年代初頭のアメリカ経済は、外へ外へとむかう力が強くはたらく外部志向型の経済だったのである。

アジア貿易にかかわる商人たちは、ペリーの対日遠征そのものをささえる役割を果たした。たとえば、ニューヨークのホーランド・アスピンワル商会は、海軍省との契約にしたがって、石炭を積んだ船をアフリカ南端の喜望峰《きぼうほう》とインド洋上のモーリシャス島へ一隻《せき》ずつ派遣し、ペリー艦隊の燃料補給をおこなった。なお、同商会は中国茶の有力輸入商でもあった。

また、ペリー提督《ていとく》は、広東《カントン》さらに上海《シャンハイ》へ到着したときには、いずれもアメリカ商館ラッセル商会の賓客《ひんきゃく》となり、豪華な大邸宅にくつろぐことができた。しかし一方、ペリーは、太平《たいへい》天国《てんごく》軍の勢力拡大におびえる在中国アメリカ商人と公使H・マーシャルの要請にこたえて、中国沿岸の警備にも心を配らねばならなかった。

ペリーを日本へおくりだした力は、一八五〇年代のアメリカ資本主義特有の構造の深部から発していた、といえよう。こうして、イギリスが中国市場の確保・拡大に熱中しているすきに、アメリカは対日交渉においてイギリスをだしぬくことに成功したのであった。

2　和親条約結ばれる

与力が奉行名で応接

浦賀《うらが》沖へ投錨《とうびょう》したペリー艦隊のところへ小舟でおもむき、国名と来航目的を問いただしたのは、浦賀奉行所《ぶぎょうしょ》与力《よりき》中島三郎助《さぶろうすけ》であった。

中島はみずから副奉行《バイス・ガバナー》と称してペリーの副官J・コンティ大尉《たいい》に面接した。『ペルリ提督日本遠征記』（以下『遠征記』と記す）によれば、翌六月四日には、こんどは与力香山栄《かやまえい》左衛門《ざえもん》が、「浦賀の奉行《ガバナー》にして最高の役人である」と名のったという。香山は旗艦《きかん》サスケハナ号へ出向き、艦長F・ブキャナン中佐《ちゅうさ》と会い、長崎へ回航《かいこう》することを要求した。

ペリー提督自身は、日本政府の閣僚《かくりょう》クラス（幕府老中《ろうじゅう》がこれに相当する）以外には直接会うまいと決意していたので、このときは香山に会わなかったが、長崎回航の要求を断固として拒否した。そのころ、江戸城中では老中首座阿部《あべ》伊勢守《いせのかみ》正弘《まさひろ》らが、アメリカ大統領の国書をうけとるか否かきめかねていた。ペリーは突如ミシシッピ号の援護のもとに測量艇を江戸湾奥ふかく進入させて老中らを威嚇《いかく》し、ついに国書受領を決定させたのである。

大統領国書の手交　久里浜に上陸したペリーは，浦賀奉行を高官と思い国書をわたす。双方沈黙のまま。『遠征記』より。

こうして、六月九日（太陽暦七月一四日）に浦賀に近い久里浜《くりはま》で歴史的な国書授受がおこなわれた。日本政府を代表してペリー提督から国書をうけとったのは、ほんものの浦賀奉行（二人制）である戸田《とだ》伊豆守《いずのかみ》氏栄《うじよし》と井戸《いど》石見守《いわみのかみ》弘道《ひろみち》の両名であった。ペリーは、戸田伊豆守への「日本皇帝」の信任状を信用し、戸田こそめざす政府高官とみなしたのである。

もともと浦賀奉行は、江戸出入りの船改《ふねあらため》を主要任務とするものであった。幕末には異国船への警備任務も兼ね、浦賀と江戸で各一名がつとめる二人制となった。嘉永《かえい》三年（一八五〇）にはそれぞれの下に支配組頭《くみがしら》一名が任命されるようになった。香山《かやま》と中島は、さらにその下に位置する十数名の世襲《せしゅう》の与力《よりき》に属しており、ペリー艦隊との交渉はこの二名がもっぱら担当した。かれらが正副浦賀奉行を詐称《さしょう》できたのは、むろんペリーらが日本の実情に暗かったためである。と同時に、ほんとうの浦賀奉行で浦賀在勤の戸田伊豆守とは事前に打ち合わせずみだったものと思われる。

十数名の与力のなかでも、とくに香山は、はやくからアメリカ船が渡来するという噂《うわさ》に注目していた。嘉永五年一二月には噂の元である長崎オランダ商館の別段風説書《べつだんふうせつがき》（幕府への国際情報報告）の写しを浦賀奉行をつうじてとりよせていた。さらに、アメリカ船が万一、浦賀へやってきたばあいは、長崎へ行くよう説得してはどうかとの上申《じょうしん》を奉行あてにおこない、承認をうけていたのである。だが、いざペリー艦隊があらわれて応接してみると、香山はかれらから意外な話を聞かされておどろいた。

日本政府へ連絡ずみ

香山は、オランダ風説書の写しを浦賀奉行を介して老中阿部正弘から入手したさいに、長崎奉行からの話として、実際にアメリカ使節が来日することなどあるまいというコメントをうけていた。ところが、ブキャナン艦長らに会って長崎行きを要求すると、かれらは今回の浦賀表《おもて》への来航の件は、前年中に日本政府へ連絡ずみであり、長崎へ回ることなどもってのほかであると、強硬に抗議したのである。

おどろいた香山は、江戸の浦賀奉行井戸石見守のところへかけつけた。風説書の写しをもらったときのコメントとまるで話が逆だが、そうした連絡があったのですかと聞くと、ここではじめて石見守（前年まで海防掛目付《かいぼうがかりめつけ》）は、じつは連絡があったのだと真相をあきらかにした。対外交渉の最前線へおしだされていちばん苦労している香山へは、もっとも重要な情報がつたわっていなかったわけである。香山は「実に浅間敷《あさまし》事共と、於私落涙《ひそかに》数刻に及び候《そうろう》」と記している。

じつは、アメリカ政府は対日使節派遣をきめたさい、オランダ政府にたいし、長崎オランダ商館長に適当な側面援助をあたえるように訓令《くんれい》してほしいと要請した。それにこたえて、オランダ政府は同国東インド総督《そうとく》に尽力せよと訓令した。

総督は長崎奉行にあてて、アメリカ艦隊が接近中につき用心すべきこと、オランダと日本のあらたな通商方法を定めるため商館長に有能なJ・H・ドンケル・クルチウスを派遣したこと、を記した秘密公文書（一八五二年六月二五日付）をおくった。

長崎へついたドンケル・クルチウスは、長崎で役人を介しておこなわれているオランダとの会所《かいしよ》貿易を各国に拡大する通商条約案を提出した。だが、老中阿部正弘は、いろいろ迷った末、結局この公文書と条約案をともに無視することにきめ、アメリカ艦隊の来航にたいしてあらかじめ手を打つことをしなかったのである。

東インド総督の公文書は、もともとアメリカ政府の協力要請を契機に作成され、その信頼度の高さは商館長の風説書《ふうせつがき》の比ではない。そうした貴重な情報を少数の幕閣《ばっかく》でにぎりつぶしたまま、無為《むい》のうちに過ごしていた点に、幕府の終焉《しゅうえん》がすでにはじまりつつあることがしめされていたともいえよう。

香山と中島は、日本人通訳に助けられつつ奉行役《ぶぎょうやく》をみごとに演じぬき、アメリカ側にかなり好印象をあたえた。『遠征記』は、「彼等の知識や常識も、その高尚《こうしよう》な態度や温厚な物腰に比して決して劣らぬものであった」と、二人が欧米事情や機械技術に意外とあかるいことへの驚きを記している。

また、二人の対照的な態度について、「栄左衛門《えいざえもん》は何時《いつ》でも、慎《つつし》み深く控え目勝《ひかめがち》に振舞っていたが、三郎助《さぶろうすけ》は大胆で、でしゃばりであった。前者は理智に富んで好奇心を示していたが、後者はしつこく詮索《せんさく》ずきであった」（傍点原文）と評している。

「詮索ずき」の中島三郎助は、西洋船の構造の権威として同年浦賀にできた西洋式造船所の建造主任となり、大いに活躍した。一方、「慎み深く」ふるまった香山の方は上司・同輩からねたまれ、異人に内通したなどの悪評を流され、浦賀奉行が約束した昇進の件も実現せず、不遇をかこつこととなる。

翌年再来したペリー艦隊の応接は、身分の高い者が担当すべきだとの説が強く、奉行の下の支配組頭《くみがしら》がでかけるが、実力不足のため、ふたたび香山をひっぱりだす始末となった。しかし、香山が交渉をみごとにやりとげると、またまた相手に内通しているからだとの悪評がたつのであった。有能な人材を十分に活用できぬところに、幕府政治の限界があったといえよう。

ペリー再航と和親条約

六月一二日に江戸湾を退去したペリーは、香港《ホンコン》へもどったあと、翌嘉永《かえい》七年（一八五四）一月一六日（太陽暦二月一三日）、ふたたび江戸湾に姿をあらわした。今回は最新の蒸気軍艦ポーハタン号（二四一五トン）を旗艦《きかん》とし、サスケハナ、ミシシッピ両蒸気軍艦、それに四隻《せき》（のち六隻）の帆走軍艦をくわえた大陣容であった。

そのうえ、浦賀沖をこえて湾内へ侵入し、小柴《こしば》村沖に錨《いかり》をおろしたので、幕府側は大いにあわてた。幕府は浦賀での応接を予定して建物をつくっており、艦隊が江戸の町へ近づくことだけはなんとか阻止《そし》したかったからである。浦賀奉行支配組頭黒川嘉兵衛《くろかわかへえ》がくりかえし参《さん》謀長《ぼうちょう》H・A・アダムス中佐に会い、浦賀沖へひきかえすことを要求した。しかし、ペリー提督は例によって頑《がん》としてゆずらず、かえって羽田《はねだ》沖まで侵入を試みた。ついに幕府は与力香山栄左衛門を派遣して小柴村よりも北の横浜《よこはま》村を会見地としたいと申し入れ、ここにようやく二月一〇日から交渉がはじまった。

幕府は儒者林大学頭韑《じゅしゃはやしだいがくのかみあきら》（復斎《ふくさい》）・町奉行井戸覚弘《いどさとひろ》らを全権に任じ、ペリーとの交渉にあたらせた。老中阿部正弘《ろうじゅうあべまさひろ》は、前年うけとった国書を幕臣と諸大名に公開して意見をもとめていた。その結果は、前水戸《みと》藩主徳川斉昭《とくがわなりあき》の開国拒否＝主戦論と、幕府の寺社奉行・町奉行・勘定《かんじょう》奉行らをはじめとする通商許容＝和平論が対立してまとまらなかった。結局、一一月一日には、いずれとも答えぬ「ぶらかし」策でゆきつつ防備を固める方針を発表していた。

しかるに、いざペリー艦隊が再航すると、その強硬な態度におそれをなした応接担当の林・井戸らはふたたび通商許容の線を提起した。そのため、斉昭とするどく対立し、結局、国書にいう石炭・食料の供給、難破民の救助の二要求はみとめるが、通商はあくまで拒否するという態度でいくことにおちついた。

日本側の通商拒否の態度を、ペリーは意外にあっさりみとめた。二月一〇日の会談において、通商がいかに大きな利益をもたらすかを弁じたペリーにたいし、林大学頭が人命問題と利益問題のちがいをたてに通商を拒否した。これをペリーは、もっともであるとみとめたのであった。

そのときペリーは、懐中《かいちゅう》から小冊子をだしかけてはおさめ、まただしてはおさめていたが、ついに意を決してとりだし、参考までにとことわって林へ手わたした。それは米清《べいしんしゅう》修好通商条約《こうつうしょう》と、それを若干《じゃっかん》手なおしした日米修好通商条約草案であった。

ペリーが、無理なく話がすすめば通商問題について立ち入って論ずる用意をしていたことはまちがいないが、日本側の固い拒絶の姿勢にあい、今回は無理強《じ》いをさけようと考えたのであろう。ただしペリーは、和親条約第一一条で領事派遣について定めることにより、近い将来において通商条約の交渉を開始する布石《ふせき》を打つことをわすれなかった。

こうして、二月三〇日までの四回にわたる交渉の結果、下田《しもだ》・箱館《はこだて》（函館）両港における薪水《しんすい》・食料・石炭および欠乏品の供給と、漂流民の救助・引き渡しを定めた画期的な日米和《にちべいわ》親条約《しんじょうやく》（神奈川《かながわ》条約）が、三月三日（太陽暦三月三一日）に調印されたのである。

機関車模型の贈物

交渉がまとまる見とおしがたったころ、贈物の交換がおこなわれた。とりわけ注目をあつめたのは、アメリカ側が持参した電信機と汽車模型であった。

『遠征記』は、円形に敷いたレールの上を走り回る汽車模型などの贈物を見て、「見物人は悉《ことごと》く絶えず好奇と驚愕《きょうがく》の表情を現わしていた」とし、「これは半開国民に対する科学と企業との成果の勝利に充《み》ちた啓示《けいじ》であった」とのべている。ただしペリーは、かれの持参した汽車模型が日本への最初の「啓示」ではなかったことを、おそらく知らなかったと思われる。

じつは、前年の嘉永《かえい》六年（一八五三）七月に長崎《ながさき》へ入港したロシア使節プチャーチンが、すでに汽車模型を持参していた。八月には、幕府役人や肥前藩士《ひぜんはんし》らがロシア旗艦《きかん》内でその運転を見学しているのである。蒸気機関車の原理については、薩摩《さつま》藩にまねかれた摂津《せっつ》国出身の蘭学者《らんがくしゃ》川本幸民《かわもとこうみん》が嘉永年間にすでに著書で紹介している。

こうした前提のうえに、肥前藩主鍋島斉正《なべしまなりまさ》と薩摩藩主島津斉彬《しまづなりあきら》は、ともに安政《あんせい》二年（一八五五）には、藩士に命じて汽車模型を製作させた。幕臣にも、韮山《にらやま》代官《だいかん》江川《えがわ》太郎左衛門《たろうざえもん》英竜《ひでたつ》のように汽車模型に強い関心をもつ人材がおり、江川の努力により江戸城内において将軍徳川家定《いえさだ》の面前でペリー持参の汽車模型の運転がおこなわれた。しかし、将軍はそれを幕府の力でつくろうとは思わなかった。幕府はそうした意味で、薩摩・肥前両藩とくらべて海外文明の吸収にきわめて消極的であった。

諸列強との条約締結

ロシア政府は、アメリカが強力な対日使節を派遣したとの情報にショックをうけた。さっそく海軍中将E・V・プチャーチンを日本へ派遣する計画をたて、一八五二年五月にニコライ一世の裁可をえた。

プチャーチン（1803〜83）ロシア海軍提督。1854年に日露和親条約，1858年に日露修好通商条約を締結した。

プチャーチンが旧型の帆走軍艦パルラダ号（一八三二年進水）にのって、クロンシュタット港を出帆したのは一八五二年一〇月一九日。前任者に交替したペリーがノーフォーク港を出発するより一ヵ月以上も前だったが、香港《ホンコン》・小笠原《おがさわら》諸島をへて、長崎港へ四隻《せき》編成で姿をあらわしたのは、ペリー艦隊が浦賀《うらが》沖をたち去った一ヵ月後の嘉永《かえい》六年七月一八日（一八五三年八月二二日）のことであった。

プチャーチンが江戸でなく長崎におもむいたのは、ペリーと逆にオランダ政府の助言を尊重しつつ友好的に事をすすめるというロシア政府の方針にしたがったためである。しかし、長崎ルートでの交渉は時間ばかりかかり、忍耐強いプチャーチン一行もいらだちをかくせなかった。

ようやく嘉永六年一二月に、大目《おおめ》付《つけ》筒井《つつい》政憲《まさのり》・海防掛勘定奉行《かいぼうがかりかんじょうぶぎょう》川路聖謨《かわじとしあきら》らが江戸から到着して、国境問題と通商問題についての交渉がはじまった。交渉は妥結にいたらぬまま、プチャーチンは英仏との戦争（クリミア戦争）勃発《ぼっぱつ》を予想して、翌年一月八日（太陽暦二月五日）、いったん長崎を去り、マニラへしりぞいた。

ペリーが日米和親条約に調印する三日前の一八五四年三月二八日に、英仏はロシアに宣戦布告した。それはイギリスの対日政策にも重大な影響をあたえた。

清《しん》国駐在のイギリス貿易監督官J・バウリングは、対日通商交渉の権限を本国の外相から得ていたので、日米和親条約がむすばれたと知るや、大艦隊をひきいて日本へでかけ、一挙に通商条約を締結しようとの計画を練った。また、フランスとの協力の話し合いもすすめていた。

ところが、クリミア戦争が勃発すると、太平天国《たいへいてんごく》軍の上海《シャンハイ》接近とあいまって、イギリス海軍は中国貿易にたずさわるイギリス商人・船舶の保護に専念せざるをえなくなった。こうして、バウリングの日本訪問は無期延期となった。

このバウリングなる人物は、一八五六年一〇月のアロー号事件を契機に、悪名高い第二次アヘン戦争を広東《カントン》領事H・S・パークスとともに挑発した張本人であり、武力にものをいわせる強引な態度で有名であった。

もしも、かれがひきいる大艦隊が江戸湾へおしよせ、通商条約を強要したならば、それはアメリカのハリスがむすんだものとはかなり異質な内容となっていたであろう。すくなくとも、おなじバウリングとパークスが一八五五年四月にシャム王国（現在のタイ）とのあいだでむすんだ通商条約なみに、内地通商の自由やアヘンをふくむ輸入品の低関税率（シャムでは三パーセント）をみとめさせられた可能性が高い。

クリミア戦争は、他方では、日英協約という偶発的産物をもたらした。

イギリス東インド艦隊司令長官スターリングは、嘉永《かえい》七年閏《うるう》七月一五日（一八五四年九月七日）、ロシア艦隊を探索しつつ四隻の軍艦で長崎港へ侵入した。かれは長崎奉行水野忠徳《みずのただのり》に、交戦中の英露両国にたいして日本が中立をまもり港の使用を禁ずるかどうかを問いただしたが、国際法の知識を欠く水野は英語からオランダ語をへて訳される過程での誤訳もあって、イギリス船が入港を主張しているものと解釈した。

そして、幕府老中《ろうじゅう》と相談のうえ、長崎・箱館《はこだて》を補給・修理のために開くことを約束した日英協約（和親条約）に、八月二三日（太陽暦一〇月一四日）調印したのである。通商規定をふくまぬこの協約を、バウリングは有害だとして激怒したが、本国政府はこれを批准《ひじゅん》した。

さて、マニラへしりぞいたプチャーチンは、優勢なイギリス艦隊をさけつつ、嘉永七年三月二三日、ふたたび長崎へ入港したが、わずか一週間滞在しただけで出発し北上した。もし長崎で日本側と交渉を再開したならば、スターリングのひきいるイギリス艦隊によって壊滅させられていたはずであり、このときのプチャーチンは運がよかったといえよう。

沿海州《えんかいしゅう》のアムール河口で老朽化《ろうきゅうか》したパルラダ号を解体処分してディアナ号にのりかえたプチャーチンは、九月一八日、突如、大坂沖に出現して幕府に衝撃をあたえ、長崎でなく下田《しもだ》での交渉を約束させた。こうして、筒井・川路を相手に一一月三日から交渉がはじまり、翌四日の大地震と津波《つなみ》による下田町の大災害とディアナ号の大破という不運をのりこえて、一二月二一日、ようやく日露通好条約（和親条約）が調印された。

この条約は、大要において日米和親条約と差はなく、国境問題については、エトロフ島とウルップ島のあいだを国境と定め、樺太《からふと》（サハリン）は両国民雑居のままとしている。

和親条約の最後は、オランダとのあいだで安政二年（一八五五）一二月二三日に調印された日蘭《にちらん》和親条約である。長崎商館長ドンケル・クルチウスをつうじて、もっともはやく交渉を開始しようとしたオランダが、その友好的、漸進《ぜんしん》的態度のゆえにもっとも調印がおくれてしまった。長崎へ行けとのオランダ政府の助言をこばみつつ江戸湾へのりこんだアメリカのペリー提督が、強大な軍事力をちらつかせながら、きわめて威圧的な態度で交渉を強要した結果、日本開国の立役者となったこととのコントラストが注目される。

鎖国の持続をねがう政治支配者幕府の強固な態度を打ち破るには、ペリー艦隊が演じたようなショッキングなできごとが不可欠だったのである。

ディアナ号の遭難と救援

嘉永七年一一月四日、駿河《するが》・遠江《とおとうみ》・伊豆《いず》・相模《さがみ》一帯を大地震がおそった。前年二月の相模国大地震、この年六月の近畿大地震につづくもので、一一月五日には西日本一帯にも大地震が発生、翌安政《あんせい》二年一〇月には、ついに江戸で七〇〇〇人以上の死者をだす安政大地震がおこっている。あいつぐ大地震は、黒船ショックとかさなって、人びとの不安を高めずにはおかなかった。

嘉永七年一一月の大地震にともなう津波は、下田湾に停泊中のロシア軍艦ディアナ号を四時間以上にわたって翻弄《ほんろう》しつづけ、その船底を大破するとともに、五名の死傷者をだした。津波をかぶった下田町八五六戸はほぼ全滅し、三九〇七名の住民のうち八五名が死亡した。プチャーチンは、ディアナ号を伊豆半島西北の戸田《へだ》港で修理しようとしたが、同号は途中で一二月二日、沈没してしまう。

酷寒の海で溺死《できし》の危機に瀕《ひん》したロシア人水兵五〇〇名を救ったのは、駿河《するが》湾北岸の村人たちであった。ディアナ号のマホフ司祭はその手記の中で、「早朝から千人もの日本の男女が（浜辺へ）押しかけて来」、救助にたずさわったことを、「この目が信じられぬほどの出来事だった」とし、「何人かの日本人が目の前で上衣を脱ぎ、私たちの仲間のすっかり冷えこんで震えている水兵たちに与えたのは驚くべきことであった」と記している。

感激した司祭は、「善良な、まことに善良な、博愛の心にみちた民衆よ！　この善男善女に永遠に幸あれ」と記すのであるが、民衆の世界においては、救いをもとめる者へは手をさしのべるという人間的な連帯の感情が息づいており、かれらにとっては、遭難船《そうなんせん》や漂流民の救助すら否定する鎖国《さこく》が有害無益な制度であったことを、この事件はよくしめしている。

ディアナ号沈没を耳にした徳川斉昭《とくがわなりあき》は老中《ろうじゅう》阿部正弘《あべまさひろ》に、この好機をいかしてロシア人五〇〇名を一ヵ所にあつめ皆殺しにせよ、と二度にわたって進言したが、それは現地での民衆の行動とは、まさに正反対であった。斉昭の「魯人鏖殺策《ろじんおうさつさく》」については、阿部もさすがにたしなめているが、幕閣《ばっかく》の最高顧問ともいうべき地位にある斉昭の攘夷《じょうい》論の本質が、いかに非

よい。人間的で非現実的なものにすぎなかったかが、ここにはっきりと露呈《ろてい》されているといって

帰国の手段を失ったプチャーチンは、ただちにかわりの帆船の建造を決意し、幕府も一二月六日にはこれを許可、翌七日には戸田港を造船の地とし、江川英竜《ひでたつ》を担当者と定めた。もちろん、船長六〇メートル、二〇〇〇トンという巨艦ディアナ号なみのものを船渠《ドック》もない所で建造できるはずがない。戸田港南岸の牛《うし》が洞《ほら》の小造船所でつくられたのは、船長二四メートル、一〇〇トン足らずの小型スクーナー（二本マストの西洋型帆船）であった。

ロシア人の技術者の設計・監督のもとで、戸田や土肥《とい》・松崎などからあつめられた二〇〇人ほどの船大工《ふなだいく》・人夫がはたらいた。造船世話係として中心的役割をはたした戸田村の寅吉《とらきち》以下七名の船大工（ないしその息子）は、その後、幕府が水戸藩につくらせた石川島造船所や幕営横須賀製鉄所ではたらくか、みずから近代的造船所を創設する。もともと伊豆は造船のさかんなところであり、西洋人の指導さえあれば、まがりなりにも西洋型帆船を建造できるだけの技術水準に到達していたのである。

安政二年（一八五五）三月一〇日に完成した帆船は、プチャーチンによってヘダ号と名づけられ、三月一八日、プチャーチン以下四八名をのせて、帰国の途についた。なお、のこりの将兵はアメリカ船とドイツ船にのって戸田をでたが、後者はイギリス船に捕らえられ、イギリス経由で帰国した。

幕府は、韮山《にらやま》代官江川（英竜は没、嗣子《しし》英敏）に命じて、同型のスクーナー七隻を戸田で

つくらせている。こうして、戸田は近代造船業の発祥《はっしょう》の地として、その後の日本に大きな影響をあたえたのである。

3　揺らぐ幕府支配

求む！　対外妙策

黒船の出現から列強《れっきょう》との和親条約締結までの二年半のあいだ、幕府首脳部の対外政策は、いわば、その場しのぎの妥協に終始していた。

老中首座阿部正弘は、挙国《きょこく》体制を固めるべく、幕臣や諸大名に対外策を諮問《しもん》したが、このような異例の措置《そち》は、幕府がもはや従来の専断的体制をおしすすめる能力がなくなったことを公表したようなものであった。答案を書かねばならない諸大名にもよい知恵があろうはずはなく、かれらもまた有為《ゆうい》な下級家臣の助言にたよらざるをえないこととなり、藩《はん》レベルでも上層部の無能ぶりが露呈《ろてい》されていくことになる。

当時の封建《ほうけん》支配層のなかに、はたしてペリーのいう「交易」の意味がわかった者がいたかどうか、はなはだ疑わしい。

たとえば、のちに家臣橋本左内《はしもとさない》の影響で開国論にかわる福井藩主松平慶永《まつだいらよしなが》も、このときは「必戦之心得」を説いているが、その理由は、「本邦有限の財物」をもって諸外国と「交易」すれば、国力の「衰弊《すいへい》」することまちがいなし、という貿易観にあった。水戸《みと》藩主徳川斉昭《なりあき》や長州《ちょうしゅう》藩主毛利慶親《もうりよしちか》（敬親《たかちか》）の答申にもまったく同様な「交易」理解がしめされている。おそらくかれらがイメージしえた「交易」は、長崎の出島《でじま》でおこなわれてきたような金銀銅によって高価な薬種・香料などを得る輸入貿易だけだったのであろう。

輸出入貿易による利益を琉球《りゅうきゅう》密貿易の経験からもっともよく知っていたはずの薩摩《さつま》藩主島津斉彬《しまづなりあきら》は、「商法」の意義に言及することをさけつつ、アメリカの要求をのんではオランダ国王に義理がたたないといった理屈をのべて、開国拒否＝主戦論にくみしている。

断固攘夷《じょうい》を唱《とな》える主戦派も、けっして勝算があったわけではない。答申のなかには、江戸湾口を無数の大筏《おおいかだ》で塞《ふさ》ぐとか、鉄の大鎖を張って黒船の侵入をくい止めようといった類《たぐい》の珍案も提起されていたが、西洋なみの鉄砲をそなえたあらたな軍隊と、黒船にたちむかえる巨大軍艦がなければ、とうていかなわないことはあきらかだった。

そして、海防に要する巨額の費用は、乏しい幕府財政を破滅させかねなかった。江川英竜《えがわひでたつ》の指揮のもとで品川沖に次々と建設された砲台は、予定の一一台場《だいば》のうち第七台場までつくりかけたところで約七五万両を費消し、以後、財源難のために工事中止となってしまった。

徳川斉昭（1800～60）
水戸藩主。藩政改革を推進。幕政参与となるが，井伊大老と対立して失脚。

嘉永《かえい》六年（一八五三）当時の幕府金方《きんかた》歳入規模は一四八万両であるから、砲台築造だけでもたいへんな出費だったのである。こうした海防費の負担を国内の民衆におしつければ、猛烈な

勝海舟（1823～99）
通称麟太郎。幕臣でありながら，幕府を超えた地平にたって活躍。

反抗をまねき、幕府を頂点とする支配体制が内側からくずれさるおそれがあった。

勝麟太郎の献策

このジレンマを解く妙案として、幕閣《ばっかく》の注目をあつめたのが、幕臣で小普請組《こぶしんぐみ》（つまり無役）の勝麟太郎《かつりんたろう》と向山源太夫《むこうやまげんだゆう》の答申書である。かれらは、いずれも「交易之利潤」をもって軍備をととのえることを主張した。

とりわけ勝の上申書は、向山の長大な答申書にくらべると短いものであるが、人材の登用、洋式兵制の採用、教練《きょうれん》学校の開設といった人間主体の面にも十分配慮していた。「交易」開始を列強への屈服としてでなく、列強に対抗する手段として積極的に位置づけたことと相まって、諸答申のうちで文字どおり出色のできばえであった。

勝麟太郎（通称。名は義邦《よしくに》、号は海舟《かいしゅう》、のち安芳《あわ》を字《あざな》とする）は、文政《ぶんせい》六年（一八二三）生まれで、嘉永《かえい》六年（一八五三）三一歳、江戸赤坂田町に兵学塾を開く蘭学者《らんがくしゃ》であった。「交易」についての正確な理解は、蘭学の素養からきたものであろうが、一生を無役に終わった父小吉《こきち》が市井無頼《しせいぶらい》の徒と交わり、内職に小道具屋などをいとなんでいたこととも無関係ではあるまい。さらにさかのぼれば、越後《えちご》の農民であった曾祖父が江戸にでて旗本男谷《はたもとおたに》家の株を買ったというユニークな家系も注目にあたいしよう。

幕臣の末端につらなりながら、三河《みかわ》以来の旗本などとは異なり、幕府の姿を醒《さ》めた目で見ることのできる境遇にそだったことが、勝麟太郎の幕臣としての枠をこえでた活躍ぶりを理解する一つの鍵《かぎ》であろう。

老中阿部正弘《あべまさひろ》は、諸大名への諮問《しもん》をおこなっただけでなく、島津斉彬《しまづなりあきら》や松平慶永《よしなが》ら雄藩《ゆうはん》大名の要望にこたえて、御三家の一人、水戸藩の徳川斉昭《なりあき》を海防参与として幕政に参加させた。もっとも、幕吏《ばくり》の多くはかれの起用に消極的であり、海防掛《かいぼうがかり》勘定奉行《かんじょうぶぎょう》川路聖謨《かわじとしあきら》にいわせれば、「老君様」（斉昭は当時五四歳）の幕政参画は、天下の人心を幕府につなぎとめるための象徴的なものにすぎなかった。しかし、斉昭の起用が、雄藩大名の発言権を高める契機となったことは疑いない。

阿部はさらに、ペリー来航の状況を朝廷へ奏聞《そうもん》し、大統領国書の訳文を提出した。孝明《こうめい》天皇は、畿内の七社七寺に異国船退散の祈禱《きとう》を命ずるとともに、今後の対応策について幕府に問うている。

幕府は、安政《あんせい》元年（一八五四）一二月に諸国寺院の梵鐘《ぼんしょう》を大砲鋳造《ちゅうぞう》の材料としてさしだすよう命じたさい、寺院の反対をおさえるため、朝廷からの太政官符《だいじょうかんぷ》というかたちをとったが、こうしたことは、すべて朝廷の政治進出の端緒《たんしょ》となった。

海軍伝習所と蕃書調所

諸藩・朝廷をふくめた挙国一致《きょこくいっち》の体制をつくるためにも、中軸となる幕府の政治改革が不可欠であった。阿部正弘が推進した安政期の幕政改革は、先にみた勝麟太郎《りんたろう》上申書の線とぴったり一致しており、まず有為な人材の抜擢《ばってき》からはじまった。

対外問題を担当すべく弘化《こうか》二年（一八四五）以来設けられていた海防掛目付《めつけ》に、嘉永《かえい》六年永井尚志《ながいなおむね》、翌年岩瀬忠震《いわせただなり》・大久保忠寛《おおくぼただひろ》（一翁《いちおう》）が任ぜられた。

このうち、ハリスらとの通商条約交渉を事実上一身でになうことになる岩瀬忠震のばあいをみると、学殖の深さをみとめられて母校の昌平黌《しょうへいこう》教授へむかえられたのが嘉永《かえい》四年、三四歳のときである。役職がほぼ家格によって定まるという硬直した幕府官僚機構のなかにあっては、黒船によるショックがくわわらなかったならば、この秀才官僚も一人の教授として平穏な生涯を終えたにちがいない。

この岩瀬が、同僚となった大久保忠寛の推挙を入れて勝麟太郎を下田取締掛手付《てつけ》に推す、というぐあいに、登用された人材がさらにあらたな人材を起用する連鎖も生じはじめた。やがて幕府の敗戦処理をそろって果たすことになる大久保・勝のつながりも、このころからはじまったといってよい。

ただし、幕政改革派ともいうべき人材の連鎖は、井伊直弼《いいなおすけ》を頂点とする保守的な譜代《ふだい》大名グループの反発をかっており、間もなく安政《あんせい》の大獄《たいごく》によりずたずたに解体、途絶《とぜつ》させられる。有能な人材を多くかかえながら、その力を十分に発揮させえなかった点が、ゆらぎはじめた幕府の倒壊の内部要因となっていくのである。

幕府は、嘉永六年（一八五三）九月に長崎オランダ商館長ドンケル・クルチウスへ数隻《せき》の蒸気軍艦を発注したが、かれはそれに応ずるとともに、洋式海軍を創設するには航海術・造船術などを日本人が習得する必要があることを説いた。これが長崎の海軍伝習所《でんしゅうじょ》の発端である。

安政二年（一八五五）一〇月、勝麟太郎・矢田堀景蔵《やたぼりけいぞう》・小野友五郎《おのともごろう》（笠間《かさま》藩から幕府天文《てんもん》方《がた》へ出役中）ら幕臣伝習生に肥前《ひぜん》・福岡・薩摩《さつま》・長州《ちょうしゅう》など諸藩の聴講生がくわわり、開所式が挙行された。オランダ国王から将軍に寄贈された蒸気軍艦スームビング（Soembing）号（観光丸と改名、排水量四〇〇トン）を練習艦とし、教師は同号艦長であったG・C・C・ペルス・ライケン海軍大尉《たいい》以下の乗組員がつとめることになった。

安政四年には、オランダから新造船ヤパン（Japan）号（咸臨丸《かんりんまる》と改名、排水量六二五トン）がR・H・カッテンディーケ海軍大尉ら新教官をのせて到着した。

安政六年二月に閉鎖されるまで、短い期間であったが、海軍伝習所は数多くの俊秀をそだてあげた。幕府海軍奉行となる榎本武揚《えのもとたけあき》をはじめ、川村純義《すみよし》（薩摩藩）・中牟田倉之助《なかむたくらのすけ》（肥前藩）ら明治前期の日本海軍のリーダーは、いずれも同所出身であり、横須賀《よこすか》造船所長官・海軍機関総監となる肥田浜五郎《ひだはまごろう》も幕臣伝習生であった。

オランダ語と洋算を知らない生徒が通訳を介して学ぶ授業は難航したが、幕府天文方に出役してオランダ航海術書の翻訳作業を手伝っていた和算家の小野友五郎などは、すばやく講義内容を理解して他の伝習生に補講してやり、みずからは教師から特別に微積分学《びせきぶん》などを学ぶ余裕があった。

小野はのちに咸臨丸の太平洋横断にさいして「測量方」の重責をみごとにはたし、肥田とともに本格的な蒸気軍艦「千代田形《ちよだがた》」を建造するなど、幕府海軍史上に大きな足跡をのこすこととなる。

蕃書調所《ばんしょしらべしょ》の設立も阿部正弘の幕政改革の一環であった。下田取締掛手付に抜擢《ばってき》された勝麟太郎と小田又蔵《おだまたぞう》の最初の仕事が、外交上・軍事上必要とされたこの洋学機関の創設の手伝いであった。安政三年末までに任ぜられた教授職・教授手伝一二名のうち、浪人《ろうにん》一名をのぞくほかはいずれも諸藩出身の陪臣《ばいしん》であり、幕臣はその下の句読《くとう》教授三名にすぎない。教授職の箕作阮甫《みつくりげんぽ》は津山《つやま》藩医、杉田成卿《すぎたせいけい》は小浜《おばま》藩医であり、教授手伝には長州の村田蔵六《むらたぞうろく》(大村益次郎《ますじろう》)や薩摩の松木弘安《まつきこうあん》(寺島宗則《てらしまむねのり》)が名をつらねている。これは幕府がひろくすぐれた人材をあつめる度量をもっていたためというより、それまでの洋学圧迫により幕臣に人材が払底《ふってい》していたことをしめしている。

こうして安政《あんせい》四年一月、九段坂下《くだんさかした》の旗本屋敷を改修して蕃書調所が開校され、当初は幕臣の子弟にかぎり入学させたが、教授たちの主要任務は、洋学教育よりも、むしろ洋書(蕃書)や外交文書の翻訳のほうだったという。明治一〇年に発足する東京大学の前身をなす蕃書調所のこうした権力依存的、実用優先的な性格は、東京大学にも濃厚にひきつがれることになる。

4　ハリス来日と通商条約

通商を求める動き

さて、ペリーのむすんだ和親《わしん》条約書はただちにワシントンへおくられ、一八五四年七月一五日の上院《じょういん》秘密会において承認され、八月七日、F・ピアス大統領の署名を得た。大統領署名まで秘密のはずであった条約文面が、七月一七日の『ニューヨーク・タイムズ』(当時はNew-York Daily Times)にすっぱぬかれると、ペリーの偉業を讃《たた》える声と、東アジアとの貿易拡大を期待する意見がいっせいにわきおこった。

和親条約は貿易をみとめていなかったにもかかわらず、日本との貿易が開始されると早合点した者も多かった。

『ニューヨーク・タイムズ』八月一一日号には、ペリー艦隊ポーハタン号の乗組員が条約締結直前に記した手紙が掲載され、ペリーがほぼ目的を達したこと、「その詳細は貿易が開始される前に明らかにされるが、貿易の発展テンポはゆるやかなものとなろう」という文面を紹介している。こうした報道も誤解を生む一因となったにちがいない。

安政二年(一八五五)一月二七日に下田へ入港したアメリカ船キャロライン・フット号には、下田で来航船のための雑貨屋を開く用意をした商人夫婦がのっていた。同号はおりから戸田《へだ》で帰国用の帆船を建造中のプチャーチン提督《ていとく》に借りあげられ、ロシア兵送還の任にあた

ハリス（1804～78）
貿易商出身の外交官として来日し，日米修好通商条約を締結した。

ったため、その間二ヵ月半にわたって、商人夫婦ら一一名のアメリカ人はプチャーチンのはからいで下田《しもだ》玉泉寺《ぎょくせんじ》に滞在した。

こうした宿泊は和親条約での規定にはないとする幕吏《ばくり》の反対はおしきられ、とくに婦人の滞在は長崎のオランダ商館ですら厳禁という前代未聞のできごとであった。しかし、雑貨屋の開業は拒否され、かれらはむなしく下田を去らねばならなかった。間もなく到着した別のアメリカ船には、捕鯨船《ほげいせん》の乗組員を相手に下田で酒場を開こうという二人の事業家がのっていたが、この企てもおなじく拒絶された。

下田からおいかえされたアメリカ商人たちは、帰国後、連邦裁判所にむかって日本政府にたいする事業上の損害賠償請求を提出し、国務長官に抗議文をおくったという。新聞もこうした問題をとりあげ、ピアス大統領が日本にたいして行動をおこすよう要求した。

ペリーが手がけた日本開国の事業は、まだ未完成だったのであり、自由貿易の開始という大目的を達成する仕事が、アメリカ国民から政府にむかってつきつけられたのである。この難事業を担当し、みごとにやりぬいたのが、タウンセンド・ハリスであった。

来日までのハリス

一八〇四年生まれのハリスは、ニューヨークで陶磁器輸入商をいとなむ兄の仕事を手伝いながら、図書館にかよって勉強したという。一八四六年には市教育局長となり、貧困家庭の子弟の教育のための無料中学校《フリーアカデミー》の創設に尽力した。

ところが、恐慌《きょうこう》でハリス兄弟の店が倒産したため、四九年五月にニューヨーク港を出発し、以後六年間にわたり太平洋・インド洋の各地をわたり歩く貿易商として活躍する。はじめ二年ほどは好調であった貿易業は、しかし、しだいに破綻《はたん》をきたし、持ち船も手放すほどになった。

一八五三年、ペリー艦隊に同行して日本へおもむくことを希望したが、軍人でないとしてことわられたハリスは、五五年七月にひさしぶりに故国へもどり、ニューヨーク市の旧友たちの推薦《すいせん》を得て、ピアス大統領から日本駐在総領事に指名された。大統領から相談をうけたペリーも、今回はハリスを交渉の適任者として推薦したのであった。通商条約の交渉が軍人の手に負える簡単なものでないことは、ペリー自身が熟知していたのであろう。

ハリスもまた、大統領あての手紙で、「私は、日本にいる間に耐えねばならぬ社会的流謫《るたく》(social banishment)や、私が生活せねばならぬ精神的孤独については十分に承知し、それに耐えうるための用意がある。私は独身者であるから、なつかしい家庭を案じて、顧《かえり》みるようになったり、新しい家の中で耐えられなくなるような絆《きずな》を何ら有していない」(ハリス『日本滞在記』)と、交渉の困難さと覚悟のほどを記していた。

日本へくる途中で、ハリスはシャム国にたちより、一ヵ月あまりで通商条約の締結に成功した。容易にことがはこんだのは、前年(一八五五年)にイギリスのバウリングとパークスが強引にむすんだ条約（三五〜三六ページ参照）を下敷きにできたためである。

シャム国産の蒸気船にむかえられ、鉄鎖で防備されたメナム河をさかのぼって首都バンコックへついたハリスは、イギリスなみの条約にくわえて鉱山採掘権などを要求し、頑強《がんきょう》な拒絶反応にでくわした。

シャム政府首相が、友人であるアメリカ人は、貪欲《どんよく》な敵イギリス人なみの要求はしないと確信するとのべたとき、ハリスは、われわれはあなたがたの期待するところとは別個の主義にもとづいて行動しており、イギリスなみの権利はあくまでも要求すると答えた。

かれは日記にシャムと交渉するには、二、三艘《そう》の軍艦こそが必要だと記しているが、そこには、商品と資本の市場をもとめてやまぬアメリカ資本主義の冷徹な代弁者ハリスの本音があらわれている。

下田から江戸へ

ハリスがアメリカ蒸気軍艦サン・ジャシント号で下田《しもだ》に到着したのは、安政《あんせい》三年（一八五六）七月二一日のことであった。このとき五二歳だったハリスは、通訳として若いオランダ人H・C・ヒュースケンをつれていた。

一八三二年、アムステルダムの石鹼《せっけん》製造業者の家に生まれたヒュースケンは、五三年にニューヨークへわたり、そこでハリスと出会った。フランス語・ドイツ語に堪能《たんのう》で、英語もそうとうよくできたヒュースケンは、日本の外交語ともいえるオランダ語の通訳として年俸一五〇〇ドルでハリスに雇われたのである。

ハリスの来日は、幕府にとって文字どおり寝耳に水であった。和親《わしん》条約第一一条が定める領事派遣は、英文では「両国政府の一方」が必要とみとめたとき、とあるのに、和文では「両国政府において」必要とするばあいとされており、幕府は自分が要求しないかぎり領事がくるはずはないと思いこんでいたからである。

滞在をみとめまいとする下田奉行《しもだぶぎょう》は、ハリスがそれでは江戸へ軍艦でのりこむというと、あわてて町はずれの玉泉寺《ぎょくせんじ》を宿泊所として提供するといいだした。

こののち三年間、アメリカ総領事館となる玉泉寺では、奉行の命により本堂・庫裏《くり》をすべてあけわたした。宮永孝氏の研究によれば、ハリスとヒュースケンにはそれぞれ八畳間が寝室兼居間としてあてがわれ、襖《ふすま》を板戸にかえ、白いカーテンを引き、畳《たたみ》の上には赤い絨毯《じゅうたん》が敷かれていた。風呂と便所は新設され、間取りは図2のようであったという。

玉泉寺で生活しながら、ハリスはくりかえし江戸行きの要請を試みつつ、他方では下田奉行に和親条約の枠内でいくつかの要求をつきつけた。安政《あんせい》四年（一八五七）五月に調印された日米条約（下田協約）では、ハリスはアメリカ市民の下田・箱館《はこだて》居住権とアメリカ人への領事裁判権を獲得したほか、アメリカ人の持ってきた貨幣を同種の日本貨幣と同重量で交換する権利（ただし六パーセントの改鋳費《かいちゅうひ》を払う）も得た。

アメリカ側だけが領事裁判権をもつという点で不平等条約への起点がここですえられたわけであるが、最後の貨幣交換比率も貿易開始後の金貨流出の条件として重要な意味をもって

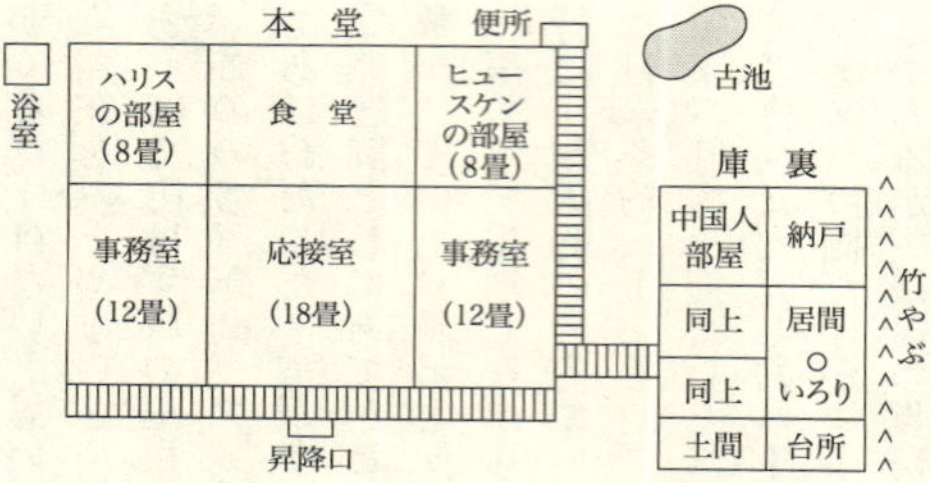

宮永孝『開国の使者』より。

図２　玉泉寺の間取り

いた。

　玉泉寺におちついた直後の日記にハリスは、一分銀《いちぶぎん》が銭《ぜに》一六〇〇文《もん》にひとしいことを発見し、一分銀の三倍の重量のある米国一ドル銀貨は四八〇〇文に相当するのに、従来一六〇〇文としか交換されなかったのはおかしいと記している。だがそれは、当時の日本が事実上は金本位《きんほんい》であり、一分銀は欧米よりも金地金《じがね》にたいする比価が高い銀地金の価格をさらに約二倍に引き上げた補助貨幣的なものだった事実を無視した暴論であった。

　難航する交渉を、武力威嚇《いかく》を示唆《しさ》する国務長官からの手紙をちらつかせて打開したハリスは、「一弗《ドル》の値打はペリー提督《ていとく》が決めたときの三弗以上にも通用するようになる」と誇らしげに記している。

　この通貨条項によってもっとも利益を得たのは、ほかならぬハリス自身であった。金銭にこまかいハリスは、最初の九ヵ月の家計費が銭三四七万六五九四文に達したが、それを六九九ドルで清算し、ペリーの基準による支払いとくらべて一四七四ドルも節約できた、と記録している。

　こうして、年俸五〇〇〇ドルの総領事ハリスは、年々多額の蓄財ができたのである。開港後は銀ドルで得た一分銀を日本金貨にかえて海外へもちだすことが流行するが、その点はあとでふれよう（八五ページ参照）。

のらりくらりとハリスの要求をかわす幕府役人を相手に孤軍奮闘をつづけるハリスは、持病の胃病が悪化して吐血《とけつ》するまでになった。そこでヒュースケンから下田奉行に看護役の斡《あっ》旋《せん》をたのんだのが、例の「唐人《とうじん》お吉《きち》」がハリスにかしずく契機となる。

しかし、お吉が三晩で解雇されたのに、ヒュースケンにかしずいたお福《ふく》は順調に玉泉寺がよいをつづける。ハリスを懐柔《かいじゅう》しようとする幕府役人と若さをもてあますヒュースケンの手で、看護役であったはずの女性が別の役目の女性にかえられた可能性が高いといえよう。

江戸行きをはげしくもとめるハリスにたいし、幕府内部では、安政二年（一八五五）一〇月から阿部正弘にかわって老中首座の座についた堀田正睦《ほったまさよし》に許容論を上申する岩瀬忠震《いわせただなり》ら海《かい》防掛目付《ぼうがかりめつけ》派と、反対論をとなえる川路聖謨《かわじとしあきら》ら海防掛勘定《かんじょう》奉行派が争っていた。そして、ここでも、アメリカ軍艦ポーツマス号の下田入港が反対論にとどめを刺し、ハリスは陸路天城峠《あまぎとうげ》をこえ、東海道経由で念願の江戸へはいり、宿舎の九段坂下の蕃書調所《ばんしょしらべしょ》へ到着した。安政四年一〇月一四日のことである。

岩瀬忠震（1818〜61）
橋本左内が「断あり識あり」と評した幕臣。安政の大獄で幽居中死去。

通商条約の交渉

将軍家定《いえさだ》への挨拶をすませたハリスは、数日後に老中堀田正睦を訪問し、二時間以上にわたって通商条約が必要なことを説きまくった。

ハリスはまず、蒸気船の発明と利用によって世界情勢が一変し、日本はもはや鎖国《さこく》政策をつづけることができなくなったことを説き、ついで、アヘン戦争でみられたイギリスの侵略的態度を強調した。そして、イギリス艦隊が中国だけでなく日本へもアヘンを売りこみにおしかける危険がせまっており、それを防ぐには、友好的なアメリカと事前にアヘン禁止条項をふくむ通商条約をむすぶしかないと説いたのである。譜代《ふだい》大名きっての外国通で「蘭癖《らんぺき》」というあだ名までつけられていた堀田は、ハリスの話をよく理解できたようである。

堀田がこのハリスの陳述記録を幕臣と諸大名に配って意見をもとめたところ、諸大名の答申の過半が通商条約承認論であり、かつての攘夷《じょうい》論者福井藩主松平慶永《まつだいらよしなが》なども、家臣の橋本《はしもと》左内《さない》の影響で積極的な開国論者に転換していた。幕臣のなかで開国消極論グループだった勘定奉行派も、戦争への危惧《きぐ》から態度を軟化させていった。

そして開国積極論の目付派からは、岩瀬忠震のように、江戸に近い横浜を開港することにより江戸を大坂におとらぬ大商業都市とし、それによって幕府の「中興一新」をはかろうという大構想を主張する者もあらわれた。そこで堀田は、一二月三日に、下田奉行井上清直《いのうえきよなお》と目付岩瀬忠震を幕府側の全権委員に任命し、ハリスとの交渉を開始させた。

翌安政五年一月一二日まで、一四回にわたっておこなわれた交渉は、終始ハリスのペースですすめられたといってよい。冒頭で幕府側は役人が仲介する会所《かいしょ》貿易を提案したが、自由貿易の実現こそ通商条約の核心部分と考えていたハリスは、断固としてそれを拒否し、幕府側も提案をひっこめざるをえなかった。

井上・岩瀬の主張がとおったのは、開市場から京都をはずすことと、アメリカ人の国内自由旅行権を否認することの二点だけである。この二点をつらぬくためには戦争も辞さないという幕府側の強硬姿勢に、さすがのハリスもゆずらざるをえなかった。

関税率をどれくらいにすべきかという問題も論じられたが、肝心の関税自主権については、なんの議論もないまま、日本はそれを放棄してしまった。領事裁判権も安政四年の日米条約（下田協約）と同様にアメリカ側だけがもつこととされた。また、アメリカ側から日本へあたえられるべき最恵国待遇《さいけいこくたいぐう》も、輸出税の賦課《ふか》とひきかえに撤回されてしまった。

こうして、いずれも片務《へんむ》的な協定関税制・領事裁判権・最恵国待遇という不平等条約の三大特徴が、通商条約にそなわることとなった。明治にはいってから日本政府は不平等条約の改正にむけて懸命の努力をかさねるが、列強《れっきょう》というのは、いったん入手した有利な地位はよほどのことがないかぎりけっして手放そうとしないものである。領事裁判制度は、憲法や諸法律が制定され、裁判制度の整備がすすんだ明治三二年（一八九九）に撤廃されるが、前記の不平等性が完全に撤廃されるのは、条約締結から約半世紀後の明治四四年（一九一一）のことである。

幕閣きっての俊秀であり、そのするどい弁舌は往々にしてハリスをおいつめたといわれる岩瀬にしても、国際法の知識の欠如はいかんともなしがたかったといわねばなるまい。開国積極論といっても、会所貿易の限界をなかなかこえられなかった岩瀬ら封建支配者層に、国内産業育成のための関税自主権の重要性の認識がなかったのは、当然であったともいえよう。

こうして日米修好通商条約は決定され、あとは調印を待つばかりとなった。堀田は一部の反対派大名を鎮静させるため、勅許《ちよっきょ》をもとめて上洛《じょうらく》することとし、調印の二ヵ月延期をハリスにもとめた。健康を害していたハリスは、一時、下田へもどって静養することになる。

第二章　反動の嵐と始まる貿易

1　朝廷の政治的浮上

一橋派と南紀派

安政《あんせい》五年（一八五八）二月五日に入京した老中堀田正睦《ろうじゅうほったまさよし》は、朝廷からの勅許《ちょっきょ》は自分が説けば簡単に得られると楽観しており、必要があれば金に弱い貧乏公家《くげ》に配ろうと多額の資金も用意していた。寛永《かんえい》の鎖《さ》国令《こくれい》を幕府が定めたときには勅許など問題にもならなかったことを思えば、堀田の楽観も無理がなかったといえよう。

だが、堀田をむかえた朝廷側は、強固な攘夷《じょうい》路線をまもってゆずらなかった。とくに孝明《こうめい》天皇（当時二八歳）の外国ぎらいははげしく、堀田の賄賂《わいろ》にまどわされぬよう、公家たちに注意をあたえるほどであった。

政治的無知から意見が定まらぬ公家にたいしては、元若狭《わかさ》小浜藩士《おばまはんし》の梅田雲浜《うめだうんぴん》や漢詩人梁川星巌《やながわせいがん》、あるいは頼三樹三郎《らいみきさぶろう》ら尊攘派《そんじょうは》の志士たちが、攘夷思想をさかんに吹きこんでいた。

こうして、堀田らの懸命の努力にもかかわらず、勅許はついに得られずに終わるのである。

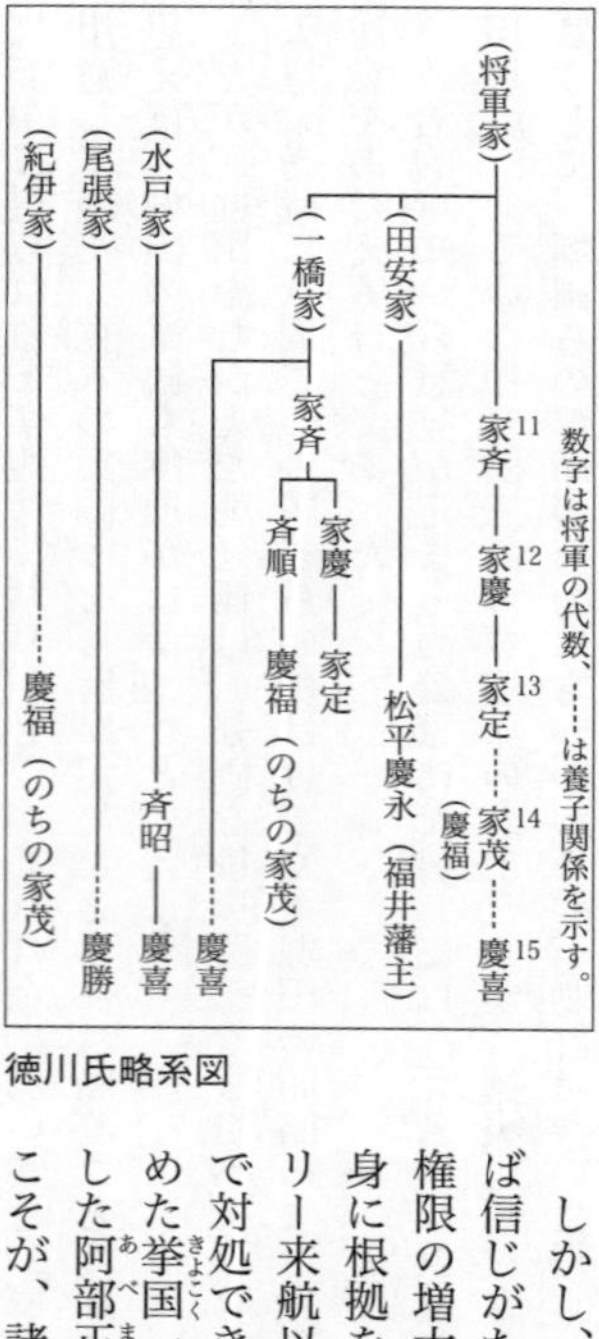

徳川氏略系図

しかし、幕府本来の姿からみれば信じがたいほどの朝廷の政治的権限の増大は、朝廷ないし天皇自身に根拠をもつものではない。ペリー来航以来の対外的危機に単独で対処できず、外様《とざま》大名までふくめた挙国《きょこく》一致の体制をつくろうとした阿部正弘《あべまさひろ》・堀田ら幕閣《ばっかく》の姿勢こそが、諸大名の発言力を増すとともに、朝廷をあらたな政治的焦点として浮上させたのである。

また、一三代将軍家定《いえさだ》（三五歳）が、体質虚弱で子がなかったことは、早くからその継嗣《けいし》をめぐる対立を生んでいたが、その決定のために朝廷を利用する動きがさかんになったことも、朝廷の地位をおしあげる一因となった。

将軍家の跡継ぎの候補は、三家の一つ紀州《きしゅう》家の慶福《よしとみ》（一三歳）と、三卿《きょう》の一つ一橋《ひとつばし》家を継いだ慶喜《よしのぶ》（二二歳）の二人に事実上しぼられていた。

血統重視の伝統からすれば、家定の従兄弟《いとこ》の慶福が最適任だが、年齢的に若すぎる難点があり、水戸《みと》藩主徳川斉昭《なりあき》の七男で英明《えいめい》の噂《うわさ》の高い慶喜こそが、国難に対処する将軍としてのぞましいとする声が多かった。福井藩主松平慶永《まつだいらよしなが》と薩摩《さつま》藩主島津斉彬《しまづなりあきら》がその中心であり、老中阿部正弘とかれが抜擢《ばってき》した川路聖謨《かわじとしあきら》・岩瀬忠震《いわせただなり》ら開明的な幕臣も、慶喜擁立《ようりつ》を支持する一橋派にくわわった（もっとも阿部は安政四年六月に死去する）。

これにたいして、慶福を推す人びとは南紀《なんき》派とよばれ、大奥《おおおく》や将軍側近に影響力をもち、彦根《ひこね》藩主井伊直弼《いいなおすけ》が指導的位置にあった。一橋派対南紀派の対立は、改革派と保守派の争いであり、その勝敗は幕政全体をも左右する重大な意義をになっていたのである。

橋本・西郷対長野

堀田正睦の上京にさいし、松平慶永《よしなが》は腹心の橋本左内《はしもとさない》を京都に派遣して条約勅許の側面援護をさせた。

左内は大坂の緒方洪庵《おがたこうあん》の適塾《てきじゅく》で蘭学《らんがく》を学んだ俊秀で、交易をつうじて富強をはかろうという積極的な開国論者であり、将軍継嗣《けいし》問題では慶永の手足となって奔走《ほんそう》していた。だが、左内のように開国路線と慶喜擁立《ようりつ》をむすびつける考えかたは、徳川斉昭《なりあき》や攘夷《じょうい》派の志士の意見とも異なるもので、公家《くげ》たちの支持をなかなか得られなかった。

一方、島津斉彬にひきたてられた若き西郷吉《さいごうきち》之助《のすけ》（隆盛《たかもり》）も、斉彬の命により慶喜擁立のために左内らと連携《れんけい》しつつ活躍した。両者の友情の深さは、二〇年後に西郷が城山《しろやま》で自刃《じじん》するさ

橋本左内（1834～59）
松平慶永を助けて藩政改革に努めた英才。安政の大獄で斬罪。

長野主膳（1815～62）
国学者としての名声を聞き井伊直弼が入門。井伊大老の右腕となり，のち斬罪。

いにも、左内の手紙を大切にたずさえていたことからうかがえよう。島津家の姻戚《いんせき》近衛《このえ》家をつうじて朝廷にはたらきかける西郷を助けたのが、同家に出入りしていた清水寺《きよみずでら》の僧月《げっ》照《しょう》であった。

他方、井伊直弼もまた謀臣《ぼうしん》（計略にたくみな家来）長野《ながの》主膳《しゅぜん》（義言《よしとき》）をひそかに上京させて、関白九条尚忠《かんぱくくじょうひさただ》に慶福擁立をはたらきかけた。伊勢《いせ》国生まれの国学者長野は、彦根《ひこね》藩に仕官《しかん》する前から公家たちに知り合いがあり、そのつてをもちいて九条家に接近したのである。

そして、橋本・西郷らの懸命の努力によって、将軍継嗣選定にあたり「年長・英傑《えいけつ》・人望」の三条件を入れた内勅《ないちょく》がくだされようとしたぎりぎりの段階で、なんと主膳は九条関白に三条件を独断削除させることに成功した。複雑で流動的な公家世界を相手にしたばあい、弁舌に長じた若い左内らよりも、公家たちを熟知していた年輩の主膳のほうが役者が一枚上だったといえよう。

雄藩の台頭

ところで、橋本左内や西郷吉之助といった新進気鋭の藩士たちが、政局の中央におどりでて活躍した背後には、幕府と同様に人材登用をすすめつつある雄藩《ゆうはん》の動きがあった。

たとえば、水戸《みと》藩では藤田東湖《ふじたとうこ》に代表される徳川斉昭の支持者らが、天保《てんぽう》の改革以来、藩校弘道館《こうどうかん》の建設を軸《じく》に人材の養成と登用につとめ、長州《ちょうしゅう》藩でも村田清風《むらたせいふう》につづいて坪井九《つぼいく》右衛門《えもん》・周布政之助《すふまさのすけ》らが登場し、桂小五郎《かつらこごろう》・高杉晋作《たかすぎしんさく》ら、若手を抜擢《ばってき》していった。福井藩においても、松平慶永とその家臣中根雪江《なかねゆきえ》が推進した天保の改革において人材登用がすすめられ、安政期には藩校明道館《めいどうかん》を創設し、橋本左内にその指導をゆだねている。薩摩《さつま》藩でも、調所広郷《ずしよひろさと》による財政改革の成果を前提に、島津斉彬が多彩な改革を推進するにあたり、精忠組《せいちゆうぐみ》とよばれる下級藩士の力を活用した。西郷はその代表例であり、大久保利通《おおくぼとしみち》もまた斉彬の信任をうけていた。

事態は土佐《とさ》藩・肥前《ひぜん》藩などでも共通していた。幕末の政局で活躍するこれら雄藩は、いずれも天保の改革と安政《あんせい》の改革において、人材登用をはかりつつ、軍制改革と財政改革をすすめていった。これにたいし、井伊大老《たいろう》をだした彦根藩や藩主松平容保《かたもり》が京都守護職《しゅごしょく》をつとめる会津《あいづ》藩など、いわゆる佐幕《さばく》派の諸藩には、藩政改革で見るべき成果をあげたものが少ないことが注目されよう。

くりかえし実施される軍制改革については、もうすこしあとの段階でふれたい。財政改革は、福井藩のように三上一夫氏のいう「民富論」的富国策をとるものから、薩摩藩のように三島《さんとう》（奄美《あまみ》大島・喜界《きかい》島・徳之《とくの》島）砂糖惣買入《さとうそうかいいれ》制など徹底した農民収奪を基礎とするものまで、さまざまなバラエティーをもっておこなわれた。

福井藩では、熊本藩士横井小楠《よこいしようなん》の指導をあおいだが、横井の考えは、藩札《はんさつ》により藩内の各種産物を買い上げて外国商人へ売るというもので、そのさいの買上げの「価は民に益ありて官に損なきを限りとし」「官府の利は外国より取るべし」という「民富」形成を包含した富国策であった。

これが具体化されるのはむろん自由貿易が許可される安政六年（一八五九）からのことであるが、担当者三岡八郎《みつおかはちろう》（由利公正《ゆりきみまさ》）の尽力《じんりょく》により福井藩庫は見ちがえるほど充実し、つねに五〇万両内外の正貨を貯蔵するにいたったという。

薩摩藩の調所広郷《ずしょひろさと》は文政《ぶんせい》一〇年（一八二七）から着手した財政改革において、三島砂糖惣買入制・藩債二五〇年賦償還《ねんぶしょうかん》・琉球《りゅうきゅう》密貿易（海産物輸出と薬種輸入）をつうじて巨利をうみだし、弘化《こうか》元年（一八四四）には、藩庫に目標の五〇万両を積み立ておえた（青木美智男『近代の予兆』四〇八ページ参照）。

調所は嘉永《かえい》元年（一八四八）に幕府から密貿易の責を問われて服毒自殺しているが、芳《かんばし》即正《のりまさ》氏は、その一〇年後に島津斉彬《なりあきら》が急死したときに、なお四二万両あまりの貯えがのこっていたことから、斉彬の事業は調所改革で基礎のかたまった国産収入を主軸にまかなわれたと推定している（同『島津斉彬』吉川弘文館など）。最盛期には千二百人余の職工・人足が働いたという反射炉・機械工場・ガラス工場などの洋式工場群「集成館」に代表される多彩な事業を経営するにあたり、斉彬は砂糖惣買入制を維持し、密貿易収益をふやしつつ必要な資金をひねりだしたのであろう。

地方の時代

このように、雄藩《ゆうはん》が財政改革をおこない、経済的実力をそなえはじめた基礎には、さまざまなかたちでの特産物生産の地方的展開がみられたはずである。この点を当時の史料によって全国的、数量的にしめすことはできないので、かわりに、幕末の状態をもっともよく反映している明治七年の全国物産調査により、各府県の工産物産額の全産額に占める比率を図示しておこう（図3）。

ここでの工産物の最大部分は食料品（酒・味噌《みそ》・醬油《しょうゆ》・茶・砂糖など）であるが、繊維品（織物・生糸・綿糸など）や油類・紙類など多様な品目もふくんでいる。五〇パーセント以

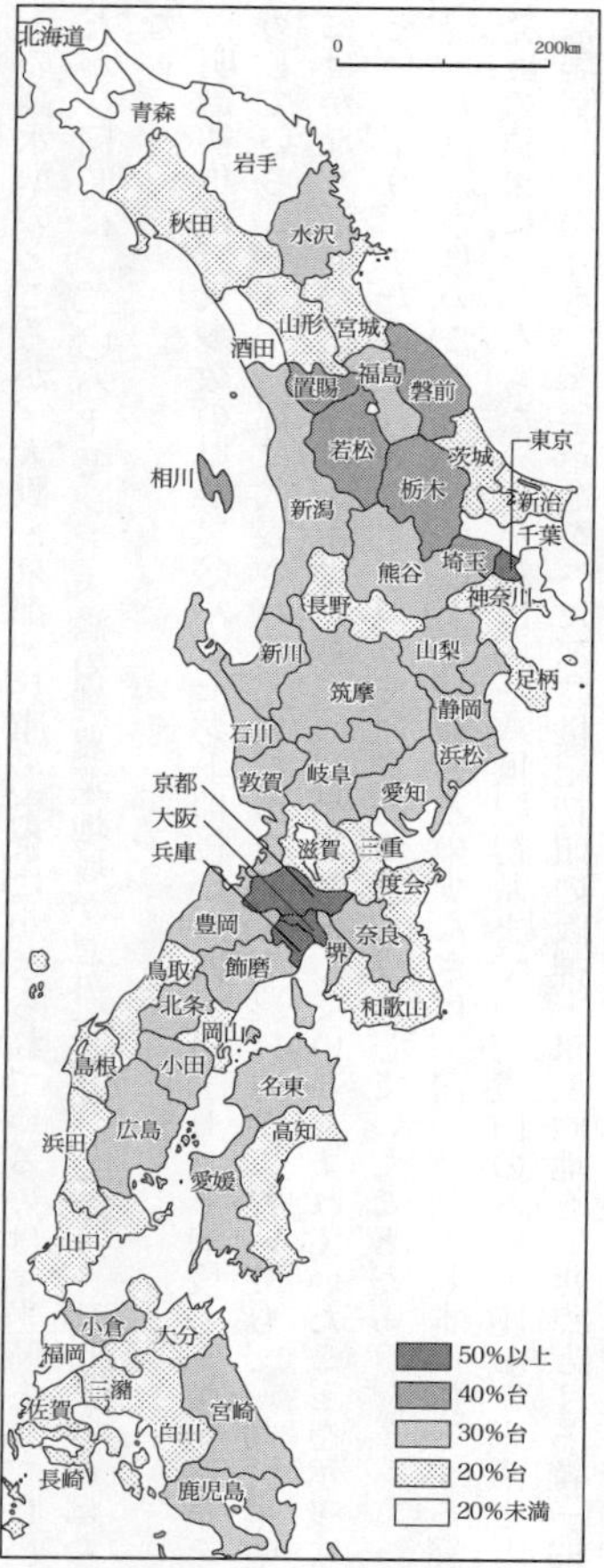

図3　府県別工産物比率（明治7年）

上の高水準のところが、大阪・京都・兵庫・東京にかぎられているのは、当時としては当然だが、同時に、二〇パーセント未満の純農業地域が意外に少ないことも注目されねばならない。

明治初年に、大多数の県が二〇パーセント前後から四〇パーセント前後の工産物比率をしめしていることは、三都に代表される工業都市をのぞく農村地域においても、一九世紀中葉にはかなり活発な工業生産が市場めあての商品生産としていとなまれていたことを示唆《しさ》するといえよう。また、それとむすびついて商業的農業も成長していたことだろう。

一九世紀中葉のこうした地域による経済格差の少なさは、藩経済圏を基本単位とする経済発展の結果にほかならない。それは、一八世紀初頭までの、畿内のみを隔絶した頂点とした幕藩制的市場とも、産業革命をへた二〇世紀初頭の阪神・京浜両地を二焦点とする統一的国内市場とも異なる、地域格差の少ない国民的国内市場がまさに形成されつつあることをしめしていた。日本史上において「地方の時代」と称することがふさわしい、かぎられた時代の一つであったといってもよい。

幕府は、これまで大坂を中心とする畿内先進地を天領《てんりょう》として掌握《しょうあく》し、長崎における外国貿易を独占することによって、諸藩を経済面でも支配しようとしてきた。だが、その力は諸藩、とりわけ雄藩の経済力増強によって相対的に弱められつつあり、さらに自由貿易の開始が諸大名と民衆への幕府の支配力を決定的に低下させることになるのである。

2　通商条約調印と反動の嵐

井伊大老の登場

安政《あんせい》五年（一八五八）四月、在京二ヵ月の努力もむなしく、条約勅許《ちょっきょ》を得ることに失敗した老中《ろうじゅう》堀田正睦《ほったまさよし》は、江戸へ帰るにあたって、一橋《ひとつばし》派の意見をいれて慶喜《よしのぶ》を将軍継嗣《けいし》に推す決心をかためた。継嗣問題についての内勅《ないちょく》は、「年長・英傑《えいけつ》・人望」の三条件を削除したとはいえ、逆に血統重視を記したわけではなく、幕府に人選をまかせたにすぎなかったからである。

また、一説によれば、内勅が堀田に伝えられるにさいして、「年長」の件が口頭で伝えられたことも、堀田に慶喜擁立《ようりつ》を決意させた一因であったという。しかし、最大の理由は、条約調印そのものは早晩さけられぬ以上、そこに生ずる難局をのりきるには、慶喜を将軍継嗣とし、一部有志が求める松平慶永《まつだいらよしなが》の大老《たいろう》就任を認めるしかないという、かれ自身の状況判断にあった。

だが、堀田のこうした方針は、江戸に帰って三日目の四月二二日、将軍家定《いえさだ》にたいして慶永を大老に推したときに、あえなくつぶれさった。堀田の申し出にたいし、家定はおどろいて、大老ならば家柄・人物からみて井伊直弼《いいなおすけ》をおいてほかにないとのべ、松平慶永案を拒否したからである。

井伊直弼（1815～60）
彦根藩主で大老となる。茶道の著書や歌集もあり，政治的には保守派。

むろん、これは家定が発意したのではない。幕閣《ばっかく》内の反徳川斉昭《なりあき》勢力の中心である老中松平忠固《ただかた》らの南紀《なんき》派が、堀田の留守中にひそかにすすめていた大奥《おおおく》工作が実をむすび、家定にそのような考えを植えつけていたのである。慶喜が将軍となれば、実父斉昭が将軍家の実力者として君臨し、大奥にも手をのばすことをおそれた家定の生母ら大奥の私情が、家定をうごかしたといわれる。無能な将軍がその後継者と幕閣の選定において最大の無能ぶりを発揮し、幕府の自滅をまねきよせたともいえよう。

翌二三日、将軍家定により井伊が大老に任命された。就任するやいなや、井伊は大老としての強力な職権をふるって慶福《よしとみ》の将軍継嗣決定を推しすすめ、五月一日、将軍家定は、大老以下老中にたいして世子《せいし》を慶福とする旨《むね》、内々に申しわたした。

そして、慶喜擁立をはかった一橋派の勘定奉行《かんじょうぶぎょう》川路《かわじ》聖謨《としあきら》らの左遷《させん》人事がはじめられたが、老中堀田や海防掛目付《めつけ》岩瀬《いわせ》忠震《ただなり》らの処分はしばらく猶予《ゆうよ》された。かれらを欠いては、米国領事ハリスとの交渉がなりたたなかったためである。

条約の無断調印

井伊大老は、勅許を得られなかった事情を諸大名に説明し、あらためてそれぞれの意見を提出させるとともに、堀田に命じて条約の調印延期をハリスと交渉させた。ハリスはたびかさなる延期の話を非難したが、ここで交渉を中止すると、オランダが先手を打つ気配をみせたため、七月二七日までの延期をしぶしぶみとめた。大老としては、そのあいだに諸大名の調印賛成意見をまとめて、朝廷の勅許を得る予定であった。

ところが、六月一三日、米艦ミシシッピ号、一五日、同ポーハタン号が下田《しもだ》へ入港し、英仏連合軍が天津《テンシン》まで進撃し、清《しん》国を屈服させたこと、近くその余勢をかって日本へ大艦隊をさしむけるかもしれないことをハリスにつたえた。

ハリスは、その旨《むね》を堀田へ急報するとともに、みずからポーハタン号にのって神奈川の南の小柴《こしば》沖へおもむき、一八日夜、江戸から派遣された井上清直《きよなお》と岩瀬《いわせ》忠震《ただなり》に会見した。井上・岩瀬両名は、英仏艦隊が来航する前にハリスと調印したいと考えていたので、ハリスから将来必要があれば英仏とのあいだの調停をするとの保証書を得て江戸へもどった。

翌一九日、江戸城中では緊迫した会議が開かれ、井伊大老は勅許を得てからの調印を主張したが、ほとんど支持者がなく、おりかえし小柴沖へむかう井上と岩瀬は、井伊から延期交渉が実をむすばぬさいは調印やむなしとの言質《げんち》をとりつけていた。そして、両人はポーハタン号につくや、延期交渉ぬきで、ただちに日米修好通商条約に調印した。安政《あんせい》五年（一八五八）六月一九日（太陽暦七月二九日）午後三時のことである。

このあと、一ヵ月のうちにオランダ、ロシア、イギリスとの修好通商条約が次々とむすばれ、九月三日にはフランスとの条約も調印された。いずれも、日本側の中心となったのは岩瀬忠震である。だが、フランスとの条約調印の二日後、岩瀬は作事《さくじ》奉行に左遷《させん》され、幕政から事実上追放された。

井伊大老は、一橋派の幕臣のうちでは岩瀬をもっとも嫌《きら》っていたという。秩序尊重の井伊からすれば、身分の低い岩瀬ら海防掛の役人が、目上の老中らにずけずけ意見具申《ぐしん》することは、「上《かみ》を犯す不遜《ふそん》の罪」として絶対にゆるすことができなかったのである。

岩瀬左遷の九月五日には、京都で攘夷《じょうい》派の連絡担当の豪商近藤茂左衛門《こんどうもざえもん》が逮捕《たいほ》され、いわゆる「安政《あんせい》の大獄《たいごく》」の幕が切っておとされた。しかし、「大獄」について語るためには、六月一九日の無断調印がうんだ動揺と対立のプロセスを跡づけてみなければならない。

安政の大獄

条約調印の直後、井伊大老は堀田正睦《まさよし》にその責任をおしつけて老中を罷免《ひめん》し、みずからの大老就任の功労者松平忠固《ただかた》をも罷免して、実質的な井伊独裁政権を確立した。

そして、六月二四日、大老の違勅《いちょく》調印を責めるとして、定例の登城日でもないのに城内におし入った松平慶永《よしなが》、徳川斉昭《なりあき》、尾張《おわり》藩主徳川慶勝《よしかつ》、水戸《みと》藩主徳川慶篤《よしあつ》、および同様に大老を詰問した一橋慶喜《よしのぶ》にたいして、七月五日、謹慎《きんしん》（斉昭）、謹慎・隠居《いんきょ》（慶永・慶勝）、登城停止（慶篤・慶喜）の処分を断行した。一橋派への大弾圧の開始である。

翌日、将軍家定《いえさだ》が死去し、慶福《よしとみ》が家茂《いえもち》と改名して将軍となった。

他方、京都では、条約調印の知らせを聞いた孝明《こうめい》天皇が激怒し、もはやこれまでと、「帝位ヲ他人ニ譲リ度《たく》決心候《そうろう》」との勅書をしめすほどであった。こうして、八月八日には水戸藩にたいし勅諚《ちょくじょう》（戊午《ぼご》の密勅《みっちょく》）が降下される。

その内容は、条約調印を批判するとともに、水戸・尾張両藩主らへの処分の影響を心配する、というもので、一橋派の巻き返し策とつらなるものであった。水戸藩への勅諚降下に反対する九条尚忠《くじょうひさただ》は、関白《かんぱく》を辞任した。

事態を幕府の危機とみた大老井伊は、反井伊派の全面的弾圧へとふみきっていく。九月七日には、在京の井伊の謀臣長野義言《ながのよしとき》の指示で、近藤茂左衛門につづいて梅田雲浜《うめだうんぴん》が逮捕《たいほ》される。条約調印の弁明に上京した老中間部詮勝《まなべあきかつ》は、志士・藩士や攘夷派公家《くげ》の家臣を次々と逮捕し、その威嚇《いかく》を背景に、九条の関白復職と家茂《いえもち》の将軍宣下《せんげ》を実現、一二月九日にはついに事実上の条約勅許まで獲得した。

公家では左大臣《さだいじん》近衛忠熙《このえただひろ》と右大臣《うだいじん》鷹司輔熙《たかつかさすけひろ》が辞官し、前関白鷹司政通《まさみち》・前内大臣《ないだいじん》三条実万《さんじょうさねつむ》とともに落飾《らくしょく》（出家）・謹慎を命ぜられたほか、多数が謹慎などの処分をうけた。安政《あんせい》六年（一八五九）一月から四月のことである。

つづいて同年八月には、大老は徳川斉昭《なりあき》に永蟄居《えいちっきょ》を命じ、一橋慶喜《ひとつばしよしのぶ》を隠居・謹慎に処したほか、一橋派と目《もく》される幕臣を処罰した。もっとも重い罰をうけたのは岩瀬忠震《ただなり》と永井尚志《ながいなおむね》の二人で、免職のうえ禄《ろく》をうばわれ、永蟄居を命ぜられた。向島《むこうじま》の別宅「岐雲園《ぎうんえん》」にこもった岩瀬は、健康を損《そこ》ね、文久《ぶんきゅう》元年（一八六一）七月、四四歳で淋《さび》しく世を去ることになる。

逮捕された志士・藩士ら七五名にたいしては、安政六年八月から一〇月にかけて、過酷《かこく》な断罪がおこなわれた。水戸藩家老《かろう》安島帯刀《あじまたてわき》が切腹、死罪六名のなかには、福井藩士橋本左《さ》内《ない》、儒者《じゆしや》頼三樹《らいみき》三郎《さぶろう》、長州《ちようしゆう》藩士吉田松陰《しよういん》がふくまれており、梅田雲浜ほか数名は獄死《ごくし》した。

左内と松陰

橋本左内の取調べは、慶喜擁立《ようりつ》のための京都での活躍に関するものであり、左内は、主命を奉じての行動は公明正大なものであると、堂々と主張した。開国論者の左内は、攘夷論に固執《こしつ》する天皇個人をも批判しえた点で、松陰などとは決定的に異なるリアリストであり、英明な将軍を中心とする統一国家の樹立をめざす、現実的な政治改革論者であった。

一方、それを断罪する大老井伊の立場は、幕府内の井伊派のそれでしかなく、左内の処刑は幕府を外側からささえるもっともすぐれた動きを抹殺《まつさつ》したものといわねばなるまい。

左内と連携《れんけい》しつつ慶喜擁立に活躍した西郷吉之助《さいごうきちのすけ》は、井伊の大老就任後、挙兵上洛《じようらく》して形勢逆転をねらう島津斉彬《しまづなりあきら》を待って京都にあったが、斉彬は安政五年七月に病没してしまった。

幕吏《ばくり》の手が僧月照《げつしよう》の身辺にものびたことを知った西郷は、月照を薩摩《さつま》へおくりこんだが、斉彬亡きあとの同藩にはかくまう余裕がなく、西郷は錦江湾《きんこう》で月照と相擁《あいよう》して投身する。そして独《ひと》りひきあげられて蘇生《そせい》した西郷は、藩庁のはからいで変名して奄美《あまみ》大島へ潜居させられることになった。幕吏の手もそこまではとどかず、西郷は大獄の嵐をかろうじてしのいだのである。

これにたいして、長州藩士吉田松陰のばあいは、慶喜擁立工作とはまったく関係がなく、幕府の違勅《いちょく》調印に反対して老中間部の暗殺を計画したことを自白したために、死罪に処せられた。

　長州藩の下級武士杉家《すぎけ》の二男に生まれた松陰《しょういん》は、山鹿流《やまがりゅう》兵学師範《しはん》吉田家の養子となり、長崎・江戸に遊学して佐久間象山《さくましょうざん》らの教えをうけた。嘉永《かえい》七年には、海外密航をくわだててペリーの船に乗りこもうとして失敗、藩地におくられ野山獄《のやまごく》にくだった。翌安政二年暮れから杉家の一室にあずけられ、やがて藩士子弟の教育に精をだす。有名な松下村塾《しょうかそんじゅく》である。久坂玄瑞《くさかげんずい》・高杉晋作《たかすぎしんさく》以下、多くの人材を生んだ同塾での松陰の教育は、佐藤信淵《のぶひろ》の『経済要録』や頼山陽《らいさんよう》の『日本外史《がいし》』などをテキストにしつつ、実践のための指針を学びとろうとするもので、藩校明倫館《めいりんかん》とは異なる熱気があふれていた。松陰は外敵に対抗するための国家統一の核を天皇への忠誠にもとめ、塾生にそのことを説きつづけたが、それは、一言でいえば、巨大な欧米列強の圧力で開国を余儀なくされた幕末日本が外圧に対抗すべく創り出した政治思想、奈良本辰也氏のことばをかりれば、「急場ごしらえの絶対主義政治思想」にほかならなかった。

　なぜ、その程度の政治思想しか創り出せなかったかは、民衆を念頭におきえなかった松陰の思想的いとなみとかかわるとともに、徹底した宗教弾圧からはじまる近世思想史全体に関係する大問題であり、ここでは深入りできない。いずれにせよ、幕末の政局をゆりうごかす尊王攘夷思想の一つのみごとな結晶が松陰においてみられるのであり、幕府が松陰を「悪謀之働き抜群」として江戸へ護送させ、ついに極刑に処したのは、幕府の自己保存の本能からすれば当然のことであったともいえよう。

桜田門外の変

井伊《いい》大老《たいろう》のこうした大量処罰は、ただちにはげしい反発をうんだ。そのきっかけは、水戸《みと》藩へくだった条約反対の密勅《みっちょく》を幕府が朝廷へ返上させようとしたことである。水戸藩内部では、返上を可とする会沢正志《あいざわせいし》斎《さい》ら鎮派《ちんは》と、不可とする激派《げきは》が争ったが、安政六年（一八五九）一二月に藩論は返上と定まった。

激派の金子《かねこ》孫二《まごじ》郎《ろう》・高橋多《たかはした》一郎《いちろう》・関鉄之《せきてつの》介《すけ》らは、かねてより薩摩《さつま》藩士有馬《ありま》新七《しんしち》らと井伊大老暗殺計画を練っていたが、いよいよ実行にふみきることにした。ただし、薩摩藩内での精《せい》忠組《ちゅうぐみ》有志の脱藩《だっぱん》計画については、首領格の大久《おおく》保《ぼ》利通《としみち》が慎重であり、藩主後見役《こうけんやく》島津《しまづ》久光《ひさみつ》にはたらきかけて藩主茂久《しげひさ》（忠義《ただよし》）直筆《じきひつ》の諭書《さとししょ》を精忠組一同にくださせ、おさえてしまった。これを機に大久保は藩政中枢へ進出する。

安政七年三月三日、水戸藩の関鉄之介を中心とする総勢一八人（水戸脱藩士一七人、薩摩脱藩士一人）が、節句の賀《が》詞《し》をのべに登城する井伊大老一行を桜田門外《さくらだもんがい》で襲撃する手はずをととのえた。

当日はめずらしく春雪が降りしきり、午前九時に外桜田の大老の屋敷をでた総勢六十余人のうち士分の二六人は雨合羽《あまがっぱ》を着、刀には柄袋《つかぶくろ》をつけて主君の駕籠《かご》をまもっていた。水戸藩の不穏な形勢をみて警固の人数をふやそうとの提言もあったが、幕府の定めを大老みずから破るわけにはゆかぬと、ことわったばかりのことであったという。

行列が桜田門外の杵築《きづき》藩邸の門前にさしかかったとき、武鑑《ぶかん》（旗本《はたもと》・大名の一覧を記した刊本）を手に大名登城を見物するふりをした一団の一人が、訴状を手に直訴《じきそ》するかにみえたので、供《とも》の者が近づくと、いきなり斬《き》りつけてきた。つづいて一発の銃声がとどろいたのを合図に道の左右から浪士《ろうし》らがいっせいに大老の駕籠へとおそいかかった。

彦根《ひこね》藩士も奮闘したが、雨合羽と柄袋がわざわいし、一人二人と斬りたおされていく。大老自身は合図の短銃で腰を撃ちぬかれ身動きもできぬまま、薩摩脱藩士で示現《じげん》流の名手有村《ありむら》次左衛門《じざえもん》に駕籠からひきだされ、首を打たれた。だが、井伊の首級《しゅきゅう》をかかえた有村も重傷を負い自刃《じじん》したため、首級は井伊家に回収され、胴と縫《ぬ》い合《あ》わされた。

老中《ろうじゅう》脇坂安宅《わきさかやすおり》邸に自首した浪士がさしだした斬奸《ざんかん》趣意書には、条約調印と大弾圧をした大老を「天下之巨賊」とし、これに「天誅《てんちゅう》」をくわえたのはけっして幕府に敵対してのことではない、と記されていた。のがれた浪士も各地で逮捕、処刑され、襲撃参加者で命をまっとうしたのは二名にすぎない。

井伊大老の強権的な幕政は、こうして二年足らずで終わりをつげた。大老の政治は、外圧のもとで崩壊しつつある幕府の旧《ふる》い部分がみせた断末魔《だんまつま》の痙攣《けいれん》ともいうべき政治反動であった。そして、その政治反動のもとで、幕藩体制そのものを掘りくずす自由貿易がすでにはじまっていたのである。われわれの目を、あらたな開港場横浜へ転ずることにしよう。

3　開港場へつどう人びと

横浜居留地の建設

通商条約にもとづいて、安政《あんせい》六年（一八五九）六月二日（太陽暦七月一日）、神奈川・長崎・箱館《はこだて》の三港が開かれた。太陽暦七月一日というのは日露《にちろ》・日英条約によるもので、先にむすばれた日米・日蘭《にちらん》条約では七月四日となっていた。ハリスは最初からアメリカ独立記念日を開港日に指定していたのだが、ロシアのプチャーチンがそこまでアメリカにしたがう必要がないとして変更したのである。

三港のうち最大の貿易港となる神奈川では、長崎・箱館と異なり、まったくあたらしく港をつくらねばならなかった。幕府は東海道の宿場《しゅくば》である神奈川宿は交通頻繁《ひんぱん》で日本人と外国人の接触が多くなりすぎることを危険視し、港湾としてすぐれている近くの横浜村を開港場にしたいと考えた。

公使となったハリスは、幕府は外国人を交通不便な横浜にとじこめ、長崎の出島《でじま》のように管理しようとしていると反論したが、それは井伊大老らの真意を見ぬいたものであった。

幕府は、ハリスの反対にもかかわらず、横浜に開港場をつくる計画をおしすすめ、安政六年三月には九万両余の予算で波止場《はとば》・道路橋梁《きょうりょう》・運上所《うんじょうしょ》・夷人貸長屋《いじんかしながや》などの建設をはじめた。波止場近くに運上所つまり税関（現神奈川県庁所在地）をたて、その東側を外国人居留《きょりゅう》地《ち》、西側を日本人街と定めた。

幕府はさらに、南側の太田屋《おおたや》新田《しんでん》地内の沼地を埋め立てて遊女町をつくることとし、品川宿旅籠屋《はたごや》佐吉がこれを請け負い、同年一一月に完成した。佐吉の経営する岩亀楼《がんきろう》は、その大規模・壮麗《そうれい》な建築で横浜名物の一つとなる。

横浜村の住民は、山手の丘の麓《ふもと》（本村《もとむら》、のち元町《もとまち》）へ強制移住させられたが、本村と居留地のあいだには万延《まんえん》元年（一八六〇）四～六月に運河が掘られたので、横浜は四面水にかこまれた島となり、出入りの橋には関門がおかれた。関内《かんない》・関外の称はここから生まれた。

開港当日の六月二日四半時《よつはんどき》（午前一一時ごろ）、はじめて横浜へ上陸したイギリス総領事（のち公使）R・オールコックは、『大君《タイクーン》の都』にそのときの印象をつぎのように記している。

サンプソン号が投錨《とうびょう》すると、わたしはすぐに上陸したが、日本政府がひじょうに早手回しに建てた費用のかかったすばらしい花崗岩《かこうがん》の建造物には、驚かざるをえなかった。大きな幅の広い突堤《とってい》（長さ一〇八メートル、幅一八メートル、水上四メートルのもの二ヵ所――引用者注）が湾のなかに突き出ていて、長い階段がついており、二〇隻《せき》ものボートが、同時に客や貨物をおろせるほどだった。すぐ正面には、役所風の大きな建て物があり、税関〔運上所〕だと教えられた。そこへいってみると、何人かの官吏とひとりの通訳がいた。税関の門をはいると、海浜からとった石を敷きつめた中庭があり、その四方には役所が建ち並んでいたが、そのあるものは明らかにまだ大工が工事中であった。

オールコックは、このあと「木と泥《どろ》の壁でできたりっぱなしっかりした家」がたちならぶ日本人街へでかけ、運上所でドル貨と同重量で交換した日本通貨を試みにつかってみて、それが期待した価値の三分の一しかもたないことを知って愕然《がくぜん》とするのだが、この通貨をめぐるトラブルはすぐあとでふれよう。

オールコックは、外国人の居留地について、ハリスと同調して神奈川宿の近くを主張した。オランダ領事もくわわった外国側の強い要求に幕府は屈して、居留地は神奈川地域へ設けることがいったんきまったが、肝心の外国商人は横浜のほうをこのんで続々と定着したため、翌安政七年三月には、ついに外国代表も横浜に居留地を設けることを正式に承認した。

巨大商社と中小商社

安政六年(一八五九)六月二日、開港した横浜港に入港した商船は、すでに前日にハリス公使がのった軍艦ミシシッピ号とともに到着していたアメリカ船ワンダラー号(オーガスチン・ハード商会派遣)を別とすれば、午後四時入港のオランダ船シラー号一隻《せき》のみであり、以後一一日までに四隻《せき》のオランダ船が入港した。一七日にトップを切って開店したのもオランダ商人である。

つづいて姿をあらわしたのは、六月三日のイギリス船カーテジ号であった。五〇〇トンの蒸気船カーテジ号は、中国で活躍する巨大商社デント商会の持ち船で、のちライバルのジャーディン・マセソン商会へ売却されたうえ、さらに肥前《ひぜん》藩の手にわたる。六月一四日には、ジャーディン・マセソン商会の若手パートナーのW・ケズウィックが、商品と洋銀四万ドルを積んだ帆船ノラ号にのって入港した。

ケズウィックは、同年はじめには会所《かいしょ》貿易のかたちですでにオランダ人以外とも貿易がはじまっていた長崎へ、同商会上海《シャンハイ》支店から派遣されて取引きの体験を積んでいた。デント商会の持ち船ヴァインデクス号もそのころ上海―長崎間を往復していた。

このように、開港当初の横浜へのりこんできたのは、中国や東南アジアにおける貿易で利益を蓄積し、長崎でも多かれ少なかれ取引きの経験をもった巨大商社が中心であったといってよい。かれらは自己勘定《かんじょう》=見込み取引きで成功して富を貯え、自己の持ち船に商品と洋銀を満載して日本へおくりだす実力をそなえていた。

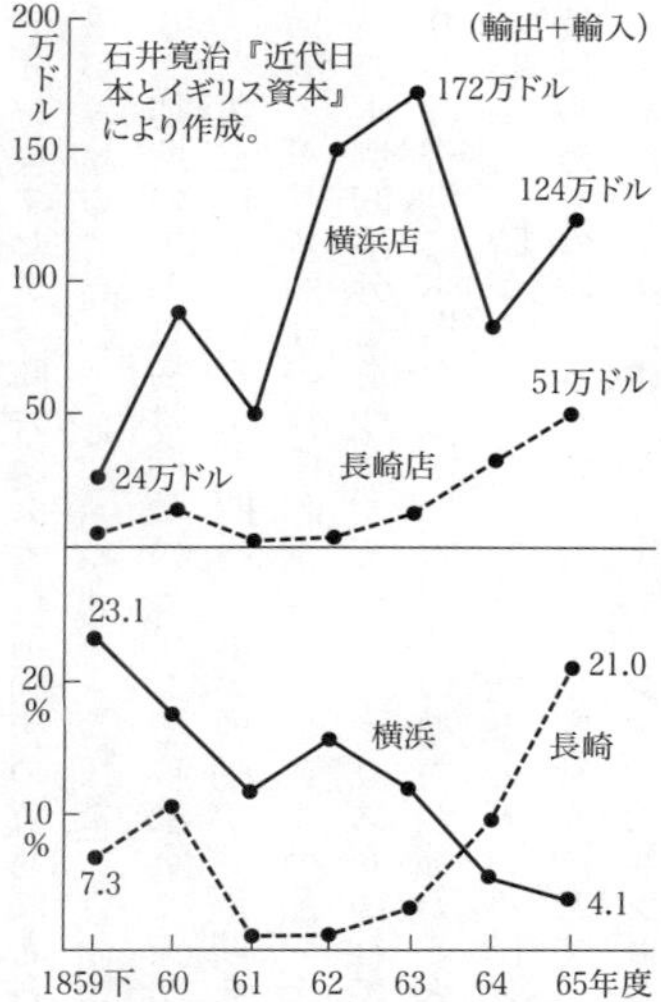

図４　ジャーディン・マセソン商会の貿易額（上）と各港貿易総額に占める同商会の比率（下）

図４の表にしめしたジャー

ディン・マセソン商会横浜・長崎両店の貿易額と各港での比重をみると、初期の横浜での比重がきわめて高いことがわかる。これは生糸《きいと》輸出に力を注いだ同商会の方針の結果でもあり、初期の生糸貿易は同商会とデント商会とで二分する勢いだったといわれている。

文久《ぶんきゅう》三年（一八六三）四月、攘夷《じょうい》運動が絶頂期をむかえて鎖港《さこう》の危機に瀕した時点での在横浜イギリス商社の資産調査（おもに在庫商品の金額。図5参照）によってみると、横浜貿易の圧倒的部分をあつかっていたイギリス系商社では、この時期にいたってもなお中国、とりわけ香港《ホンコン》に本拠をもつ巨大商社の勢力が強いことがうかがえるのである。

しかし、時がたつにつれて徒手空拳《としゅくうけん》の若い外国人が横浜や長崎へやってきて、主として手数料めあての取引きをおこなう中小商社を開業するケースも増加していった。たとえば、ロス・バーバー商会は、ジャーディン・マセソン商会横浜店の生糸買入担当者J・S・バーバー（日本の史料でバルベルと出てくる人物）が、上海《シャンハイ》の一商社にいたロスと組んで横浜に設立したものであり、有名なグラバー商会のT・B・グラバーも、最初はジャーディン・マセソン商会長崎店の担当者にすぎなかった。

文久三年にイギリス系のセントラル銀行（本店ボンベイ、現ムンバイ）とマーカンタイル銀行（本店ロンドン）が横浜支店を設け、翌元治《げんじ》元年（一八六四）にP&O汽船会社が上海―横浜間の定期航路を開設するようになると、中小商社の設立・活動はさらに容易になるのである。

オールコックが、横浜居留地社会を「ヨーロッパの掃溜《はきだめ》」と酷評《こくひょう》したような事態は、一面では巨大商社にかわる中小商社の進出をしめすもの、と理解すべきであろう。本国社会では古い伝統や格式にしばられて実力を発揮できぬ若い人びとにとって、日本各地の居留地はまさに〝自由と平等〟に満ちた解放空間であった。

商　社　名	資産（ドル）	百分比	本社（社員数）
1．Jardine, Matheson & Co.	763,719	26.6	香　港(51)
2．Fletcher & Co.	478,423	16.6	香　港(20)
3．Macpherson & Marshall	224,065	7.8	
4．W. Kemptner	161,200	5.6	
5．Ross, Barber & Co.	152,079	5.3	
6．G. Barnet & Co.	140,662	4.9	上　海(５)
7．D. Sassoon & Co.	120,580	4.2	香　港(14)
8．Dent & Co.	100,793	3.5	香　港(33)
9．Adamson & Co.	100,697	3.5	上　海(５)
10．H. J. Hooper	82,164	2.9	
11．Aspinall, Corns & Co.	77,289	2.7	
12．Hughes, Willgoss & Co.	53,835	1.9	
13．その他	419,930	14.6	
計	2,875,436	100.0	

斎藤多喜夫「幕末の横浜居留地」『たまくす』第５号，による。計は修正。

図５　イギリス系商社の資産　1863年（文久３）４月23日，横浜。

一財産をきずきあげて故国へ錦《にしき》を飾ったはずの人で、ふたたび日本へまいもどる者が多いのは、居留地と本国社会とのそうした異質性のためである。もっとも、この〝自由と平等〟が、領事裁判権にまもられた「白人社会」の特権を基盤としていたことは、いうまでもない。

江戸商人の顔ぶれ

これにたいして、外国商人と取引きするために横浜へあつまった日本人はどんな人たちだったのであろうか。幕府は安《あん》政《せい》五年（一八五八）末から江戸その他の商人に神奈川への出店をすすめ、かなり多くの江戸商人が出店を願いでた。

異人三井店にて仕入買の図　横浜本町通の端にある三井呉服店の様子。外国人が靴のまま上がっている。

安政六年七月改《あらため》の横浜主要商店七一軒のうち、三四軒が江戸商人であった。このなかには、しかし、大商人の出店が少ないことを心配した幕府の特別の要請をうけた三井《みつい》家などもふくまれていた。

三井家では呉服物商《ごふくものあきな》いのための横浜出店には消極的であったが、貿易関係の公金取扱いを独占できる条件がついたため、出店をひきうけた。同店は生糸《きいと》をあつかわず絹織物の売込みにつとめ、安政六年下期には銀八二二貫《かん》目《め》の売上げと銀四九貫目の利益をだしたが、以後、不振におちいり、文久元年（一八六一）には赤字に転落し、二年四月の類焼を機に呉服商いをやめている。

他方、三井の外国方御用達《がいこくがたごようたし》の業務はしだいに拡大し、預り金を横浜生糸商へ貸し出すなど、開港場横浜の重要な金融機関となっていくが、慶応《けいおう》二年（一八六六）には一〇万両の不良貸しがたまり、三井家を存亡の危機にひきずりこむことになる。

江戸商人のなかでは、比較的歴史があさくて元気のよい新興商人が横浜へ進出することが多かった。桜田門外《さくらだもんがい》の変《へん》でつかわれた短銃を水戸浪士《みとろうし》へひそかに提供したといわれる、謎《なぞ》の巨商中居屋重兵衛《なかいやじゅうべえ》もその一人である。

文政《ぶんせい》三年（一八二〇）に上州吾妻《じょうしゅうあがつま》郡中居村（群馬県吾妻郡嬬恋《つまごい》村）の名主《なぬし》黒岩家に生ま

れた重兵衛は、天保《てんぽう》一〇年（一八三九）出奔《しゆつぽん》して江戸の書店和泉屋善兵衛《いずみやぜんべえ》方ではたらき、嘉永《かえい》二年（一八四九）ごろ独立して書籍・薬品をあつかい、火薬製造もおこなっていた。幕府のすすめに応じてはやくから横浜出店の準備をすすめ、本町《もとまち》四丁目の一〇〇〇坪《つぼ》をこえる敷地に店をかまえ、六〇人あまりの奉公人をつかってさかんに生糸や茶を売り込んだ。開港後四ヵ月間の生糸輸出三万五〇〇〇斤《きん》の約半分は中居屋《なかいや》の手をへて外商に売り込まれたもので、中居屋自身も上州《じようしゆう》・信州《しんしゆう》などで生糸仕入れをおこない、巨利を博している。万延《まんえん》元年（一八六〇）八月には洋風の豪華《ごうか》な店舗《てんぽ》をつくり、銅瓦《どうがわら》で屋根をふいたため銅御殿《あかがねごてん》とよばれた。

この重兵衛は、翌文久《ぶんきゆう》元年に幕府の嫌疑《けんぎ》をうけて財産を没収され、横浜脱出後間もなく死去したというが、その真相は定かでない。

江戸商人の系譜《けいふ》をひく者は、むしろ外商から輸入品を購入する引取り商に多かった。明治中期の営業税納入額からみて、前川太郎兵衛《まえかわたろべえ》とならんで東京の三大織物問屋であった杉村甚兵衛《すぎむらじんべえ》と薩摩治兵衛《さつまじへえ》は、ともに近江《おうみ》出身の新興江戸商人丁子屋小林吟次郎《ちようじやこばやしぎんじろう》家（丁吟《ちようぎん》）から独立し、それぞれ輸入毛織物・綿糸布の引取りで産をなした者である。

杉村は弘化《こうか》四年（一八四七）に独立し、薩摩の独立は慶応《けいおう》三年（一八六七）である。近江商人前川の独立開店もやはり幕末の万延元年のことであり、同店は横浜の野沢屋《のざわや》（茂木惣兵衛《もぎそうべえ》）を拠点に洋反物《ようたんもの》の引取りをおこない急成長した。

輸入品の多くは、こうした江戸出身の引取り商の手をつうじて、旧来の流通経路にのせられていき、かれらは輸入品取扱いによって旧来の都市問屋をおいあげ、一挙に凌駕《りょうが》するのである。

地方商人の進出

しかし、横浜財界の中心をなす生糸売込み商の主たる出自は、江戸商人ではなく生糸産地から横浜へあつまってきた地方商人にもとめられねばならない。とくに、上野《こうずけ》・武蔵《むさし》両国からは、亀屋《かめや》原善三郎《はらぜんざぶろう》・野沢屋茂木惣兵衛・吉村屋吉田幸兵衛《こうべえ》といった著名な生糸売込み商があらわれた。

横浜開港資料館から刊行された『吉村屋幸兵衛関係書簡』によれば、天保《てんぽう》七年（一八三六）、上野国勢多《せた》郡新川《にっかわ》村（桐生市新里町）の質屋《しちや》に生まれた幸兵衛は、安政《あんせい》初年から糸繭《いとまゆ》商をいとなみ、万延元年に生糸出荷のため、はじめて横浜にでかけている。

売込み商としての開店は文久二年（一八六二）であるが、父親の経営する質屋からの送金にささえられて奥州糸《おうしゅういと》・上州糸《じょうしゅういと》を大量に買い付けて急成長し、慶応期に入ると危険な買付方式から安全な手数料めあての委託販売方式へ転換していく。こうして、前述の中居屋とともに初期の代表的生糸売込み商であった甲州屋忠右衛門《こうしゅうやちゅうえもん》が蚕種《さんしゅ》（かいこの卵）投機の失敗で没落するのを尻目に、吉村屋は横浜の代表的商人の地位を占めていくのである。

横浜へあつまってきたこれらの日本商人は、いずれも居留地《きょりゅうち》に店をかまえる外国商人と取引きするにとどまり、自分で外国まででかけて貿易をいとなむ力はまったくなかった。他方、外商のなかには、日本人の番頭や商人をつかって、条約で禁止されたはずの内地通商を試みる者もかなりあった。ジャーディン・マセソン商会から多額の資金を預かって大量の生糸産地買付けをおこなった高須屋清兵衛《たかすやせいべえ》や、アメリカのスミス・ベーカー商会の茶買入掛として活躍した大谷嘉兵衛《おおたにかひようえ》はとくに有名である。

そうしたことを考えると、横浜居留地での取引きが、多数の日本人売込み商・引取り商の参加によってスムーズにおこなわれるようになることは、外商が内地へ侵入することを防ぐ意味合いをもっていたといってよい。

ところが、開港当初の横浜では、商品取引きどころではないたいへんな騒ぎがもちあがっていた。開港当日にオールコックがつかってみておどろいた二朱銀《にしゆぎん》という新種の日本貨幣をめぐる紛争である。

4　金貨流出からインフレへ

苦肉の策・新二朱銀

安政《あんせい》六年（一八五九）六月二日、開港当日の横浜運上所《うんじようしよ》でオールコックは一ドル銀貨一個とひきかえに、予期した三個の一分銀《いちぶぎん》ではなく、二個の二朱銀という、まあたらしい通貨をあたえられた。この二朱銀の重さは一分銀の一倍半もあるが、その価値は、一分が四朱だから、一分銀の半分しかなく、二個あわせてやっと一分にすぎない。つまり一ドルの価値は、ハリスやオールコックが期待していた一分銀との交換のばあい（＝三分）とくらべて三分の一（＝一分）に暴落したのであった。

この二朱銀は幕府の外国奉行《ぶぎょう》兼勘定《かんじょう》奉行水野《みずの》忠徳《ただのり》のアイディアにもとづき、開港前日の六月一日に発行したばかりの新二朱銀であった。水野は、これによって日本金貨が海外へ流出するのを防ごうとしたのである。

日米修好通商条約で幕府は、先の日米条約と同様に内外貨幣の同種同量交換（同重量の外国金貨と日本金貨、外国銀貨と日本銀貨を交換する）をみとめただけでなく、日本金銀貨の自由輸出までみとめてハリスをおどろかせた。これでは公然たる通貨投機がかならずおこるにちがいない。一ドル銀貨（七・二匁《もんめ》＝二七グラム）を一分銀（二・三匁＝八・六グラム）三個（計二六グラム）ずつにかえ、その一分銀を四個＝四分＝一両《りょう》の割合で一両金貨（小《こ》判《ばん》）にかえて上海《シャンハイ》などへもちだすと、小判一枚を洋銀四ドルで売却でき、最初の洋銀を三倍にすることができるからである。

このカラクリの底には、地金《じがね》としての銀の金にたいする比価が日本は世界の一倍半くらいの高さだったことと、一分銀は含有する純銀の二倍ほどの価値を幕府により付与された事実上の補助貨幣にすぎなかったこと、の二点が横たわっていた。重さと無関係に一分という金貨単位を刻まれた一分銀は、もはや秤量《ひょうりょう》貨幣としての銀貨ではない。

つまり、幕末の日本は金銀複本位を脱して金本位制へとすすみつつあったのに、依然として金銀複本位制にとどまっていた「遅れた」アメリカからやってきたハリスには、それを見

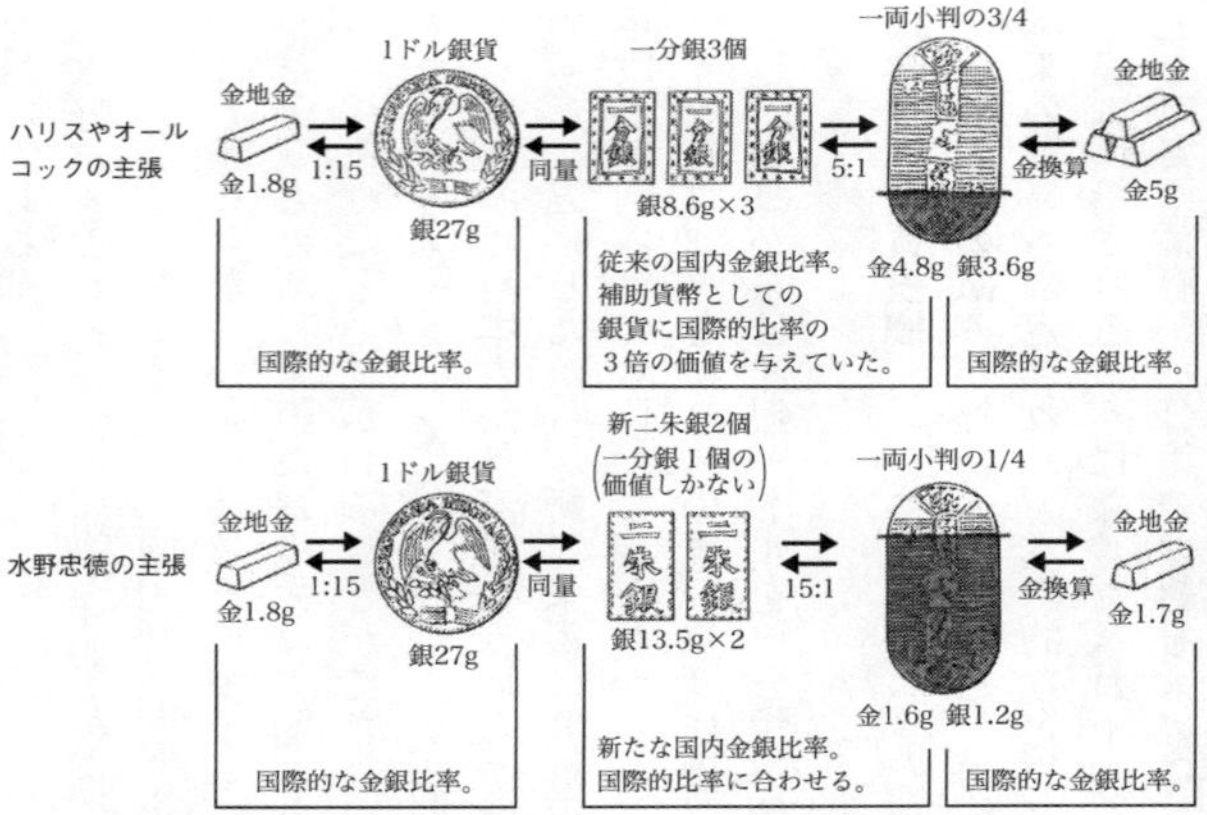

図6　通貨交換の矛盾　(日本の通貨制度：1両＝4分＝16朱)

ぬく力がなかった。それゆえ、ハリスは補助貨幣にすぎない一分銀と銀ドルとの同量交換という暴論をおしつけて恥じるところがなかったのである。

日米通商条約の交渉にあたったときの岩瀬《いわせ》忠震《ただなり》は、同種同量交換のもつ危険性に気づいていた。幕府は、すでにペリー再航時に洋銀の品位重量を調べた結果、国内での地銀買上げ価格を基準にして、一ドルは通用銀一六匁《もんめ》(一両＝六〇匁の公定相場)、すなわち金《きん》で約一分《ぶ》にあたることを確認し、それにもとづき一ドルを銭《ぜに》一六〇〇文《もん》と交換すると定めていた。

この規定にたいしハリスが抗議したことから混乱がはじまったことは、すでに見たとおりである。岩瀬としては、通商条約締結時になんらかの対策を考えていたようであるが、間もなく左遷《させん》されたため、水野が担当者となったのである。

水野が考案した新二朱銀《にしゅぎん》が洋銀と交換されると、どうなるか。一ドル銀貨＝二朱銀二個（＝一分）であるから、一両小判は四ドルなければ得られない。それを上海《シャンハイ》で売っても四ドルにしかならないから、運賃だけ損することになり、金貨流出はおさえられるわけである。

だが、この新二朱銀には重大な欠陥があった。従来の一分銀が国内で依然として通用しており、それにとってかわることができなかったことである。たびかさなる貨幣悪鋳《あくちゅう》で財政収入をおぎなってきた幕府にとって、全面的な銀貨良鋳《りょうちゅう》を実施する経済力はとてもなかった。運上所《うんじょうしょ》は日本人が外商からうけとった新二朱銀をさしださせ、一分銀と二朱の名目で交換することにしたから、新二朱銀は開港場かぎりの特殊な通貨となり、洋銀価値引き下げの手段と批判されてもいたしかたなかった。

オールコックとハリスの強い抗議に接した幕府は、六月二二日、新二朱銀を廃止することとし、これからは洋銀一ドルを一分銀三個と交換する旨《むね》、通告した。

激しい金貨投機

新二朱銀の試みが挫折《ざせつ》したのちも、幕府は運上所からの一分銀の供給を制限し、そのため本来の貿易も限定された。本格的な金貨ブームがはじまったのは、洋銀を改鋳《かいちゅう》した一分銀が大量に供給されるようになった八月下旬からである。以後、一〇月一七日の江戸城本丸《ほんまる》の炎上を口実に幕府が一分銀の供給を大幅におさえるまでの二ヵ月足らずが、外商による小判《こばん》あさりの最盛期であった。

最大の外商ジャーディン・マセソン商会の金貨輸出をみると、図7のように金積み出し額（コスト）四万七八九三ドルの半分が一〇月二二日に横浜から香港《ホンコン》へ積み出され、コストの六〇パーセント近い利益をあげているが、その後は利益率が下がるとともに取扱いも減っている。

一〇月はじめごろの横浜の外商たちは金貨あさりで狂乱状態におちいり、競って運上所へ巨額の一分銀を要求した。ジャーディン・マセソン商会も店員バーバー名義で四〇〇万ドルという途方もない金額を一分銀と交換したいと要求している。これでは運上所としても一分銀との交換を制限せざるをえないであろう。オールコックらも、金貨投機が正常な貿易を阻害することを心配しはじめた。

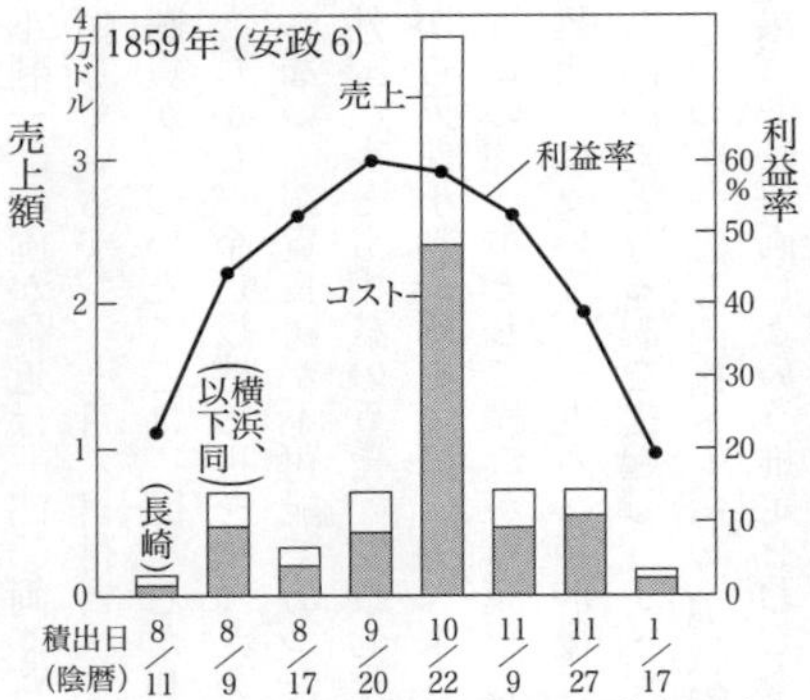

石井寛治『近代日本とイギリス資本』による。

図7　ジャーディン・マセソン商会の金貨輸出

ところで、実際の利益がせいぜい六〇パーセント止まりだったのは、一分銀で金貨を購入するさいの金貨価格が騰貴《とうき》したためであった。近江《おうみ》商人丁子屋《ちょうじや》小林吟右衛門《ぎんえもん》（丁吟《ちょうぎん》）の九月二八日付京店あて江戸店（吟次郎）書状は、天保《てんぽう》

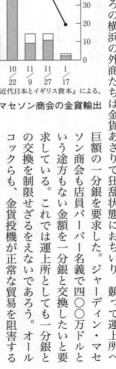

小判《こばん》一〇〇両が最近は一四〇両くらいになっているので、京都でも買いあつめてほしいと依頼しているが、一一月六日付書状では一五二〜一五三両に達したとつたえている。その後も騰貴がつづいたことは、図示した利益率の低下から十分うかがえよう。

しかし、金貨投機の根を絶つためには、金銀比価の国際水準への修正がなされなければならない。銀貨良鋳が不可能であった以上、それは金貨悪鋳によるしかないと考えた幕府は、外国代表とも相談のうえ、安政《あんせい》七年（一八六〇）一月二〇日、おって改鋳するまで二月一日から天保小判一両を三両一分二朱とすることを布告し、ここに金貨流出は終息した。

この間、主として横浜から流出した金貨の額については、戦前来の一〇〇万両説（山口和雄氏）にたいし、一九六〇年前後になって、石井孝氏が、運上所交換一分銀額をもとに三〇万両内外とみる説を提起し、J・マクマスター氏は、ジャーディン・マセソン商会文書によりつつ、一〇万両以下という挑戦的な見解をとなえた。私は、同商会文書を再検討した結果、一〇万両台という推定をおこなったが、石井氏もそれを基本的にうけいれ、一〇万両内外という新推定をだしている。

こうして、流出額そのものは、意外に少なかったらしいという話におちつきつつあるが、そのことは金貨流出のあたえた影響の大きさを否定するものではけっしてない。流出への対策こそは、あの爆発的な幕末インフレーションの起爆剤となったからである。

幕末インフレーション

開港前後から上がりはじめた諸物価は、上下の波をえがきつつも、幕末をつうじてはげしく上昇した。新保博氏の計算によれば、銀目《ぎんめ》表示の大坂卸売《おろしうり》物価は、安政六年から慶応《けいおう》三年（一八六七）までの八年間に六・六倍となっている。太平洋戦争末期から戦後復興期にかけての猛烈なインフレにつぐ、史上まれにみる物価急騰《きゅうとう》が幕末の民衆生活をおそったのである。その一因は、当時の人びとが考えたとおり、開港場での自由貿易の展開にあった。

安政六年からはじまった貿易は、慶応二年まで連年大幅な出超を記録した。輸出品を代表する生糸《きいと》の横浜価格は、当初はロンドンやリヨンの価格の半値くらいであったが、間もなく八〇パーセント台の水準におちつきながら上昇しつづけ、国内物価をひきあげていった。他方、輸入品は、幕末にはまだ競合する国産品の価格をひきさげる力は乏しかったので、幕末の貿易は全体として物価水準の上昇をもたらしたといってよい。

しかし、それにも増していわゆる万延《まんえん》の貨幣改鋳が物価にあたえた影響が注目されねばならない。その手はじめが、前述の安政七年二月の天保小判の歩増《ぶまし》通用であり、同年四月からは従来の三分の一弱の重さの万延小判（および一分判）が鋳造された。これが一両小判かと目をうたがうほど小さな金貨である。このときは、天保小判一枚につき三枚強の割合でひきかえられたから、金貨をもっている商人たちの資産のみが膨張した。

彦根《ひこね》藩御用をつとめる近江《おうみ》商人丁吟《ちょうぎん》の安政六年度決算（安政七年一月二五日）は、巨額の金貨増打金《ましうちきん》を計上しているが、はやめに情報を入手して金貨をせっせとため込んだ成果であった。こうして増加した金貨がつかわれた結果、物価が上がるわけだが、万延小判と一分判は、じつはあわせて六二万両ほどしか鋳造されなかったため、物価上昇の要因としてはあまり大きいとはいえない。

持続的な物価上昇の最大の原動力は、幕府が貿易出超で横浜にだぶついた洋銀を買い上げて鋳造した大量の万延二分判であった。これは明治二年までに約五〇〇〇万両も鋳造されたが、金は二二パーセントでのこりは銀という奇妙な金貨であって、一両あたり純金量は小判よりはるかに少ない補助貨幣である。万延二分判は、額面どおりで旧貨幣とも交換されたから、その鋳造によって幕府は巨額の改鋳利益を入手でき、文久《ぶんきゅう》三年（一八六三）には幕府収入の過半が改鋳利益であることがあきらかにされている（図11の表参照）。

こうした、幕府の財政支出の増大というルートをへて、持続的な物価上昇が生じたのであった。

第三章　攘夷の行きつくところ

1　尊攘志士の活動と民衆

幕藩経済の崩壊

開港にともない、横浜から大量の生《き》糸《いと》が輸出されはじめたために大きな打撃をこうむったのは、絹織物産地の京都西陣《にしじん》や上州《じょうしゅう》桐生《きりゅう》であった。西陣では開港の安政《あんせい》六年（一八五九）の生糸入荷が例年の半分近くまで減少し、失業した織物職人の暴動がおこった。京都町奉行《まちぶぎょう》所《しょ》は翌年にかけて困窮者《こんきゅうしゃ》への飯米《はんまい》代金の施与《せよ》や、洛中《らくちゅう》の富豪による施粥《せがゆ》をおこなって暴動再発をおさえねばならなかった。

桐生でも生糸不足・糸価格暴騰《ぼうとう》が機屋《はたや》をおいつめ、安政六年一一月九日、桐生領三五ヵ村総代《そうだい》は大老《たいろう》井伊《いい》直弼《なおすけ》と老中《ろうじゅう》間部《まなべ》詮勝《あきかつ》にたいし、生糸輸出禁止の駕籠《かご》訴《そ》を決行した。桐生織物買継ぎ商も、江戸呉服《ごふく》問屋をつうじてくりかえし生糸禁輸を訴えた。

さらに、開港当初は水油《みずあぶら》の輸出が多く、江戸市中で灯火用の水油が不足したため、江戸油問屋・仲買《なかがい》は、油輸出の統制を申し出た。

こうした事態に、幕府は万延《まんえん》元年（一八六〇）閏《うるう》三月一九日、いわゆる五品江戸廻送令《かいそうれい》を布告する。これは、雑穀《ざっこく》・水油・蠟《ろう》・呉服・生糸の五品について、地方から横浜への直送を禁止し、江戸問屋へ廻送したものの内から横浜商人へ売りさばくことを定めたものである。

抜荷《ぬけに》を防ぐために江戸問屋が横浜に出店する計画は、外商の異議を憂慮《ゆうりょ》する外国奉行と神奈川奉行の反対もあってつぶれたが、江戸問屋の送り状がない荷物は非合法とされたため、輸出品は産地→江戸→横浜という経路をたどってはこばれることになった。

もっとも、生糸以外の四品の輸出需要は激減し、生糸荷については、横浜商人と地方荷主の直接取引きが一般的であったため、江戸問屋改所《あらためじょ》にわずかな口銭《こうせん》を払うだけであった。したがって、江戸問屋をつうじて貿易を掌握《しょうあく》し、その運上《うんじょう》により幕府財政をささえようという、かつての岩瀬忠震《いわせただなり》の構想は、実現しなかったといえよう。

五品江戸廻送令は、こうして「無力化」したといわれるが、のちにみるように、文久《ぶんきゅう》三年（一八六三）後半には横浜鎖港《さこう》問題とのかかわりでその威力を発揮する。それまでの「無力化」の背景には、(1)もともと弱体であった江戸糸問屋が、天保《てんぽう》の改革時の株仲間解散令以降、嘉永《かえい》の仲間再興令のあとも、もはや特権的な流通規制力を回復しえなかったこと、(2)養《よう》蚕《さん》製糸農家の増加と座繰器《ざくりき》の普及による製糸能率の上昇が、機業地《きぎょうち》の原料糸不足を緩和《かんわ》する効果をもたらしたこと、などの事実があったのであろう。

それゆえ、貿易の影響を西陣・桐生の一時的衰退に代表させることは誤りである。東日本での生糸生産と、伊勢《いせ》・山城《やましろ》など西日本から駿河《するが》へひろがる茶生産とが、幕府・諸藩の統制をこえてめざましく発展しはじめた事実のほうが、重要な意味をもっていた。

輸入品では、綿糸布はまだ少なく、文久二年に許可された諸藩の艦船輸入が幕末の政争で軍事力として大きな役割を果たすこととなった。

幕藩体制は、将軍↓大名↓家臣の順に米の生産量（石高《こくだか》）を基準として領地・俸禄《ほうろく》があたえられる石高制を基本秩序としており、対外貿易の幕府独占（鎖国《さこく》制）が外枠《そとわく》をなしていた。その外枠がはずれたことは、石高で計ることのできない実力を諸藩がもつことを可能にしたが、その諸藩にあっても、米納年貢《ねんぐ》で領民の商品生産の発展の成果を吸収することは、もはやできなくなったのである。自由貿易は、こうして幕藩支配の根幹を確実に掘りくずしはじめた。

安政《あんせい》七年三月の桜田門外《さくらだもんがい》の変《へん》が、全国各地で尊攘志士《そんじようしし》の活動をいっせいに爆発させた基礎には、開港による経済社会のこうした激動が横たわっていたのである。

あいつぐ夷人斬り

攘夷《じようい》を叫ぶ志士たちの動きは、横浜や江戸における外国人殺傷事件となってあらわれた。その最初は、開港後間もない横浜でおこったロシア艦隊士官らへの襲撃である。

安政六年（一八五九）七月二七日夕刻、来日中のロシア使節N・ムラヴィヨフの護衛艦隊乗組員三名が横浜本町《もとまち》三丁目で暴徒におそわれ、見習士官R・モフェトと水兵I・ソコロフが死亡した。時の神奈川奉行《ぶぎよう》水野《みずの》忠徳《ただのり》は変事を聞いても現場へおもむかず、戸部《とべ》の奉行所で指揮をとり、犯人をやすやすと逃亡させたため、運上所《うんじょうしょ》へかけつけた各国領事を憤慨《ふんがい》させた。

しかし、ロシア側は意外に穏和な態度で、幕府の謝罪と奉行の罷免《ひめん》、および被害者の墳墓の設立をもとめるにとどまった。壮麗《そうれい》な洋風の墓が横浜元村の増徳院境内《ぞうとくいんけいだい》（現在の横浜外国人墓地）にたてられたが、その台石はいまも最古のものとして同墓地にある。

翌安政七年二月五日、オランダ船長W・デ・フォスと商人N・デッケルが横浜で殺害されたときにも犯人は逃亡し、幕府は新小判一〇〇〇両ずつを賠償金として支払い、横浜への関門で帯刀人《たいとうにん》の取締りを強化した。

攘夷派の凶刃《きょうじん》は、諸外国公使館員をもおそった。万延《まんえん》元年（一八六〇）一二月五日、ハリスと労苦をともにしてきたアメリカ公使館通訳ヒュースケンが、条約交渉に来日したプロシア使節の宿舎赤羽接遇所《あかばねせつぐうしょ》（飯倉《いいくら》）から麻布善福寺《あざぶぜんぷくじ》のアメリカ公使館へ馬で帰る途中、数人の志士におそわれた。ヒュースケンは瀕死《ひんし》の重傷を負い、善福寺へはこびこまれて数時間後に息をひきとった。ドイツ語に堪能《たんのう》なヒュースケンは、プロシア使節の交渉を手伝っていたのである。

犯人は水戸《みと》藩浪士《ろうし》ではないかと、当時、噂《うわさ》されたが、じつは伊牟田尚平《いむたしょうへい》ら薩摩《さつま》藩の脱藩浪士と藩士であった。最良の協力者を失ったハリスは、悲嘆にくれながらオランダにいるヒュースケンの母親のために賠償金一万ドルを幕府から取り立てたが、事件の半年後にはA・リンカーン大統領へ辞意を表明するにいたる。

文久《ぶんきゅう》元年（一八六一）にはいると、一五〇名の日本人護衛にまもられた高輪東禅寺《たかなわとうぜんじ》にあるイギリス公使館が襲撃されるという大事件がおこった。香港《ホンコン》出張の帰途、長崎から陸路江戸へ帰ったイギリス公使オールコックの行動を、「神州《しんしゅう》」を汚すものとして憤激した水戸藩浪士一四名が、公使到着の翌五月二八日夜、なんと公使館に斬《き》りこんできたのである。

さいわい公使は難をのがれたが、乗馬用のムチで戦った書記官L・オリファントは重傷を負い、ピストルを発射した長崎領事G・S・モリソンも傷ついた。館外での戦いで日本人にもかなりの死傷者がでて、逃亡した浪士も今回はほとんど逮捕《たいほ》された。幕府は負傷したイギリス人二名に一万ドルを賠償金として支払っている。

攘夷のために夷人《いじん》斬《ぎ》りというテロ活動を試みたのは、水戸藩や薩摩藩などの武士だけではない。農民のなかからも、横浜へのりこんで夷人斬りをしようと計画する者があらわれた。本書の冒頭に登場した渋沢栄一《しぶさわえいいち》もその一人である。

武蔵《むさし》国榛沢《はんざわ》郡血洗島《ちあらいじま》村（埼玉県深谷市）の豪農《ごうのう》の長男として生まれた渋沢は、文久三年（一八六三）に親戚の尾高惇忠《おだかあつただ》・渋沢喜作《きさく》らと「横浜を焼き撃《（ママ）》ちして、外国人と見たら、片《かた》ッ端《ぱし》から斬《き》り殺《ころ》してしまう」計画をたて、藍玉《あいだま》商売の売上げ金を父親に黙って流用して刀や槍《やり》を買いあつめ、同志をつのっていた。この計画は実行直前の一〇月末、京都からもどった同志の反対にあって中止となったが、当時の攘夷熱の広がりをしめすものといえよう。

文久元〜二年の日本旅行記を著した、のちのスイス領事R・リンダウは、横浜外国人墓地に眠る犠《ぎ》牲者《せいしゃ》の数の多さを嘆きつつ、「ヨーロッパと日本との、短いが暗く悲しい交流史が

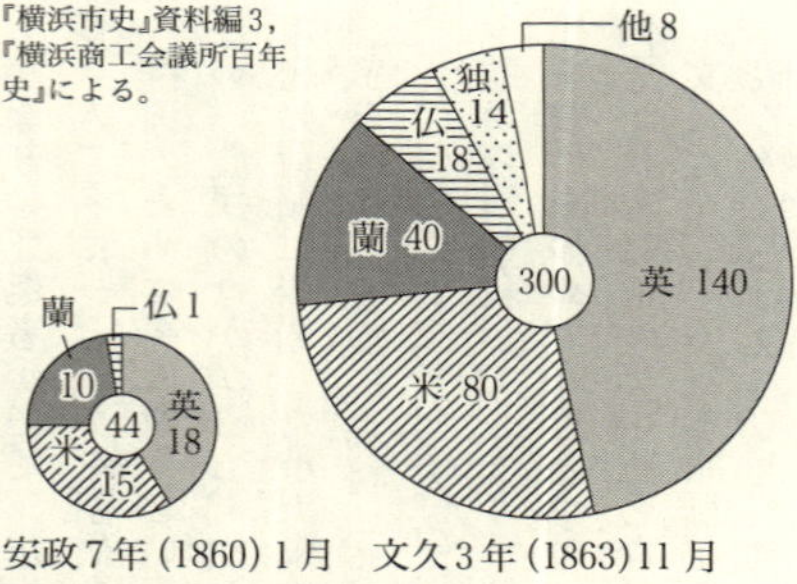

図８　横浜在住欧米人数

『横浜市史』資料編3，『横浜商工会議所百年史』による。

血塗られた文字で書かれているこの墓地を訪れた後では、絶えず連発銃《レヴォルヴァー》を携帯《けいたい》するという、外国人が一般に採用している習慣にもはや驚きはしまい」（森本英夫訳『スイス領事の見た幕末日本』新人物往来社）と記しているが、外国人からみれば、当時の日本はまさに「命がけの生活をしなければならぬ国」（『一外交官の見た明治維新』）であった。

外国人医師の働き

こうしたたびかさなるテロ事件にもかかわらず、開港場へのりこむ外国人の数は、図8のようにふえつづけた。

かれらの大部分は貿易関係者であったが、医師や宣教師もはやくから来日した。もちろん日本人への伝道は禁止されていたから、当面は居留地《きょりゅうち》の外国人のための聖職者である。

横浜へはアメリカ長老《ちょうろう》教会からJ・C・ヘボン博士夫妻が宣教医として安政《あんせい》六年（一八五九）に訪れ、病気治療をしつつ、日本語の研究、和英辞書の編集、聖書の翻訳をおこなった。ヘボン式ローマ字は、ヘボン博士が慶応《けいおう》二年（一八六六）、ウォルシュ・ホール商会の援助で刊行した『和英語林集成』から普及したものである。

ヘボンは眼科が専門であったが、外科・内科の手術もおこない、当時の江戸の医者は、手におえない難病人とみるとヘボン博士のところへ患者をよこしたという。ヘボンはまた幕府の委託生九名に英語を教えたが、そのなかには村田《むらた》蔵六《ぞうろく》もふくまれており、文久三年に夫人が開いた英語塾には、年若い林 董《はやしただす》（のち外相）や高橋是清《これきよ》（のち首相）がかよっていた。

長崎では、海軍伝習所《でんしゅうじょ》へ派遣されたオランダ人軍医ポンペが、安政四年から文久二年まで、松本良 順《りょうじゅん》ら幕府・諸藩の学生に西洋医学をはじめて組織的に教授し、また、多くの患者の治療にあたった。とくに安政五年のコレラ大流行にさいしては、ポンペの療法がほとんど唯一無二の対策としてむかえられ、その実績がものをいって、文久元年九月には、はじめての洋式病院が幕府の手で開設された。

ヘボン夫妻　宣教医として来日し，明治25年に帰国。この写真は明治23年に撮った金婚式記念。

さらに箱館《はこだて》でも、ロシア領事館付のロシア正教会司祭（安政六年五月来日のマホフ、文久元年五月来日のニコライ）や、パリ外国宣教会から派遣されたカトリック宣教師M・カションが、それぞれ病院建設を計画していた。結局、ロシア側の計画のほうが実現し、落胆したカションは、達者《たっしゃ》な日本語能力をいかして元《げん》治《じ》元年（一八六四）以降、フランス駐日公使ロッシュの通弁官として活躍することとなる。

しかし、これらの人びとの献身的活動も攘夷《じょうい》ムードの拡大を防ぐことはできなかった。長崎のポンペは、安政《あんせい》六年以降、それまで友好的だった日本人の態度がかわりはじめたと嘆いており、箱館のカションは幾度も暗殺の危険にさらされた。横浜のヘボン博士は接触した日本人から「ヤソの君子」として尊敬されていたが、文久元年春には夫人が棍棒《こんぼう》で肩を打たれ、一時帰国を余儀なくされた。

草莽の志士

では、このように対外緊張を激化させつつ、のちにみるように攘夷《じょうい》の精神的根拠として天皇を新たな忠誠の対象へとおしあげていった尊王《そんのう》攘夷の志士《しし》とは、いかなる人びとであり、幕府・諸藩の枠組《わくぐみ》を突破して縦横にうごきまわるかれらの活動を経済的にささえたシンパ（後援者）は誰だったのであろうか。

安政の大獄《たいごく》を断行した井伊直弼《いいなおすけ》大老《たいろう》の暗殺が幕府の権威を失墜《しっつい》させたのを画期に、全国各地からいわゆる草莽《そうもう》の志士が輩出《はいしゅつ》した。「草莽」、すなわち草むらにあるというのは、幕藩制の身分秩序から意識的に脱出した意味であり、藩士《はんし》ならば脱藩《だっぱん》がその最高形態であろう。「志士」とは、世のための志をもって生きる者のことである。下級武士と豪農商の出身者が、ともに「草莽の志士」として、従来の幕藩制の地域的、身分的秩序を打ちこわしつつ、縦横に活躍した絶頂期が幕末の文久年間（一八六一〜六三）であった。

関東における事例として、文久二年一月一五日に老中《ろうじゅう》安藤信正《あんどうのぶまさ》を坂下門外《さかしたもんがい》に襲撃したグループについて見てみよう。安藤に傷を負わせ失脚せしめたこの事変の最終決行者は六人にすぎず、内三名は水戸《みと》藩士であったが、関係者グループの主導権は下野《しもつけ》の豪農商クラスがにぎっていた。

秋本典夫氏によれば、宇都宮《うつのみや》出身の江戸有力商人佐野屋《さのや》の当主菊池教中《きくちのりなか》とその義兄の儒者《じゅしゃ》大橋訥庵《おおはしとつあん》を指導者とし、佐野屋とつながる真岡《もおか》町商人や農民・医師らがくわわっていた。かれらの経済的基盤の動揺・崩壊こそが尊攘活動へのりだす背景であったという。教中と訥庵は挙兵策を追求し、老中襲撃には消極的であったが、グループの資金は佐野屋からでており、両者とも逮捕《たいほ》され、出獄直後に死去した。

佐野屋菊池教中について、秋本氏は、黒船《くろふね》渡来後におきた商況悪化が、教中を攘夷論者へと転化させ、江戸商業からの資金回収・新田《しんでん》開発地主化への途《みち》をえらばせたと指摘している。おそらくそのとおりであろうが、教中の父親大橋孝兵衛《こうべえ》（佐野屋孝兵衛）が、文化《ぶんか》一一年（一八一四）以来、江戸できずきあげた新興都市商人としての地位はすでに絶大なものがあり、江戸店をあずかる支配人たちは撤退に猛反対し、全面ひきあげは実現していない点が見おとされてはなるまい。

嘉永《かえい》四年（一八五一）の問屋仲間再興にさいしての調査によると、佐野屋は木綿《もめん》仕入れ高において新興商人中断然トップであり、旧問屋一〇軒をおびやかしていた。呉服《ごふく》問屋・質屋《しちや》としての活動を合わせると、江戸商人佐野屋の経営は、多少の浮沈をへつつも、幕末期をつうじて基本的にゆらがなかったとみてよかろう。文久元年に幕府がたてた、江戸国益会所《こくえきかいしょ》による関東の諸物産の掌握《しょうあく》計画が、老中安藤の失脚後、立ち消えとなったことも、佐野屋の商業活動にとってさいわいした。

こうして、教中の死亡時、わずか満九歳であった嗣子《しし》菊池《きくち》長四郎《ちょうしろう》は、明治期には東京府屈指の富豪となり、貴族院多額納税議員の地位もきわめるのである。

高杉晋作とそのシンパ

西日本の事例としては、下関《しものせき》の廻船《かいせん》問屋小倉屋《おぐらや》白石正一郎《しらいししょういちろう》の活動が有名だが、その軌跡は関東の佐野屋のばあいとかなり異なっていた。幕末の志士たちの特徴は、おなじ志の人物と意見を交わし、連帯し行動するために、頻繁に旅行していることである。下関の白石家は、かれらの格好の宿舎であり、隠れ家であり、情報交換の場であった。

中原雅夫氏によれば、正一郎の『日記中摘要』は――おそらく破棄された原本の一部分にすぎないが――、安政《あんせい》四年(一八五七)から明治一一年(一八七八)までの登場人物一二〇〇人、うち国事に奔走《ほんそう》した志士は約四〇〇人におよび、西日本の著名な志士のほとんどが同家の世話になっている。なかでも、福岡藩を脱藩した平野国臣《ひらのくにおみ》と長州《ちょうしゅう》藩士高杉晋作《たかすぎしんさく》との交流はふかく、正一郎の弟廉作《れんさく》は平野とともに文久三年(一八六三)一〇月の生野《いくの》(但馬《たじま》)の挙兵にくわわり自刃《じじん》、正一郎は高杉の奇兵隊《きへいたい》結成に参加し資産をつかいはたした。

白石家は下関のうち支藩《しはん》である清末《きよすえ》藩領の竹崎で北前船《きたまえぶね》相手の廻船《かいせん》問屋をいとなんでいた

というから、正一郎の父資陽の代に蓄財したといっても、その規模はあまり大きかったとは思われない。苦心して薩摩《さつま》藩・福岡藩の御用達《ごようたし》になり、萩本藩《はぎほんぱん》から一五〇〇両を借用しているのも、そうした限界を突破しようとする努力だったといえよう。

文久三年八月の京都政変（一一七ページ参照）以降、薩長交易が中断したことは、拡大の契機をつかみかけた白石家の商業活動に大打撃をあたえ、慶応《けいおう》期に萩藩越荷方《こしにかた》が活躍したことも同家を圧迫した。その反面で、文久三年六月に白石家で高杉が結成した奇兵隊は、費用のかなりの部分を同家に依存したから、白石家の没落はさけられなかった。それを知りつつ高杉らを支援しつづけた正一郎は、シンパの域をこえてみずから「草莽の志士」になりきったというべきであろう。

商人の自律的展開を許さぬまでに藩権力へ経済力を集中し、軍事力を強化しえた西南雄藩《ゆうはん》と、もはやそうした統制能力を喪失《そうしつ》した幕府との差がそこにはあり、小倉屋の没落と佐野屋の興隆というコントラストを生みだす背景となった。

攘夷運動の性格

これまで、尊王攘夷《そんのうじょうい》運動の対外面を中心にのべてきたが、攘夷というのはヒステリックな排外主義——ナショナリズムのいわば病理形態——にすぎなかったのか、それとも国民的利益をまもる健全なナショナリズムとしての性格をそなえていたのか、どちらなのであろうか。これは簡単には答えられない大問題である。

「ナショナリズム」ということば自体がいろいろな意味でもちいられるが、統一的国内市場を基礎とした国家の形成・発展をもとめる近代固有の思想・運動で、世界的一体化がすすんだ今日では、もはやその歴史的役割を終えつつあるもの、とさしあたり理解しておこう。ナショナリズム全盛期である一九世紀中葉の幕末日本は、欧米列強の圧力に抗して独立をまもりぬけるかどうかの瀬戸際《せとぎわ》においつめられていた。

幕府が黒船《くろふね》の軍事的圧力に屈してむすんだ通商条約は、裁判権と関税自主権を否定される不平等性をふくみ、日本は対外従属を余儀なくされた。それにまもられての外国商人の威圧的な商取引きや生活ぶりは日本人の反発を生んだが、外国商人のなかには、さらに、条約の規定をくぐって日本人をつかい、ひそかに国内商取引きへ進出するケースすらみられるようになった。

こうした動きに反発して攘夷思想がひろまること自体はナショナリズムの自然な発露とみることもできるが、攘夷論者の対外認識はきわめて観念的、一面的であった。たとえば、坂《さか》下門外《したもんがい》の変《へん》に参加した水戸《みと》浪士《ろうし》の「斬奸《ざんかん》趣意書」には、このままでは日本人は「外夷《がいい》同様禽《きん》獣《じゅう》の群」と化するとあるが、このように外国人を「禽獣」とほとんど同一視する排外主義は、当時の攘夷思想一般の特徴であり、夷《い》人斬《じんぎ》りのテロは、こうした単純な観念的攘夷論の所産であった。

日本人と外国人をいずれもおなじ人間とみなし、人類普遍の条理に立って対応しようという主張もなかったわけではない。たとえば、熊本藩儒者《じゅしゃ》横井小楠《よこいしょうなん》は、ペリーとプチャーチンをむかえた嘉永《かえい》六年（一八五三）に、「凡《およそ》我国の外夷に処するの国是《こくぜ》たるや、有道の国は通信を許し、無道の国は拒絶するの二ツ也《なり》。有道無道を分《わか》たず一切拒絶するは、天地公共の実理に暗《くら》くして、遂《つい》に信義を万国に失ふに至るもの必然の理也《ことわりなり》」とのべ、万国共通の「実理」＝道理に沿って対外政策を定めようと主張した。

当時、アメリカを無道の国と考えていた小楠は、やがてその認識をあらためて開国論に転じ、さらに、日本こそが無道かもしれぬとの反省から、福井藩主松平慶永《まつだいらよしなが》を助けて国内政治の改革を志すことになる。

だが、小楠のように外国人と対等に接しようという精神的余裕をもちえた者は、当時の日本にはほとんどいなかった。日本国内ですら、封建的身分制と藩割拠《かっきょ》が支配し、民衆をふくんだ国民一般という概念も未成立だったから、ましてや外国人にたいし人間としてつきあえという注文は、ないものねだりにひとしかったといえよう。

開国策をとった幕府のばあいも、大多数の幕臣《ばくしん》の本音はむしろ排外主義に近く、攘夷が実際には不可能とみて妥協的開国をしていたにすぎない。そこには、幕府自身を延命させたいという思惑《おもわく》から、外国にたいして無原則な妥協をかさね、従属をふかめる危険性すらひそんでいた。

攘夷運動がテロ活動の水準を克服して健全なナショナリズムの性格を帯びるには、その担い手が民衆的広がりをもつようにならなければならない。しかし、一部の豪商農をのぞく大多数の民衆は攘夷運動とはほとんど無関係であり、志士たちの活躍が「世直《よなお》し」につながればよいとのかすかな期待をいだいていたにすぎなかった。のちにみるように、尊攘志士による民衆動員の試みは、ことごとく失敗に終わるのである。

攘夷論者の役割は、対外従属に甘んずる幕府を頂点とする支配体制を大きくゆさぶり、従属からの脱却をもとめうる新統一権力への道を準備した国内政治変革とのかかわりで、むしろ評価されるべきだろう。だがその道は、以下にみるとおり、苦難に満ちたジグザグのコースであった。

2　沸騰する朝廷の攘夷熱

皇妹和宮の悲劇

井伊《いい》直弼《なおすけ》大老《たいろう》暗殺のあとをうけて、幕閣《ばっかく》は罷免《ひめん》されていた久世《くぜ》広周《ひろちか》を老中首座《ろうじゅうしゅざ》に復職させ、安藤信正《あんどうのぶまさ》と久世を軸とする安藤・久世政権が発足した。同政権は、一橋慶喜《ひとつばしよしのぶ》や松平慶永《まつだいらよしなが》らの謹慎を解くなど一橋派との対立を緩和しつつ、朝廷との宥和《ゆうわ》策《さく》として孝明《こうめい》天皇の異母妹の和宮《かずのみや》親子《ちかこ》内親王《ないしんのう》を将軍家茂《いえもち》の夫人にむかえようとした。

「公武《こうぶ》一和《いちわ》」をはかるためにという幕府からの申し出に、孝明天皇は最初拒否の回答をしめした。理由は、和宮にはすでに有栖川宮《ありすがわのみや》の王子熾仁《たるひと》親王という婚約者があり、婚儀も間近いこと、夷人《いじん》の来集する関東の地に行かせるのは不憫《ふびん》であること、の二点である。

これにたいし、幕府はかさねて強く要請したため、天皇はついに万延《まんえん》元年（一八六〇）六月二〇日、鎖国《さこく》の体制へ復帰することを条件に、和宮降嫁《かずのみやこうか》をみとめる意向をしめした。侍従《じじゅう》岩倉具視《いわくらともみ》の助言によるものである。そして幕府は、同年七月二九日、「当節より七八ケ年乃《ない》至《し》十ケ年も相立候《そうろう》内」に交渉ないし武力により鎖国に復帰するという趣旨の老中連署の奉《ほう》答書《とうしょ》を提出した。

こうして和宮降嫁は、幕府・朝廷双方の政略が合致した結果、本人の意向とは無関係に決定され、和宮もいやいやながら受諾せざるをえなかったのである。翌文久《ぶんきゅう》元年一〇月二〇日に京都を発った和宮一行の行列は総勢六〇〇〇人余、大津《おおつ》から江戸まで中山道《なかせんどう》を一〇区分し、一二藩が分担して行列にしたがい警備にあたった。

宿泊地の一つの美濃中津川宿《みのなかつがわしゅく》の記録では、警備担当の尾張《おわり》藩から三〇〇〇人余が行列にくわわっていたというから、総勢一万人近い集団が尊攘派《そんじょうは》志士による和宮奪回をおそれて、要害険阻《けんそ》な中山道を戦闘態勢を組みつつ移動したわけである。同宿が隣りの落合《おちあい》とともに動員した人足だけで一万六〇〇〇人に達し、一ヵ月近い大旅行のあいだに沿道の村々へ課せられた助郷役《すけごうやく》は莫大《ばくだい》なものであった。

安藤信正（1819～71）
磐城平藩主。老中として和宮降嫁に尽力。坂下門外の変で失脚。

島崎藤村《しまざきとうそん》の『夜明け前』は、木曾路《きそじ》を大行列がとおるようすを活写しながら、「街道には、途中で行倒《ゆきだお》れになった人足の死体も多く発見された」と記している。

江戸城大奥《おおおく》での家茂《いえもち》夫人としての和宮の生活

皇妹和宮（1846～77）　公武合体路線のため将軍家茂とむりやり政略結婚させられた。のちの静寛院宮。

は、御所風《ごしょふう》の生活慣習と武家風のそれとのギャップや家茂の養母天璋院《てんしょういん》との対立のため苦労の多いものだったが、同年齢の家茂との仲はむつまじかったようである。

だが、和宮の真の悲劇は、政略結婚の目的である攘夷と公武《こうぶ》合体《がったい》がいずれも失敗に終わる点にあった。後述するように、慶応《けいおう》二年（一八六六）には夫家茂と兄孝明天皇をあいついで失い、その二年後には、かつての婚約者有栖川宮熾仁《ありすがわのみやたるひと》親王を大総督に、いとこの橋本実梁《さねやな》を先鋒《せんぽう》総督にいただく官軍にたいし、徳川家存続の嘆願をせねばならない破目《はめ》におちいるのである。

薩長の公武合体策

政略結婚という戦国時代なみの宥和《ゆうわ》策をとったことは、幕閣の時代錯誤ぶりを露呈し、尊攘の志士たちの反発を強めただけであった。幕府の地位低下に対応して、外様《とざま》雄藩《ゆうはん》の進出が再開される。

その先頭に立ったのは、こんどは長州《ちょうしゅう》藩であった。同藩の直目《じきめ》付《つけ》長井《ながい》雅楽《うた》が文久元年（一八六一）三月に藩主へ建白《けんぱく》した「航海遠略策《こうかいえんりゃくさく》」が同藩の大方針とされ、長井は朝廷・幕府へ建策におもむく。長井の議論は、対外的には幕府がむすんだ条約が有効である以上、「破約攘夷」をとるべきでなく、たかだか「三百年来ノ御掟《おんおきて》」にすぎぬ鎖国にこだわるのをやめて、朝廷は幕府に海外進出を命ずるべきだという、幕府寄りの論旨であった。

幕府がよろこぶのは目に見えているが、問題は一時的にせよ朝廷も長井プランに同意したことである。同年五月末に長井の建策を熟覧した天皇は、胸中の霧がはじめて晴れたとのべ、一日もはやく海外へ進出するよう幕府へ説くことを長井に命じている。孝明《こうめい》天皇の佐幕《さばく》姿勢は一貫しているが、再鎖国による攘夷の現実的可能性については疑問をいだくことがあったのかもしれない。

秀才長井による建策の欠陥は、開国進取《しんしゅ》の推進主体に旧態依然たる幕府を想定した点にあった。久坂玄瑞《くさかげんずい》ら長州尊攘激派《げきは》は、その点をとらえ長井を大姦物《だいかんぶつ》と非難して斬《き》り捨《す》てようと息まき、同藩政務役周布政之助《すふまさのすけ》も長井案不支持にかわった。そして、朝廷もまた尊攘志士の入説《にゅうぜい》をうけ、ふたたび攘夷路線をとったため、長井の努力は水泡に帰した。長州藩は文久二年七月、藩論を開国から攘夷へと大転換する。大転換の証《あかし》をしめすために藩主から切腹を命ぜられた長井の心中は、おだやかではなかったろう。

長井雅楽（1819～63）
長州藩士中「知弁第一」といわれた秀才。藩是転換の犠牲で切腹。

おなじ公武合体策でも薩摩《さつま》藩のそれは、亡き島津斉彬《しまづなりあきら》の路線を継承しつつ幕政の改革をふく

松平慶永（1828～90）　福井藩主。号は春嶽，礫川など。幕府政事総裁職として活躍した。

む点と、攘夷か開国かは「天下の公論」にゆだねるとして、みずから問題にするのをさけた点で、長州藩とは大きくことなっていた。藩主島津忠義《ただよし》の実父久光《ひさみつ》が腹心の小松帯刀《こまつたてわき》や大久保利通《おおくぼとしみち》らと練り上げた同藩の政策の「すごさ」は、武力を背景とした実力主義に徹したところにある。

文久二年三月一六日、久光は千余の精兵をひきいて鹿児島を発ち、京都へむかった。無位無官の人物が率兵上洛《じょうらく》して朝廷と交渉するなどということは、従来の幕藩制秩序を二重三重に破る前代未聞の行動であるが、幕府はもはやこれを阻止できなかった。

久光率兵上京の知らせは全国の尊攘志士を興奮させ、京都・大坂にあつまった激派は、この機会に佐幕派関白九条尚忠《かんぱくくじょうひさただ》と所司《しょし》代酒井《だいさかい》忠義《ただよし》をおそい、久光へ勅令《ちょくれい》をくだして倒幕挙兵へもちこむ計画をたてた。久光一行にさきだって出発した西郷隆盛《さいごうたかもり》は、事態を憂慮して激派鎮《ちん》撫《ぶ》につとめたが、逆に扇動《せんどう》しているとの讒言《ざんげん》を信用した久光の怒りをかい、ふたたび遠島処分になる。

西郷の抑えを失い暴発寸前となった薩摩藩激派有馬《ありま》新七《しんしち》らにたいし、久光はついに弾圧を決意、四月二三日夜、伏見《ふしみ》の船宿《ふなやど》寺田屋へ鎮使を派遣、首謀者六名を斬殺《ざんさつ》した。世にいう

「寺田屋《てらだや》の変《へん》」である。薩摩尊攘激派はここに壊滅した。藩の定めた方針にさからう尊王の家臣を容赦なく斬殺した久光の大胆な実力行使は、朝廷をふるえあがらせた。率兵入京した久光に浪士取締りを依頼した朝廷は、事件後あらためて同趣旨の勅　諚《ちょくじょう》をくだし、久光の京都駐兵を合法化する。

それに自信を得た久光は、幕閣人事へ介入し、一橋慶喜《ひとつばしよしのぶ》を将軍後見職《こうけんしょく》、松平慶永《まつだいらよしなが》を「大老《たいろう》職」に任命させようとし、五月二二日には、そのための勅使大原重徳《おおはらしげとみ》が久光らをしたがえて京都を発った。文久二年一月一五日の坂下門外《さかしたもんがい》の変《へん》により安藤・久世《くぜ》政権が崩壊したのちの幕閣は、勅使にさからう気力もなく、七月一日、慶喜の後見職、慶永の政事総裁職（将軍親族のため譜代《ふだい》大名がなる大老呼称をさけた）就任をみとめた。

横井小楠と幕政改革

慶喜・慶永政権の誕生、それは安政《あんせい》の大獄《たいごく》でつぶされた一橋派構想の実現のようにみえる。その産みの親となった島津久光の脳裏には、井伊《いい》大老《たいろう》に対抗して率兵上京する直前に病没した兄斉彬の姿があったことはまちがいない。だが、四年のあいだに幕府の威信は低下し、朝廷の地位が急激に高まりつつあった。尊攘志士の活動も、「寺田屋の変」以降、かえって勢いを増し、若手の激派公家たちとむすんで朝廷をうごかしていた。

そうした新状況に対応する改革構想を、久光ら薩摩藩の実力主義者はもちあわせていなかった。かれらにかわって幕政改革構想を提起したのは、松平慶永のブレイン役横井小楠《よこいしょうなん》であ

横井小楠（1809～69）
熊本藩士で儒者。外国人も日本人も同じ人間だと見る思想家。

一、大将軍上洛して、列世の無礼を謝す。
一、諸侯の参勤を止めて述職（将軍への領内政務の報告）となす。
一、諸侯の室家《しっか》（妻子）を（国もとへ）帰す。
一、外様・譜代にかぎらず賢を撰び、政官となす。
一、大いに言路をひらき、天下と公共の政をなす。
一、海軍を興《おこ》し、兵威をつよくす。
一、相対《あいたい》交易を止めて、官交易となす。

横井小楠の「国是七条」

る。「国是《こくぜ》七条」として知られる小楠の建策の基本は、幕府独裁を雄藩《ゆうはん》連合へあらためることにあり、のちの大政奉還《たいせいほうかん》路線の原型ともいうべきものであった。

その方針をもっともよくしめすのが、文久二年（一八六二）閏《うるう》八月発布の参勤交代制《さんきんこうたいせい》改革である。隔年を三年ごとにあらため、大名妻子の帰国をゆるしたことは、諸藩の経済的負担を減らしただけでなく、妻子を人質とする幕府独裁からの転換の表明でもあった。

軍制改革では、軍艦奉行並《なみ》に抜擢《ばってき》された勝海《かつかい》舟《しゅう》が、幕府の大艦隊建設についての将軍臨席の会議で実現の見こみを問われ、五〇〇年はかかるとのべて計画をぶちこわしたことが注目される。海舟はひろく人材を全国にもとめ、諸侯と協力して海軍をつくるべきだと考えたのであり、「幕私《ばくし》」（徳川家の私益）を排するナショナルな構想をもつ点で、小楠と意気投合していた。

この海舟の構想は、翌文久三年四月に神戸海軍操練所《そうれんじょ》の建設決定というかたちで一部具体化されることになる。同所では、旗本《はたもと》・御家人《ごけにん》だけでなく薩摩《さつま》・土佐《とさ》ほか諸藩の家臣も多数あつめられ、塾頭《じゅくとう》坂本竜馬《さかもとりょうま》のもとで修業するという光景がみられた。幕府海軍でも薩摩海軍でもない日本海軍が、まさに誕生しつつあったといってもよい。

これにたいして、文久二年閏八月設置の京都守護職《しゅごしょく》は、とくに京都において弱体化した幕府権力の回復をねらうもので、京都所司《しょし》代《だい》や大坂城代《じょうだい》らの上に立ち、京都に藩兵をおいて畿内の治安を担当した。この重職には、会津《あいづ》藩主松平容保《かたもり》が任ぜられ、容保は同年一二月に藩兵一〇〇〇人余をひきいて上京、以後王政復古《おうせいふっこ》までほとんど全期間にわたり、公武合体の最前線に立つこととなる。

猛威をふるう尊攘派

横井小楠のいう「公共の政《まつりごと》」が仮に実現したとしても、それはせいぜい幕府中心の雄藩《ゆうはん》連合にすぎず、相互の力関係で連合のありかたがかわる不安定な権力にとどまったであろう。幕府・諸藩の割拠体制を打ち破った統一権力がうみだされるためには、はげしい武力対決の過程をへながら、自藩意識から脱却した主体があらわれねばならない。

幕末の日本で、そうした役割をまずになったのが、尊攘派《そんじょうは》の志士《しし》たちであった。文久二年中葉から、尊攘志士の活動がとくに朝廷をめぐってさかんとなり、閏《うるう》八月七日に公武周旋《こうぶしゅうせん》を達成して江戸から帰京した島津《しまづ》久光《ひさみつ》は、朝廷で冷たくむかえられ、憤慨して同月二三日京を

姉小路公知（1839～63）
三条実美とならぶ少壮尊攘激派公家の代表。暗殺された。

武市瑞山（1829～65）
土佐勤王党盟主。通称半平太。前藩主山内容堂の怒りに触れて切腹する。

はなれ帰藩した。

　久光が江戸にいたあいだに、朝議が一変したのは、岩倉具視《いわくらともみ》ら公武合体派の公家が排除され、三条実美《さんじょうさねとみ》・姉小路公知《あねがこうじきんとも》ら少壮公家で尊攘激派とつながる者が勢力を増したためであった。七月二〇日、九条《くじょう》家の家臣島田左近《しまださこん》が薩摩《さつま》藩の田中新兵衛《たなかしんべえ》らに斬られ、首が四条河原《しじょうがわら》にさらされたのにはじまる「天誅《てんちゅう》」の流行は、幕臣や公家を恐慌状態におとしいれた。

　尊攘志士の背後には、藩論を大転換した長州藩とならんで土佐《とさ》藩があった。藩主山内豊範《やまのうちとよのり》は、武市瑞山《たけちずいざん》（半平太《はんぺいた》）のひきいる土佐勤王《きんのう》党による参政《さんせい》吉田東洋《とうよう》暗殺後、朝廷のもとめで率兵上京していた。閏八月一日、京都で他藩応接役に任命された武市は、長州藩の久坂玄瑞《くさかげんずい》らと密接な連絡をとりつつ朝廷にはたらきかけ、必要とみれば、子飼《こが》いの岡田以蔵《おかだいぞう》らをつかって「天誅」をしばしば試みている。

　文久二年（一八六二）一〇月に、朝廷は攘夷督促《とくそく》の勅使《ちょくし》として三条《さんじょう》・姉小路《あねがこうじ》両名を江戸へおくり、翌三年三月には、将軍家茂《いえもち》が上洛したので攘夷断行の期限をしめせとせまったあげく、五月一〇日との約束をとりつけた。もっとも、幕府からの大名への布告では、外国側がおそってきたばあいは打ち払えとなっているが、尊攘派の志士や公家はこちらから戦いをいどむと解していた。外交もなにもない、まさに狂気の沙汰《さた》である。

叡慮と廷臣

どうしてそこまでつきすすんでしまったのであろうか。薩摩《さつま》藩への対抗上、長州藩が、朝廷をひきずって無謀な攘夷路線を追求したのであろうか。そうした面もあるが、同時に、朝廷が長州藩論をひきまわした面もあった。

長州藩尊攘派のリーダー久坂玄瑞は、文久二年八月に藩主へ提出した策論「廻瀾条議《かいらんじょうぎ》」で、違勅《いちょく》の通商条約を破棄して和親条約の線までひきもどそうと主張していたが、当時の朝廷は和親条約以前の完全鎖国《さこく》にもどりたいとの意向であり、長州藩主にその旨《むね》つたえている。一方的に実行すれば、国交断絶・宣戦布告にひとしい暴挙をあえてのぞんだ朝廷の政治的無知・無定見にはおどろくほかないが、以後の政局はそうした朝廷の願望にひきずられつつ進行した。

従来の幕藩体制のもとでは、朝廷は幕府を権威づける存在にすぎず、政治の世界からはきびしく隔離されていたが、いまや「叡慮《えいりよ》」(天皇の考え)こそが最高の政治的価値をもつものとなった。しかし、政治的機関でなくなっていた朝廷の意志決定のメカニズムでは、天皇と接触できる廷臣《ていしん》(公家)グループが大きな力をもち、将軍といえども天皇と直接交渉して

「叡慮」を確かめることはできない。こうして、有力公家およびかれらとつながる尊攘志士が一時「叡慮」を独占し、幕府をおいつめる事態が発生するのである。

文久二年一二月、三条・姉小路勅使が江戸から帰らぬうちに薩摩藩とむすぶ青蓮院宮《しょうれんいんのみや》（中川宮＝朝彦《あさひこ》親王）が設置した国事御用掛《こくじごようがかり》は、上級公家（公武合体派）主導であったため、帰京した三条らのはげしい反発をまねいた。翌三年二月、関白鷹司輔熙《かんぱくたかつかさすけひろ》宅への久坂玄瑞や姉小路公知《きんとも》らのおしかけ談判の結果、激派公家中心の国事参政・国事寄人《よりゅうど》の両職が新設され、国事御用掛から実権を奪回した。

この事件は、天皇をとりかこむ廷臣間にもはげしい主導権争いがあり、その背後に薩摩藩＝公武合体派と長州藩＝尊攘派の対抗が渦巻いていたことをしめしている。五月二〇日の姉小路暗殺は、下手人《げしゅにん》不明のまま薩摩藩に嫌疑がかけられるが、それもこうした対抗の中での事件であった。

政治・外交上に経験がない朝廷に独走をゆるした最大の責任者は幕府である。安藤・久世《くぜ》政権が約束した攘夷を、どう実行するかについて慶喜《よしのぶ》・慶永《よしなが》政権はいっこうに腰が定まらず、松平慶永のブレイン横井小楠《よこいしょうなん》も、幕府が独断で通商条約をむすんだ点を批判する尊攘派の論理には、なぜか弱かった。幕政改革で小楠に共鳴している側御用取次《そばごようとりつぎ》（将軍と老中の仲介役）大久保《おおくぼ》忠寛《ただひろ》（一翁《いちおう》）は、開国論を説いて朝廷に拒否されたならば大政奉還をせよと主張したため左遷《させん》された。

徳川慶喜も、一時は理路整然とした開国論を弁じて小楠を感心させるが、朝廷にさからってまでも自己の主張をつらぬく豪胆さはない。こうして攘夷督促《とくそく》の勅使三条・姉小路にたいし、将軍家茂《いえもち》は攘夷奉承《ほうしょう》の返事をし、ずるずると朝廷のペースに巻きこまれていったのである。

八・一八クーデター

さて、肝心の「叡慮《えいりょ》」はどうだったのか。この点については、孝明《こうめい》天皇がのちに、この当時の朝旨《ちょうし》や勅　諚《ちょくじょう》は偽物もあったとのべているため、なかなかわかりにくいが、もともとのぞんでいた攘夷を幕府が実行してくれるなら天皇としては反対する理由はまったくなかったはずである。ただし、では戦争をしてでも攘夷をつらぬくかとなると、そこまではふみきれなかったのが実情であろう。

徳川慶喜の後年の回想談『昔夢会筆記《せきむかいひっき》』では、「攘夷ということにつきましての真の叡慮というものはいかがでございましょうか」との問いにたいし、

先帝の真の叡慮というのは、誠に恐れ入ったことだけれども、外国の事情や何か一向御承知ない。昔からあれは禽獣だとか何とかいうようなことが、ただお耳にはいっているから、どうもそういう者のはいって来るのは厭《いや》だとおっしゃる。煎《せん》じ詰《つ》めた話が、犬猫と一緒にいるのは厭だとおっしゃるのだ。別にどうというわけではない。どうかしてああいう者は遠ざけてしまいたい、されぼといって今戦争も厭だ、どうか一つあれを遠ざけてしま

真木和泉（1813～64）
尊攘派の理論的・実践的指導者。筑後の神官。

いたいとおっしゃるのだね。（傍点引用者）

という慶喜の答えが載っている。

したがって、のちにみるように、長州藩・薩摩藩がすでに列強軍艦と交戦し、対外緊張がギリギリまで高まった段階になると、天皇みずからが先頭に立つ攘夷親征《しんせい》論がとなえられ、天皇の意に反して決定されると、たまりかねた天皇は中川宮と組んで会津《あいづ》・薩摩両藩の武力にたより、ついに尊攘激派と長州藩の勢力を京都から追放するのである。

では、幕府にかわって朝廷が攘夷の先頭に立つ――そうなれば幕府は結局、無用となる――攘夷親征論を主張した中心人物は誰だったのか。それは尊攘派の理論的指導者真木和泉《まきいずみ》であったとみてよかろう。久留米水天宮《すいてんぐう》の神官真木は、寺田屋《てらだや》の変《へん》で捕らわれ国元で幽閉《ゆうへい》されていたが、文久《ぶんきゅう》三年（一八六三）五月、釈放されて上京、長州藩士や国事掛《こくじがかり》の三条実美《さねとみ》らに親征論を説いた。

かねてより王政復古をとなえていた真木は、「五事建策」を草し、浪華《なにわ》海（大阪湾）へ外国艦が侵入したさい、ただちに親征をなすべく陸海軍を創設し、その軍資にあてるため畿内五国を朝廷が直轄《ちょっかつ》、大坂に遷都《せんと》して新政をおこなうことを提案した。三河《みかわ》以東の防備は徳川にゆだねるとあるから、直接の倒幕ではないが、幕府を事実上解体するプランだといってよい。

　幕府をこえる権威として朝廷に精神的拠《よりどころ》をもとめた尊攘志士のなかで、真木がその朝廷自体の改革（古代天皇制への復古）を大胆に提案しえたのは、一つには神官の出であったためであろう。孝明《こうめい》天皇にむかって、天智《てんじ》天皇のように英断をもってみずから苦労すべしと説教しうる自立した精神は、尊王《そんのう》を信条とする志士一般には欠けていたからである。

　ただし、真木のばあいも、改革の根拠はあくまでも古代天皇制という歴史的事実にすぎず、けっしてそれ以上の普遍的な理念があったわけではない。熱烈な尊王家が突然、生身の天皇によって違勅の逆賊とされる可能性はつねに存在し、真木和泉の運命はそのことをよくしめしている。

　文久三年八月一三日、天皇が大和《やまと》国神武陵《じんむりょう》・春日社《かすがしゃ》に行幸《ぎょうこう》して攘夷を祈り、そこで親征の軍議をおこなうという詔《みことのり》がでるや、かねてより中川宮を介して「叡慮《えいりょ》」は親征反対だと知っていた薩摩藩在京代表の高崎左太郎《たかさきさたろう》（正風《せいふう》）は、京都守護職《しゅごしょく》の会津藩主松平容保《かたもり》を説き、容保は交代のため帰藩しはじめた会津藩兵をよびもどした。そして両藩は中川宮と綿密な計画を練って天皇の同意を得、一八日早朝にクーデターを決行した。

　この日、午前一時ごろから中川宮と松平容保ら公武合体派の公家・諸侯が参内《さんだい》し、

孝明天皇（1831～66）　激しい攘夷精神の持ち主だが，幕府支持の佐幕攘夷論者。在位1846～66。

会津・薩摩両藩兵が警固するなかで、大和行幸の延期、三条実美ら尊攘激派公家と長州藩の京都追放が宣言された。長州藩士らは一時不穏な気勢をしめしたが、長州へしりぞいて再挙をはかることとし、翌一九日一〇〇〇人余が三条以下の七卿《きょう》を擁《よう》して京都を去った。こうして流血をみることなくクーデターは成功した。

だが、長州藩に代表される尊攘派の攘夷姿勢はその後もいっこうにおとろえず、天皇の攘夷精神もまた微動だにしなかった。以下、話をもどして八・一八クーデターまでの対外緊張の強まりを、幕府・薩摩藩・長州藩の順でみておこう。

3 高まる対外軍事危機

因循開国派の幕府

文久《ぶんきゅう》二年（一八六二）一〇月、政事総裁職松平慶永《まつだいらよしなが》は辞表を提出したが、それは一橋慶喜《ひとつばしよしのぶ》が朝廷に開国論を説くと大見得《おおみえ》を切った直後に自説を撤回し、攘夷奉承《じょういほうしょう》をしようといいだしたためであった。

辞表の中で慶永は、やる気もない攘夷の空約束をし、実際はひたすら列強《れっきょう》をおそれているのでは、慶喜も老中たちとおなじ「因循《いんじゅん》の開国」だときめつけている。現状維持にのみ汲々とする保守的態度を当時「因循の姿」といったが、それは幕政批判の決まり文句でもあった。実際、幕府の対外政策には、そうした批判をうけねばならない面が多かったのである。

文久元年のロシア軍艦による対馬《つしま》占領事件のさいの幕府の態度は、まさに事なかれ主義の標本であった。同年二月、船体修理を名目に対馬へ来泊したロシア軍艦ポサドニック号の乗組員は、同地を海軍基地にすべく上陸して建物や井戸をつくりはじめ、抵抗する島民を殺害した。対馬藩からのたびかさなる急報で幕府もようやく五月に外国奉行小栗忠順《おぐりただまさ》を派遣したが、小栗はおざなりの抗議をしただけで帰ってしまう。結局、駐日イギリス公使オールコックが軍艦二隻をおくったのが効を奏して、ロシア軍艦は八月、退去した。

この小栗忠順は、文久三年四月に、幕兵をひきいて上京、京都を軍事的に制圧したうえで、朝廷に和親開国の勅旨《ちょくし》をださせ、上洛《じょうらく》したまま尊攘派の人質になった感のある将軍家茂《いえもち》をつれもどすクーデターを計画したが、反対され歩兵奉行を罷免《ひめん》されている。同計画の背後には、英仏両国公使による援助の申し出があった。

同様な計画は、同年五～六月に、老中小笠原長行《おがさわらながみち》の率兵上京として具体化され、英仏両国公使の協力をえてイギリスからチャーターした汽船二隻と幕船をあわせて四隻の船に一六〇〇名の大軍がのり、大坂へむかった。この軍勢は将軍の命で入京を阻まれ、クーデターは失敗する。しかし、英仏公使の協力への見返りとして幕府が両国にあたえた横浜居留地のための駐兵権はそのままのこり、英仏両国軍隊はこののち横浜山手《やまて》に常時駐屯することとなった。

尊攘派を一掃して幕府中心の体制を再建することが、これら失敗したクーデターのねらいであったが、そのために必要とあれば国家主権を一部失ってでも外国の助けを借りるというのがかれらの姿勢であった。因循開国派の幕府の姿勢の中には、その意味できわめて危険なものがひそんでいたのである。

隠れ開国派の薩摩藩

攘夷《じょうい》についての薩摩《さつま》藩上層の本音は、文久二年（一八六二）閏《うるう》八月に関白《かんぱく》近衛《このえ》忠熙《ただひろ》の命により島津《しまづ》久光《ひさみつ》が天皇へ極秘裡にさしだした建白書《けんぱくしょ》にあきらかである。

島津久光（1817～87）　斉彬の異母弟。藩主忠義の実父として藩の実権を握る。

すなわち、条約をむすんだいまとなっては、横浜・長崎等へ理由なく攻撃をしかければ、外国側は不義非道だと申し立てて連合の大艦隊をさしむけ、「皇国《こうこく》」は「清《しん》国之覆轍《ふくてつ》」を踏むことになる。いまはひたすら「武備充実」につとめるべきだ、というのである。じつに明快な開国論そのものであるといってよい。幕府の開国論とのちがいは、島津斉彬《なりあきら》のころからくらべればややテンポがおちつつも「武備充実」に本気でとりくんでいたことであろう。

久光は江戸からもどってきた京都で、「激烈之士」の攘夷論が渦巻いているのにおどろき、それをひそかに批判しているのであるが、奇妙なことに、このときの久光は攘夷を率先実行した勇気ある人物として、攘夷派の志士や公家から畏敬の念をもってみられていた。久光がもどる途中、神奈川宿《しゅく》に近い生麦《なまむぎ》村でおこしたイギリス人殺傷事件（生麦事件）のためである。

八月二一日、上海《シャンハイ》から日本見物にきていた二九歳の若いイギリス商人C・L・リチャードソンが横浜の友人三名と東海道を神奈川から川崎方向へ馬ですすみ、島津久光一行と出会った。かれらは乗馬のまませまい道の左側を生垣にそってとおろうとしたが、久光の駕籠近くは行列がふくれてとおれなくなり、行列も停止した。

そこで先頭のリチャードソンが馬首を右へ回してひきかえそうとしたとき、駕籠の右後方から現場へかけつけた当番供頭《ともがしら》奈良原《ならはら》喜左衛門《きざえもん》が左腹部に斬りつけた。逃げようとしたリチャードソンを前列にいた鉄砲組の久木村利久がさらに斬り、落馬したところへ非番供頭海江田武次（信義）がやってきて脇差《わきざし》で止《とど》めを刺した。あとの二人も負傷して命からがらアメリカ領事館へ逃げこみ、無傷の婦人だけが馬を走らせ失神寸前の姿で居留地へたどりついた。

駕籠の中の久光は、奈良原が「異人か！」といってかけだしてから行列が止まったままなので、喧嘩にならねばよいがと心配したと回顧しており、殺傷を指示していないことは確かである。その意味では、この事件を薩摩藩の攘夷実行とみることは適当ではない。仮に日本人であったとしても、大名行列に出会って乗馬のままやりすごそうとすれば、無礼《ぶれい》討ちにされたであろう。

ただ、下手人の奈良原と海江田がいずれも攘夷論者であり、イギリス側の犯人処刑要求にもかかわらず、かれらがなんら処罰されなかったことは、当時の薩摩藩内部がけっして開国論に統一されてはいなかったことをしめしている。そして、久光も当面は攘夷実行者としてのヴェールを利用した。同藩の開国論は〝隠れ開国論〟であったといってよい。

薩英戦争

イギリス代理公使J・ニールは、本国政府の指令にもとづき、幕府に賠償金一〇万ポンドの支払いをもとめ、文久三年五月九日にうけとった。ニールはさらに薩摩藩と直接交渉すべく、A・L・キューパー提督《ていとく》のひきいる軍艦七隻を横浜から派遣し、艦隊は六月二七日夕刻、鹿児島湾内へ進入した。

翌二八日朝、艦隊は鹿児島市街の沖合に投錨《とうびょう》し、旗艦ユーリアラス号を訪れた薩摩藩使者にたいして、ニールは下手人の死刑と被害者・遺族への償金二万五〇〇〇ポンドの支払いを要求した。そして、拒否回答をうけたニールは、キューパー提督に実力行使をもとめ、七月二日払暁《ふつぎょう》、英艦は桜島近くに停泊していた同藩の汽船三隻を拿捕《だほ》したため、知らせをうけた同藩本営では各砲台に一斉射撃を命じた。

同日正午から三時間半にわたり、おりからの暴風雨をついておこなわれたはげしい砲撃戦で、諸砲台は大被害をうけ、市街地北部と集成館《しゅうせいかん》工場・鋳銭場《ちゅうせんじょう》・藩汽船三隻などが焼失した。世にいう薩英《さつえい》戦争である。英艦隊の備砲一〇一門のなかには射程距離四キロにおよぶ最新の元込施条式《もとごめしじょう》アームストロング砲二四門がふくまれており、その火力は当日応戦した九砲台の旧式先込円弾砲六八門のそれを大きく上回っていた。

もっとも、死傷者数では英艦隊が六三名と薩摩側一七名を大幅に上回り、とくに旗艦では正副艦長が被弾死亡するという大打撃をこうむっている。薩摩側旧式砲の射程距離はせいぜい一キロであったが、市街側海岸砲台と桜島側砲台とは四キロ程度しかはなれておらず、六月一九日の射撃演習でつかったばかりの標的の内側にはいってきた旗艦その他をねらい撃ちしたのである。こうして翌三日午後、英艦隊は市街沖合から湾口へむかい、横浜へ帰還した。

物的被害は薩摩側、人的被害ではイギリス側が大きかった薩英戦争の結果、双方とも相手への評価が大きくかわった。薩摩藩は砲台を修築・拡張しつつ、対英講和をもとめ、幕府からの借入金により償金を支払った。イギリス側もこの交渉をつうじて薩摩藩がじつは開国論に立っていることを知り、以後、両者は急速に接近することになる。

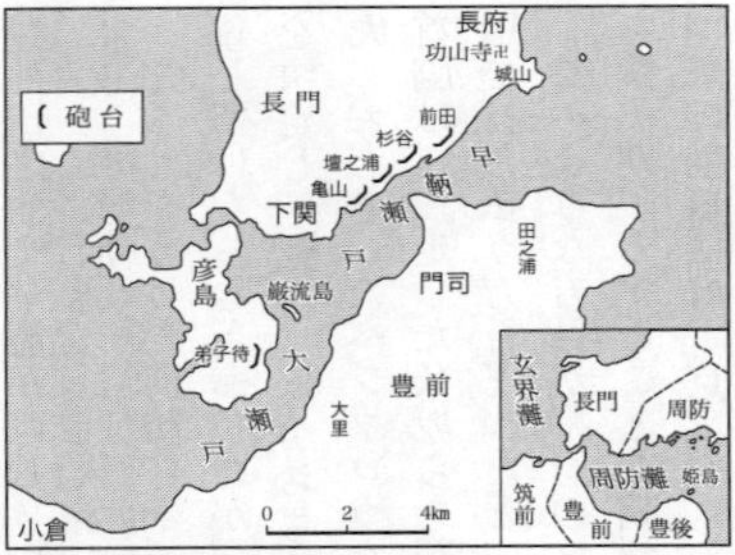

図9　下関海峡の長州砲台

下関の砲声

文久三年（一八六三）五月一〇日の攘夷期限に、率先して武力攘夷をおこなったのは長州藩であった。たまたま一〇日夕刻、横浜から長崎をへて上海《シャンハイ》へおもむこうとしたアメリカの小型蒸気商船ペンブロウク号が、関門《かんもん》海峡入口の豊前田之浦《ぶぜんたのうら》で潮流が西むきにかわるのをまっていたところ、城山《しろやま》の見張りに発見され、小舟にのった長府藩《ちょうふ》（長門萩藩《ながとはぎ》＝長州藩の支藩）の武士に尋問された。

知らせをうけた海防総奉行毛利能登《かいぼうそうぶぎょうもうりのと》は、同船が神奈川奉行の書状をたずさえていたため砲撃してはならぬと命じたが、京都から攘夷のためにかけつけていた久坂玄瑞《くさかげんずい》らの激派は夜襲を決定し、翌日、月がおちた午前一時ごろ、同藩の庚申丸《こうしんまる》と癸亥《きがい》丸で突然、砲撃をくわえた。おどろいたペンブロウク号は全速力で豊予《ほうよ》海峡方面へ逃走し、上海へ直行した。長州藩首脳は、独走した久坂らを罰するのでなく、逆に毛利能登を罷免《ひめん》しており、外国船は問答無用で打ち払う方針だったといってよい。

このような方針が幕府のそれとまっこうから対立することはいうまでもない。五月一〇日を攘夷期限とすることを朝廷に約束した幕府は、それを実行できるとは毛頭考えておらず、期限の前日には、京都からもどったばかりの徳川慶喜《よしのぶ》の指示により、老中小笠原長行《ろうじゅうおがさわらながみち》の独断というかたちで生麦《なまむぎ》事件の償金を支払っているほどである。小笠原は支払いと同時に鎖港《さこう》交渉を開始する旨《むね》、各国公使に通告しているが、本気で交渉する気はなく、横浜商人にたいしては、交易は従来どおりゆるすから安心するよう布告した。

攘夷〝成功〟で意気あがる長州藩は、五月二三日にはフランス報知艦キンシャン号を、同月二六日にはオランダ軍艦メジュサ号を、庚申・癸亥の二艦と諸砲台から警告ぬきで突如、攻撃し、逃走させた。同藩尊攘激派の鼻息はますます荒くなったが、じつは長州藩の諸砲台は急ごしらえで、薩摩藩のそれとは比較にならぬほど貧弱なものであり、対岸の小倉《こくら》藩が攘夷に協力的でないことも大きな限界をなしていた。五月中の三回の攘夷は、相手がまったく戦闘を予期していなかったために、運よく成功しただけだったのである。

そのことを誰よりもよく知っていたのは、同藩が砲術師範《しはん》として長崎からまねいた中島名《なかじまな》左衛門《ざえもん》であったが、五月二九日の作戦会議で軍艦・砲台の不備を指摘し、むしろ内陸で戦うことを主張した中島は、のぼせあがった激派によってその夜、暗殺されてしまった。

中島の指摘の正しさは、六月一日にペンブロウク号砲撃への報復のため横浜からアメリカ軍艦ワイオミング号が来襲したときに証明された。同艦は両舷《りょうげん》に三二封度《ポンド》砲を四門ずつ装備し、さらに中央甲板に口径一一インチの回転式巨砲を二門搭載しており、長州の諸砲台三〇門と三軍艦との激戦一時間あまりの末、亀山《かめやま》砲台を壊滅させ、庚申丸・壬戌《じんじゅつ》丸を撃沈するとともに癸亥丸を大破し、長州海軍を全滅させたのである。

つづいて六月五日、フランス東洋艦隊旗艦セミラミス号（大砲三五門）・タンクレード号（同四門）が来襲し、前田砲台に猛攻をくわえ、陸戦隊が上陸して砲台を破壊したうえ、兵営の寺と民家を焼き払った。長州側の救援部隊は海岸に幟《のぼり》を立ててすすんだため艦砲射撃の格好の標的とされ、退却した。

二度にわたる敗北にもかかわらず、長州藩の攘夷方針はかわらず、砲台の増強がすすめられた。朝廷が攘夷監察使を派遣して同藩の戦闘ぶりを賞讃したことも、かれらの元気回復に役立ち、その後七月下旬に同藩を訪れ、無断での武力行使を詰問した幕府使者を殺害する始末であった。

尊攘諸派の長州藩

こうして、尊攘激派の牛耳《ぎゅうじ》る長州藩は、諸外国ならびに幕府との緊張をますます高めつつ孤立していった。このままでいけば、長州藩の滅亡はさけられなかったであろう。

しかし、同藩の尊攘派には武力攘夷一本槍の激派グループ以外の人びともおり、かれらの動きがのちにあたらしい局面を切りひらくのである。高杉晋作《たかすぎしんさく》による奇兵隊《きへいたい》の結成と、周布《すふ》政之助《まさのすけ》による藩士五名のイギリス密航が、そうした動きを代表する。ここでは後者についてのみ一言ふれておこう。

長井雅楽引退後の長州藩政の中枢をになった周布政之助は、尊攘激派をかかえこみながら、藩の将来を遠望して一部藩士のイギリス密航の希望をいれ、同藩御用達大黒屋《ごようたしだいこくや》榎本六兵衛《えのもとろくべえ》の手代《てだい》佐藤貞次郎に周旋《しゅうせん》を依頼した。最初の候補は野村弥吉《のむらやきち》（井上勝）・山尾庸三《やまおようぞう》の両名であったが、志道聞多《しじぶんた》（井上馨《かおる》）・伊藤俊輔《しゅんすけ》（博文《ひろぶみ》）・遠藤謹助《えんどうきんすけ》もくわわり、総勢五名である。

佐藤の紹介でイギリスのジャーディン・マセソン商会の横浜店支配人S・J・ガワーが密航を手伝うこととなり、洋行費五〇〇〇ドルは江戸藩邸の村田蔵六《むらたぞうろく》の保証で大黒屋が立て替えた。こうして、五月一一日夜、ガワーの案内で五人は上海《シャンハイ》行きの汽船にひそかにのりこんだのである。かれらの心境は、出発の夜、伊藤が詠《よ》んだ「丈夫《ますらお》の恥を忍びて行く旅は　皇御《すめらみ》国《くに》の為《ため》とこそ知れ」という歌によくしめされている。

長州藩尊攘派は、単純素朴な激派のみからなっていたのでなく、その構成はこのように複合的であった。かれらは、この翌年、内外からおそいかかる危機をどのようにのりきるのであろうか。

第四章　尊王攘夷から倒幕へ

1　後退かさねる尊攘運動

大和・生野の変

文久《ぶんきゅう》三年（一八六三）八月一八日のクーデターの前日、尊攘《そんじょう》激派の志士の一団が、大和国《やまとのくに》五条《ごじょう》（五條市）の幕府代官所をおそい、代官鈴木《すずき》源内《げんない》を殺害した。天皇の大和行幸《ぎょうこう》に先だって同地方へおもむき、「数千之義民《ぎみん》」をつのって親征《しんせい》をむかえようとする、いわゆる天誅組《てんちゅうぐみ》の人びとによる大和の変である。

土佐《とさ》勤王党《きんのうとう》の吉村寅太郎《よしむらとらたろう》らが主力となり、もっとも過激で知られた公家中山忠光《なかやまただみつ》を首領にいただいての挙兵であるが、その計画のずさんさは、大和行幸の立案者真木和泉《まきいずみ》らとまったく連絡もなく決行された点にもしめされている。おどろいた真木らは、平野国臣《ひらのくにおみ》をおくっておさえようとしたが、代官を血祭りにあげて意気さかんな天誅組は、聞く耳をもたなかった。

京都でのクーデターの報がとどいたあとも、一行は十津川郷士《とつがわごうし》一〇〇〇名余を朝命《ちょうめい》といつわって動員し、五条の東北五里の地にある高取《たかとり》藩の要害高取城を攻撃したが、城側から撃ち出す大砲に恐れをなして総崩れとなった。以後、十津川郷士にも逆に攻撃されるにいたった吉村・中山ら四十数名は、諸藩兵の追撃をさけつつ険しい山中を逃げまわったが、吉村は戦死、中山ら七人のみが九月二七日にかろうじて大坂の長州藩邸へたどりついた。

中山は、さらに長州へとおちのびるが、翌元治《げんじ》元年一一月、何者かによって暗殺された。のちの明治天皇の生母の弟にあたる忠光の最期は、謎につつまれたままである。

天誅組の暴走をおさえきれなかった元福岡藩士平野国臣は、一八日政変の後、天誅組を支援しようと、元薩摩《さつま》藩士美玉三平《みたまさんぺい》、但馬《たじま》の豪農中島太郎兵衛《なかじまたろべえ》・北垣晋太郎《きたがきしんたろう》・進藤俊三郎《しんどうとしさぶろう》（原六郎）らと謀《はか》って挙兵することとした。中島らは前年秋から海防のためと称して農兵の組織作りをすすめていたので、平野らはその動員を思いついたのである。

平野国臣（1828～64）
福岡藩士。脱藩して西国尊攘派を結集。生野の変で逮捕された。

このときも、首領には公家をということになり、平野は長州へでかけて、都落ちしていた公家七人（いわゆる七卿《しちきょう》）の一人沢宣嘉《さわのぶよし》をひそかにつれだした。このとき七卿の警衛を命ぜられていた奇兵隊《きへいたい》の総管河上弥市《かわかみやいち》ら三七名が随行《ずいこう》している。

しかし、播磨《はりま》国飾磨《しかま》港までくると、大和の天誅組が壊滅したという知らせがはいった。平野や北垣は中止説をとなえたが、長州からきた河上らは弔《とむらい》合戦《がっせん》説を主張してゆずらず、ついに一〇月一二日未明、生野《いくの》代官所（兵庫県朝来《あさご》市生野町）を占拠した。さっそく農兵徴募の檄《げき》がとばされ、翌一三日午前中に二〇〇〇人をこえる農兵が竹槍《たけやり》・鉄砲などを手にあつまった。

ところが、代官所からの知らせで近隣諸藩兵が出動するや、生野本陣が動揺し、一三日夜半に沢が脱出、志士たちも次々と脱出した。これに憤慨した農兵がおそいかかり、大半の志士が討死にしてしまう。主謀者平野も豊岡《とよおか》藩兵に捕らえられ、のち京都の獄中で殺される。農兵はさらに組織者たる豪農への打ちこわしに転じ、中島は逃走しきれずに自刃、尊攘激派は生野においても農民の支持を得ることに失敗し自滅した。

水戸天狗党の挙兵

翌元治《げんじ》元年（一八六四）になると、尊攘派《そんじょうは》によるいちだんと大規模な挙兵が東と西であい呼応しておこるが、いずれも失敗に終わっている。東国でのそれは、尊攘派の元祖たる水戸《みと》藩士のいささか古風な挙兵である。

藤田小四郎《ふじたこしろう》（東湖《とうこ》の四男）ら水戸藩尊攘激派中の急進グループは、元治元年三月、幕府に攘夷をうながすためと称して筑波山《つくばさん》に挙兵した。かれらは攘夷資金をつのるとして各地の豪農商をおそったため、人びとは天狗党《てんぐとう》とよんで忌み嫌ったという。

攘夷を幕府にうながすといいつつも、かれらはみずから横浜へ突撃して攘夷の先鋒《せんぽう》となるほどの実行力もなく、かといって幕府に強引に攘夷をせまる方策ももたなかった。水戸藩伝来の古風な佐幕《さばく》路線の枠内での挙兵は、おのずと限界をもたざるをえない。しかも、いたずらな略奪におよんだため、民衆の反発・抵抗をうけ、幕府や藩内上層部＝門閥《もんばつ》派の介入をまねいた。

「烈公《れっこう》」徳川斉昭《とくがわなりあき》なきあとの水戸藩政は、家臣のいいなりになるため「よかろう様」といわれた藩主慶篤《よしあつ》のもとで四分五裂し、血なまぐさい権力争いにエネルギーのほとんどをついやした同藩は、幕末政局から脱落していくことになる。

孤立した藤田や武田《たけだ》耕雲斎《こううんさい》ら反門閥派連合軍のうち一〇〇〇人余は、一橋慶喜《ひとつばしよしのぶ》をたよって京都へおもむくが、一二月一七日、越前《えちぜん》国で加賀《かが》藩兵に降伏した。幕府は三五〇人余を斬罪の極刑に処したため、その残虐さを非難する声が高く、慶喜も懐中に入った窮鳥《きゅうちょう》を保身のために殺す不人情さを批判された。

水戸藩のこうした末路は、佐幕的、観念的な水戸学のイデオロギー的限界のためであるが、その基礎には、荒廃した低生産力の農村をひたすら収奪し、一般農民との対立をふかめていった同藩支配層と豪農商層の姿があった。

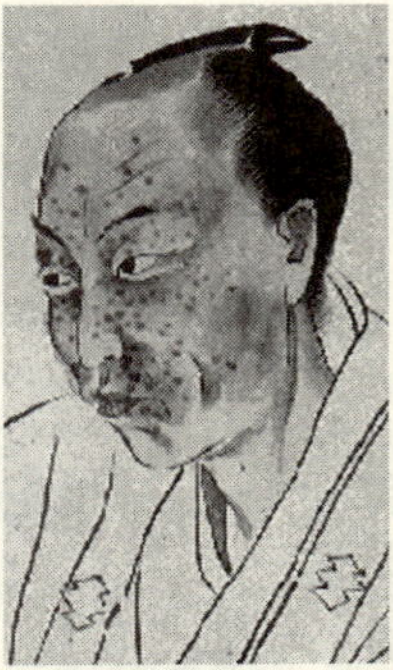
武田耕雲斎（1803～65）
水戸藩家老として藩政を改革。天狗党に合流して斬罪される。

新撰組の活動

筑波山に挙兵した藤田小四郎は、長州藩の桂小五郎《かつらこごろう》（木戸孝允《きどたかよし》）と江戸で連絡をとり、

近藤勇（1834〜68）　武州多摩郡の農家出身。天然理心流の宗家近藤家を継ぐ。新撰組の局長。

のちに軍資金一〇〇〇両の提供をうけており、水長二藩士はもともと東西あい呼応して兵をおこす予定だったという。だが桂は、長州藩の挙兵には例によって慎重であり、京都への進発をとなえる来島又兵衛《きじままたべえ》や久坂玄瑞《くさかげんずい》らと対立していた。

長州藩激派の大挙進発の契機となったのは、元治元年六月五日夜の新撰組《しんせんぐみ》による京都の池田屋《いけだや》襲撃事件（池田屋の変）である。新撰組は、もともと庄内《しょうない》藩郷士《ごうし》の尊攘志士清川八郎《きよかわはちろう》の画策した浪士組から、武蔵《むさし》国多摩《たま》郡の農民出身の近藤勇《こんどういさみ》・土方歳三《ひじかたとしぞう》や水戸《みと》藩郷士の芹沢鴨《せりざわかも》ら十数名が分立して発足した団体で、京都守護職松平容保《しゅごしょくまつだいらかたもり》に属しつつ、尊攘激派の取締りにあたった。最初は貧乏世帯で芹沢が大坂の富豪鴻池善右衛門《こうのいけぜんえもん》から借金して、隊員用のだんだら染の羽織などをつくったといわれ、以後、鴻池家と新撰組の関係はふかまっていく。

この新撰組の名を一挙に高めた池田屋の変では、宮部鼎蔵《みやべていぞう》（熊本藩）・吉田稔麿《よしだとしまろ》（長州藩）ら七名の志士が即死し、十余名が逮捕された。京都守護職・所司代《しょしだい》の応援をまちきれずに旅館池田屋（三条大橋傍・中京区）へ突入した新撰組の側でも、死者三名のほか藤堂平《とうどうへい》助《すけ》・永倉新八《ながくらしんぱち》が重軽傷を負い、肺病の沖田総司《おきたそうじ》は喀血昏倒《かっけつこんとう》している。

ただし、新撰組が狙いをつけていた桂小五郎は、あやうく難をのがれた。桂は同夜八時ごろ、いったん池田屋へいくが、まだ同志が十分あつまっていなかったので、近くの対馬《つしま》藩邸を訪れていたため助かったという。

しかし、新撰組の襲撃は一〇時ごろはじまるから、会合に積極的に出席するつもりならば、桂も当然もどっていたはずであろう。新撰組につかまった同志の実力奪回策を練るという同夜の会合目的への、桂の消極的、批判的態度がそこにはうかがえる。

尊攘派の志士らを手当りしだいに斬りまくった新撰組の隊員は、みなが佐幕一本槍だったかというと、かならずしもそうではない。結成以来の隊員藤堂平助の勧誘により加入した伊《い》東甲子太郎《とうきねたろう》などは、しだいに近藤との対立をふかめて長州藩や薩摩藩と接近し、ついに藤堂らとともに新撰組と分裂した結果、慶応《けいおう》三年（一八六七）一一月に近藤の罠《わな》にはまり暗殺された。

近藤・土方の主流派に即してみれば、新撰組は幕府への忠誠をつらぬくことしかゆるされず、そのことに疑問をいだいた脱走者は切腹させるか暗殺するという鉄の規律をもつ団体でなければならなかった。死を賭《と》して幕府への忠誠をつらぬく新撰組の行動は当時の人びとを畏怖《いふ》さ

桂小五郎（1833～77）　長州藩医の子で桂家の養子となる。慶応元年，藩命により木戸と改姓し倒幕のリーダーとして活躍。

せたが、当の幕府が自己保身のみをもとめて反動化していくなかにあっては、分別なき忠誠は悲劇しかうまなかったといえよう。

長州藩激派の挙兵

上京して長州藩の冤罪《えんざい》を訴える進発論を強硬にとなえたのは、遊撃軍総督来島又兵衛《きじままたべえ》と、真木和泉《まきいずみ》の二人であった。若者ぞろいの尊攘派では、いずれもひときわ年上の世代である。来島の進発論はいったんは周布政之助《すふまさのすけ》の説得でおさえられたが、来島は偵察ということで上京の許しを得た。警備のきびしい京都で来島は、松平容保《まつだいらかたもり》や島津久光《しまづひさみつ》の襲撃をくわだてるが、長州藩のそうした不穏な動きは新撰組の探索活動を強化させ、池田屋の変をうむ素地となる。

他方、国元では真木和泉らのとなえる進発論がしだいに有力となり、元治《げんじ》元年（一八六四）五月二七日、家老国司信濃《くにししなの》が上京を命ぜられ、つづいて家老福原越後《ふくはらえちご》も京都経由で江戸へおもむくこととなった。六月四日には世子《せいし》（藩主後継ぎ）毛利定広《もうりさだひろ》の上京も決定、池田屋の変の知らせがとどいた同月一四日には急遽、家老益田《ますだ》右衛門介《うえもんのすけ》も上京することとなった。

こうして六月一五日以降、長州藩士と浪士の諸隊が続々と京都にむかい、七月中旬にかけて、約二〇〇〇名が伏見《ふしみ》・山崎《やまざき》（京都府乙訓《おとくに》郡大山崎町）・嵯峨《さが》の三要地に布陣し、京都をおしつつむかたちをとった。ところが、軍事的に有利な布陣を敷きながら、しばらくのあいだ長州側は朝廷へむけて藩主の無実をくりかえし訴えており、そうするうちに七月一二日には薩摩藩兵四〇〇人余が入京して、軍事バランスが長州側に大きく不利となるのである。

長州側が当初嘆願のかたちをとったのは、熱烈な勤王《きんのう》派を自任する者として、洛中《らくちゅう》への進軍をできればさけたかったからであろう。だが、前年八月一八日を境に、「国是《こくぜ》」（国の基本方針）が動揺・転換したことを批判する嘆願は、当の孝明《こうめい》天皇によって拒否された。こうなると勤王派としてはまったくの手詰まりである。

そこへ、毛利定広が三条実美《さんじょうさねとみ》らを擁し、大兵をひきいて一四日に三田尻《みたじり》（防府《ほうふ》市）を出帆したとの情報が朝廷にとどいた。実際にはせいぜい二〇〇〇名ほどだったというこの率兵上京の知らせは、朝廷と一橋慶喜《ひとつばしよしのぶ》の危機感を一挙に高め、諸藩兵に戦闘準備をさせたうえ、七月一八日朝、今日中に撤兵せよとの最終的な朝命をつたえる。が、長州側はすでに一七日の軍議で、世子の到着をまたずに一八日夜行動を開始し、守護職松平容保《しゅごしょくまつだいらかたもり》を討つことをきめていた。在京の会津《あいづ》藩兵一五〇〇人だけが相手ならば、兵力はほぼ互角というわけだが、この読みは甘かったといわねばならない。

まず、伏見から進撃した福原越後の一隊七〇〇名余は、大垣《おおがき》藩兵にはばまれて入京できぬまま敗走し、ついで、嵯峨《さが》からおしだした国司《くにし》信濃《しなの》・来島又兵衛らの一隊八〇〇名余は、会津藩兵のまもる蛤門《はまぐりもん》で激戦を展開し、一時は御所内へ突入しかけたが、かけつけた薩摩藩兵に背後からおそわれて敗退、勇将来島は戦死した。

山崎から出発した久坂玄瑞《くさかげんずい》・真木和泉のひきいる一隊五〇〇名余は、蛤門の戦闘が終わったころ京都の町へつき、堺町門《さかいちょうもん》で福井藩兵と遭遇、近くの鷹司《たかつかさ》邸内にはいりこんで戦ったが、諸藩兵に包囲され、負傷した久坂は自刃《じじん》、かろうじて山崎へのがれた真木も、二一日、天王山《てんのうざん》で自刃した。久坂らにつづいて山崎を発つ予定だった益田右衛門介《ますだうえもんのすけ》の一隊などは、あいつぐ敗報に浮き足だって一戦も交えずに敗走した。讃岐《さぬき》の多度津《たどつ》港まできていた毛利定広も、敗報を聞いてそのままひきかえしている。

わずか一日で戦闘が終わったこの禁門《きんもん》の変《へん》（蛤御門の変）の最大の被害者は、京都の町人たちであった。四五日間ほとんど晴天つづきで超乾燥状態だった京都の町は、戦火のため火の海と化し、民家二万七五一七軒が焼失した。東本願寺《ひがしほんがんじ》や仏光寺《ぶっこうじ》なども焼け落ちている。さらに、政治犯を収容していた六角《ろっかく》牢獄では、平野国臣《ひらのくにおみ》ら志士三三名が、どさくさまぎれに惨殺された。

こうして長州藩尊攘激派は大敗北を喫したが、そのことによって朝廷とりわけ孝明天皇の政治的位置も大きく変化した。尊王《そんのう》思想が思想として純化され、叡慮《えいりょ》が尊ばれるようになればなるだけ、尊王主義者の期待と現実の天皇の意志とのギャップがひろがる可能性があることを、真木和泉らの自刃は立証したからである。大政奉還《たいせいほうかん》と王政復古《おうせいふっこ》への道は、叡慮の重視ではなくその軽視の線上においてこそ実現するというパラドックスに注意しながら、このあとの歴史をおっていこう。

横浜鎖港への動き

「尊王」運動の面で大敗北をこうむった長州藩は、その直後に「攘夷《じょうい》」運動においても決定的な挫折を余儀なくされた。元治《げんじ》元年（一八六四）八月、下関《しものせき》を攻撃してきたいわゆる四国連合艦隊への全面降伏である。

イギリス公使オールコックが主導した英・仏・米・蘭四国の下関攻撃の原因は、たんに長州藩の攘夷断行にあったのではなく、むしろ幕府の横浜鎖港《さこう》政策にあった。

文久《ぶんきゅう》三年（一八六三）八月の政変で攘夷派急先鋒の長州藩が朝廷からしりぞけられたあと、幕府の一橋慶喜《ひとつばしよしのぶ》は当然、自説の開国論をとなえて朝廷を説得するものと期待されていた。ところが、文久四年二月に、雄藩《ゆうはん》大名をくわえた参与《さんよ》会議が朝廷で開かれると、慶喜はなんと横浜鎖港論を主張して開国派の島津久光《しまづひさみつ》や松平慶永《まつだいらよしなが》・伊達宗城《だてむねなり》を唖然《あぜん》とさせた。

慶喜の回顧談によれば、それは幕府老中《ろうじゅう》らが薩摩藩の開国論には同調せぬときめていたのにしたがったまでのようであるが、そこには幕府と慶喜の自己保身の姿が二重写しとなってしめされている。重大な対外政策の決定にさいし、薩摩藩との対抗を第一義とした老中もおかしいが、その老中を説得せずに自説をくるくるかえる慶喜には、いつもながらおどろかされる。

参与会議は、幕府の思惑《おもわく》どおりなんの実績もあげないまま解散するが、幕府は朝廷に約束した横浜鎖港への動きをいっそう強めていった。すでに、文久三年九月末から幕府は五品江戸廻送令《かいそうれい》（九二ページ参照）の励行を江戸糸問屋に命じ、実際に買い取ったうえでしか横浜送りをみとめなかったため、年末にかけて横浜への入荷は激減していた。江戸・横浜での攘夷派志士による商人への天誅《てんちゅう》も貿易を減退させた。川越《かわごえ》藩の前橋《まえばし》分領では郡代所をつうじて村々へ生糸の横浜出荷を見合わせるよう命じており、幕府の規制は産地の末端部分にまでおよんでいる。

外国公使らの抗議と生糸荷主の抵抗にもかかわらず、翌元治《げんじ》元年（一八六四）にはいっても生糸貿易は停滞し、六月、新糸季節にはいるころからは事実上停止された。イギリス公使オールコックが、連合艦隊を結成して下関を攻撃する決意をかためた最大の理由は、そうした状況に抗議するためであった。

長州藩による下関海峡の封鎖は、長崎貿易には深刻な打撃をあたえたが、横浜と上海《シャンハイ》・香港《ホンコン》を往復する商船はわざわざ瀬戸内海をとおることはなかったから、横浜貿易にはほとんど影響がない。全面戦争にはいらずに幕府の鎖港策をやめさせるために、攘夷派の牙城長州藩をたたこうというのがオールコックの真の狙《ねら》いであった。

連合艦隊の威力

元治元年八月二日、豊後《ぶんご》水道の姫島《ひめじま》に集結した四国連合艦隊は、イギリス海軍中将A・L・キューパーを総司令官、フランス海軍少将B・ジョーレスを副司令官とし、計一七隻の軍艦から編成されていた。南北戦争で世界各地の軍艦をひきあげたアメリカが商船に大砲を積んで参加させたのをのぞくと、いずれも強力な軍艦で、その戦力は薩英戦争時のイギリス艦隊（七隻、砲一〇一門）をはるかに上回っていた。

むかえ撃つ長州側の砲台は、射程がせいぜい一キロメートルという青銅砲二〇門余をそなえる前田《まえだ》砲台と一四門を擁する壇之浦《だんのうら》砲台を中心に合計七〇門を数えるにとどまり、対岸の小倉《こくら》藩領田之浦《たのうら》にきずいていた砲台は幕命により撤去されていた。また、挙兵上京のあとにのこる軍隊はかぎられ、前田・壇之浦両砲台をまもる奇兵隊《きへいたい》と膺懲隊《ようちょうたい》六〇〇名余を中心に、約二〇〇〇名が下関一帯に配備されるにとどまった。

　ロンドンで自藩の危機を知って帰国した伊藤博文《いとうひろぶみ》と井上馨《いのうえかおる》の必死の工作も空しく、五日午後四時、ついに戦端が開かれ、日没までに前田砲台は壊滅的打撃をうけて機能を失った。翌六日は艦隊側が二〇〇〇名余を前田砲台近くに上陸させ、陸戦となった。奇兵隊軍監《ぐんかん》山県有朋《やまがたありとも》のひきいる壇之浦砲台の守備兵も応援にかけつけ、イギリス兵らと奇兵・膺懲両隊とのあいだではげしい銃撃戦が展開され、指揮官アレキサンダー大佐と山県有朋はともに負傷した。

	軍艦	大砲	兵員
イギリス	9 隻	164 門	2,850 名
フランス	3	64	1,155
オランダ	4	56	951
アメリカ	1	4	58
計	17	288	5,014

図10　四国連合艦隊の内訳

　山県は、施条《しじょう》式のミニエー銃がわずか数十挺しかなく、あとは銃身内部に施条がはいっていないゲベール銃や火縄銃ばかりという当時の奇兵隊の装備の貧弱さのゆえに、「前田の戦遂《つい》に破れたり」と回想している。劣弱な装備の割には、民衆を組織した奇兵・膺懲《ようちょう》両隊はよく戦い、この馬関《ばかん》戦争での長州側死傷者四〇名は、全員が両隊士であった。

　一方、背後にあった藩の正規兵は最初から戦意に欠け、陸戦を口実にさっさとひきあげたため、最前線の奇兵隊士らは孤立しそうになったという。

敗北した長州藩は、高杉晋作《たかすぎしんさく》を使節に立てて講和をむすび、攘夷方針の放棄を約束した。オールコックは、幕府と交渉して償金三〇〇万ドルを獲得するとともに、生糸貿易への制限の撤廃を約束させた。こうして、攘夷運動もまた、決定的＝最終的な挫折を余儀なくされたのである。尊王攘夷運動の牙城長州藩は、いまや滅亡の危機に瀕《ひん》していた。

2 薩長倒幕派の出現

戦闘ぬきの征長の役

禁門《きんもん》の変《へん》で窮地に立つ長州藩《ちょうしゅうはん》を徹底的にたたこうと、幕府は元治《げんじ》元年（一八六四）七月二三日に同藩追討の勅命《ちょくめい》をくだしてもらい、将軍みずから軍をすすめると声明、さらに征長《せいちょう》総督に前尾張《おわり》藩主徳川慶勝《とくがわよしかつ》、副将に福井藩主松平茂昭《まつだいらもちあき》を任命した。将軍進発はポーズだけで、実行する気はなかったようである。

総督徳川慶勝は一〇月、大坂城において軍議を開き、一一月一八日を総攻撃の開始日と定め、副将茂昭を小倉に出陣させるとともに、自分は広島に兵をすすめ、三五藩一五万人の大軍をもって長州藩を包囲した。だが、長州軍とは最後までまったく戦火を交えぬまま、一二月二七日には慶勝が撤兵令をくだし、それぞれ藩地へひきあげるのである。

この第一次征長《せいちょう》の役《えき》が実際の戦闘ぬきで終わった最大の理由は、長州藩内で「俗論《ぞくろん》」派といわれる保守派が藩政をにぎり、幕府にたいしてひたすら謝罪につとめる態度をとったことにある。

九月二五日に山口で開かれた藩是《はんぜ》決定の会議において、「正義」派を名のる急進派の井上《いのうえ》馨《かおる》は、幕府が過酷な処置にでるときは一戦を覚悟する「武備恭順《きようじゆん》」方針を主張し、藩主も一時はそれにかたむいたが、井上は帰宅の途上、保守派の刺客《しかく》におそわれて瀕死の重傷を負った。また、急進派の上に立って藩政を指導してきた周布政之助《すふまさのすけ》も、前途を悲観して同夜、自刃し、四二歳の生涯を閉じた。

こうして政権をにぎった「俗論」派は、征長軍に降伏し、まず、禁門《きんもん》の変《へん》の責任者として益田《ますだ》右衛門介《うえもんのすけ》・国司《くにし》信濃《しなの》・福原越後《ふくはらえちご》の三家老と四参謀を切腹・斬首し、三家老の首を広島へおくった。首が広島へとどいたのが一一月一四日のことであり、ただちに一八日の総攻撃を見合わせる通知が出兵した諸藩へ発せられた。ついで、藩主父子が山口から萩《はぎ》へもどって謝罪書をだし、三条実美《さんじようさねとみ》ら五卿も筑前《ちくぜん》大宰府《だざいふ》へうつることになったので、慶勝《よしかつ》は全軍に撤兵を命じたのである。

当時の幕閣《ばつかく》は、征長軍の早期撤兵には反対であった。小笠原長行《おがさわらながみち》・小栗忠順《おぐりただまさ》がそれぞれ老《ろう》中格《じゆうかく》・勘定奉行《かんじようぶぎよう》に復帰したことにしめされるように、幕権強化のタカ派が主導権をにぎり、このさい長州藩主父子や五卿らを江戸へおくらせようとしたが、慶勝はその指令がとどく前に撤兵を命じてしまった。

慶勝が撤兵を急いだ理由の一つは、出兵した諸藩が莫大な軍役負担に耐えられなかったことにある。総督慶勝の尾張《おわり》藩では、安政《あんせい》三年（一八五六）当時で一七八万両におよんだ負債の返済がすすまぬうちに今回の出陣となり、領民から一五万両の献金をつのるが、一揆へつながることをおそれる藩士の反対にあい、大坂の鴻池《こうのいけ》らにも融通をもとめねばならなかった。副将茂昭《もちあき》の福井藩の財政状態は前述した由利公正《ゆりきみまさ》らの努力により改善されていたが、それでも今回の出陣にあたって家臣の俸禄を削減せねばならなかった。

また、当時の戦闘では、たとえば大砲一門につき弾薬人夫四〇名程度が必要であるが、日雇《ひやとい》以下の手当で長期にわたり多数の人夫が徴用されたことは、農村の疲弊をまねかずにはおかない。幕府のおしつける軍役負担への農民らの不満は、すでにこの第一次征長の役において確実に蓄積されはじめていたのである。

西郷・勝会談の意義

戦闘に消極的な諸藩の動向を敏感にとらえつつ、長州藩を謝罪降伏へとみちびいていった立役者は、征長軍参謀《さんぼう》の西郷隆盛《さいごうたかもり》であった。

薩摩《さつま》藩では、「国父《こくふ》」（子の忠義《ただよし》が藩主）島津久光《しまづひさみつ》が前述の参与《さんよ》会議の解散のあと、もはやあらたな状況をきりひらく力を失い、薩摩藩政は、赦免されて沖永良部《おきのえらぶ》島から帰藩した西郷とその盟友大久保利通《おおくぼとしみち》らがリードするようにかわった。

禁門《きんもん》の変《へん》において長州兵に決定的打撃をあたえた薩摩兵の奮戦を指揮した西郷の名は京内外にとどろき、西郷は征長総督参謀の要職について縦横無尽の活躍を開始する。だが、はじめのうちは、西郷も難局を打開する道をさがしあぐねており、長州藩にたいしても武力討伐のうえ事実上つぶしてしまう考えをいだいていた。元治《げんじ》元年（一八六四）九月七日付の大久保あて書簡では、そのほうが薩摩藩の将来にとって好都合だと記している。

こうした考えを一転させる契機となったのが、同年九月一一日の勝海舟《かつかいしゅう》との会談であった。勝は初対面の西郷にたいし、幕府の内情を打ち明け、もはや政権担当能力がなくなった幕府をのぞいた雄藩連合の力で諸外国に対処せよとのべて、西郷をおどろかせている。西郷はここではじめて、列強の圧力に抗するための、幕藩体制をこえた「日本国」の構想をもつことができたといってよい。その構想実現のためには、長州藩は有力な一員となりうるであろう。西郷が長州藩の息の根を止めてしまわないように画策しはじめたのは、この勝との会談による開眼のゆえであった。

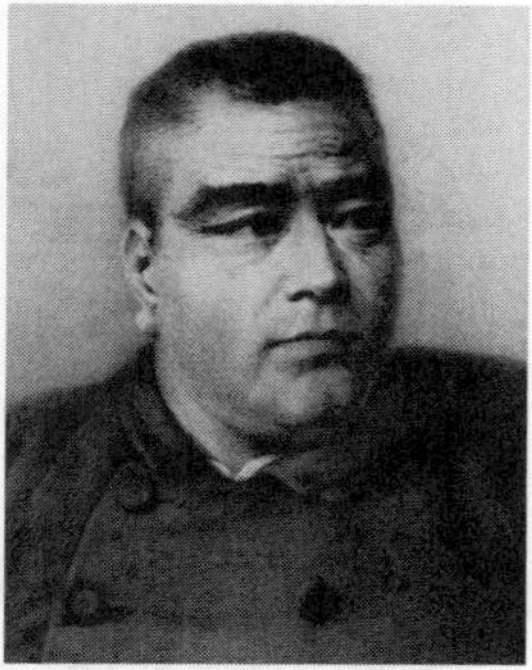
西郷隆盛（1827～77）　薩摩藩士の信望を一身に集めた倒幕の推進者。キヨソーネ画。

西郷や大久保がここでただちに倒幕路線を採用したわけではないが、幕府を一方の軸とする公武合体《こうぶがったい》路線がもはや不可能であることを当の幕府の軍艦奉行をつとめる高官からはっきりとしめされた点で、この西郷・勝会談は、薩摩藩のその後の倒幕への方向を決定づけるものだったのである。

高杉晋作（1839～67）　長州藩士。周到な情勢判断と奇抜な行動力をあわせ持った。

望東尼、高杉を激励

四国連合艦隊と幕府征長軍に連敗した長州藩では、尊攘派《そんじょうは》の勢力は完全に息の根を止められたかに見えた。尊攘派に属していた高杉晋作《たかすぎしんさく》は、元治元年一〇月、身の危険を感じて単身、萩を脱出し、下関の白石《しらいし》方（一〇〇ページ参照）で潜伏のあと筑前《ちくぜん》へわたり、九州諸藩をうごかそうと試みるが失敗する。

失意の高杉を温かくかくまってくれたのが、勤王《きんのう》で知られた女流歌人野《の》村《むら》望東尼《もとに》（当時五九歳）であった。福岡郊外の平尾山荘に住む望東尼は、平野国臣《ひらのくにおみ》や月形洗蔵《つきがたせんぞう》ら数多くの志士たちの活動を助け、かれらの心のささえとなっていた。月形から長州藩内の情勢報告をうけて、ふたたび長州へと旅立つ高杉にむかい、彼女は用意しておいたあたらしい羽織その他を贈り、

まごころを　つくしのきぬは　国のため　たちかへるべき　ころも手にせよ

と歌って、高杉を感動させた。同山荘での一〇日ほどの滞在が高杉の再起へのパトスを生ん

だとすれば、彼女の役割は幕末史上きわめて重大な意義をもったことになろう。

慶応《けいおう》元年（一八六五）一一月、望東尼は福岡藩庁の弾圧にあって玄界灘《げんかいなだ》の姫島《ひめじま》に流され、板敷の牢屋へ幽閉されるが、翌二年九月に高杉は救援隊をおくり、彼女を救出している。平尾山荘でのかれの再起をささえ、はげましてくれたことへの、ささやかな恩返しであった。

高杉晋作のクーデター

筑前から長州へもどった高杉は、藩内でクーデターをおこし、政権をのっとる大逆転劇を演じた。

高杉がこのクーデターにさいして依拠した軍事力は、正規の藩兵とは別に、士分・農民・町民各層から募集した奇兵隊《きへいたい》などの諸隊であった。文久《ぶんきゅう》三年（一八六三）六月の攘夷戦敗北（一二五ページ参照）の危機に対処すべく創設された諸隊は、下級藩士の二、三男と、村内中位ランクの農民の二、三男が相半ばする構成で、農民出身者は綿織物業を軸に商品経済化がすすんだ瀬戸内地帯の者が大部分であった。

幕府征長軍へ屈服した「俗論」派の政権は諸隊の解散を命ずるが、諸隊はそれを拒否し、各隊の総督は合議して自分たちの規律を定めた。この有名な七ヵ条の「諭示《ゆし》」には、第一条のように「尊卑《そんぴ》の等《とう》（順）」といった身分的要素を強調する部分もあるが、全体としては第二条以下の農民へのきめこまかい配慮が基調をなしている。民衆の支持をとりつけることによって「俗論」派藩庁に対抗しようとしている諸隊の姿勢がうかがえよう。

一、礼譲を本《もと》とし人心にそむかざる様肝要たるべく候。礼譲とは尊卑の等をみださず其分を守り、諸事身勝手無之《これなく》、真実叮嚀《ていねい》にしていばりがましき儀無之《これなき》様《よう》いたし候事。

一、農事の妨《さまたげ》少しもいたすまじく、猥《みだ》りに農家に立寄べからず、牛馬等小道に出遇《であい》候はゞ道へりによけ、速《すみやか》に通行いたさせ可申《もうすべく》、田畑たとひ植付無之候所にても踏あらし申まじく候。

一、山林の竹木・櫨《はぜ》・楮《こうぞ》は不及申《もうすにおよばず》、道へりの草木等にても伐取《きりとり》申まじく、人家の菓物鶏犬等を奪候抔《など》は以《もって》の外《ほか》に候。

一、言葉等尤《もっとも》叮嚀《ていねい》に取あつかひ、聊《いささ》かもいかつがましき儀無之、人より相したしみ候様いたすべく候。

一、衣服其外の制、素《もと》より質素肝要候。

一、郷勇隊のものはおのづから撃剣場へ罷出《まかりいで》、農家の小児は学校へも参り、教を受け候様なづけ申べく候事。

一、強き百万といへどもおそれず、弱き民は一人と雖《いえ》どもおそれ候事。武道の本意といたし候事。

諸隊の諭示（陣中規則）

諸隊は長府《ちょうふ》（下関市）の功山寺《こうざんじ》を本陣とし、奇兵隊総督赤根武人《あかねたけと》は藩庁との妥協による諸隊存続をはかっていたが、そこへ九州へ一時のがれていた高杉が帰り、決起をうながしたのである。同調したのは力士隊長伊藤博文や遊撃隊総督石川小五郎《いしかわこごろう》らわずか八〇名あまりにすぎなかったが、一二月一五日夜半、功山寺を発ったかれらは翌朝、馬関奉行所を占領、ついで三田尻《みたじり》の海軍局をおそって藩船三隻をうばい馬関へ回航した。

高杉の挙兵におどろいた藩庁は、藩内に諸隊への協力を禁ずる布告をだすが、高杉挙兵に呼応する諸隊に占領された瀬戸内地帯の庄屋たちは諸隊に協力的で、その活動を支援した。かつて田中彰氏が「庄屋同盟」と名づけたほどの組織的積極性が実在したことについては、実証的批判があるが、協力禁止令をあえて犯した庄屋層の主体性をまったく無視するのも正しくなかろう。

征長軍が撤兵したあと、元治《げんじ》二年（一八六五）一月にはいると「俗論」派藩庁軍と諸隊は萩と山口の中間山岳地帯の絵堂《えどう》や大田《おおた》（山口県美祢《みね》市美東《みとう》町）で激突し、藩庁軍は連戦連敗した。「俗論」派は一掃され「正義」派が藩庁を支配し、三月二三日には「武備恭順《ぶびきようじゆん》」の方針が打ちだされた。家臣の提言にさからわぬため「そうせい侯《こう》」とよばれた藩主父子は、このときも「俗論」派から「正義」派へとのりかえ、幕府との決定的対立へとすすんでいく。

水戸《みと》藩のばあいと異なり、長州藩尊攘派は絶滅せずに藩権力を奪取した。ただし、このときのかれらは、もはや尊攘派から脱皮し、倒幕派へと成長転化していたのである。その転化をささえた経済的基盤は、開港による打撃をこうむりつつあるとはいえ、水戸藩とは比較にならぬほど豊かな農村地帯であり、一般農民層を掌握しえている豪農商層の存在であった。

ロッシュとパークス

たびかさなる敗北のなかから不死鳥のようによみがえった長州藩は、やがて薩摩《さつま》藩と手をむすんで幕府と対決するが、英仏外交団の介入はそうした動きを促進していく。

戦わずして長州藩を屈服させた幕府の内部で、幕権強化のタカ派小栗忠順《おぐりただまさ》らが復活したことは前述したが、かれらの強気の背景にはフランス公使L・ロッシュのあと押しがあった。

一八六〇年（万延元年）の英仏通商条約での高率関税撤廃によりイギリスとの競争にさらさ

れた国内産業を強化するため、フランス政府は原料を安価に調達しようと、パリ割引き銀行や帝国郵船会社のアジア進出をうながし、フランス商人も続々とアジアへおもむいた。ロッシュの使命は、かれらのイギリス商人との対抗を支援することである。

幕府は、ロッシュにフランス軍艦搭載のものとおなじ銅製施条砲一六門の購入を依頼するとともに、製鉄=造船所の建設も委嘱した。元治《げんじ》二年（一八六五）一月二九日の約定書《やくじょうしょ》によれば、横須賀《よこすか》湾で毎年六〇万ドルを四年間投下する大工事が予定され、フランス政府の承認をえて、有能な造船技師F・L・ヴェルニーが製鉄所首長としてまねかれた。

ロッシュは、製鉄所建設費を支弁するために日仏「組合商法」を提案した。商相A・ベイクの構想をもとに「フランス輸出入会社」を設立し、幕府の生糸貿易統制とむすびついて、イギリス巨大商社の優位を砕こうというのである。この計画は、フランスでの株式募集が一八六六年恐慌とイギリス巨大商社の衰退の影響で失敗したため立ち消えとなるが、フランスの対日積極政策の動機をよくしめしている。

幕権強化をめざす幕府の親仏派やロッシュにとって、長州藩が下関《しものせき》―上海《シャンハイ》という密輸ルートをつかって武器を輸入している事態はなんとかおさえねばならない。高杉のクーデター後の長州藩では、壬戌《じんじゅつ》丸（下関でアメリカに撃沈された後、ひきあげて修理）をアメリカ船フイーパン（Fei Pang）号の曳航により上海へおくって売却、その代価で武器を輸入したが、オランダ総領事から知らせをうけた幕府は外国奉行配下の者三名をわざわざ上海へ派遣し、事実であることをつきとめた。

幕府は、このフィーパン号事件に代表される長州藩の武器密輸を理由に、慶応元年（一八六五）四月一九日、長州再征のための将軍進発を布告するが、ロッシュも英・米・蘭代表とともに五月二八日、厳正中立と密輸禁止を申し合わせた。密輸ルートを絶たれて孤立した長州藩は、こうして薩摩藩との提携をもとめねばならなくなっていく。

パークス（1828～85）　アヘン戦争に従軍，アロー号事件で強硬策を唱えた。

ロッシュ（1809～1901）　イスラム教徒となり，アルジェリア征服に活躍ののち，来日した。

新任のイギリス公使H・S・パークスが上海から長崎へ到着したのは、密輸禁止の申し合わせができた数日後の閏《うるう》五月二日のことであった。パークスは本国政府の訓令にもとづき条約の勅許をとりつけようとし、仏・米・蘭代表とともに軍艦九隻をひきいて九月一六日、兵庫沖へあらわれた。

対外紛争や国内対立の根源が幕府のむすんだ条約を勅許しない朝廷の態度にあるとみなし、攘夷派の最頂点にある孝明《こうめい》天皇その人にストレートな軍事的圧力をかけようという、いかにもイギリス人らしい強引な正攻法である。長州征討のため進発した将軍や幕閣の大半が大坂・京都に滞在していたことも、パークスの摂海《せっかい》（大阪湾）進出の口実となった。

連合艦隊が浦賀《うらが》沖でも下関海峡でもない兵庫沖に出現したとの知らせは、朝廷を恐怖のどん底にたたきこんだ。幕閣も大混乱におちいり、将軍家茂《いえもち》は将軍職を辞任するとまでいいだした。禁裏《きんり》守衛総督一橋慶喜《ひとつばしよしのぶ》は、一〇月四日から五日にかけての長い朝議《ちょうぎ》で、有力諸侯を召集せよとの大久保利通《おおくぼとしみち》らの提案をおさえ、勅許がなければ戦争となり、皇位の安泰も保証できないと力説して、ついに条約の勅許を獲得した。

なお、馬関《ばかん》戦争償金の支払い延期の代償として関税改定をすることもこのときに約束され、翌慶応二年五月の江戸協約（改税約書）により、輸出入とも時価の五パーセント程度という清国《しんこく》なみの低い従量税《じゅうりょうぜい》が定められた。

条約勅許問題でパークスに協力したロッシュは、勅許により幕府の立場が合法化され強まると期待したが、結果は逆であった。威勢よく鎖港攘夷《さこうじょうい》をとなえつづけてきた朝廷がパークスの威嚇に屈したことは、妥協を強要した幕府の権威も大幅に失墜《しっつい》させずにはおかなかった。

そして、薩摩藩と幕府との対立は、この事件を画期に決定的にふかまっていった。条約勅許の直前に、幕府はやはり大久保らの反対をおしきって長州再征勅許を朝廷から獲得したが、激怒した大久保は西郷あての九月二三日付書状で、「至当之筋を得、天下万人《ばんにん》御尤《もっとも》と奉存候《ぞんじたてまつりそうらい》てこそ、勅命と可申《もうすべく》候得ば、非義《ひぎ》勅命は勅命に有らず」とまでいいきっている。もともとイデオロギー的気質の乏しい薩摩藩士大久保であったが、勅命が無条件に尊重される状況はすでに明確に消滅していたのである。

薩長同盟の成立

幕府との対立をふかめたぶんだけ、薩摩藩はかつてのライバル長州藩に接近していく。熱狂的な「尊王《そんのう》」と「攘夷《じょうい》」の一時期が終わってみると、その跡には「世直し」をもとめはじめた全国各地の民衆の動きの上部で、幕府と長州藩・薩摩藩の権力抗争が露骨にくりひろげられていた。薩摩藩と長州藩が手をにぎることが、幕府にかわるあらたな国家形成の鍵《かぎ》をなすことは、当時かなり多くの人びとが考えており、一種の常識に近かったといってよい。

だが、宿怨《しゅくえん》をいだくライバル同士がそう簡単に和解できるはずがない。そこには、しかるべき第三者の仲介が必要であった。その任務をみごとになしとげたのが、土佐《とさ》藩の坂本竜馬《さかもとりょうま》と中岡慎太郎《なかおかしんたろう》の両名である。

坂本は町人郷士《ごうし》の次男、中岡は大庄屋《おおじょうや》の長男として生まれ、武市《たけち》瑞山《ずいざん》が文久《ぶんきゅう》元年（一八六一）八月に結成した土佐勤王党《きんのうとう》に加盟し、のち脱藩して活動する点は共通している。しかし、坂本が幕臣勝海舟に師事して神戸海軍操練所塾頭となり、元治《げんじ》元年（一八六四）一〇月に勝が江戸に召喚（翌月軍艦奉行罷免）されると、薩摩藩の客分となり、翌慶応元年五月、長崎に亀山社中《かめやましゃちゅう》をつくって海運業をいとなんだのにたいし、中岡は長州藩尊攘派と密着して歩み、「禁門《きんもん》の変《へん》」に参加して負傷、のち五卿にしたがって筑前《ちくぜん》大宰府《だざいふ》にうつっている。

それゆえ、長州藩の説得という難問題では、中岡の役割のほうがむしろ大きかったといえ

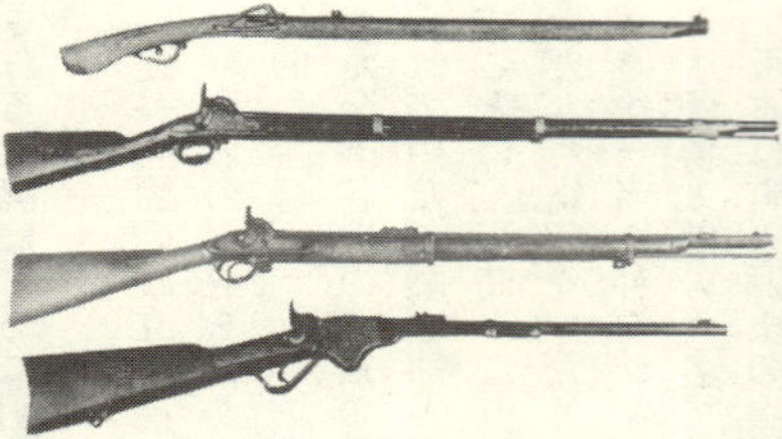

幕末の小銃　上から，日本製火縄銃，ゲベール銃（雷管式），ミニエー銃（先込施条式），スペンサー銃（元込施条式）。

中岡慎太郎（1838～67）土佐藩出身。武力倒幕を強く主張した点，武市半平太の正系。

よう。

慶応元年（一八六五）五月一六日に将軍家茂《いえもち》が長州再征のため大坂へむけて進発したとの重大ニュースは、在京の中岡と在薩の坂本にもつたわり、両者は期せずして同時に薩長和解工作を開始した。このときは、中岡が薩摩へおもむいて西郷を説き、坂本が長州へのりこみ桂《かつら》（木戸）を説得、下関での両者会見を画策したが、西郷が上京を急いだため実現しなかった。

しかし、薩長接近は、ロッシュの画策による密輸禁止により窮地におちいった長州藩のために、薩摩藩が自分の名義で武器・艦船を購入することによって、大きく前進した。長崎の亀山社中の仲介で、伊藤博文・井上馨がグラバーから購入した小銃は、ミニエー銃四三〇〇挺、ゲベール銃三〇〇〇挺におよび、翌年の征長の役で大いにその威力を発揮することになる。

こうして慶応二年一月八日、薩摩《さつま》藩の要請をうけて木戸孝允が入京し、同月二二日に歴史的な薩長同盟がむすばれた。青山忠正「薩長盟約の成立とその背景」（『歴史学研究』五五七号）によれば、京都薩摩藩邸での西郷・木戸会談が二〇日に坂本竜馬が入京するまで進捗しなかったのは、ちょうど幕府の長州処分案（一〇万石取り上げ、藩主蟄居《ちっきょ》隠居、世子《せいし》永蟄居）の最終決定がなされつつあり（一九日確定、二二日勅許）、その受諾いかんが争点となっていたためであった。おそらく、確定した処分案を木戸が拒否し、徹底抗戦の決意をしめしたので、西郷としてはかけつけた坂本の説得を容れ、さまざまなケースを想定しての攻守同盟をむすび、朝廷へはたらきかけて処分撤回をかちとることを約束したのであろう。

大任を果たした坂本竜馬は翌二三日夜、定宿《じょうやど》寺田屋で伏見《ふしみ》町奉行配下の者におそわれるが、女主人お登勢《とせ》の養女お竜《りょう》の必死の連絡をうけてピストルで応戦、負傷しつつも難をのがれることができた。竜馬は京都の医者の娘お竜と知り合って一年半ほどになるが、この機会に正式の祝言《しゅうげん》をあげ、傷の治療をかねて鹿児島の温泉へでかけた。一種の新婚旅行である。霧島《きりしま》山へのぼった二人は、天《あま》の逆鉾《さかほこ》をひきぬいて作り物にすぎぬことを確かめたりしている。竜馬の合理的精神をしめすエピソードといえよう。

傷の癒えた竜馬は六月一日、汽船ユニオン号（乙丑丸《いっちゅう》）にのって下関へむかうが、そこでは第二次征長の役がはげしく戦われていた。

坂本龍馬（1835～67）
土佐藩郷士。薩長密約を成立させ倒幕の途を開いた天才的政治家。

3　敗退する幕府軍

幕府の台所

第二次征長の役は、石高《こくだか》にしめされる幕藩制本来の経済力からいえば、全国三〇〇〇万石のうち八〇〇万石弱を有する幕府が、諸藩を動員しつつ、公称三七万石の長州藩を制圧しようとした戦いであった。長州藩と同盟の密約を交わした薩摩藩は琉球《りゅうきゅう》をふくめて公称七七万石であるが、これは籾高《もみだか》だから他藩なみに米高でみると三七万石程度にすぎない。薩長両藩合わせても幕府の一〇分の一というところである。

しかし、幕末ともなれば、経済力や財政規模を石高だけで見るのは危険である。第二次征長の役を前にしての幕府側と薩長側の経済の力量と特徴を簡単に対比してみよう。

まず幕府。旗本知行所《はたもとちぎょうしょ》をのぞいた天領《てんりょう》（四〇〇万石強）の財政収支を文久《ぶんきゅう》三年（一八六三）について見ると、年貢《ねんぐ》米《まい》・年貢金という経常収入は、知行地のない蔵米取《くらまいとり》の幕臣への給付や役職手当・大奥《おおおく》経費など経常支出へあてられ、幕末期固有の軍事費・政治費の多くは、貨幣改鋳益《かいちゅうえき》からまかなっていることがわかる。

大口勇次郎氏の論文は、外国艦船買上費と海軍入用金がどう調達されたか不明だとしているが、洋銀収支に関連する海関税《かいかんぜい》が充当されたのであろう。幕末八年あまりの三港関税収入合計四五四万ドルをもってすれば、この間の幕府購入艦船二九隻の代価三二五万ドルは十分

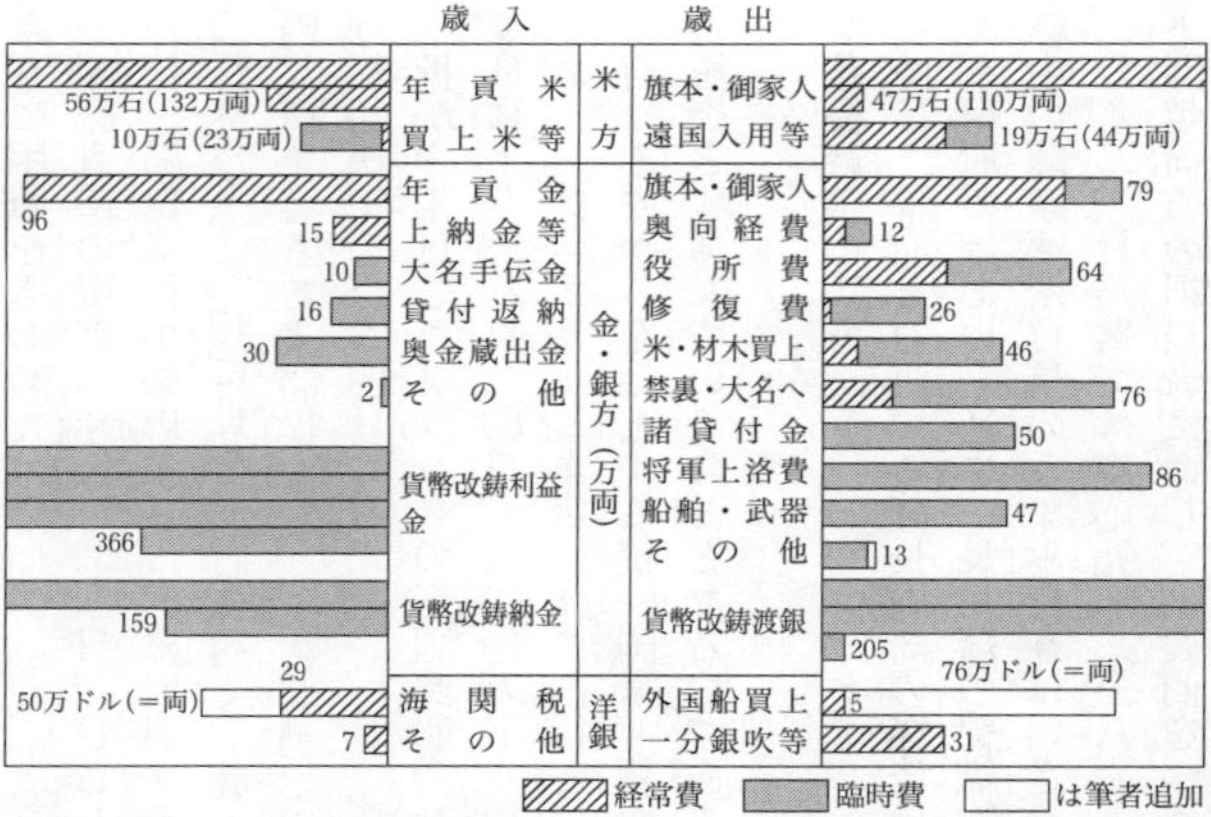

大口勇次郎「文久期の幕府財政」『近代日本研究』3，大山敷太郎『幕末財政金融史論』，『長崎幕末史料大成』4による。

図11　幕府の財政収支　1863年（文久3）

まかなえたはずであり、のこりは海軍入用金にもつかわれた可能性がある。

幕府の貨幣改鋳益は、しかし、このころがピークで以後、漸減し、慶応《けいおう》期には江戸・大坂商人へそれぞれ一〇〇万両台の御用金をおしつけ、さらに金札《きんさつ》発行へとすすんでいく。そして、慶応二年五月実施の生糸・蚕種《さんしゅ》改印令は、産地において手広く生産者に課税しようとしたため、後述する信達《しんだつ》一揆や武州《ぶしゅう》一揆による手痛い反撃をこうむらねばならなかった。

あらたな経済発展の成果を十分吸収しえなかった幕府にとって、下関償金三〇〇万ドルや横須賀《よこすか》製鉄所建設費二四〇万ドルの捻出は容易なことではなく、いずれも払いきれないで終わるが、四三七万両に達する第二次征長の役の軍費調達はさらに困難をきわめた。

開戦直前の慶応二年五月二八日、ひさしぶりに登城を命ぜられて軍艦奉行に復職した勝海舟は、勘定《かんじょう》奉行小栗忠順《おぐりただまさ》らに、幕府がフランスとの借款《しゃっかん》契約と軍艦購入をくわだてており、「到着次第、一時に長を追討すべく、薩もまた其時宜《そのじぎ》によりて是を討《とう》ぜん。然《しか》して後、邦内、口を容るる大諸侯なし、更《さら》に其勢に乗じ、悉《ことごと》く削小《さくしょう》して郡県の制を定めんとす」という極秘決定を打ち明けられた。

折から来日したフランスの帝国郵船会社（社長＝商相ベイク）の副支配人J・クーレとの交渉により、八月二〇日、六〇〇万ドルの借款談をオリエンタル銀行（本店ロンドン）とソシエテ・ジェネラル（本店パリ）両行とのあいだで開始する約束がむすばれる。こうして、幕府はみずからを軸とする統一国家＝幕府絶対主義の創出のために、フランス依存の危険な道を突きすすんでいくこととなるのである。

薩長経済の実態

では、幕府と対決する薩長両藩の経済はどうか。自由貿易の展開は、海関税収入を独占しえた幕府のばあいと逆に、長州藩の綿織物業や薩摩藩の製糖業へ徐々に打撃をあたえ、琉球経由の薩摩藩密貿易のうまみをうばいさった。

むろん、長州藩では慶応元年（一八六五）に木戸・高杉《たかすぎ》を中野半左衛門《なかのはんざえもん》ら商人にかわって下関越荷方《しものせきこしにかた》の担当者に命じ、豪農商をつうじて集荷した国産物の藩外売却と、唐反物《からたんもの》など輸入品をふくむ諸品の藩内販売を掌握させているし、薩摩藩でも従来の藩際《はんさい》交易（藩と藩のあいだの貿易）を長崎での外国貿易とむすびつけながら拡大し、元治《げんじ》二年三月には五代友厚《ごだいともあつ》らに引率された留学生一五名がイギリスへ密航、五代は紡織機械や小銃などを輸入している。

下関と長崎を二大拠点とする両藩の交易は、慶応二年一一月には坂本竜馬の周旋による「商社」設立案を生み、大坂をとりこみつつ全国市場の掌握をめざすまでになった。

しかし、この商社設立は実現しなかったし、藩権力自体が商人活動をおこなった結果の収益も、さほど多かったわけではない。長州藩越荷方の慶応二年の利益は一万一〇〇〇両程度にすぎず、藩財政への貢献度には限界があった。

長州藩の多額の軍事支出をささえた中心は、結局、全国的にみてずばぬけて高率な米納年《ね》貢《ぐ》収奪そのものであった。明治六年（一八七三）の地租《ちそ》改正直前の田畑生産量にたいする貢《こう》租《そ》比率は、全国平均で二六・七パーセントであるが、このころになっても山口県のそれは三六・七パーセントと断然高いのである。綿織物業などの小商品生産の展開により、幕末期にはそれ以前より若干低下しながらも高率収奪が依然として可能だったことがあきらかにされている。もっとも、宝暦《ほうれき》一三年（一七六三）から、同藩は宝暦検地《けんち》による差引き増高《ましだか》四万石余の年貢を特別会計＝撫育方《ぶいくかた》として厳重に区別し、その蓄積につとめてきた。しかし、慶応元年になると、そのうち一三万五〇〇〇両を銃砲・軍艦の購入に支出せざるをえなくなっており、あまり余裕はない。

慶応元年に同藩は、先に述べたように薩摩藩名義で大量の小銃を購入しており、その代価

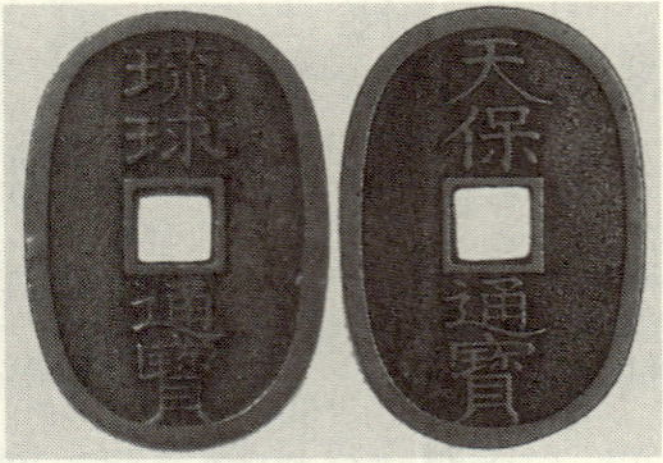
琉球通宝と模鋳天保通宝（天保銭） 1枚5.5匁（21グラム弱）で100文通用。土佐・会津・秋田でも模鋳。

はミニエー銃七万七四〇〇両（一挺一八両）、ゲベール銃一万五〇〇〇両（一挺五両）、合計九万二四〇〇両にのぼった。奇《き》兵隊《へいたい》などの諸隊の兵士は、一種の傭兵《ようへい》であるから給料が支払われ小銃なども藩から支給された。諸隊はその意味で封建的軍隊から一歩抜け出た存在であり、その維持のために長州藩財政は新たな負担を余儀なくされたのである。

薩摩藩のばあい、新財源として重要な役割をはたしたのは天保銭《てんぽうせん》の模鋳《もちゅう》であった。同藩は支配下の琉球との交易上必要だという理由で、文久《ぶんきゅう》二年八月、琉球通宝を三年間鋳造する特許を幕府から得た。そして実際には翌年末からそれと同形・同量の幕府銅銭天保通宝を大量に模鋳し、藩外でさかんに通用させて巨利を博したのである。鋳造掛市来《いちき》四郎《しろう》の回顧によれば、三年間に天保銭二九〇万両余を鋳造し、その三分の二の利益を得たというから、幕府のばあいと似ているといってよい。しかし、慶応二年六月に五代が長崎から国元へあてた手紙には、グラバーら外商から負債返済をせまられて弱りはてたとあり、同藩の財政もけっして楽ではなかった。

薩摩藩の財政が慶応二年頃から苦しくなったことは、同藩の取引先である英商ジャーディン・マセソン商会への支払い状況などからもうかがえるが、そうだとすれば、同藩がいかにして大量の新式銃砲をつぎつぎと購入しつつ戊辰《ぼしん》戦争を戦うことができたのかが問題となろう。

まず注目されるのは、慶応三年三月の軍制改革にさいして藩士の持高に応じて割りあてられた先込施条銃を彼らが購入している事実である。薩摩藩では大多数の諸藩と同様に、封建的軍隊にふさわしい武装自弁の原則が小銃についても適用されているのであり、長州藩などと比べて藩財政の負担はそのぶんだけ軽かったといってよい。と同時に、慶応四年に薩摩藩が、当時貿易活動よりも諸藩への金融活動に力点を移しつつあったオランダ貿易会社のボードインから洋銀約七六万ドルを借り入れ、英仏商人への武器代金支払いにあてている事実も見逃すことができない。この借金によって高価な元込施条銃などを装備することが可能になったと思われるからである。この借金はその後、徐々に返済され、廃藩置県時には九万六九〇五ドルを残すのみとなっていた。元込施条銃の多くも藩士が購入し私有しており、そのことが後の西南戦争のさいにおける西郷軍決起の一条件となっていく。

第二次征長の役

こうしてみると、財政レベルで見た幕府と薩長の経済力は、全体としても巨大な格差があったといわなければならない。しかし、圧倒的な経済力を背後に擁しながら、幕府軍はついに長州軍に勝てなかった。というより、芸州口《げいしゅうぐち》（山陽道）はともかく大島口《おおしま》（瀬戸内海）・石州口《せきしゅう》（山陰道）・小倉口《こくら》（九州）と、長州四境の多くで幕府側は惨敗したといったほうが

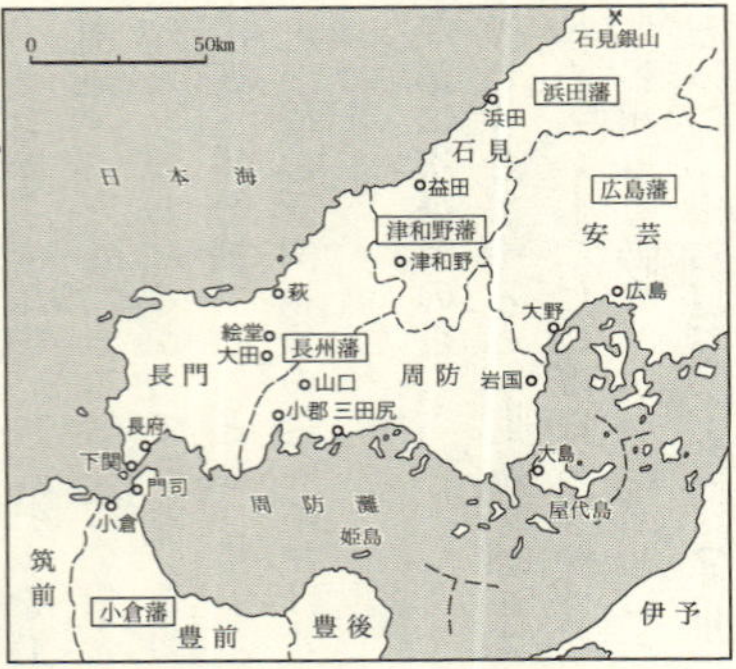

図12　長州周辺図

正しい。

　戦闘は慶応二年六月七日、幕府軍艦の周防《すおう》国大島《おおしま》郡（屋代島《やしろじま》）砲撃からはじまり、幕兵と松山《まつやま》藩兵が同島を一時占領したが、高杉晋作は一〇〇トン足らずの小軍艦丙寅丸《へいいんまる》で幕府艦隊に夜襲をかけて退散させ、第二奇兵隊《きへいたい》ほかが同島を奪回した。

　幕軍主力が配備された芸州口では、広島藩が先鋒《せんぽう》を辞したため旧装備の彦根《ひこね》・高田《たかだ》両藩兵がまず長州領内へ進入しようとして、長州藩諸隊の遊撃隊ほかと衝突、大敗を喫した。芸州大野《おおの》（広島県廿日市市）へせまった長州軍は、そこで洋式装備の幕府歩兵・紀州《きしゅう》藩兵の精鋭と激戦を展開、一進一退をくりかえすことになる。日本海側の石州口では、参謀《さんぼう》大村益次郎《おおむらますじろう》がみずから諸隊の一つである南園隊《なんえんたい》ほかをひきいて浜田《はまだ》藩領へ進撃する積極策に出、益田《ますだ》町（島根県益田市）において浜田・福山《ふくやま》両藩兵を破り、ついに浜田藩領と幕領石見《いわみ》銀山一帯を占領した。

　老中《ろうじゅう》小笠原長行《おがさわらながみち》が幕兵や小倉・熊本藩兵らをひきいて海峡をおしわたろうとしていた小倉口へも、参謀高杉晋作や山県有朋《やまがたありとも》の指揮する奇兵隊などが六月一七日、先制攻撃をかけ、乙《いっ》丑丸《ちゅうまる》にのった坂本竜馬も参戦した。以後、何回も攻撃された小笠原は、七月三〇日夜、軍艦で長崎へのがれ、小倉城は陥落する。小笠原の戦線離脱は、七月二〇日に将軍家茂《いえもち》が大坂城で死去した知らせをうけたためといわれているが、前線で幕閣を代表する最高指揮官がひそかに脱走したのだから、全軍の崩壊は必至であった。家茂にかわって徳川宗家《そうけ》をつぐことを承諾した一橋慶喜《ひとつばしよしのぶ》は、弔《とむら》い合戦《がっせん》の陣頭に立つと公言し、天皇から追討の勅語と剣までもらって出陣の用意をすすめたが、小笠原の脱走と小倉城陥落のニュースがとどくや、一変して出陣を中止した。

幕府軍の敗因は、まず全体としての戦意が乏しいことであった。幕府は将軍みずから大坂城へ進発し、先鋒総督に紀州《きしゅう》藩主徳川茂承《もちつぐ》、副総督に老中本荘宗秀《ほんじょうむねひで》を任命、慶応元年一一月には、従軍予定三二藩の担当をきめている。ところが、萩口攻略を命ぜられた薩摩藩と芸州口先鋒の広島藩は、今回の戦いは大義名分が立たぬとして出兵を拒否し、出兵した諸藩兵もすすんで戦う士気を欠いていた。

薩英《さつえい》戦争後、装備の近代化に全力をあげてきた強力無比な薩摩軍が萩口へ上陸して五境戦争となったばあい、長州軍はまちがいなく壊滅していたことを思うと、薩長同盟の意義は大きい。

大村益次郎の天才

陸上戦闘においては、両軍の装備の差がめだった。長州軍の主力をなした諸隊が先込めではあれ施条銃を全員もっていたのにたいし、大部分の幕府軍はせいぜいゲベール銃を一部装

大村益次郎（1825～69）
近代兵器の威力と近代戦法に通じた合理主義者。

備している程度で、火縄銃や刀・槍が主たる武器であった。もっとも、芸州口の幕府歩兵や紀州藩兵の銃砲はすぐれており、軍艦にいたっては一〇〇〇トンの富士山艦に代表される幕府艦隊が圧倒的優位に立っていた。

　それにもかかわらず、数においておとる長州軍が勝利したのは、兵士の素質と経験のちがいのためであった。長州軍の戦闘の主体は、若い百姓・町人を中心とした諸隊であり、家臣団隊の役割は副次的であった。幕府軍の敗北は、極言すれば、太平の世になれきった武士軍隊が、西洋近代軍との陸戦まで経験した長州の百姓軍隊に敗れたものといってもよい。

　二年前の禁門《きんもん》の変《へん》と馬《ば》関《かん》戦争で敗れさった長州軍を強力な軍隊にきたえなおしたうえ、幕府軍をさんざんに打ち破った最大の功労者は大村益次郎である。周防《すおう》国吉敷《よしき》郡鋳銭司《すぜんじ》村の医者の家に生まれ、蘭学者《らんがくしゃ》緒方洪庵《おがたこうあん》の適塾《てきじゅく》で学んだ大村は、幕府の蕃書調所《ばんしょしらべしょ》教授手伝《てつだい》にまでなるが、その洋式兵学についての抜群の理解力をかわれて万延《まんえん》元年（一八六〇）、長州藩にむかえられた。そして、慶応《けいおう》元年（一八六五）五月に帰藩した木戸孝允の推挙により、軍制改革の中心人物となるのである。

　大村はミニエー銃などの購入をすすめつつ、オランダ人クノープの戦術書をみずから翻訳、出版し、それを手がかりに近代的な散兵《さんぺい》戦術を諸隊に教えこんだ。地形や建造物を利用して個人の創意を最大限発揮する散兵戦術は、兵士の自発性がなければ不可能である。百姓・町人の自発性をとりこんだ諸隊は、まさにそうした戦闘に適していた。

馬関戦争で奇兵隊を指揮した山県は、敵軍の散兵戦術を見て大いにさとるところがあったとのべているが、そうした経験があるだけに、大村の講義もただちに理解できたものと思われる。

幕府軍が全体としての指揮系統を欠いていたのにたいし、長州軍は大村の立てた綿密な作戦計画にもとづき、大村が全体の指揮をとった。とりわけみずから前線で指揮した石州口では、その作戦は百発百中し、兵士・士官の信望を一挙に高めたといわれる。幕府の大軍を四境にうけた長州にとって、希有《けう》の軍事的天才大村が出現し活躍したことは、まことに幸運であったといわねばなるまい。

民衆の動向

戦争は、被支配階級である民衆をもいやおうなしに巻きこんでいった。戦場となった周防《すおう》国大島《おおしま》郡屋代島《やしろじま》では住民に多くの死傷者が出、安芸《あき》国佐伯《さえき》郡の諸村では家を焼かれた罹災《りさい》民四万人が各地へのがれたという。

出兵した諸藩では、長期にわたり多数の農民・町民を軍夫《ぐんぷ》として徴用《ちょうよう》した。藩主が先鋒総督に任ぜられた紀州藩では、慶応元年閏《うるう》五月から翌二年一〇月まで、家臣団六〇〇〇名を大坂、ついで芸州《げいしゅう》・石州へ出陣させたが、そのさい一日平均二〇〇〇～三〇〇〇人台の軍夫が国元から徴用された。身体強健な壮丁《そうてい》を長期間徴用されたための農耕労働力不足は、五人組《ごにんぐみ》（江戸時代の隣保組織）で分担し、貢租《こうそ》を完納することがもとめられたうえ、軍夫への賃銀支払いは村々の負担とされたため、農民は結束して徴用・負担の軽減を要求するようになった。徳川茂承《とくがわもちつぐ》が戦争中に総督を辞任したいと申し出た背後には、国元でのこうした事情があったのである。

戦争は物価とくに米価の暴騰をとおして町民や貧農の生活を圧迫した。青木虹二『百姓一揆総合年表』には、慶応二年の百姓一揆《いっき》一〇六件、都市騒擾《そうじょう》三五件、村方《むらかた》騒動四四件、合計一八五件とあり、天保《てんぽう》七年（一八三六）の合計一七一件を上回る江戸時代最高を記録した。

慶応二年五月一日、摂津《せっつ》国西宮《にしのみや》ではじまった米安売り要求運動は、みるみるうちに大坂周辺の農村にひろまり、中旬には大坂市中の米屋が次々と打ちこわされ、数千の民衆はさらに鴻池善右衛門《こうのいけぜんえもん》や加島屋久右衛門《かしまやきゅうえもん》ら豪商をおそい、金子《きんす》「借用」をせまった。

江戸でも、五月二八日に品川宿からはじまった打ちこわしの波が市中の有力な米屋・質屋などをおそい、大黒屋六兵衛《だいこくやろくべえ》や丁子屋吟次郎《ちょうじやぎんじろう》などの豪商も打ちこわされた。大黒屋と丁子屋がそれぞれ長州藩・彦根《ひこね》藩の御用達《ごようたし》であることは前述したが、ともに貿易商人ということで襲撃されたのである。

大坂・江戸での打ちこわしの主体は下層町人であるが、同時にふだんはさほど困窮していない町人のなかにも、この豪商打ちこわしには参加している者がいることに留意しておこう。戦争による困窮と不安は、そうした層にまでひろくおよんでおり、打ちこわしが幕府にあたえたショックはそれだけに大きかった。

これらの都市騒擾とあたかもあい呼応するかのように、農村では大規模な世直《よなお》し一揆が続発した。慶応二年六月一三日、幕領の武蔵《むさし》国秩父《ちちぶ》郡上名栗《かみなぐり》村（埼玉県飯能市）などの半ば賃労働者化した貧農（＝半プロレタリア《プロレタリア》）が飯能《はんのう》町の米屋へ米の安売りをもとめて押しかけたのに端を発した武州《ぶしゅう》一揆は、参加者一〇万をこえ、一九日に鎮圧されるまで、上州緑野《じょうしゅうみどの》郡（群馬県高崎市、藤岡市の一部）をふくむ武州一円の豪農商四四九軒を打ちこわした。

参加者のほとんどは貧農・半プロレタリア層で、米価引き下げとともに豪農商に質地（質入れした土地）・質物返還という「世直し」要求をつきつけた。と同時に、幕府の生糸・蚕種改印令を実施する生糸会所《かいしょ》や農兵で武装した組合村の中心地＝寄場《よせば》まで襲撃対象にふくめており、反封建闘争としての性格も帯びていたといってよい。

六月一五日に奥州信夫《しのぶ》（福島市）・伊達《だて》（福島市と伊達郡の一部）両郡でおこった信達《しんだつ》一揆では、幕府の生糸・蚕種改印令による新課税への反対が、米価・質利息引き下げとならんで要求項目に明記されていた。一〇万をこえる農民は豪農商一六四軒を打ちこわしつつ福島城下へおしよせ、ついに要求をつらぬいた。この一揆も、中心となった勢力は貧農・半プロレタリア層であるが、中農クラスも参加し、一揆の頭取《とうどり》＝指導者となっている。

打ちこわし対象の家へくると頭取が、

やあやあ者共、火の用心を第一にせよ。米穀は打ち散らすな。質物《しちもの》へは決して手を懸《か》けまじ、質は諸人の物なるぞ。又《また》金銭、品物は身につけるな。此《この》働きは私欲にあらず、是《これ》は万人のためなるぞ。此の家の道具は皆悉《ことごと》く打ちこわせ、猫のわんでも残すな。

と下知《げち》して、徹底的に打ちこわした。

こうした民衆の動きは、幕藩制国家と自覚的に対決する水準からは、いまだほど遠いところにあるといわねばならない。しかし、軍役反対や打ちこわし・世直し一揆にみられる民衆の巨大なエネルギーが、とりわけ幕府軍の足もとをゆさぶり、その敗北の遠因となったことは否定できないであろう。

孝明天皇の急死

一橋慶喜《ひとつばしよしのぶ》が将軍家茂《いえもち》の弔《とむら》い合戦《がっせん》にでかけると公言したとき、朝廷内でもっとも熱心にそれを支持したのは孝明《こうめい》天皇であり、天皇は慶喜の出陣中止を簡単にはゆるさなかった。

しかし、薩長同盟にもとづき薩摩藩から征長中止の建白書《けんぱくしょ》がだされ、さらに和宮降嫁《かずのみやこうか》の推進の責を問われて洛北《らくほく》岩倉村に蟄居《ちっきょ》を命ぜられていた岩倉具視《いわくらともみ》が建白書に賛同して種々画策をすすめると、朝廷内では征長の中止と佐幕《さばく》路線の転換をもとめる声が強まりはじめた。八月三〇日には大原重徳《おおはらしげとみ》ら公家二二人が参内《さんだい》して、征長中止と朝廷改革をのべるという思いきった行動にでている。

だが、この行動は天皇の佐幕姿勢への全面的批判を意味したため、激怒した天皇はかれらを閉門等に処し、黒幕と思われた岩倉邸の監視も厳重になった。一二月五日には慶喜が将軍になり、朝廷は天皇を中心とする佐幕派グループによってかためられたかにみえた。

そうしたときに孝明天皇が病にたおれた。一二月一二日に発熱した天皇は痘瘡《とうそう》（天然痘）の症状を呈したが、間もなく快方にむかい、二三日には水痘の膿も出おわった。ところが、翌日夜にははげしい吐き気と下痢におそわれ、二五日には顔面に紫の斑点を生じ、血を吐きつつこの世を去ったのである。

天皇のこのような急死については、当時から毒殺説が流布され、戦後間もなく、ねずまさし氏も毒殺説をとなえたが、確証がないと反論された。しかし、昭和五〇年（一九七五）に、孝明天皇の典医《てんい》の曾孫《そうそん》で開業医の伊良子光孝《いらこみつたか》氏が曾祖父光順《みつおさ》の日記とメモにもとづく毒殺説を発表して以来、石井孝氏や田中彰氏もこれに同意、学界では毒殺説が定着しつつあった。

ところが、その後、孝明天皇の死因について、原口清「孝明天皇は毒殺されたのか」（藤原彰他編『日本近代史の虚像と実像』①、大月書店、一九九〇年）が、天皇の病状が好転したというのは明確な根拠を欠くと批判した上で、死亡時の紫斑点・出血等の症状からみて、「天皇は、紫斑性痘瘡《しはんせいとうそう》と出血性膿疱性痘瘡《しゆつけつせいのうほう》の両者をふくめた出血性痘瘡で死亡した」と主張した。天皇がそうした重症型痘瘡に罹っていたとすれば、回復の見込みはほとんどないから、毒殺説は痘瘡感染経路の問題を別とすれば成り立つ余地が小さくなったといえよう。

倒幕が早晩必至であったとすると、佐幕派の孝明天皇が健在のばあい、朝廷もまた幕府と共倒れになった可能性が強いともいえる。孝明天皇の急死は、倒幕派が主導するあらたな政治状況のもとで、朝廷が独自の位置づけを得て再浮上するチャンスをつくった、というべきかもしれない。

第五章　世直しと戊辰戦争

1　フランス依存の将軍慶喜

「幕府最高顧問」ロッシュ

慶応《けいおう》二年（一八六六）一二月五日、第一五代将軍となった徳川慶喜《とくがわよしのぶ》は、その直後の孝明《こうめい》天皇の急死にもかかわらず、というよりもそれゆえにこそというべきか、幕政の大改革へむけて邁進《まいしん》した。

慶喜がなによりも力を注いだのは、強力な陸海軍の創出であった。フランス公使ロッシュのかねてからの斡旋《あっせん》により、C・S・J・シャノワンヌ大尉《たいい》以下一五名のフランス軍事顧問団が慶応二年一二月八日に到着、幕府の歩兵・砲兵・騎兵の訓練を開始した。その中心はもはや旗本《はたもと》・御家人《ごけにん》ではなく、かれらのさしだす軍役金《ぐんやくきん》で江戸市中から雇《やと》い入《い》れた主として武士以外の身分からなる傭兵《ようへい》であった。シャノワンヌ大尉は、都会育ちの傭兵たちが体力と忍耐力に欠け、戦場では役に立たぬ者が多いと嘆いている。これでは、たとえフランス式の制服を着、フランス輸入の銃砲で装備しても、実戦となればあまりたよりになりそうもない。

慶応三年三月二六日、幕府待望の新鋭軍艦開陽丸《かいようまる》がオランダから横浜港へ到着した。五年前の文久《ぶんきゅう》二年に注文された同艦は、二五九〇トンでクルップ砲二六門をそなえ、造艦技術の伝習《でんしゅう》に留学していた榎本武揚《えのもとたけあき》や沢太郎左衛門《さわたろうざえもん》らをのせての帰国であった。世界的水準の同艦にまともにたちむかえる軍艦はどの藩にもなく、開陽丸を旗艦《きかん》とした幕府海軍は、日本国内では文字どおり無敵の勢力を誇ることとなる（二〇〇ページ参照）。

慶喜による改革は行政面にもおよんだが、それは職務分担がはっきりしない老中《ろうじゅう》制度をあらためるように、とのロッシュの進言によるものである。無任所で首相格の板倉勝静《いたくらかつきよ》のもとで、各老中が陸軍・海軍・国内事務・会計・外国事務の各総裁を兼務することにより、内閣に似たかたちがとられ、さらに次官にあたる諸奉行《ぶぎょう》にも人材が抜擢された。

このほか、租税金納化などの経済改革も構想され、そうして得た実力によって諸藩を統合し、朝廷は昔のように政治から隔離することがめざされた。それらはいずれもロッシュの進言によるものであり、フランス公使ロッシュは、いまや幕府の事実上の最高顧問の地位を占めつつあった。

イギリス公使パークスも、慶応二年六月に英商グラバーとともに薩摩《さつま》藩を訪問したころから、幕府と薩長の対立にかんして内政不干渉の立場を装いつつ、書記官のアーネスト・サトウ（E. M. Satow）もつかって薩長側に有利な外交圧力をかけた。後述する兵庫《ひょうご》開港問題への介入はその好例である。こうして、幕末の政局は、一歩まちがえば列強《れっきょう》の大幅な介入をまねきかねない危険な線上をたどりながら、大詰めをむかえていく。

「植民地」横浜・横須賀

最大の開港場横浜には、イギリスとフランスの軍隊が常駐し、同港一帯に睨《にら》みをきかせていた。情勢が緊迫したときには各国の軍艦も次々と入港し、居留民《きよりゅうみん》の保護にあたった。

英仏軍隊の駐屯《ちゅうとん》は、文久二年の生麦《なまむぎ》事件にたいする償金支払いをめぐって幕府ないし攘夷《じょうい》派と英仏両国が軍事衝突の寸前にまでいたったさい、居留民とその財産保護のために、老中《ろうじゅう》が翌三年四月六日付書簡でみとめて以降、しだいに既成事実化していったものである。当時、江戸の幕閣《ばっかく》は、老中小笠原長行《おがさわらながみち》の率兵上京のために輸送船を外国から借り入れることを考えており、そのためにも英仏側の強い要求を拒否できなかったのである。英仏両国は、危機が去ってからも幕府の撤退要求を拒否しただけでなく、陸兵まで派遣し、山手《やまて》の駐屯施設を幕府の費用でつくらせもした。こうして幕末の横浜には常時一〇〇〇名をこえる英仏軍隊が駐屯することとなり、その撤退はなんと明治八年（一八七五）二月いっぱいまで実現しないのである。

イギリス公使オールコックは、元治《げんじ》元年（一八六四）の本国外相あて書簡で、香港《ホンコン》から陸兵をおくってもらったが、横浜は気候もよいうえ、幕府に兵舎等の費用を負担させたので国家経費の節約になる、と得意げに記している。かれらの目には、横浜は香港と大差ない植民地のごときものと映っていたかのようである。

横浜ではイギリス商人と軍隊におされぎみであったフランスにとって、そのすこし南方の横須賀《よこすか》は別天地の観があった。そこではフランス人F・L・ヴェルニーを首長とする技師団のもとで大勢の日本人が製鉄＝造船所の建設工事に従事していた。慶応《けいおう》三年（一八六七）四月に同地を訪れた青年貴族L・ド・ボーヴォワールは、その見聞録『ジャポン1867年』（綾部友治郎訳、有隣堂）のなかで、

ここは海軍工廠《こうしょう》と船をつくる造船所の工事を創設し指導するために大君《たいくん》に招聘《しょうへい》されたフランス人の、本当の植民地である。（中略）日本人労働者一万二千人が、ある者は巨大な盛り土に、他の者はドック掘削《くっさく》に、残りの一部は二つの排水口の建設に働いていた。（中略）四十五人のフランス人労務者は、ヴェルニー氏の仕事の現場監督である。（中略）フランス村は清潔でしゃれている。村には小さな礼拝堂があり、司祭がいる。

と誇らしげに記している。

もちろん、横須賀製鉄所は幕府の経営であり、ヴェルニーらはお雇《やと》い外国人技師にすぎない。外国人による直接投資のような外国の支配をともなうわけではなかった。しかし、肝心の幕府そのものが、対外自立の重要性をどこまでわきまえていたかという点になると、はなはだ怪《あや》しいのである。そのことを如実にしめすのが、前章でもふれた六〇〇万ドル借款《しゃっかん》問題の交渉経過であった。

幻に終わった大借款

横須賀製鉄所建設や軍制改革に必要な資金をつくりだすため、第二次征長《せいちょう》の役《えき》のさなかに、幕府がフランス経済使節クーレと、貿易独占を目指す「フランス輸出入会社」設立および六〇〇万ドルの大借款《だいしゃっかん》の相談をはじめたことは、すでにのべた。

慶応三年二月にロッシュが大坂城の慶喜《よしのぶ》らに語った話では、右の「会社」が設立されれば、いくらでも借入ができ、利子さえ払えば元金返済はいつでもよい、というから、当時すみつつあったのは「会社」設立のほうで、日本政府国債《こくさい》の発行による借款ではなかったらしい。東アジアの小国日本の国債が、明確な担保《たんぽ》の設定もなしに、パリ・ロンドン市場で発行されるはずもなかろう。

同年四月、ロッシュは慶喜にむかって、借款をもとめるためには、「蝦夷地《えぞち》を質《しち》に取らせ」ることが肝要だとのべている。老中小笠原長行《おがさわらながみち》からその蝦夷産物開発権を「会社」にあたえることを条件に借款交渉をすすめよとの訓令をうけた栗本鋤雲《くりもとじょうん》（鯤《こん》）がパリへのりこんだのは、八月のことであった。

しかし、慶応三年六月（太陽暦七月）におこなわれたフランス輸出入会社の株式募集は、無残な失敗に終わっていた。大銀行クレディ・モビリエを破綻《はたん》においこんだ恐慌《きょうこう》の深刻化がその背景にあったが、おりからのパリ万国博に幕府とならんで薩摩《さつま》藩が出品したことも幕府の権威をうたがわせ、同社の株式募集の足をひっぱった。「会社」設立と六〇〇万ドル借款実現をあてにして、十分の旅費をもたずにパリへきた幕府博覧会使節徳川昭武《とくがわあきたけ》（慶喜の弟）

一行は、クーレに旅費の融通をことわられて立ち往生《おうじょう》するが、薩摩藩の出品をおさえきれなかったかれらの失策が「会社」設立を挫折《ざせつ》させる一因だったことには気づかなかったようである。かれらには、日本に支店のあるオランダ貿易会社とオリエンタル銀行に交渉して旅費を工面するのが精いっぱいであった。

パリについた栗本は、さっそく外相に会って幕府の立場を説明するとともに、クーレや銀行家P・フリュリ＝エラールらと善後策を講ずるのに懸命となった。しかし、貿易独占や蝦夷地開発の「会社」設立とむすびつけて構想されてきた六〇〇万ドル借款を、それだけ独立させて実現させるのは簡単ではない。そうこうするうちに大政奉還《たいせいほうかん》の知らせがパリにもとどき、六〇〇万ドルの大借款による幕府の起死回生策は完全に挫折するのである。

開港勅許と討幕密勅

将軍慶喜《よしのぶ》がフランスをたよりにして幕権の回復をはかりつつあるのにたいし、薩摩《さつま》藩・長《ちょう》州《しゅう》藩はどのような対抗策を講じたのであろうか。

西郷隆盛《さいごうたかもり》と大久保利通《おおくぼとしみち》が幕府をおいつめる「最後の切り札」として考えたのは、各国と約束した期日（一八六八年一月一日＝慶応三年一二月七日）が間近にせまった兵庫開港の勅許《ちょっきょ》問題であった。慶応元年の条約勅許（一五〇ページ参照）のさいに、兵庫開港は不許可とされていたので、幕府としては是が非でも勅許を得なければならない。それを妨害しつつ、雄《ゆう》藩《はん》の合議をへて勅許を得、幕府の権威を失墜《しっつい》させようというのが、西郷らの狙《ねら》いであった。

この戦術を西郷に示唆《しさ》したのは、イギリス公使館員サトウだったという。

慶応三年三月にはいると、パークスらの要求におされて、慶喜はたびたび兵庫開港勅許を朝廷にもとめたが、不許可となった。それにもかかわらず、慶喜は大坂城で各国公使と会見したときに、兵庫開港は約束どおり実行すると言明した。

西郷と大久保は、島津久光《しまづひさみつ》（薩摩）・山内豊信《やまのうちとよしげ》（土佐）・伊達宗城《だてむねなり》（宇和島）・松平慶永《まつだいらよしなが》（福井）の四侯会議を計画し、五月にこれら四侯は慶喜と兵庫開港・長州処分の二問題を論じたが、妥協点を見いだせぬまま、豊信がぬけて四侯会議は分裂、解散した。これに自信を得た慶喜は、五月二三〜二四日の徹夜の朝議《ちょうぎ》で熱弁をふるい、ついに兵庫開港と長州藩への寛大な処置の両勅許を獲得する。

こうして、外国の圧力と勅許問題をからめて幕府をおいつめ、あわよくば平和的に倒幕を実現せんとした西郷・大久保らの企ては失敗した。残るはただひとつ武力倒幕あるのみである。慶喜との論戦に完敗した島津久光が、幕府への反感を強めたことも、薩摩藩の倒幕路線をいっそう強固なものとした。

しかしながら、薩長両藩が政治的孤立をさけつつ幕府をたおすには、なんらかの大義名分がなければならない。薩長倒幕派の最大の問題点は、そうした大義名分をもたないことであった。それは、かれらが封建支配下の民衆の解放＝市民革命をもとめていない以上、当然であったといえよう。かれらがたよりにしたのは、手近にある朝廷の権威であった。幕府びいきの孝明《こうめい》天皇のあとをついだ明治天皇がまだ一六歳で政治的にいわば無色であったことが、

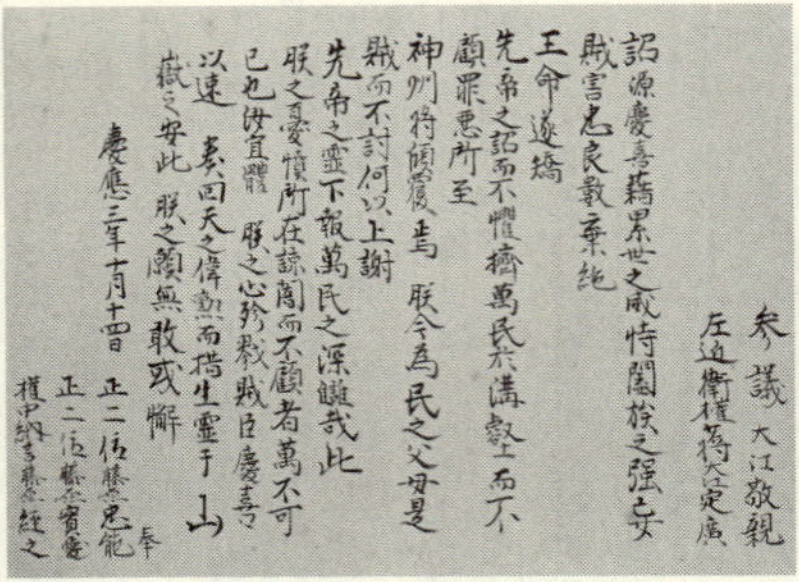
參議 大江敬親
左近衛權中將大江定廣
詔源慶喜藉累世之威恃闔族之強妄
賊害忠良數棄絶
王命遂矯
先帝之詔而不懼擠萬民於溝壑而不
顧罪惡所至
神州將傾覆焉 朕今爲民之父母是
賊而不討何以上謝
先帝之靈下報萬民之深讐哉此
朕之憂憤所在諒闇而不顧者萬不可
已也汝宜體 朕之心殄戮賊臣慶喜
以速奏回天之偉勳而措生靈于山
嶽之安此 朕之願無敢或懈
慶應三年十月十四日 正二位藤原忠能
正二位藤原實愛
權中納言藤原經之 奉

討幕の密勅　10月13日付が島津父子宛，14日付は前日に官位復旧した毛利父子宛。

岩倉具視（1825～83）公家としては珍しい政治的手腕と度胸の持ち主。号は対岳。

倒幕派の宮廷工作を可能にした。

西郷・大久保と組んだ岩倉具視《いわくらともみ》の活躍が、このあたりから表面化する。文久《ぶんきゅう》二年（一八六二）から洛北《らくほく》岩倉村に蟄居《ちっきょ》を命ぜられていた岩倉は、そのあいだに倒幕論者へと変身していた。慶応三年三月にようやく入京をゆるされる身となった岩倉の工作によって、一〇月、島津父子と毛利《もうり》父子へ、それぞれ「賊臣《ぞくしん》慶喜」を「殄戮《てんりく》」せよ（殺しつくせ）という激烈な調子の同文の「密勅《みっちょく》」が下付《かふ》された。だが、おなじ一四日に将軍慶喜から大政奉還《たいせいほうかん》の奏上《そうじょう》がなされただけでなく、予定した薩摩藩の出兵が藩内の対立からおくれたため、長州藩では挙兵延期をきめており、密勅による討幕挙兵は不発に終わったかに見えた。

しかし、井上勲『王政復古』（中公新書、一九九一年）によれば、討幕の密勅《みっちょく》は中山忠能《なかやまただやす》が天皇へ密奏して許可を得たという仮構をともなった偽勅であり、薩摩藩の出兵がおくれたことを知った岩倉・大久保や長州藩の広沢兵助らが、その対策として急ぎ作成したものであった。それは、天皇の権威を動員することにより、薩摩藩内の出兵反対論を押さえて藩主父子の意向を率兵上洛《じょうらく》へと導くための切り札であり、長州藩主父子に同文の密勅が与えられたのは、同藩に薩摩藩と対等の地位を保証するためであった。大政奉還の奏上を横目でみながら、西郷・大久保・広沢らは密勅を携えて帰藩し、藩内工作に活用した。そうだとすれば、密勅による倒幕挙兵は「不発」ではなく、まさに計画どおり実現していったとみるべきであろう。

船中八策と大政奉還

将軍慶喜の大政奉還は、土佐《とさ》藩の建白《けんぱく》を契機とするもので、建白は山内豊信《やまのうちとよしげ》の腹心後藤象《ごとうしょう》二郎《じろう》が推進した。そして、後藤にアイディアを提供したのは、坂本竜馬《さかもとりょうま》であった。

土佐勤王党《きんのうとう》弾圧の張本人後藤が長崎で活躍する竜馬に近づいたのは、土佐藩も佐幕《さばく》一本槍の路線からの転換を模索《もさく》していたからであるが、竜馬の側でも後藤をつうじて土佐藩全体をうごかそうと考え、これに応じたのであった。慶応三年（一八六七）六月に長崎から京都へむかう船中で、竜馬は後藤にきたるべき新国家の構想をのべている。「船中八策」とよばれるこの構想は、「天下ノ政権ヲ朝廷ニ奉還セシメ」「無窮《むきゅう》ノ大典《たいてん》」（憲法）を制定して、議会を開設し、朝廷直属の軍隊をおくというもので、後藤は豊信を説いてこれを土佐藩の藩論とした。

同時に、後藤は薩摩藩へはたらきかけ、六月二二日には、坂本・中岡慎太郎《なかおかしんたろう》も立ち会っ

一、天下の政権を朝廷に奉還せしめ、政令よろしく朝廷より出ずべきこと。
一、上・下議政局を設け、議員を置きて万機を参賛（賛助）せしめ、万機よろしく公議に決すべきこと。
一、有材の公卿《くぎょう》・諸侯および天下の人材を顧問に備え、官爵《かんしゃく》を賜い、よろしく従来有名無実の官を除くべきこと。
一、外国の交際、ひろく公議を採《と》り、あらたに至当の規約を立つべきこと。
一、古来の律令を折衷《せっちゅう》し、あらたに無窮の大典（憲法）を選定すべきこと。
一、海軍よろしく拡張すべきこと。
一、御親兵を置き、帝都を守衛せしむべきこと。
一、金銀物貨よろしく外国と平均の法を設くべきこと。

坂本竜馬の「船中八策」

て、薩土盟約がむすばれ、「大政」を幕府から朝廷へ奉還させるべく協力することとなった。ただし、そのための手段については明示されていない。後藤が武力倒幕をさしあたり回避する策として、大政奉還の建白を考えていたことはまちがいないが、問題は、西郷隆盛《さいごうたかもり》たちもまた、後藤の提案を「渡りに舟」と同意した事実である。武力倒幕しかないと思いつめていたはずの西郷らが、なぜ後藤の提案に賛成したのであろうか。

おそらく西郷らは、大政奉還が幕府によって拒否されると予想し、その拒否を大義名分として武力倒幕を決行しようと考えたのであろう。後藤もその可能性を否定せず、土佐藩からも兵を上洛させると約束しており、竜馬は長崎で購入したミニエー銃一〇〇〇挺をみずから土佐へ持参している。

それゆえ、豊信に率兵上洛を反対された後藤が、建白書だけをたずさえて九月三日、大坂へついたときの、西郷の落胆ぶりは大きかった。武力を背後にもたない、ただの大政奉還建白となれば、将軍慶喜としても十分考慮にあたいするであろう。このあとの後藤の大政奉還運動は、西郷らの武力倒幕路線と対立し、徳川家の実権温存への活路を開くものと化した。西郷らがそれをおさえきれなかった直接の理由は、前述のとおり、予定していた薩摩藩の出兵がおくれていたことにあったというべきであろう。下山三郎氏は、討幕密勅による薩長両藩の挙兵が、不十分な兵力のままおこなわれたとすれば、かれらの軍事的、政治的孤立はまぬかれがたかっただろうと推定している。そうであるとすれば、慶喜の大政奉還は、結果的には武力倒幕への準備をととのえさせる時間的条件をつくりだしたとみることもできるであろう。

土佐藩の建白書の真の作成者というべき坂本竜馬は、武力倒幕への条件がととのっていないことを見ぬいていた。だからこそ、幕府若年寄《わかどしより》永井尚志《ながいなおむね》に再三会って建白書の採用を説き、状況の打開をはかったのであろう。しかし、その竜馬は、中岡慎太郎とともに、一一月一五日、幕府見廻組《みまわりぐみ》の刺客《しかく》によって暗殺され、戊辰《ぼしん》の戦いを見ることができなかった。竜馬三三歳、中岡三〇歳であった。

2　民衆の世直しとナショナリズム

ええじゃないか

年若い明治天皇を擁《よう》する朝廷をめぐり、幕府と薩長の緊張がいやがうえにも高まっていった慶応《けいおう》三年（一八六七）のころ、民衆はなにをしていたのであろうか。

前年、はげしく高揚した都市打ちこわしと世直《よなお》し一揆《いっき》の波は、この年にはいると沈静化し、夏ごろから翌年春にかけて「ええじゃないか」と総称される独特な騒乱状態がひろい地域にわたって出現した。ある日、突然、富裕な家々の前に伊勢《いせ》神宮《じんぐう》などの御札《おふだ》（神社がくばり、神棚に飾られる）が降っているのが発見され、降札のあった家では奉公人《ほうこうにん》を休ませ、来客に酒肴《しゅこう》の振舞いをする。人びとは浮かれて踊りだすようになり、数日間ときには一ヵ月以上にわたって騒乱状態がつづくのである。

これまで確認されている最初の御札降りは、慶応三年七月中旬のことで、場所は東海道吉田宿西南部の農村地帯（豊橋市）であった。七月一四、一五両日に御札の降った牟呂《むろ》村では、一八日から二〇日まで臨時祭礼がおこなわれたが、以後、各地で降札とそれにともなう祭礼がみられた。吉田宿では爆発的なにぎわいとなり、いわゆる「ええじゃないか」の様相を呈した。以後、三河《みかわ》から東西へ「ええじゃないか」の波がひろがり、関東と中国・四国にまで達するのである。踊りのはやしことばの「ええじゃないか」というのは、主として関西方面でつかわれ、三河以東では「六根清浄《ろっこんしょうじょう》」などととなえることが多かったらしい。

慶応三年はひさびさの豊作で米価は低落気味であり、そこからくる余裕と、幕藩支配秩序の崩壊による世直しへの待望とが、ひろい地域にわたる騒乱をうみだした。発端となった三河国では、伊勢伊雑宮《いざわのみや》（農具＝鍬《くわ》を祭る神社）から御祓《おはらい》をうけとって以来、一〇〇年目を祝う御鍬祭《おくわまつり》が各神社でおこなわれつつあった。ちょうどそのころ、幕府の第二次征長《せいちょう》の役《えき》以来、負担の急増した東海道の助郷《すけごう》（人馬徴発）の減免騒動が豪農《ごうのう》＝村役人層をおびやかしたので、かれらは御札降りをきっかけに御鍬祭と合わせて祭礼をおこない、村内融和をはかったのであろうと指摘されている。

大政奉還《たいせいほうかん》があった一〇月中旬以降の関西での「ええじゃないか」は、たぶんに政治的性格を帯びていた。京都や大坂では、取締りの町方《まちかた》役人まで踊りの渦《うず》にまきこむほどの騒ぎがつづき、その騒ぎにまもられながら薩長倒幕派や岩倉具視《いわくらともみ》らの王政復古《おうせいふっこ》クーデターへの画策がすすめられた。

備後《びんご》国尾道《おのみち》では、上洛《じょうらく》途上の長州軍が到着した一二月二日の翌日に騒ぎがおこり、民衆が「長州さんの御登り、えじやなひか、長《ちょ》と薩《さ》と、えじやなひか」とはやしつつ踊り回ったというが、これは長州側の工作によるものであろう。長州藩境でぴたりと波及が止まったことも、「ええじゃないか」の政治性を裏付けるといってよい。四国ではとくに阿波《あわ》国全域がはげしい興奮につつまれ、人びとは「日本国のよなおりはええじゃないか、ほうねんおどりはお目出たい」と、世直し意識をあらわにしつつ、ここぞと思う富豪の門前に御札をまいてはおしかけて酒食のふるまいを強要した。

このように、「ええじゃないか」は、世直し状況の所産であり、世直し意識の全国的拡大をもたらしたが、その要求はその場かぎりの酒食の供応にとどまり、年貢《ねんぐ》や諸負担にかんする基本要求は影をひそめていた。政治的に利用されるにとどまり、政治過程を主体的にうごかす力はもたなかった。ここに、当時の民衆の世直し意識の限界をみなければなるまい。

幕末日本人の宗教心

「ええじゃないか」は、幕末の世直し意識が、伊勢神宮など各地神社の御札《おふだ》降りを契機に祭りのかたちで爆発した点で、幕末日本人の宗教心のありかたを示すものだった。それは、長くつづいた幕藩体制がまさに崩れ落ちようとする未曾有《みぞう》の変革期において、日本人が体験したほとんど唯一《ゆいいつ》の宗教的高揚であったといってよい。

前近代社会における民衆の反権力闘争は、宗教一揆《いっき》のかたちをとったときに、もっとも徹底したものとなるのが世界史の通則である。そこでは、民衆は超越神＝絶対者への信仰にささえられてはじめて、現世的な権力者を相対化し、かれらを精神的にのりこえつつ、戦いに立ち上がることができた。しかし、幕末の日本では、本格的な宗教一揆《いっき》は皆無であり、「ええじゃないか」という乱舞がみられただけであった。

このことは、江戸幕府のきびしいキリシタン弾圧と仏教統制により、民衆の宗教生活がきわめて貧弱な水準にまでおとしめられていたこととふかくかかわっている。幕末・維新期の日本を観察した西洋人は、日本人がきわめて世俗的で宗教心に乏しいことを異口同音にのべているが、それは幕府の徹底した宗教統制の所産にほかならなかった。

その幕府の支配力がおとろえた幕末になると、民衆のなかからあたらしい宗教が育ちはじめた。その多くは神道《しんとう》系のもので、大和《やまと》国の農婦中山《なかやま》みきが創唱した天理教《てんりきょう》によって代表される。中山みきが、安産の助けと病気なおしをつうじて民衆救済の教えを説きはじめたのは、ペリー来航以後のことで、慶応《けいおう》三年（一八六七）には教義の基本ができあがった。唯一神のもとでの人間の平等を説くその教えは、人びとの世直しのねがいをするどく反映していた。それだけに、天理教は明治にはいると国家神道への従属を強《し》いられ、苦難の道を歩まねばならなくなる。

幕末段階では、しかし、こうした新興宗教の勢力はなお微弱なものにとどまっていた。民衆が生きる宗教世界の貧弱さは、かれらの世直し意識の高揚をさまたげたといわねばならない。そして、そのことが、幕末の政争を支配者間の権力争奪とし、さらには、現世的秩序たる天皇制を至高の価値とする国体《こくたい》思想の支配をゆるすことにもなるのである。

外商の内地侵入阻止

「ええじゃないか」のはやしことばのなかには、「日本国へは神が降る、唐人《とうじん》屋敷にゃ石が降る、ええじゃないか、ええじゃないか」という、民衆の素朴な攘夷《じょうい》意識がうかがえるものがある。また、中山みきの「おふでさき」第二号（明治二年三月）にも、「にほん」と「から」（外国）の緊張関係が指摘されていた。

それらは、幕末の民衆のなかにも、しだいに民族意識が形成されつつあったことをしめすものであろう。直接に外国人と接触する貿易関係の豪農商のばあいにおいては、さらに明確なナショナリズムの意識と行動がみられた。

たとえば川越《かわごえ》藩は、文久《ぶんきゅう》二年（一八六二）五月以降、前橋《まえばし》分領内生糸《きいと》の横浜出荷先を野沢屋・吉村屋など五軒（のち六軒）の売込み商に限定する旨《むね》を布告しているが、それは、「異人ニ掛合有之店《かかわりあいこれあるみせ》」への出荷をさけるために領内生糸商人らが売込み商らと相談した結果であった。

万延《まんえん》元年（一八六〇）以来、ジャーディン・マセソン商会から多額の前貸しをうけた横浜の有力売込み商高須屋清兵衛《たかすやせいべえ》らが産地での買付けをおこなっており、右の布告はそれへの対抗策だったものと思われる。高須屋の仕入基盤が主として奥州《おうしゅう》方面だった一因は、最大の生糸集散地の上州《じょうしゅう》前橋から排除された点にあったのであろう。

通商条約の内地通商禁止条項を、高須屋らをつかってひそかにくぐりぬける同商会の産地買付けは、「はじめに」でもふれたとおり、文久三年にはいると高須屋への多額の不良貸しをうみ、イギリス領事ウィンチェスターが幕府にかけあっている。だが、ウィンチェスターとしても、条約を破る商会側の行為を強く弁護するわけにはいかない。こうして、同商会の産地買付けは多額の不良貸しをのこしたまま慶応元年には衰退し、横浜居留地《きょりゅうち》での取引きが中心となっていくが、外商全体も同様の動きをしめしたようである。

輸入品においても、横浜や長崎での取引きがスムーズにおこなわれないばあいには、外商が特定日本商人を手先につかい、内地流通過程へかわりに侵入させる可能性があった。そうした事態を阻止したのは、一回に一〇〇〇ドルをこえる輸入品代金を支払える有力引取り商が開港場に大勢あつまったことであった。一〇〇〇ドルを幕末の洋銀相場で換算すると、五三〇両から八四〇両へとしだいに上昇し、輸入超過がめだつ明治三年には一〇〇〇両の大台

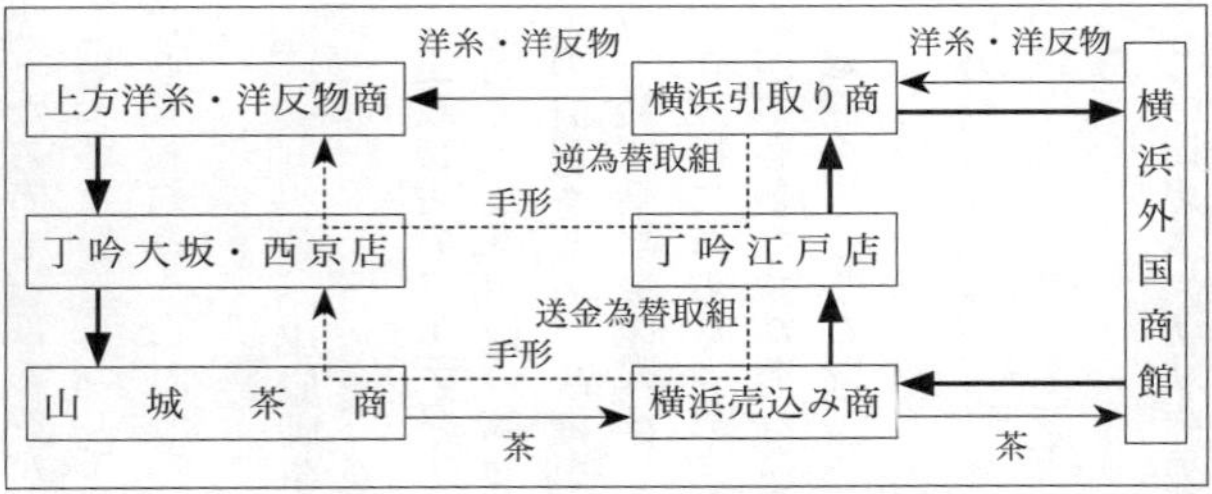

丁吟史研究会編『変革期の商人資本』などより。

図13　江戸—上方間の為替取引き（━▶は貨幣の流れ）

にのる。したがって引取り商は、やや大口の取引きでは千両箱をいくつも用意しなければならなかったのである。

同時に注目されるのは、江戸と上方《かみがた》（京都・大坂）をむすぶ為替《かわせ》取引きの機構が、引取り商の活動をささえていた事実である。近江《おうみ》商人丁吟《ちょうぎん》による江戸—上方間の為替業務の仕組みをみると、丁吟江戸店は、一方で横浜茶売込み商の産地への送金をひきうけつつ、他方で上方へ品物をおくる横浜引取り商の為替手形を買い取っている。引取り商はその代金によって横浜でつぎの仕入れをただちにおこなうことができたのである。丁吟はむろん自己資金も投入しており、上方の洋糸・洋反物《ようたんもの》商は、手形の期限がくればかならず丁吟への支払いをおこなった。

つまり、三都の有力商人層の蓄積が、こうした信用機構をつうじて動員され、外国商人と対峙《たいじ》する横浜引取り商の活動をささえ、外商の内地侵入を防ぐ役割を果たしていたのである。

横浜や地方の貿易関係商人は、攘夷《じょうい》を叫ぶ志士たちのはげしい非難・攻撃をうけたし、実際そのなかには外商の手先となる者も一部あったが、大多数は外商の活動を居留地内部に封じこめる役割を果たしたといってよい。こうして日本商人の手中に確保された国内流通過程での商人的蓄積が、のちに産業投資へとむけられ、日本産業革命をささえていくのである。

3　戊辰戦争の勝者と敗者

王政復古のクーデター

話を大政奉還《たいせいほうかん》後の政局の動きにもどそう。将軍慶喜《よしのぶ》は、大政奉還の上奏文《じようそうぶん》のなかで、「従来の旧習を改め、政権を朝廷に帰し奉《たてまつ》り、広く天下の公議を尽《つく》し、聖断を仰ぎ、同心協力、共に皇国を保護仕《つかまつ》り候《そうら》えば、必ず海外万国と並び立つべく候」と、奉還後も公議政体の新政権に有力な一員としてくわわる態度を表明していた。そこで主導権をにぎれば、徳川家が中心となったあらたな統一政権も夢ではない、との読みが慶喜にはあった。

奉還を決心した慶応《けいおう》三年（一八六七）一〇月一三日夜、慶喜はヨーロッパ帰りの側近西周《にしあまね》をよんで、西欧の政治制度についていろいろとたずねている。その西が一一月に提出した当面の政権構想は、天皇を政治的にまったく無力化したうえで、「大君《たいくん》」が行政権を総括しつつ、「上院」（諸大名）と「下院」（諸藩士）にたいしても強い権限をもつ、というものであった。

この構想は、朝廷が京都参集を命じた諸大名の会議にかけられるはずであったが、去就に

徳川慶喜（1837～1913）　最後の将軍。家康の再来と恐れられたが，その評価は分かれる。

まよった諸大名はほとんど召集に応じなかった。その間に、大久保利通《おおくぼとしみち》と岩倉具視《いわくらともみ》の画策する王政復古《おうせいふっこ》のクーデターが実現する。「密勅《みっちょく》」による挙兵討幕に失敗した西郷《さいごう》・大久保らは、再挙をはかるべく、いったん薩摩《さつま》へ帰藩した。藩議をかため、藩主島津《しまづ》忠義《ただよし》の挙兵上洛《じょうらく》を実現することこそが絶対条件だったからである。その結果、三〇〇〇の兵をひきいた忠義が一一月二三日に入京し、長州《ちょうしゅう》藩兵二五〇〇も一二月はじめまでに摂津《せつつ》国西宮《にしのみや》と備後《びんご》国尾道《おのみち》に到着、入京の機会をうかがった。

クーデターの準備は、主として大久保と岩倉が担当した。かれらは、まず天皇の外祖父《がいそふ》中《なか》山忠能《やまただやす》を抱きこむことをつうじて、かれらが「玉《ぎょく》」とよんだ若い天皇を味方にひきよせるとともに、後藤象二郎《ごとうしょうじろう》にはたらきかけて土佐藩《とさはん》の協力をとりつけ、さらに徳川家との連絡役として尾張《おわり》・福井両藩を企てにさそいいれた。このことは、武力倒幕派によって主導されたクーデターが、公武《こうぶ》合体派の協力を得てはじめて具体化されたことを意味しており、王政復古後の政局のありかたを左右したことに留意しよう。

こうして一二月九日（一八六八年一月三日）、西郷指揮下の薩摩兵をはじめ、尾張・福井・広島・土佐の諸藩兵が出動して宮門をかためるなかで、明治天皇が学問所において参内《さんだい》をゆるされた親王《しんのう》・公家《くげ》・諸侯を引見《いんけん》、王政復古の宣言を発した。摂政《せっしょう》・関白《かんぱく》・幕府など旧制度は廃され、あらたに総裁・議定《ぎじょう》・参与《さんよ》の三職が天皇の下におかれることになった。つづいて同夜の小御所《こごしょ》会議において、慶喜に辞官・納地《のうち》をもとめることが山内豊信《やまのうちとよしげ》や松平慶永《まつだいらよしなが》らの反対をおさえて決定された。

新政権から排除されたばかりか、領土の返上をもとめられた京都二条城《にじょうじょう》の慶喜は、一時は武力行使まで考えたが、朝敵となることをおそれ、一三日兵をひきいて大坂城へうつった。幕府軍と入れかわりに長州軍が次々と入京し、京都は薩長倒幕派の軍事支配下におかれた。

しかし、新政権のなかでの武力倒幕派の地位は不安定であり、公武合体派の勢力がしだいに強まっていった。一二月二三、二四日の三職会議では、徳川家の領地返上のかわりに政府経費を諸藩とともに負担させることが定められ、幕府権力の全面解体を要求する倒幕派はすっかり窮地においこまれた。

大坂城の慶喜のもとへは、江戸から増援の艦隊と軍隊が到着し、強気の慶喜は、一六日、各国公使を引見して自分が外交権をにぎっていることを主張し、王政復古の政変を否定した。この間、西郷は江戸薩摩藩邸に浪士《ろうし》をあつめて、強盗・放火などの攪乱《かくらん》工作を展開させた。これにかんし、在坂の老中《ろうじゅう》板倉伊賀守《いたくらいがのかみ》(勝静《かつきよ》)らは、江戸の老中へあてた二四日付書簡で、浪士の本拠が薩摩邸だという証拠があれば同藩邸を攻撃せよとの慶喜の意向をつたえるとともに、当方でもすみやかに討伐を開始する、とのべている。

後年の回顧談での懸命の否定にもかかわらず、このときの慶喜が政権奪回になお意欲をもやし、軍事行使をもあえて辞さない覚悟であったことは、みとめざるをえないであろう。板倉の書簡がとどく直前の二五日に、江戸薩摩藩邸の焼き討ちが決行され、その報が大坂につくや、主戦派の意見を容《い》れて慶喜は京都進撃を決定した。戊辰《ぼしん》（一八六八年の干支《えと》）戦争のはじまりである。

鳥羽・伏見の戦い

あけて慶応《けいおう》四年（一八六八）一月二日、進撃を開始した徳川軍は、フランス式訓練をうけた旧幕兵五〇〇〇と会津《あいづ》藩兵三〇〇〇、桑名《くわな》藩兵一五〇〇を主力として総勢一万五〇〇〇、むかえ討つ薩長軍は土佐《とさ》藩兵三〇〇〇をくわえても四五〇〇程度しか動員できず、数のうえでは徳川軍が三倍の優勢であった。

もしも、この徳川軍が兵を分けて諸道から京都へ突入したならば、寡兵《かへい》の薩長軍ではとても対抗できなかったであろう。ところが、実際には、徳川軍指揮官はその全兵力を西郷隆盛の指揮する薩長軍がすでにまもる鳥羽《とば》・伏見《ふしみ》方面へすすめるという、もっとも拙劣《せつれつ》な戦術をとったのである。

一月三日から六日にかけての激戦で、徳川軍は完敗した。指揮官の優劣にくわえて、両軍兵士の素質と士気の差が勝敗を分けたといってよい。銃砲などの装備の点では、フランス軍事顧問団が育てた旧幕軍はけっして薩長軍におとっていなかったが、よせあつめの傭兵《ようへい》の戦意は低く、まっさきに敗走した。会津・桑名の両藩兵、とくに会津藩兵はよく戦ったが、刀《かたな》・槍《やり》にたよるかれらの戦法はもはや時代おくれであり、薩長軍の銃撃を浴びて次々とたおされた。

敗走する徳川軍は、最高指揮官徳川慶喜のいる大坂城へたどりついたが、その慶喜は六日夜ひそかに城を脱出し、軍艦開陽丸《かいようまる》にのって江戸へもどってしまっていた。

　薩長軍の勝利により、新政権内部での実権は武力倒幕派にうつった。山内豊信《やまのうちとよしげ》ら公武合体《こうぶがったい》派《は》の抵抗もいまやむなしく、一月七日には慶喜追討令が発せられた。九日には総裁有栖川宮《ありすがわのみや》熾仁《たるひと》親王のもとに、あらたに副総裁として三条実美《さんじようさねとみ》と岩倉具視《いわくらともみ》が任ぜられ、藩士出身の参与《さんよ》とともに新政権をうごかすようになった。議定《ぎじよう》に任ぜられていた藩主クラスの意思は、以後ほとんど無視されるようになる。とくに東征各軍の指導部は、有栖川宮以下の公家《くげ》を頂点にいただき、藩士出身の西郷ら参謀《さんぼう》が指揮の実権をにぎるかたちをとり、藩主はまったく排除された。こうして形成されはじめた近代天皇制国家の初期形態——明治四年の廃藩置県《はいはんちけん》まで——を、とりあえず維新《いしん》政権とよんでおこう。

　スタートしたばかりの維新政権にとっての大きな難問は、国際的承認をいかに獲得するかであった。各国公使との接触は、一月一一日に突発した神戸《こうべ》事件をめぐってはじまった。この日、西宮《にしのみや》へむけて神戸の日本人街を通行中の岡山藩兵三〇〇の隊列を、フランス人水兵が横切ろうとしたため槍《やり》で排除され、ピストルをもちだしたところ威嚇《いかく》射撃をうけた。大坂から難をのがれて神戸へきていたイギリス公使パークスが、これを聞いて英米仏軍隊を上陸させ、藩兵をおいはらって居留地の警備にあたるとともに、湾内の日本汽船五隻を拿捕《だほ》、略奪《りやくだつ》した。パークスの強硬策にふるえあがった維新政権は、事実調査ぬきに全面謝罪し、公使団の要求どおり、責任者として砲術隊長滝善三郎《たきぜんざぶろう》を切腹させたのである。

神戸事件は、内山正熊氏が指摘するとおり、その後の堺《さかい》でのフランス人殺傷事件や、京都でのパークス襲撃事件と異なり、岡山藩兵の正当な対抗措置であり、双方に若干《じゃっかん》の負傷者はでたが、死者は一人もない。にもかかわらず、日本側責任者のみが処刑されたのは、維新政権がなんとしても外国側の承認を得たいと卑屈《ひくつ》になりきっていたからである。はじめての切腹を目《ま》のあたりにしておどろき、満足した各国外交官は一月二五日に内乱にたいする局外中立を宣言し、徳川政権は交戦団体の一つに格下げされた。それは維新政権の初の外交的成果といってよいが、一人の無実の武士の刑死を踏み台とするものであったことは、銘記されるべきであろう。

赤報隊の悲劇

江戸城へもどった慶喜《よしのぶ》は、最初は抗戦の意志をもっていたが、やがて形勢不利をさとって上野《うえの》寛永寺《かんえいじ》に謹慎《きんしん》する。西日本諸藩が忠誠の意をしめして後顧《こうこ》の憂《うれ》いがなくなった維新政権は、いよいよ東征大総督府のもとに編成した各軍を進発させることとし、慶応《けいおう》四年（一八六八）二月一一日から薩長両藩兵を中心とする総勢五万の官軍が次々と京都を出発した。

東海道軍はまったく戦闘なしで三月一二日、品川《しながわ》に到着し、東山道《とうさんどう》軍は本隊が野州梁田《やしゅうやなだ》（栃木県足利市）で旧幕府歩兵頭《ほへいがしら》古屋佐久左衛門《ふるやさくざえもん》の手兵を、同支隊が甲州勝沼《こうしゅうかつぬま》（山梨県甲州

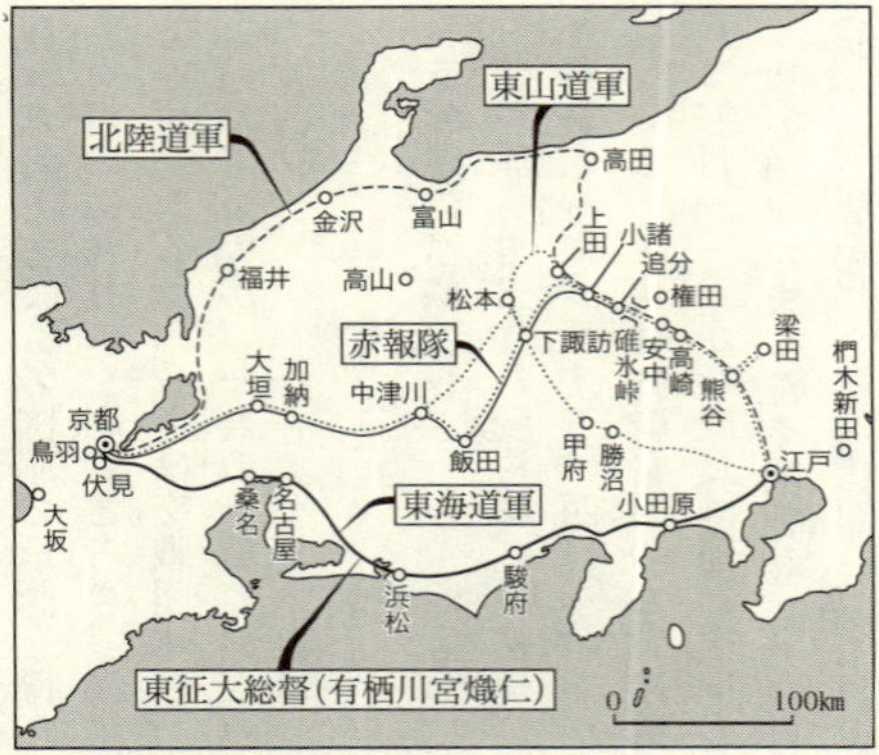

図14　東征軍と赤報隊

市勝沼町）で近藤勇《こんどういさみ》の新撰組《しんせんぐみ》を、それぞれ簡単に打ち破り、三月一三日には板橋《いたばし》と府中《ふちゅう》に到着して、一五日の江戸城総攻撃にそなえた。そして、三月一三日、一四日の歴史的な勝海舟《かつかいしゅう》・西郷隆盛会談によって総攻撃が中止されるのであるが、会談が成功した裏には、戦火が横浜貿易に打撃をあたえることを心配したパークスの西郷への強い中止要請があったことが、あきらかにされている。

それとともに、勝と西郷がもっともおそれていたのは、二月下旬から関東各地でおこった世直し一揆《いっき》と打ちこわしがさらに激化することであった。上州《じょうしゅう》での一揆はとくにはげしく、吉《よし》井《い》藩では大砲までもちいて応戦し、慶喜に徹底抗戦を主張して勘定《かんじょう》奉行を免ぜられた小栗忠《おぐりただ》順《まさ》は、引退先の知行所《ちぎょうしょ》（群馬郡権田《ごんだ》村＝現高崎市）で一揆勢と戦わねばならなかった。

こうして、江戸城は四月一一日に官軍《かんぐん》へあけわたされ、命びろいした慶喜は、寛永寺をでて水戸《みと》へむかった。謹慎二ヵ月のあいだにやつれて、ひげがぼうぼうの慶喜の姿は、見る人の涙をさそったという。

西郷が一揆と打ちこわしの激化をおそれていたことは、維新政権と官軍の階級的性格をそのまましめしている。その点を端的にあらわすのが、相楽《さがら》総三《そうぞう》のひきいる赤報隊《せきほうたい》の「偽《にせ》官軍」事件であった。

相楽総三は、下総《しもうさ》国相馬《そうま》郡椚木《くぬぎ》新田《しんでん》（茨城県取手市）出身で旗本《はたもと》金融により蓄財した郷士《ごうし》小島兵馬《こじまひょうま》の四男として、江戸に生まれた。文武両芸に秀でた総三は、塾を開いて国学と兵学を講じていたが、文久《ぶんきゅう》元年（一八六一）、二三歳のときから尊攘志士《そんじょうしし》として活躍しはじめ、やがて薩摩藩士とともに江戸・関東攪乱《かくらん》工作に従事した。焼き討ちされた江戸薩摩藩邸を脱出して、慶応四年（一八六八）一月五日に入京した相楽《さがら》らは、休む間もなく西郷隆盛から東征軍の先鋒隊《せんぽうたい》の一つである赤報隊への参加をもとめられる。

一二日、相楽は民心をひきつけるために年貢《ねんぐ》半減の建白をおこない、許可を得た。こうして相楽は赤報隊の一部をひきいて東山道をすすみ、二月六日には信州下諏訪《しんしゅうしもすわ》にまで達し、碓《うす》氷峠《いとうげ》の確保をめざして北信分遣隊《ほくしんぶんけんたい》を派遣した。ところが、一月下旬ごろから赤報隊への官軍東海道・東山道総督府の圧迫が強まり、軍規違反で処刑される者がではじめ、二月一〇日には信州諸藩にたいし、相楽のひきいる軍勢も偽官軍であるかに読める「回章」がだされた。

その結果、追分《おいわけ》の北信分遣隊が小諸《こもろ》・上田《うえだ》・岩村田《いわむらた》・安中《あんなか》の四藩兵によって攻撃され、壊滅させられた。つづいて、相楽ら幹部八名も東山道総督府によって逮捕《たいほ》され、弁明の機会もあたえられぬまま、三月三日、斬首《ざんしゅ》されたのである。

高木俊輔氏によれば、赤報隊における相楽の同志は、脱藩士と郷士・豪農商出身者が多いが、北信分遣隊には中貧農も参加し、年貢半減令からさらにすすんで「貧民改め」（富者への救済強要）まで着手し、世直しの動きに接近しつつあった。

相楽の罪状は、総督府の統制をはなれて、米穀・軍資金を強奪し、武器を貯えたこととされているが、いずれも事実ではない。処刑理由の真相は、政府がいったんだした年貢半減令をとり消さねばならなくなった点にこそあった。一月二三日に福井藩出身の由利公正《ゆりきみまさ》の建議により会計基立金《もとだてきん》三〇〇万両の募債がきまるが、その応募者の多くは京都・大坂（のち江戸もくわわる）などの都市特権商人であった。募債＝借金である以上、返済のめどがあることをしめさねば金はあつまらない。年貢半減令のとり消しは、そのために不可欠であり、半減令の高札《こうさつ》を立ててまわった赤報隊を偽官軍とする必要がそこから生じたのであった。

しかし、相楽ら幹部へのとくに過酷《かこく》な弾圧については、北信分遣隊と諸藩との軍事衝突の事実も考慮にくわえるべきであろう。東山道総督府としては、信州諸藩を懐柔《かいじゅう》するために、あえて相手側の相楽らを極刑に処したのではないかと思われるのである。諸藩側が赤報隊と世直し勢力との結合をおそれていたことが軍事衝突の基本要因であったとすれば、官軍もまた、世直し勢力とは対決する商人・地主層を基盤としつつあったのであり、そこに赤報隊の悲劇がうまれる原因があったといえよう。

官軍の構成員のなかには、長州藩諸隊のように、豪農から中農にいたる農民各層からの出身者が多数ふくまれていただけでなく、官軍の倒幕の戦いは、重い年貢《ねんぐ》負担からの解放をもとめる各地の農民たちの熱い期待をあつめていた。

だが、そうした期待が空虚な幻想でしかなかったことは、戊辰《ぼしん》戦争のさなかにはやくもあきらかとなった。最前線で奮戦した農民兵士のゆくすえにも、後述するような悲劇がまちかまえていた。やや先走っていえば、武士出身の官軍兵士も、やがて生計の道をもとめて苦しむことになるのである。

上野から会津へ

江戸城の無血開城は、徳川軍の戦力が温存される結果をまねいた。旧幕府歩兵奉行大鳥圭介《おおとりけいすけ》のひきいる精鋭部隊や同撤兵頭福田八郎右衛門《さんぺいがしらふくだはちろうえもん》の手勢などは、江戸城からもちだした新式の銃砲をもちいて関東各地でゲリラ戦を展開し、元海軍副総裁榎本武揚《えのもとたけあき》は旧幕府海軍の主力艦を手放さずに江戸湾上で情勢をうかがっていた。

江戸市中では、上野寛永寺《うえのかんえいじ》に集結する彰義隊《しょうぎたい》が、市中警邏《けいら》を命ぜられたのをよいことに隊伍《たいご》を組んで横行し、あちこちで官軍兵士と衝突したが、東征大総督府参謀の西郷隆盛はどうすることもできなかった。

ここで、西郷にかわって長州藩出身の軍防事務局判事大村益次郎《おおむらますじろう》が東征軍の最高指揮権をにぎるべく登場する。慶応《けいおう》四年（一八六八）閏《うるう》四月四日、江戸に到着した大村は、綿密な作戦計画をたて、五月一五日に約二〇〇〇の兵をもって約一〇〇〇名の彰義隊を攻め、激戦一〇時間でこれを掃討《そうとう》した。勝敗を決する契機となったのは、本郷台《ほんごうだい》にそなえつけた肥前《ひぜん》藩の輸入六封度《ポンド》アームストロング鋼砲二門が、昼過ぎから不忍池《しのばずのいけ》をこえて上野の山へ撃ちこんだ砲弾の、絶大な威力であったという。

上野彰義隊の掃討は、関東地方全域の官軍の威信を回復させ、七月一七日には江戸を東京とする詔書《しょうしょ》が発せられ、政治の中心を京都から東京へうつす準備がはじまった。徳川氏を駿《する》河《が》へうつし七〇万石を下賜《かし》する決定も、ようやく公表の運びとなった。

こうして東征軍は、のこる強敵会津《あいづ》・庄内《しょうない》両藩との戦いに全力を注ぐこととなる。すでに、大総督府は仙台藩（藩主伊達慶邦《だてよしくに》）に旧京都守護職《しゅごしょく》の会津藩追討令を発し、二月一七日には藩主松平容保《まつだいらかたもり》死罪の方針を定め、江戸警備を担当していた庄内藩（藩主酒井忠篤《さかいただすみ》）にかんしても奥羽鎮撫《おううちんぶ》総督名で秋田藩（藩主佐竹義堯《さたけよしたか》）に追討の命令をくだしていた。庄内藩への罪状が江戸薩摩《さつま》藩邸焼き討ちであることは薩摩藩の私怨《しえん》にすぎぬとして、東北諸藩の非難を浴びている。

会津・庄内両藩は抗戦の決意をかため、四月一〇日に軍事同盟をむすんだ。四月二四日には薩長の小部隊と庄内軍との戦闘がはじまる。他方、仙台藩は閏四月一一日、米沢《よねざわ》藩（藩主上杉斉憲《うえすぎなりのり》）ほかとともに会津藩の処分をゆるめる嘆願書を作成し、鎮撫総督に提出するが、参謀の長州藩士世良修蔵《せらしゅうぞう》がつきかえしたため、ついに世良を暗殺した。こうして五月三日には、仙台・米沢両藩主導の奥羽列藩《おううれっぱん》同盟が結成された。会庄両藩の救援をめざす二五藩からなり、会庄両藩は形式上はいっていない。

翌五月四日、家老河井継之助《かろうかわいつぐのすけ》の指揮する長岡《ながおか》藩（藩主牧野忠訓《まきのただくに》）が中立の態度をすててこの同盟にくわわったのを手はじめに、北越《ほくえつ》六藩が加入し、同盟は奥羽越《おううえつ》同盟へと拡大した。

河井が中立を放棄したのは、応接した若輩《じゃくはい》の官軍軍監《ぐんかん》の土佐《とさ》藩士岩村高俊《いわむらたかとし》の無理解な態度によるところが大きいとされているが、会津藩が開城拒否の線をくずさないかぎり、官軍側の基本方針がかわるはずはなく、河井の中立策もなりたつ余地が乏しかったといえよう。

小藩とはいえ精強な長岡藩兵を敵にまわしたため、官軍側はまず北越戦線で苦戦を強《し》いられた。河井が横浜の外商から購入した機関銃をふくむ新式銃砲は官軍をさんざん悩ませた。おりから開港された新潟港にプロイセン系のオランダ商人エドワード・スネルがあらわれ、会津へ入国した兄ヘンリーとも連絡しつつ、同盟軍へ大量の武器弾薬を供給しつづけた。これにたいして補給が途絶えがちの官軍は同盟軍に歯が立たず、七月二四日には長岡城を河井に奪回される始末であった。だが、この戦いで河井は致命傷を負い、増強された官軍により同月二九日に新潟と長岡が制圧され、同盟軍は会津へと敗走した。

アームストロング砲の威力

おなじ七月二九日には二本松城《にほんまつじょう》が陥落し、官軍は東西から会津《あいづ》を挟撃《きょうげき》する態勢をととのえた。八月二三日早朝、二日前に母成峠《ぼなりとうげ》を突破した官軍主力二五〇〇が、疾風《しっぷう》のごとく若松《わかまつ》城下へ殺到する。主力部隊が越後《えちご》・日光《にっこう》方面にではらっていた会津軍は、十六、七歳の白虎隊《びゃっこたい》までくりだして応戦したが潰走《かいそう》し、城下は火につつまれて、数多くの藩士家族や白虎隊士が集団自決した。

やがて主力部隊が帰城したため、官軍も若松城を攻めあぐね、約一ヵ月の持久戦となった。会津軍はよく戦ったが、官軍はますます増強され、とくに城の東南一・五キロの小田山《おだ》腹にすえられた肥前藩《ひぜん》のアームストロング砲からの長距離射撃は、城中の人びとを苦しめた。そして、米沢・仙台両藩が降伏して孤立無援となった会津藩は、ついに無条件降伏を決定、九月二二日、大手門《おおてもん》に白旗をかかげたのである。翌二三日には庄内藩も官軍に降伏謝罪書を提出し、東北の戦闘はここに終結した。

戊辰《ぼしん》戦争の勝敗を決した最大の要因は両軍隊の火器の格差であり、上野と会津で官軍側が使用したアームストロング砲の威力は、その格差を象徴するものであった。民衆が官軍を支持したことが、勝敗の分かれめになったという説は事実に反するであろう。民衆は戦争に利用されることはあっても、いずれか一方のみに協力したわけではなく、基本的にはむしろ最大の被害者として位置づけられるにとどまる。官軍側兵士による民衆への暴力行為も、とくに東北戦線では数多くみられるからである。しかし、だからといって、たまたま輸入しえた兵器の差が勝敗を決したなどと主張しているのではない。新式兵器の輸入と活用そのものが、旧体制の改革なしには不可能だからである。

官軍の使用したアームストロング砲は、いずれも肥前藩が元治《げんじ》元年（一八六四）八月以降にイギリスへ発注し、翌年から次々と入手したもので、同藩では模造品の試作までおこなっているが、それは長崎警備担当の同藩が天保《てんぽう》中期からすすめてきた軍事力の近代化政策の一環であった。

じつは幕府も元治二年三月に多数のアームストロング砲をグラバー商会に発注していたの

であるが、その到着は翌慶応二年一二月から三年七月にかけてであり、しかも支払い代金が江戸からとどかなかったりして引渡しが大幅におくれた。大坂城の老中《ろうじゆう》板倉伊賀守《いたくらいがのかみ》の催促《さいそく》により、長崎のグラバー商会が到着したアームストロング砲二一門のうち五門の大坂向け船積みを終えたのは慶応四年一月九日のことで、この大砲はついに鳥羽《とば》・伏見《ふしみ》の戦いにも間に合わなかったのである。

手遅れの理由としては、倒幕派に肩入れするグラバーのサボタージュや、幕府陸軍兵器のフランス依存への転換などいろいろ考えられるが、肥前藩と比較しての幕府の兵器輸入の能率の悪さと熱意のとぼしさは明白だといわねばなるまい。

小銃についても、官軍側がミニエー銃（先込施条式）からさらに進んでスナイドル銃（元込施条式）やスペンサー銃（同、連発式）といった最新式の小銃を輸入・使用したのに対し、これに抵抗する側の装備は、旧幕府歩兵や長岡藩・米沢藩などを除くと概して旧式銃が多く、もっとも頑強に抵抗した会津藩の場合は、鉄砲装備の洋式訓練にとりかかったのが慶応四年（一八六八）二月のことで、ミニエー銃すら十分に整備できなかった。

薩摩藩では、洞富雄氏や、山田香「幕末維新期の薩摩藩武器整備の一状況」（『地方史研究』一三四号）によると、慶応三年三月の軍制改革のさい、すでに約一万挺のミニエー銃を整備しており、同年後半には少なくとも四〇〇〇挺の元込施条銃を入手している。そして、翌慶応四年にはさらに大々的に元込施条銃への装備の転換をはかったようである。

長州藩でも、第二次征長の役の直前にあたる慶応二年五月から奇兵隊《きへいたい》の第一銃隊で元込銃が試用されたとの記録があり、また、慶応四年五月の上野彰義隊との戦いにおいて、横浜外商から購入したばかりのスナイドル銃を使用したというから、早くから少しずつ元込施条銃への転換を進めたとみてよいであろう。

なお、新式銃砲の整備において最先端を行っていた肥前藩の場合は、元込施条銃への転換が慶応二年から三年にかけて相当進んだようであるが、実際に使用されて威力を発揮するのは、翌慶応四年の東北での戦闘においてである。

榎本艦隊の抵抗

会津若松城の陥落《かんらく》で戊辰戦争の大勢は決したが、なお終結にいたらなかったのは、旧幕府海軍副総裁榎本武揚《えのもとたけあき》のひきいる艦隊が抵抗をつづけたためであった。

慶応四年八月一九日に江戸湾を出航した榎本艦隊は、途中、仙台で東北戦線において敗れた兵士を収容して、一〇月二〇日、蝦夷地鷲ノ木《えぞちわしのき》(北海道茅部《かやべ》郡森町)に上陸、数日のうちに箱館《はこだて》のフランス式城郭五稜郭《じょうかくごりょうかく》を占領したうえ、ほぼ一ヵ月で松前《まつまえ》・江差《えさし》をふくむ蝦夷全土を支配した。しかし、江差攻略にさいしては旗艦開陽丸《きかんかいようまる》が座礁沈没するという大損害が生じている。

一二月一五日には、陸海軍士官による選挙という斬新な方法により蝦夷政権の人事が決定され、榎本が総裁に選出された。同政権の狙《ねら》いは、駿河《するが》七〇万石へ転落した徳川家の家臣団のために蝦夷地を確保することにあったが、こうした独自行動を維新政権がみとめるはずはなかった。しかも、諸外国は榎本の期待に反して一二月二八日、局外中立を解除したため、官軍は旧幕府注文のストーン・ウォール号（甲鉄艦）を入手し、榎本艦隊との力関係を逆転させた。

明治初期の日本海軍を代表する甲鉄艦（のち東《あずま》艦と改称）は、沈んだ開陽丸よりひとまわり小さく排水量一三五八トンであるが、舷側《げんそく》に厚い鉄板を張り、三〇〇封度《ポンド》の巨砲と精巧な七〇封度アームストロング砲を搭載《とうさい》しており、その戦闘力は開陽丸をしのいでいた。

明治二年（一八六九）三月に江戸湾を出発した甲鉄艦以下八隻は、途中、宮古《みやこ》湾での榎本艦隊の奇襲を撃退し、青森から官軍兵士を江《え》差《さし》北方の乙部《おとべ》へ上陸させることに成功した。そして、松前城と箱館五稜郭への陸上進攻を艦砲射撃で援護した。箱館湾内では官軍五隻と榎本軍三隻のあいだではげしい海戦がつづけられ、五月一一日に官軍は一隻を失いつつも、ようやく榎本艦隊を全滅させた。

榎本武揚（1836～1908）
幕臣。文久２年，オランダ留学，造船術や国際法を学ぶ。

翌一二日から、湾内の甲鉄艦の七〇封度アームストロング砲が二・五キロはなれた五稜郭を正確に狙い撃ちするようになると、さしもの榎本軍も命運がつき、五月一八日に全面降伏した。この大砲が、購入当時の同艦にすでにそなえつけられていたか否かはあきらかでない。確証はないが、幕府が購入した同型砲六門のうち一門が、官軍の手で甲鉄艦にそなえつけられた可能性があることだけを付言しておこう。

榎本にしたがって降伏することを拒否して戦死をえらんだ人びとのなかには、元新撰組《しんせんぐみ》副長の土方歳三《ひじかたとしぞう》や、ペリーの応接にあたった元浦賀奉行所与力《よりき》の中島三郎助《さぶろうすけ》（二六ページ参照）の姿があった。こうして一年五ヵ月にわたった戊辰戦争の最後の幕がおりたのである。

敗者にとっての維新

戦いが終わったあと、従軍した官軍将兵のあいだでは、論功行賞《ろんこうこうしょう》の話でもちきりであった。明治元年一二月に江藤新平《えとうしんぺい》が提出した賞典禄《しょうてんろく》についての建議は、三条《さんじょう》・岩倉《いわくら》・薩摩《さつま》藩・長州《ちょうしゅう》藩が一〇万石《ごく》内外、大久保《おおくぼ》・西郷《さいごう》・木戸《きど》・大村《おおむら》が万石以上、等々というもので、期待の高さをうかがわせる。しかし、財政難の維新政権としては、そう大盤振舞《おおばんぶるまい》はできない。二年一月末にようやく賞典禄高一〇〇万石（実際の給付米はその四分の一）が定められ、その範囲内で分配されることになった。

藩主クラスでは、島津久光《しまづひさみつ》・忠義《ただよし》と毛利敬親《もうりたかちか》・広封《ひろあつ》（定広《さだひろ》）にそれぞれ一〇万石があたえられ、つぎの山内豊信《やまのうちとよしげ》・豊範《とよのり》四万石を大きくひきはなしており、肥前《ひぜん》藩主鍋島直大《なべしまなおひろ》は二万石にすぎない。個人にたいするぶんは江藤案を大きく下回り、三条・岩倉各五〇〇〇石、西郷二〇〇〇石、大久保・木戸・広沢真臣《ひろさわさねおみ》各一八〇〇石、大村一五〇〇石というぐあいであった。藩主のなかには、あたえられた永世禄の一部を藩士将兵に一時金などのかたちで分与した者もあったが、かれらの満足をうることはとうていできなかった。

賞典禄と裏腹の関係に立つのが、敗北した諸藩の処分問題である。政府内で寛厳両論が争われた末、元年一二月はじめに発表された処分は、会津《あいづ》藩主松平容保《まつだいらかたもり》も死罪をまぬかれるというかなり寛大なものであり、領地没収高は二五藩合計で一〇三万石余（旧幕府領を除く）にすぎなかった。これは、大量の浪人《ろうにん》が発生することによる政情不安をさけたいと考えたためであろう。

もっとも、藩主が死罪をまぬかれたかわりに、会津藩や仙台藩などでは藩士が処刑されていることを見おとしてはなるまい。また、領地没収の程度も藩によりまちまちであった。全領地没収という滅藩《めっぱん》処分をうけたのは会津藩二三万石のほか、藩主林忠崇《はやしただたか》が先頭に立って官軍に抗戦した上総《かずさ》国請西《じょうざい》藩一万石の二つだけである。北越《ほくえつ》戦線の中心長岡藩七万四〇〇〇石が五万石を削られたのがつぎに重い処分であり、同盟を主導した仙台藩は六三万石弱のうち過半にあたる三五万石弱を失った。それにくらべると、庄内藩一七万石の削封高《さくほうだか》五万石、米沢藩一八万石の同四万石は軽い処分にとどまったといえよう。

会津藩のばあいは、明治二年一一月、旧南部《なんぶ》藩領に三万石の封地《ほうち》をあたえられ、斗南《となみ》藩として復活した。だが、移住した藩士たちが目にしたのは実収七〇〇〇石ほどの瘦地《やせち》で、かれらは寒風吹きぬける掘立小屋で飢餓《きが》と戦いつつ、開墾《かいこん》につとめねばならなかった。のちに陸軍大将となった会津人柴五郎《しばごろう》は、少年時代に下北《しもきた》半島の原野で過ごした日々を回想して、「この様《ざま》はお家復興にあらず、恩典にもあらず、まこと流罪《るざい》にほかならず。挙藩《きよはん》流罪という史上かつてなき極刑にあらざるか」（石光真人編著『ある明治人の記録』中公新書）と記している。

会津藩士のこうした境遇は、じつはやがて全国の士族たちの多くが味わうことになる境遇の前兆にほかならなかった。

第六章　廃藩置県への苦悩

1　アンバランスな近代化政策

五箇条誓文の発布

勝海舟《かつかいしゅう》・西郷隆盛《さいごうたかもり》会談によって江戸城総攻撃が中止された慶応《けいおう》四年（九月八日に改元して明治元年、一八六八）三月一四日、京都御所内の紫宸殿《ししんでん》では、明治天皇が百官群臣をひきい、維新《いしん》政権の基本方針五ヵ条を天地神明《しんめい》に誓った。すなわち、

一、広ク会議ヲ興《おこ》シ、万機《ばんき》（もろもろの政治）公論《こうろん》ニ決スヘシ
一、上下心ヲ一ニシテ、盛《さかん》ニ経綸《けいりん》（治国済民の方策）ヲ行フヘシ
一、官武一途《いっと》庶民ニ至ル迄《まで》各《おのおの》其志ヲ遂《と》ケ、人心ヲシテ倦《う》マサラシメン事ヲ要ス
一、旧来ノ陋習《ろうしゅう》（弊風）ヲ破リ、天地ノ公道ニ基クヘシ
一、智識ヲ世界ニ求メ、大ニ皇基ヲ振起スヘシ

明治天皇（1852〜1912）　孝明天皇の皇子。生母は権大納言中山忠能の娘。王政復古の際は元服前の幼帝。明治５年，内田九一による最後の和装写真。

の諸条からなる、いわゆる五箇条の誓文《せいもん》である。同時に、天皇が「親《みずか》ら四方を経営し、汝億兆《なんじ》を安《あん》撫《ぶ》し、遂《つい》には万里《ばんり》の波濤《はとう》を拓開し、国威を四方に宣布《せんぷ》」するという、天皇親政と開国進取をうたった宸翰《しんかん》もだされた。

　誓文の原案は、同年一月に由利《ゆり》公正《きみまさ》（福井藩）と福岡孝弟《ふくおかたかちか》（土佐藩）が作成した列侯《れっこう》会議の盟約書とされているが、同会議は中止され、政府は諸侯に武装入京をもとめた。三月にはいり、あらためて木戸《きど》孝允《たかよし》（長州藩）が中心となって国是《こくぜ》（政権の基本方針）を作成したさいに、前記盟約書の「列侯会議ヲ興シ」を「広ク会議ヲ興シ」と変更したのは、一月以来の維新政権を牛耳る倒幕派の路線が、列侯会議方式を否定するものだったからである。宸翰にある天皇親政を基本としつつ、列侯会議と異なるかたちでの公論尊重をもとめるのが木戸の立場であった。

　入京していた多数の諸侯・旧幕臣は、誓文の誓約書に署名することにより、維新政権と臣従関係をむすび、署名者総数は四年までに八三二名に達した。そして、政府は署名した諸藩にむかって、誓文の趣旨を実行すべくさまざまな藩政改革を要求することになる。

閏《うるう》四月二一日には、誓文に沿った政体書《せいたいしょ》が公布され、官制改革が実施された。まず総裁にかわって輔相《ほしょう》二名が設けられ、三条実美《さんじょうさねとみ》と岩倉具視《いわくらともみ》が就任して天皇を補佐することになったが、これは天皇親政の方針に沿う改革であり、天皇側近の公家《くげ》の政治介入は大幅に制限された。天皇をしっかりと政府の頂点に位置づけることにより、大久保《おおくぼ》利通《としみち》（薩摩《さつま》藩）・木戸孝允ら維新官僚は、全権力を政府＝太政官《だじょうかん》に集中しようとしたのである。

このときの太政官の組織は、アメリカ合衆国の制度をモデルとし立法・行政・司法の三権分立というハイカラなものであるが、実態は議政官（立法）上局《じょうきょく》の実力者参与《さんよ》が行政各官の責任者を兼ねるなど、三権分立とはほど遠く、上局は会議体としてはあまり機能しなかった。しかし、議政官下局《かきょく》は、二年三月に公議所《こうぎしょ》と改称され、政府直轄《ちょっかつ》の府県と諸藩からえらばれた貢士《こうし》（公議人）が参集して、おおいに議論をたたかわせており、木戸が主張した「公議輿論《よろん》」の代表機関としての役割をそれなりに果たしたといってよい。

三条実美（1837～91）尊攘派公家の代表人物。明治４～18年の太政大臣だが，指導力はない。

公議人は藩論を代表する者とされたため、保守的、攘夷《じょうい》論的傾向が強く、幕末に薩摩藩からイギリスへ密航し、アメリカ経由で帰国した森金之丞《もりきんのじょう》（有礼《ありのり》）提案の廃刀《はいとう》の議は猛反対にあって否決され、森は免職となる始末であった。

版籍奉還《はんせきほうかん》のありかたに関する議論では、旧来の封建制を郡県制にかえる意見が公議所のほぼ半数一〇二藩しかなく、しかもそのうち六一藩は現藩主を世襲知藩事《せしゅうちはんじ》にすべしと主張した。後述のように、実際の版籍奉還が現藩主をさしあたり知藩事に任命しつつも世襲知藩事とはしなかったのは、木戸や伊藤博文《いとうひろぶみ》・井上馨《いのうえかおる》ら長州系官僚の強硬意見がとおったためであり、公議所の多数説とは異なっていたのである。

宗教統制と弾圧

五箇条の誓文が維新政権の清新さを内外にアッピールし、「旧来ノ陋習ヲ破」る前進的姿勢を提示していたのにたいし、翌三月一五日に太政官《だじょうかん》がかかげた五枚の立て札（五榜《ごぼう》の掲示）は、第四札が外国人への暴行禁止を記したほかは、幕藩体制いらいの「陋習」の継続を再確認したものであった。

とりわけ、第三札が「切支丹《きりしたん》邪宗門ノ儀ハ堅《かた》ク御制禁タリ」と、キリスト教禁止の継続を宣言していることは、単なる旧体制の残存ではなく、形成されつつある維新政権の本質ともかかわる重大な意義をもっていた。

維新政権は、この二日前の三月一三日の太政官布告において、「祭政一致《さいせいいっち》」の方針を宣言し、全国の神社を政府の神祇官《じんぎかん》が統轄《とうかつ》することとした。一九世紀後半の近代世界のまっただなかで、「祭政一致」をとなえて発足するという時代錯誤《アナクロニズム》をあえておこなったのは、天皇親政の維新政権が国民を支配する正当性を、天皇制神話のイデオロギーにもとめるしかなかったためである。

全国の神社のなかで、やがて最高の地位を占めることになるのが、皇祖《こうそ》神《しん》をまつる伊勢《いせ》神宮である。当時の民衆の多くは天皇の名すら知らなかったが、農業神としての伊勢神宮への信仰はもっていた。伊勢まいりは、農業技術交流のたいせつな機会でもあったのである。そこで政府は、天皇を伊勢神宮の祭神アマテラスオオミカミの子孫であると説明し、その宗教的権威をしめそうとした。もっとも、この当時はまだ出雲《いずも》大社の勢力も強く、伊勢神宮の地位は確立していない。

明治二年（一八六九）六月、東京九《く》段坂上《だんさかうえ》に創設された東京招魂社《しょうこんしゃ》（明治一二年六月、靖《やす》国《くに》神社と改称）も、のちに伊勢神宮につぐ国家神道の中心となっていく。軍務官（のち兵部《ひょうぶ》省）によって設立された同社は、死者の怨霊《おんりょう》を鎮《しず》める御霊《ごりょう》信仰に発しながら、実際には戊《ぼ》辰《しん》戦争での官軍側の死者だけしかまつっておらず、しかも鎮魂というよりは、慰霊《いれい》と顕彰《けんしょう》の儀式がおこなわれていく。

神道《しんとう》の国教化は、このあと明治一〇年代までさまざまな紆《う》余曲折《よきょくせつ》をへることになるが、他宗教との関係について最初にとられた政策は、仏教内部に吸収、融合されていた神道を、分離、独立させることであった。慶応四年三月一七日と二八日には、神社から僧侶や仏像を排除するようにとの神仏分離令がだされ、これを契機に寺院や仏像などを破壊する廃仏毀釈《はいぶつきしゃく》の動きがひろまった。

四月、比叡山麓《ひえいさんろく》の日吉《ひえ》山王権現社《さんのうごんげんしゃ》へおしよせた人びとにより仏像・経典《きょうてん》などがすべて焼き払われる事件が発生、奈良の興福寺《こうふくじ》は、僧侶が全員春日《かすが》神社の神官に転職したため、一〇〇〇年以上つづいた同寺の歴史の幕を閉じることになった。以後、廃仏毀釈の波は全国にひろまり、寺院を全廃した薩摩藩を筆頭に、伊勢度会府《いせわたらいふ》・信州松本藩《しんしゅうまつもと》・越中《えっちゅう》富山藩などでも寺院の大半が府藩庁の圧力で廃止された。

こうして、仏教と神道の地位は、権力者によって逆転されるのであるが、神道の国教化をはばむ最大の強敵は、仏教でなくキリスト教であると政府当局者は考えており、キリスト教にたいしてはきびしい弾圧姿勢でのぞんだ。弾圧対象となったのは、長崎近くの浦上《うらがみ》村（長崎市）の信徒たちである。元治《げんじ》二年（一八六五）二月以降、大浦《おおうら》天主堂のフランス人宣教師の指導をうけてしだいに数をふやす信徒をみて、維新政権は慶応四年（一八六八）三月、有力信徒を逮捕《たいほ》し改宗をせまったが、拒否された。翌月の御前《ごぜん》会議は、浦上全信徒を流罪《るざい》に処することを決定する。

六月にまず有力信徒一一四名が萩《はぎ》・津和野《つわの》・福山《ふくやま》三藩へおくられ、翌明治二年一二月には、のこりの全信徒三〇〇〇名余が一〇万石以上の西日本二〇藩へ配流《はいる》された。津和野藩主亀井茲監《かめいこれみ》は、慶応三年から廃仏政策を強行した人物で、政府の神祇官《じんぎかん》の責任者となっていたため、キリシタン弾圧にも率先協力し、四万石台の小藩ながら計一五三名もの信徒をひきとった。信徒を三尺（九〇センチ）四方の檻《おり》に動物のように閉じこめたり、大雪の日に池の中へ裸で突っこんだり、はげしい肉体的拷問《ごうもん》がつづけられ、六年三月の釈放までのあいだに、同藩へおくられた信徒の四分の一以上が殉 教《じゅんきょう》の死をとげた。配流信徒全体の死亡率は約一八パーセントであるから、津和野藩の拷問はとくにはげしかったといえよう。だが、そうした同藩の行動は、御前会議における決定にもっとも忠実であろうとした結果であり、そこに維新政権の創《つく》りだしつつある近代天皇制イデオロギーのおぞましさを見ないわけにはいかない。諸外国の非難をうけて、六年二月にようやくキリシタン禁制の高札《こうさつ》が撤去されるが、その後も政府は国民の思想・良心の自由を基本的な権利としてはみとめようとしなかった。

なしくずしの東京遷都

京都にあって、天皇・朝廷を頂点にいただく維新政権が、徳川幕府にかわり、列強の圧迫に対処しうる中央権力として活躍するためには、大幅な宮廷改革の断行が必要であった。大久保利通はそのための手段として、慶応四年一月二三日に、京都から大坂への遷都《せんと》を建白《けんぱく》した。だが、これは公家《くげ》たちの反対が強くて否決され、かわりに大久保が提案した天皇の大坂親征《しんせい》案も実行に手間どり、ようやく三月下旬から四〇日あまり実現した。

このころから、旧幕臣前島密《まえじまひそか》らは、市街が狭小な大坂よりも、広々とした江戸への遷都論をとなえ、大久保もそれにかたむいていく。七月一七日に江戸を東京（東京《とうけい》）と改称した政府は、会津若松《あいづわかまつ》城攻防戦のさなかの九月八日に、慶応を明治と改元するとともに、一世一元の制を定めた。そして、東北諸藩への威圧を加重する「東幸《とうこう》」のために、天皇が九月二〇日、京都を出発、一〇月一三日に東京へついた。歴代天皇初の関東入りである。江戸城へはいった直後、天皇は三条実美《さんじょうさねとみ》の部屋をおとずれ、「江戸城は広いなァ」と語ったという。

政府は東京市民に祝い酒約三〇〇〇樽《たる》を配り、一一月六日、七日の東京はお祭り騒ぎであった。江戸城を東京城と改称し、「東幸」のさいの皇居と定めた天皇は、官軍の東京凱旋《がいせん》をむかえていちおうの目的を達し、一二月、京都へもどっている。一挙に東京遷都を実現することは、公家や京都市民の反対でむずかしかったのであろう。

翌二年三月七日、ふたたび東京へむかった天皇は、途中、伊勢神宮に参拝し、三月二八日、東京城にはいった。それにともない、政府諸機関も次々と東京へうつされ、一〇月には皇后も東京へうつった。こうして、東京遷都はなしくずしに実行されたのである。

版籍奉還の実施

慶応《けいおう》四年（一八六八）閏《うるう》四月の政体書《せいたいしょ》にもとづいて整備された太政官《だじょうかん》政府は、地方制度をあらため、府《ふ》・藩《はん》・県《けん》の三種類とした。「府」は、東京・京都・大阪の三都《さんと》のほか、箱館《はこだて》・新潟・神奈川・甲斐《かい》・度会（三重県伊勢市）・奈良・長崎という旧幕府の重要直轄《ちょっかつ》地に設けられた。政府内には、「府」を軍事力をそなえた中央政府の出先機関として「県」の上位に位置づける動きがあったが、十分に制度化されないまま、二年七月までに三都をのぞき、いずれも「県」にあらためられた。

「藩」が公式名称となったのは、このときが最初であり、江戸時代においては俗称にすぎなかったのである。旧幕領や反政府諸藩からの没収地である府・県には、公家《くげ》や松方正義《まつかたまさよし》（日《ひ》

伊藤博文（1841〜1909）　長州農民の生まれ。松下村塾で学ぶ。木戸・大久保の下で頭角を現わす。知県事時代の写真。のち首相。

田《た》県。現在の大分県日田市）・寺島宗則《てらしまむねのり》（神奈川県）・伊藤博文《いとうひろぶみ》（兵庫県）ら雄藩《ゆうはん》出身者が知府事・知県事として派遣された。新政府のお膝元《ひざもと》の京都府では、とくに長州藩有力者の広沢《ひろさわ》真臣《さねおみ》が御用掛《ごようがかり》として就任し、旧秩序を漸次《ぜんじ》改革しつつ府県政のモデル作りに力を注いだ。

国内の大部分を支配する諸藩においても、戊辰戦争がすすむにつれて大きな変化が生じつつあった。軍事費の負担は、平時でも窮迫《きゅうはく》していた藩財政を極度に悪化させ、収奪強化が領内民衆の抵抗をまねいたし、銃砲中心の戦闘は、藩主・上士層の権威を失墜《しっつい》させた。かれらの地位を維持するためには、中央政府によるてこ入れが必要であった。

こうした動向を見すえながら、木戸孝允は明治元年九月一八日、大久保利通に土地（版）と人民（籍）にたいする大名の支配権を天皇に返上する版籍奉還論《はんせきほうかんろん》を説いたところ、大久保も原則的に同意し、さっそく薩摩藩家老の小松帯刀《こまつたてわき》らと相談した。もっとも、両藩内では反対論が強く、木戸は、いつ殺されるかと覚悟をきめながら説得につとめたという。

かれらの努力が実をむすんで、明治二年一月二〇日には、薩長土肥《どひ》四藩主連署による版籍奉還の上表文《じょうひょうぶん》が提出された。それは、王土王民論を強調しつつも

「願クハ朝廷其ノ宜ニ処シ、其与フ可キハ之ヲ与ヘ、其奪フ可キハコレヲ奪ヒ、凡列藩ノ封土更《どさら》ニ宜シク詔命《しようめい》ヲ下シ、コレヲ改メ定ムヘシ」と、所領の再確認に重点があるような表現をとっていた。そのため、王臣としての地位の安定をねがう他藩の諸侯も次々と奉還をねがいでた。

政府は、二年三月の天皇の東京再幸を機会に公議をへて奉還の処置をきめると答えた。事実上の東京遷都《せんと》をおこなうと同時に、東京を中央集権国家の首都へおしあげようというのである。そのためには、集権化の核となる政府本体の強化がなされなければならない。四月当時の政府上層部（議定《ぎじよう》・参与各一六名）の東京における仕事ぶりについて、議定松平慶永《まつだいらよしなが》（福井藩主）は、参与後藤象二郎《ごとうしようじろう》（土佐藩）と議定東久世通禧《ひがしくぜみちとみ》が大奮闘している反面、自分たちにはなんの相談もなく、「終日、座禅《ざぜん》アクビタバコ」と記している。このとき、岩倉具視・大久保・木戸は東京をはなれて京都にいた。

ここで大久保がもちいた人員整理の方法がおもしろい。政体書の規定をつかい、高官公選を実行したのである。五月一三日に三等官以上の官員があつまっておこなった選挙により、輔相《ほしよう》（首相）三条実美（49票）、議定岩倉具視（48票）、鍋島直正《なべしまなおまさ》（肥前藩主、39票）、徳大寺実則《とくだいじさねのり》（36票）、参与大久保（49票）、木戸（42票）、副島種臣《そえじまたねおみ》（肥前、31票）、東久世通禧（26票）、後藤象二郎（23票）、板垣退助《いたがきたいすけ》（土佐、21票）の一〇名が少数精鋭の首脳部を形成することとなった。これは、奉還問題にやかましい藩主層の排除でもあった。

木戸らは、公議所での意見分布をみながらも、思いきって世襲《せしゆう》でないかたちで藩主たちを自藩の知藩事《ちはんじ》に任命する方針を主張し、六月一七日から二五日にかけて二六二藩の版籍奉還勅許《ちょっきょ》と非世襲知藩事任命がなされ、上表文未提出の一二藩についても奉還が命ぜられた。と同時に、公卿《くぎょう》（昇殿《しょうでん》をゆるされた三位《さんみ》以上の公家）・諸侯をともに華族《かぞく》と改称し、藩士は上・中・下士の区別なくすべて士族《しぞく》とするよう指令がだされた（ただし、最下層＝軽輩《けいはい》はしばらくのあいだ「卒《そつ》」とよばれた）。また、知藩事の家禄《かろく》を現石《げんこく》（藩収入）の一〇分の一と定め、藩庁諸経費と明確に分離させた。

こうして、制度的には藩は府・県といちじるしく接近した存在となり、藩主と藩士の主従関係にも上から楔《くさび》が打ちこまれた。藩主は領主としての本質を大幅に喪失《そうしつ》し、廃藩《はいはん》へむけての重大な第一歩がここに踏みだされた。廃藩ではないといいつつ、廃藩への重要なステップとなった版籍奉還は、維新官僚の高度の政治的「謀略《ぼうりゃく》」（『木戸日記』）であったということができよう。

同年七月八日には、職員令《しきいんりょう》による中央官制の改革が実施され、官制の総称であった太政官《だじょうかん》が左右大臣・大納言《だいなごん》・参議などの政治首脳部をさすものへとかわり、さらに神祇官《じんぎかん》が形式上は太政官の上位におかれた。また、公議所は集議院《しゅうぎいん》へとかわり、地位が低下した。欧米式の三権分立スタイルから祭政一致の復古調へと大きく衣替《ころもが》えしたかにみえるが、実態までが大きく変化したわけではない。もともと維新政権自体が、王政復古をとなえつつ開国進取をめざすというアンバランスな政策指向をもっており、この官制改革は守旧派の圧力を背景に、大久保と岩倉が開明派の木戸の勢力を首脳部において弱める点に、かくされた狙《ねら》いがあった。

大久保と木戸の対立は、このころからはっきりしてくるが、それは木戸を頂点とする開明派官僚群の、つぎにみるような近代化政策をめぐる対立であった。

金札で埋める赤字

維新政権の最初の経済政策は、福井藩士由利公正《ゆりきみまさ》の提唱した金札《きんさつ》(太政官札《だじょうかんさつ》)の発行と貸し下げであった。由利は幕末の福井藩での経験(六二ページ参照)をもとに、政府発行の金札を殖産《しょくさん》資金として貸し下げることを提案し、明治元年閏《うるう》四月から二年五月にかけて四八〇〇万両という巨額の金札が発行された。

しかし、その大部分は財政赤字になやむ政府や諸藩の政費・軍費にあてられ、商法司《しょうほうし》をつうじて民間に貸し出されたのは六五六万両にすぎなかった。大坂商法司支署の出納《すいとう》をみると、会計基立金《もとだてきん》(一九四ページ参照)の証文を担保とする貸付けが半ば近くを占めており、基立金募債による商業資金の枯渇が緩和されていることがうかがえる。

問題は、この金札が三都《さんと》以外でなかなか流通せず、流通するさいも額面を大きく下回ることであった。不換《ふかん》紙幣であるうえ発行元の政府の信用が乏しいとなれば、当然の現象といえよう。開港場では、政府・諸藩の鋳造《ちゅうぞう》した悪質な二分金《にぶきん》・偽二分金が外国公使によって問題とされており、かれらは金札についても、その額面による納税をもとめてはげしく政府にせまった。

こうして、政府は明治元年一二月に金札の時価通用を公認し、納税も金札一二〇両＝正金《しょうきん》一〇〇両の公定相場によることと定めた。由利は翌二年二月に政府を辞し、この問題で対外交渉にあたった外国官副知事の大隈重信《おおくましげのぶ》（肥前藩）が、あらたな財政責任者として登場する。

大隈は金札の発行制限と近い将来における正金との兌換《だかん》方針を発表し、時価通用を再禁止するが、正金（二分金・洋銀）が必要な開港場では混乱が再発した。そこで大隈は、六月から、三都《さんと》に集中した金札《きんさつ》をひきあげて、府藩県に一万石あたり二五〇〇両ずつ割り当て正金とひきかえるという政策をとり、金札に全国的流通性を付与しつつ時価回復をはかった。五月の五稜郭《ごりょうかく》陥落と六月の版籍奉還《はんせきほうかん》がこうした強硬策を可能とした。

商法司にかわった通商司《つうしょうし》傘下《さんか》の三都為替《かわせ》会社などから吸い上げられた金札は、政府から府藩県へと有無をいわせずおくりこまれた。同年一二月には、藩札の増発を禁止する布告もだされ、通貨面での全国統一が急ピッチですすみはじめた。こうして、二年末から三年はじめにかけて、金札は正金並みの価格で全国的に流通するようになったのである。

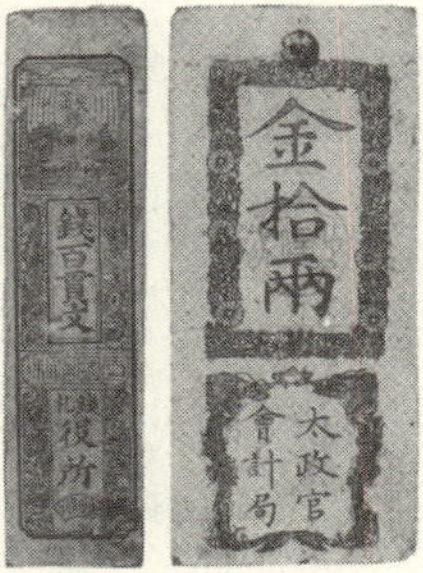

太政官札と藩札　太政官発行の各種金札とならんで，藩札も発行された。左は，明治初年に発行された薩摩藩札。

政府は、商品流通の面についても、全国的な組織による流通規制を実施しようとし、三都や開港場・地方都市など主要商品集散地に為替会社と通商会社を設立した。三井《みつい》や小野《おの》・鴻池《こうのいけ》を筆頭とする有力商人を説得して合本《ごうほん》組織をつくらせ、通商会社には内国商業の許認可権と海外貿易の独占権をあたえ、為替会社には金札を貸し下げるとともに兌換券を発行させて、通商会社の資金パイプ役とした。

だが、第二国立銀行へ発展した横浜為替会社を例外として、通商・為替会社の営業は概して不振であった。結社しないと蝦夷地《えぞち》へ転居させるとおどされて設立された会社もあるほどで、社員の自発性は乏しく、仲間組織と大差ない会社の経営にまじめにとりくむ者は少なかった。外国の抗議で貿易独占権が否定されたあと、社員が掌握していた古い流通機構の破綻が表面化し、焦《こ》げつき貸し金がふくれあがった為替会社は解散を余儀なくされた。

電信と鉄道

開国進取《かいこくしんしゅ》の方針をかかげた維新政権は、欧米諸国からの先進技術の移植についても積極的であった。西洋機械文明の威力をまざまざと見せつけたのは、とくに電信と鉄道の導入である。

最初の電信業務は、明治二年（一八六九）一二月二五日に横浜の神奈川県庁と東京の築地《つきじ》運上所《うんじょうしょ》にそれぞれおかれた伝信機役所のあいだで開始されたが、それに先だって同年八月九日には、約七〇〇メートルはなれた神奈川県庁と横浜灯明台《とうみょうだい》役所のあいだで電信実験がおこなわれた。イギリスから電信技師A・E・ギルバートを雇い入れる話をつけたのが灯台技師として来日中のR・H・ブラントンであったために、灯明台役所が実験に一役買ったのであろう。

ブラントンは、慶応《けいおう》二年（一八六六）末に幕閣《ばっかく》の依頼をうけたパークス公使がイギリスからよびよせた元鉄道技師で、三ヵ月間、灯台技術を学んだのち慶応四年夏に横浜へ到着、下《しも》田《だ》沖の神子元島《みこもとしま》灯台をはじめ多数の灯台を建設した。鉄道技師としての体験にもとづく鉄道建設意見書（明治二年三月）も、政府に大きな影響をあたえた。

訳出されたブラントンの回顧録『お雇い外人の見た近代日本』（徳力真太郎訳、講談社学術文庫）は、無知で頑固《がんこ》な下級役人の干渉でたいへん苦労したことが記されており、お雇《やと》い外国人こそ傲慢《ごうまん》だとする見方に反省をせまっている。

政府は電信網を全国にはりめぐらそうとした。東京と長崎をむすぶ架線《かせん》工事が明治四年八月からはじまり、五年八月には関門《かんもん》海峡に海底電線が沈められ、六年一〇月には、はやくも東京―長崎間の交信がはじまった。翌七年二月の佐賀の乱における政府軍の迅速な行動は、この電信線によって可能となるのである。七年一〇月には、津軽《つがる》海峡にも海底電線が敷設された。

しかし、民間商人が電信をしばしば利用するようになるのは、明治一〇年代以降のことである。東京から生糸《きいと》集散地へ電線がとどくのは、前橋が一〇年一〇月、上田が一一年五月、甲府が一二年六月である。電信がつうじると、横浜と産地の生糸価格差がほとんどなくなるため、前橋生糸商下村善太郎《しもむらぜんたろう》のように、早飛脚《はやびきゃく》をつかってほかの商人より一日はやく横浜の糸況情報を手に入れ、大もうけをしてきた商人の経営が行きづまってくる。下村のばあいは、原料繭《まゆ》を賃挽人《ちんびきにん》に配って繰糸《そうし》させる問屋制商人へと転身していく。

明治初年の民衆生活への影響という点では、官営郵便事業のほうが、むしろ大きな意味をもった。三年五月民部《みんぶ》省駅逓《えきてい》局の責任者となった前島密《まえじまひそか》の発案により、四年三月から開始された郵便事業は、五年七月には配達網が全国にひろがり、六年四月からは全国均一料金となった。明治一〇年の年間郵便物個数は、同年の電報七七万通にくらべて五〇倍近い三八〇六万個に達した。

鉄道官設を政府が決意した発端は、アメリカ公使館員A・L・C・ポートマンが旧幕府老《ろう》中《じゅう》小笠原長行《おがさわらながみち》から得た江戸―横浜間鉄道の免許状の承認をもとめてきたことにあった。この免許状は、日付が王政復古後であることを理由に承認を拒否したが、外資侵入の危険を察知した政府は、パークスの旧友で前清国《しんこく》総税務司のイギリス人H・N・レイの借款談《しゃっかんだん》にのり、大隈重信・伊藤博文らが二年一一月一二日、英貨一〇〇万ポンドを年利一二パーセントでレイから借り入れる契約をむすんだ。

パークスの紹介とあって、レイを大富豪グループの一員と錯覚していた大隈らは、翌年になってレイがロンドンで利率九パーセントの日本公債一〇〇万ポンドを独断で公募したことを知り、愕然《がくぜん》とする。三パーセントの利鞘《りざや》を丸もうけしようという詐欺《さぎ》にあったわけである。あわてた大隈らは、オリエンタル銀行横浜支店長J・ロバートソンとたまたま横浜にきていた同行監査役W・W・カーギルの助けをかりて、レイとの契約を解除し、同行に募債業務を継続してもらってようやく難局を切りぬけた。

こうしたトラブルにもかかわらず、新橋―横浜間鉄道の工事は、建築師長E・モレルの指揮下、三年三月に開始された。鉄道・電信・鉱山・灯台などの各種官営事業を管理する中枢官庁については、かねてより大隈がその必要をとなえていたが、モレルの建策により具体化し、明治三年閏《うるう》一〇月工部《こうぶ》省が発足した。鉄道の軌間《ゲージ》は資金難の折からイギリス植民地並みの狭軌《きょうき》にきまり、四年八月から横浜―神奈川間、ついで横浜―川崎間で試運転がおこなわれた。試乗した木戸《きど》孝允《たかよし》は、日記に「不レ堪レ喜也《よろこびにたえざるなり》」と記し、鉄道導入に慎重だった大久保利通も「百聞一見《ひゃくぶんいっけん》に如《し》かず。愉快に堪《た》えず」と書いている。

モレルは過労でこの直後に死ぬが、さきのカーギルが総責任者となり、工部省側の責任者井上勝《いのうえまさる》（長州藩イギリス密航組の一人）の協力のもとで工事は順調にすすめられ、五年九月一二日、ついに新橋―横浜間鉄道の開業式が盛大に挙行された。

人びとが鉄道を利用しはじめたのは、これよりすこし前の五年五月七日、品川―横浜間の仮営業が開始されたときからであった。このときの運賃は、上等一円五〇銭《せん》（一両《りょう》二分《ぶ》）、中等一円（一両）、下等五〇銭（二分）であったが、六月五日から、それぞれ九三銭七厘《りん》五毛《もう》（三分三朱《しゅ》）、六二銭五厘（二分二朱）、三一銭二厘五毛（一分一朱）へと値下げされた。小さい端数がついているが、一年前の新貨条例（二七〇ページ参照）による円銭厘単位の通貨とともに当時さかんに通用していた両分朱単位（一両＝四分、一分＝四朱）の通貨を基準としたためである。

値下げにより、中等運賃は人力車並み、下等運賃は汽船並みとなった。こうなれば、徒歩に要する八〜一〇時間をあまり短縮できない人力車や三〜四時間かかる汽船よりも、品川から四〇分（新橋から五三分）で横浜ステーションへつく汽車のほうが便利にきまっている。利用客数は予想を上回り、とくに下等車は満員状態であった。もっとも、下等車の座席は板張りであったから、あまり快適な旅とはいえなかったろう。
新橋—横浜間でつかわれた客車は、イギリス風の区分室式（室ごとの出入口は車体側面）だったと、長いあいだ考えられてきたが、じつはアメリカ風の中央通路式（出入口は車体両端のデッキ）であった。短距離用にはそのほうがよいとされたのであろう。明治七年に開通した大阪—神戸間鉄道は、京都まで延長する計画があったせいか、区分室式客車を採用している。

お雇い外国人の活躍

鉄道差配役カーギルの月俸二〇〇〇ドルはお雇い外国人中抜群の高給であり、大阪の造幣《ぞうへい》寮《りょう》首長T・W・キンドルの月俸一〇四五ドルや、幕末以来の横須賀造船所首長ヴェルニー、およびアメリカ合衆国政府農務長官の現職を辞して開拓使《かいたくし》顧問となったH・ケプロンの年俸各一万ドルをも上回っていた。相手によっては、三条実美太政大臣の月俸八〇〇円（八〇〇ドル）を上回る高給を支払わねばならなかったところに、後進国日本の苦しい立場があったといえよう。
政府は、鉱山の開発にも意を注ぎ、F・コワニーを雇って金・銀・銅など貨幣材料を産出する非鉄金属鉱山の調査をおこない、佐渡《さど》金山や生野《いくの》銀山などを官収し採掘した。

しかし、石炭鉱山についての関心は当時は低く、日本最初の洋式炭鉱の開発は、イギリス商人グラバーが手がけている。グラバー商会は、肥前《ひぜん》藩と長崎港沖合の高島《たかしま》炭鉱の共同投資契約を慶応四年閏四月にむすび、イギリス人技師による竪坑開鑿《たてこうかいさく》に翌明治二年四月、成功した。グラバー商会が三年七月に破産したあと、債権者のオランダ貿易会社が肥前藩と共同経営にあたったが、廃藩置県《はいはんちけん》を機会に政府は官収に踏み切るのである。

日本最大の同炭鉱への外国人直接投資が契機となって、鉱山経営の本国人主義が打ちだされる点は、あとでのべることにしよう（三二六ページ参照）。

最後に、官営富岡《とみおか》製糸場の建設準備が三年六月にはじまったことにもふれておきたい。横浜の有力生糸貿易商エッシュ・リリアンタル商会の生糸検査技師P・ブリューナは、来日直後の明治二年五月にイギリス公使館員F・O・アダムスについて蚕糸《さんし》業地視察におもむき、繭《まゆ》が過剰気味であることを発見した。そこで同商会は政府に器械製糸場の設立願いをだしたところ、おどろいた政府はこれを断わるとともに、模範製糸場設立の方針を定め、三年六月、ブリューナ雇い入れの仮契約をむすんだのであった。

三年末には、横須賀製鉄所を設計したE・A・バスティアンによる富岡製糸場設計図ができあがり、翌四年三月に工事がはじまった。ブリューナはいったん帰国して製糸器械を購入し、技師・教婦、それに新妻をともない、五年二月に日本へもどった。こうして同年一〇月、三〇〇釜《かま》の模範官営製糸場が蒸気動力によってうごきだすのである。

このように、維新政権による機械文明の移植は、外国人による直接投資の圧力をうけながら、機械設備とそれをうごかす技術情報《ノウハウ》だけを導入し、外国人の経営支配を極力排除するかたちでおこなわれた。多数の「お雇い外国人」の存在は、そうした移植のありかたを象徴するものであるといってよい。

お雇い外国人は、経済の分野だけでなく、政治・法制・軍事・教育などひろい分野にわたってみられ、政府雇いだけでなく、民間雇いも多数みられた。政府雇いは、明治八年の五二七名を頂点に、以後、急速に減少したのにたいし、民間雇いは、明治一二年の五〇九名をピークに漸減《ぜんげん》したあと、二〇年代にふたたび五〇〇名台へと回復している。

政府雇いの国籍別では、イギリス人が圧倒的に多いが、はじめはフランス人も多く、しだいにアメリカ人とドイツ人がふえている。かれらの知識や技術は、日本と列強とのギャップを埋めるうえでおおいに役立ったが、その提言が日本政府によって不採用となるばあいも、後述のように多数みられた。当時の日本政府の官僚たちは、さまざまな先進国の事例を比較し、日本社会の現実に応じた独特の制度や運用方式を生みだすのが得意であった。こうなると、たんなる模倣の域をこえて、ひとつの創造的営みであったというべきであろう。

開明派官僚の結集

こうした近代化政策を先頭にたって推進したのは会計官＝大蔵省にあつまった開明派官僚である。経済以外の分野でも、維新官僚中まれにみる制度構想力をもつ江藤新平《えとうしんぺい》（肥前藩）

や、兵制改革に全力をあげていた大村益次郎《おおむらますじろう》（長州藩）などは、その開明性において高く評価されるべきであるが、グループとしてとくに目立ったのは、大隈重信を中心とする大蔵官僚であった。

明治二年七月の職員令《しきいんりょう》による前述の改革で会計官をひきついで発足した大蔵省は、翌八月には広沢真臣《ひろさわさねおみ》（長州藩）にかわって民部大輔《みんぶたゆう》に任ぜられていた大隈重信が大蔵大輔を兼ね、大蔵少輔《しょうゆう》の伊藤博文が民部少輔を兼任するという工合に、民部省を事実上吸収合併して、財政と内政全般にわたる巨大な権限を集中した。大蔵卿兼民部卿となった松平慶永《まつだいらよしなが》は合併に反対だったので間もなく辞職し、伊達宗城《だてむねなり》（宇和島藩主）にかわるが、いずれもただの帽子にすぎない。初期の大蔵省の実権は、大隈・伊藤と、井上馨《いのうえかおる》大蔵大丞《だいじょう》がにぎり、旧幕臣の郷純《ごうじゅん》造《ぞう》大蔵少丞《しょうじょう》、郷が推挙した旧幕臣渋沢栄一《しぶさわえいいち》租税正《ぜいせい》らがそれをささえていた。

東京築地《つきじ》に屋敷をかまえる大隈のところへは数多くの自称「豪傑《ごうけつ》」があつまり、『水滸《すいこ》伝《でん》』にならって梁山泊《りょうざんぱく》とよばれたが、伊藤や井上も足しげく出入りしていた。そして、かれらの活躍に期待し支持していたのが木戸孝允であったとみてよい。そうした動きに批判的な土佐藩出身の参議佐々木高行《ささきたかゆき》は、二年七月八日の日記にこう記した。

> 伊藤・井上又は大隈等は頻《しき》りに西洋主義にて、何事も西洋主義を主張し、木戸を押立て、大隈は真に木戸の書記の如く意を迎へたるにぞ、木戸も大隈を大に信じ（後略）。

佐々木だけでなく、参議大久保・広沢・副島《そえじま》らも大蔵省開明派の急進策には批判的であった。財源不足のなかでの急激な近代化投資は、直轄《ちょっかつ》府県の農民への負担のしわよせをうみ、守旧派・尊攘派《そんじょうは》士族の不安を高めずにはおかない。その対処をめぐって、維新政権の内部抗争も強まり、再編強化の途《みち》が模索されることとなる。

2　抵抗する士族と農民たち

強まる藩統制

明治二年（一八六九）六月の版籍奉還は、二年後の四年七月の廃藩置県へむけての重大なステップになったとのべたが、それは客観的にみた経過がそうだという意味であって、維新政権の首脳部が、二年後の廃藩置県を見とおして、版籍奉還をおこなったとみることはできない。

維新史研究家の原口清氏が一九八〇年に発表した見解がしめすように、岩倉具視・大久保利通・西郷隆盛《さいごうたかもり》・木戸孝允ら政府首脳は、四年六月の段階においても廃藩置県を具体的な政策として提起するにはいたっておらず、依然として藩体制そのものは維持しながら、中央政府による統制を強めようとしていたのであった。

従来、政府首脳が廃藩を構想しはじめたことをしめすものといわれた三年八月の岩倉意見書「建国策」（原案江藤新平《えとうしんぺい》）も、藩の存在を前提としつつ、民政・財政・軍事・司法などを府県と一致させていくという「府藩県三治一致」の徹底化策であり、大久保や木戸・広沢真臣らも同意見であった。

同年九月に決定、実施された「藩制」は、そうした線に沿うもので、たとえば藩収入の九パーセントを軍事費と定め、その半額の四・五パーセントを海軍費として政府へ納入するとか、藩債《はんさい》と藩札《はんさつ》の処理をすすめることなどが義務づけられた。

あるいは、三年一二月に勅使《ちょくし》岩倉が大久保・木戸をともなって西下し、元年一一月から鹿児島へひっこんだままの西郷を上京させ、薩長土《さっちょうど》三藩の献兵による親兵《しんぺい》八〇〇〇の東京への集結（四年四〜六月）を実現させたのも、廃藩置県を目的とするものではなかった。そこで問題とされたのは、あくまでも中央政府の改革・強化であって、中央と地方の関係の抜本的改革である廃藩置県ではない。

西郷は、このとき岩倉に提出した意見書のなかで、現在の「郡県の制」は弊害も多く永続はしないだろうから、論議をつくして徐々にその制度をあらためるべきだ、とのべているが、廃藩を主張していたわけではないのである。

このように、政府首脳が廃藩の具体的構想をなかなかもつにいたらなかったことは、雄藩《ゆうはん》の軍事力に依拠してようやく権力を得た経緯ひとつを考えても当然だといえよう。かれら自身が出身藩の絆《きずな》から脱却して、天皇制国家の中央官僚になりきるには、大きな決断と飛躍が必要であった。

それをかれらに強要したのは、近代化政策の推進とそれにともなう負担の増大にたいする民衆の抵抗の急激な高まりであった。廃藩へのプロセスは、けっして平坦《へいたん》なものではなく、権力と民衆のはげしい対抗に満ちた苦悩の道だったのである。

諸隊の反乱

明治二年九月四日の午後六時ごろ、京都三条木屋町《さんじょうきやまち》の旅館で兵部大輔《ひょうぶたゆう》大村益次郎が元長州藩士らの刺客《しかく》におそわれ、右ひざ関節その他に重傷を負った。一時は回復するかと思われたが敗血症をおこし、蘭医《らんい》A・F・ボードインによる手術もむなしく、稀代《きだい》の軍事的天才大村は一一月五日に死亡した。

大村は、維新政権直属の常備軍を設置することをかねてから主張していた。版籍奉還直後の二年六月下旬に政府部内でおこなわれた兵制改革の大論議において、大久保が薩・長・土三藩兵を中央にそなえる方式をとなえたのにたいし、大村は「農兵を募《つの》」る方式を主張した。このときは大久保の意見が勝ったが、大村は大阪に兵学寮を設けて陸軍士官の養成をはじめるなど、藩兵解体後を見こした兵制近代化の布石を打っていく。襲撃されたのは、大阪を陸軍の根拠地とする調査旅行のさいだった。

大村をおそったのは攘夷主義者の一団で、その斬奸状《ざんかんじょう》は、大村が「一専《もっぱら》洋風を模擬し、神州之国体を汚し」たことを批判していた。当時の京都には、そうした攘夷派浪士が多数あつまっており、同年一月に政府参与横井小楠《よこいしょうなん》（熊本藩）が攘夷派浪士により暗殺されたのも京都においてであった。

さらに、大村襲撃の下手人《げしゅにん》への同情論は政府内部にもあり、司法当局の一翼である弾正台《だんじょうだい》京都支台の海江田信義《かえだのぶよし》（薩摩藩）のごときは、刑部省《ぎょうぶ》の決定による刑の執行を当日になっていったん中止させるという横槍《よこやり》を入れ、後日謹慎を命ぜられている。こうした点に、事件の背景が意外に根ぶかいことがうかがえよう。

中央政府での兵制改革論議とも関連して、戊辰《ぼしん》戦争に出兵した諸藩では、復員した兵士の処遇が大問題となっていた。とくに薩長両藩の兵士は最前線で奮戦し、その死傷者数は一〇〇〇人前後と、他藩の二〇〇人台以下を大きくひきはなしていただけに、恩賞への期待も高かった。

ところが、長州藩のばあい、帰還兵士を待ちうけていたのは戦功への賞与ではなく、諸隊の大幅な人員整理であった。上官からはじまった論功行賞が下士《かし》にいたらぬうちに指令されたこの整理は、同藩財政上の必要から生じただけでなく、諸隊が隊長以下の幹部を自主的に選挙するなど、隊内にもっていた民主的要素を削りとり、藩に忠実な軍隊へと再編するためでもあった。

二年一一月、諸隊の一つ遊撃隊の兵士から幹部の公金流用や規律違反を弾劾《だんがい》する訴えがだされたが、藩軍事局は逆に遊撃隊を除いて常備軍の選抜をはじめたため、いきどおった遊撃隊士など諸隊の兵士約一八〇〇人が脱隊し、山口をぬけだして三田尻《みたじり》・宮市《みやいち》に集結した。

奇兵隊《きへいたい》隊長の三浦梧楼《みうらごろう》は、その回顧録で、兵士の月手当六〇匁《もんめ》（一円）の半額がピンはねされていたこと、月手当は兵士と同額の隊長が一回公用出張すると藩内でもなんと五〇〇匁もの旅費がわたされていたことを明記しているから、兵士の不満には十分根拠があったといってよい。

翌三年一月にかけて、脱隊兵士と藩庁との対立は激化の一途をたどり、脱隊兵士は、おりから藩内各地で発生した農民一揆《いっき》とも連絡をとりはじめて大いに意気が上がった。たまたま藩政改革を推進するため帰藩した木戸孝允は、山口で鋭意その鎮静につとめたが、一月下旬にはついに生命の危険がせまったため、吉敷《よしき》郡の大庄屋吉富簡一《おおじょうやよしとみかんいち》の所へのがれ、さらに下関《しものせき》へたどりついて武力鎮圧の策を練った。

農民の支持をあつめていた脱隊兵士が、せっかく藩庁をとりかこみながら断固たる指導者を欠いたため、みすみす勝利の好機を逸したのにたいし、藩側は木戸の機敏な対応により、諸支藩の援助をうけつつ反撃態勢をととのえることができた。そして、二月九日、一〇日の戦闘で脱隊兵士は敗退し、主謀者三五名が死罪に処せられたのである。

脱隊兵士の要求のなかには、攘夷的な要素はむしろ少なく、かれらの行動を大村殺害事件と同列にみることは適当でない。大村殺害が政府にたいするいわば「右側」からのテロだとすれば、諸隊の反乱は、むしろ「左側」からの抵抗であったと位置づけられよう。こうして政府の兵制改革は、長州藩諸隊の中に萌芽《ほうが》的であれふくまれていた民主的、国民軍的要素を抹殺、排除しつつ進行していくのである。

千人迄は殺すも咎めず

明治二年（一八六九）八月に大蔵省が民部省《みんぶしよう》を事実上合併したことは、それまで民部官＝民部省が直轄地《ちよつかつち》である府県にたいしていたずらな収奪をさけ、民心を安定させるべくつとめてきた姿勢への否定を意味した。大蔵省は、金札《きんさつ》発行を二年五月かぎりで停止した以上、いまや直轄地からの貢租《こうそ》収入だけが頼りであり、府県からの貢租の増徴をなんとしても実現したいとのぞんでいた。

大隈重信が民部大輔《たゆう》になった直後の二年七月下旬に、政府は「府県奉職規則」を制定して、地方官がかってに貢租額をあらためることを禁止するなど、中央からの統制を強化した。明治二年は全国的に凶作であったから、各府県の地方官はその対策に苦慮し、民部・大蔵省とのあいだに緊迫したやりとりが続発する。

たとえば、堺県《さかいけん》の知県事小河一敏《おごうかずとし》（豊後岡藩）は、二年一二月、この年は非常の不作で棉作にいたっては数十年来の凶作のため、窮民《きゆうみん》救助を目的に堤防工事をおこし、米納貢租の一部を人夫賃として支払い、県札を発行して貸し下げる、などの措置をとったことを報告した。

大隈重信（1838～1922）
肥前藩士で長崎遊学後に倒幕派。明治初年の肖像画。のち首相。

江戸時代であれば、農民の最低生活を維持させるためのこうした措置は、統治者の当然の責務とされたであろう。だが、民部・大蔵省は、知県事が中央に無断で措置したことをきびしく批判して県札の回収を命じており、ついには小河を免職・謹慎に処したのである。同様な事例は三〜四年にかけていくつも発生した。

問題は、凶作に苦しむ農民にたいして、ひたすら近代化政策に必要な貢租を課しつづけようとする大蔵省の強硬な姿勢にあった。その強硬さは、二年末の甲州《こうしゅう》暴動にさいして、民部・大蔵大輔の大隈が、「暴《ぼう》を以《もっ》て抗するものあらば、飽迄《あくまで》鎮圧を加へ、不得止《やむをえず》ば千人迄《まで》は殺すも咎《とが》めざるべし」と指示したといわれる点に端的にしめされている。

こうした大蔵省の姿勢にたいして、地方官から次々と批判が寄せられた。なかでも有名なのは、長崎とならぶ九州の旧幕二大拠点のひとつ日田《ひた》県の知県事松方正義《まつかたまさよし》（薩摩藩）による批判である。二年四月の参議大久保利通あて書簡で、政府が「旧幕にも無き税金」を新課する苛政《かせい》ぶりを批判した松方は、同年六月には知県事に「租税」減免の裁量権をみとめるべきだという建議を提出している。財政政策をめぐる大隈と松方の対立が早くもみられるのであるが、ここでは明治一〇年代とは逆に、松方のほうが民生重視の立場にたっている点が興味ぶかい。

松方に代表される地方官の批判は、前民部大輔の参議広沢真臣のもとへあつめられ、広沢は持論である民部・大蔵両省の分離（「民蔵分離」）を強く主張するようになる。広沢は、同調する大久保・副島種臣・佐々木高行（土佐藩）の三参議とともに辞表を提出して三条実美・岩倉具視・木戸孝允に圧力をかけ、ついに三年七月一〇日、「民蔵分離」を実現させた。

あらたな民部省人事は、大久保・広沢の手ですすめられ、民部大輔には大木喬任《おおきたかとう》（肥前藩）、同少輔《しょうゆう》には吉井友実《よしいともざね》（薩摩藩）が就任した。大蔵省の大隈・伊藤博文・井上馨らは、民部省からは遠ざけられることになった。

だが、こうした分離によって大蔵省の政策が変更されたわけではなく、租税司を民部省へうつそうとする大久保の画策も成功しなかった。それゆえ、大蔵省と地方官の対立は解消しないまま、政府は三年一一月以降、直轄府県でのはげしい農民一揆に直面することになるのである。

藩財政は火の車

直轄地府県からの収入不足に悩む大蔵省は、版籍奉還がおこなわれたことを理由に、諸藩財政に介入し、政府への資金吸い上げをはかろうとした。

明治三年（一八七〇）九月に決定された「藩制」において、藩収入の四・五パーセントを海軍費として政府へ納入するようになった（二二七ページ参照）が、大蔵省の原案はその倍額の九パーセントの納付を企図していた。当時の藩収入合計九〇六万余石の九パーセントは八二万石弱であるから、もし原案どおり実現していれば、政府から諸藩への賞典禄《しょうてんろく》分配二五万石を大幅に上回る、貢租の中央集中がみられたであろう。

しかし、当時の諸藩の台所は借金だらけで火の車であり、とうてい政府原案をうけいれる余力はなく、原案は半額に削られた。諸藩の借金の実情は、負債の範囲をどこまでひろくみるか、また藩収入金額をいくらと計算するかにより評価が分かれるが、下山三郎氏の計算に

藩　名	現収高 A	内国債	外国債	内外債計 B	藩　札 C	B＋C	$\frac{B+C}{A}$(%)
金　沢	2,936	1,799	188	1,987	1,874	3,861	132
熊　本	1,423	308	—	308	1,995	2,303	162
名古屋	1,206	4,126	—	4,126	…	4,126	342
鹿児島	1,123	1,321	96	1,417	571	1,988	177
和歌山	1,049	2,091	—	2,091	1,324	3,415	326
広　島	960	1,795	46	1,841	644	2,485	259
山　口	947	1,938	2	1,940	1,480	3,420	361
高　知	931	764	455	1,219	755	1,974	212
佐　賀	823	431	472	903	989	1,892	230
静　岡	787	530	—	530	—	530	67
福　岡	778	2,084	2	2,086	504	2,590	333
徳　島	775	524	—	524	1,337	1,861	240
久保田	690	2,597	508	3,105	81	3,186	462
岡　山	653	1,199	—	1,199	867	2,066	316
鳥　取	594	974	—	974	684	1,658	279

下山三郎『近代天皇制研究序説』による。久保田藩はのちの秋田藩。

図15　大藩の収入と負債　明治４年（千円，％）

よれば、廃藩時の諸藩の内国債合計は七四一三万円余、外国債合計は四〇〇万円余、内外債合わせて七八一三万円余であり、藩札三八一六万円余をくわえると、広義の藩債はじつに一億一六二九万円余となる。

藩収入合計九〇六万石余を、明治四年の石あたり貢納石代相場三円七六銭で換算すると、約三四〇八万円となるから、広義の藩債は収入の三四一パーセントに達するわけである。基準とする米価のとりかたにより、この比率は若干《じゃっかん》ちがってくるが、藩財政がきわめて苦しいことはあきらかであろう。

もちろん藩による格差も大きい。現収一五万石以上の大藩のばあいを図15に表示したが、静岡藩＝旧将軍家は例外としても、年収(A)にたいする広義の藩債

(B+C) の比率は一〇〇パーセント台から四〇〇パーセント台まで大きなちがいがあることがわかろう。山口藩（長州）の負債比率の高さにくらべて鹿児島藩（薩摩）の比率が意外に低いが、天保《てんぽう》七年（一八三六）開始の藩債五〇〇万両無利息二五〇年賦《ねんぷ》返済は、まだほんの一部しか終わっていないはずである。その点を考慮に入れると、借金の累積は、通常指摘される中小藩はもちろんのこと、薩長をふくむ大藩にとっても、容易ならぬ水準に達していたといわなければならない。

それゆえ、「藩制」が藩札増発を厳禁したままで藩債の償却をもとめるや、諸藩はかつてない財政危機に見舞われた。貢租減免をもとめる農民の動きがひろがるなかで、個別藩の力では貢租増徴はのぞむべくもなく、支出の中心をなす藩士家禄《かろく》の削減をおこなうしか方法はなかった。

しかしながら、経済史家の千田稔氏によれば、二年から三年にかけての禄制改革により、五〇パーセント以上の家禄削減をおこなったのは二六二藩中九藩にすぎず、三〇〜五〇パーセントが五五藩、一〇〜三〇パーセントが最多の一二三藩を数え、一〇パーセントより低いのこりの七五藩のなかには下層士族卒《そつ》の増禄によって全体として増加した二六の小藩がふくまれていた。最低生活すらささえられぬほどの下層士族卒の家禄は、もはや削減の余地はなかったといわねばならない。

こうして極度の財政難から、明治二年一二月から四年六月までのあいだに、盛岡南部《もりおかなんぶ》藩をはじめ一三の藩が自発的に廃藩への道をえらんだのである。諸藩サイドの財政面からみるかぎり、廃藩への客観的条件は熟しつつあったといってよい。

世直し一揆と尊攘派士族

だが、財政面の苦しさは中央政府においても同様であった。したがって、廃藩置県をすれば、財政難がおのずと解消すると考えるわけにはいかない。廃藩置県は、維新政権の直轄地支配そのものに危機をもたらした農民と士族の抵抗にたいし、政府が対応を重ねたあげくに決行されるのである。

明治三年七月に民部省と分離されてからも、大蔵省は直轄地からの貢租増徴につとめ、三年の税収については地方官による減免や救恤《きゅうじゅつ》の措置をいっさい抑止した。東北諸県を例にとれば、前年の未納分もふくめた厳重な貢租とりたてがなされ、農民は衣類・家具を売り、田畑を質入《しちいれ》してまで上納につとめねばならなかったという。

こうした増徴策にたいし、三年一一月中旬、胆沢《いさわ》県(岩手県)で一揆がおこり、翌一二月には登米《とめ》県(宮城県)にも波及した。農民のなかには鎌《かま》や山刀《やまがたな》、さらに槍《やり》や銃器で武装した者が多く、政府は、一関《いちのせき》藩兵と仙台藩兵に出動をもとめてようやく一揆を鎮圧した。東北では、翌四年二月にも福島県で二万人におよぶ一揆勢が貢租軽減をもとめてはげしい打ちこわしをおこない、鎮圧にあたった二本松《にほんまつ》藩兵と銃撃戦を展開した。

三年一一月中旬には、九州の日田《ひた》県でも貢租減免をもとめる大一揆がおこっている。この一揆にさいして、反政府的な尊攘派《そんじょうは》士族による扇動《せんどう》がなされたとの風説がとびかい、政府とくに木戸孝允は、周辺諸藩兵の出動を要請するとともに、兵部省直属の「天兵《てんぺい》」を派遣して大規模な弾圧をおこなった。実際には、尊攘派士族が農民にはたらきかけた事実はないが、政府は反政府的な士族グループと世《よ》直《なお》し一揆との結合をもっとも恐れていたのである。

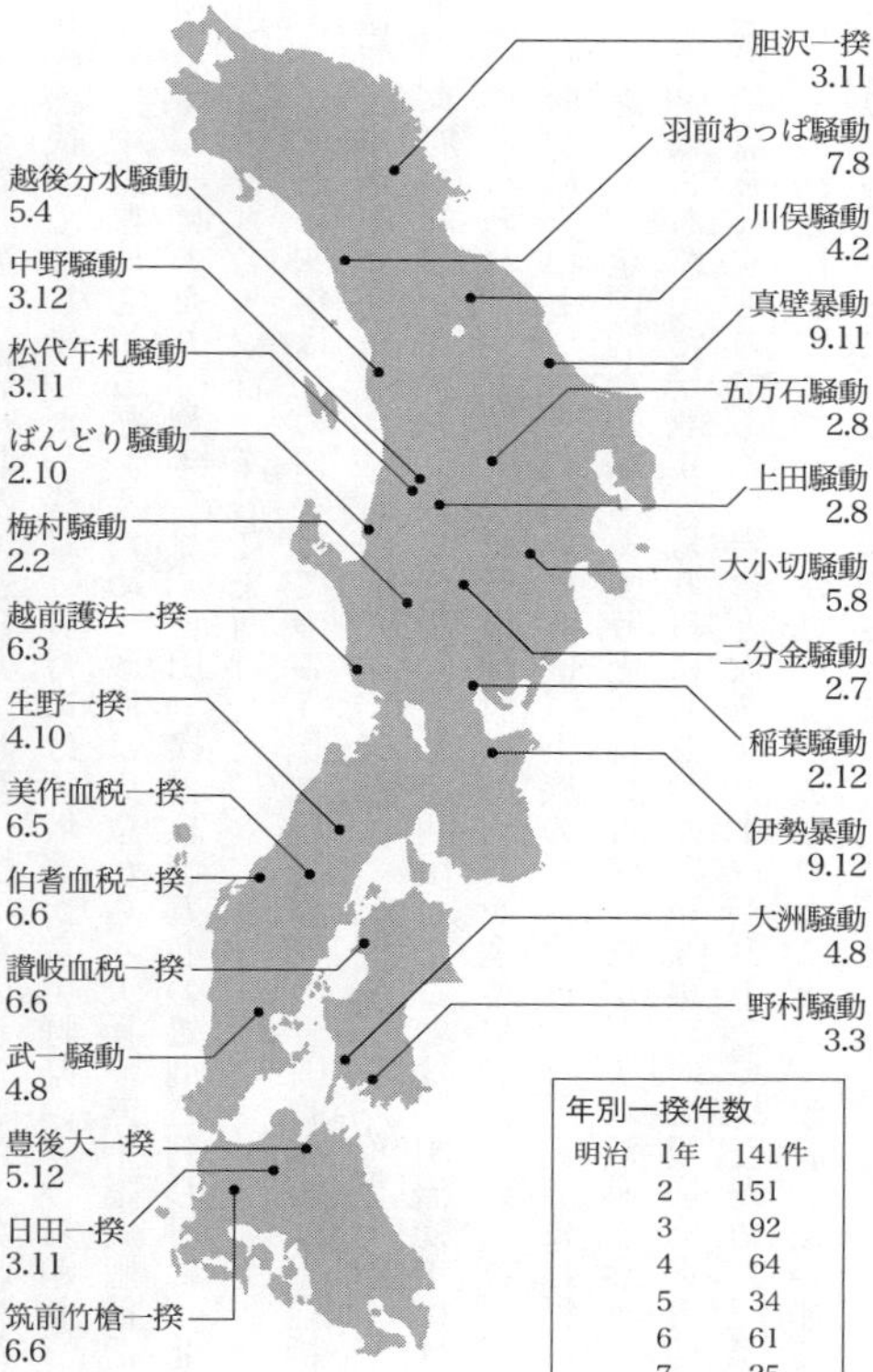

年別一揆件数

明治	1年	141件
	2	151
	3	92
	4	64
	5	34
	6	61
	7	25
	8	29
	9	28
	10	49
	計	674

青木虹二『百姓一揆総合年表』他より作成。数字は（明治）年.月。

図16　明治初年の主な一揆・騒動

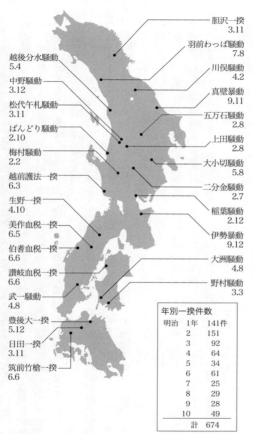

「天兵」の派遣は、信州北部で連続発生した一揆にたいしてもおこなわれた。三年一一月上旬の松代《まつしろ》藩ではじまった一揆は、翌月には須坂《すさか》藩から中野《なかの》県へとひろがり、官員を殺害したうえ、中野県庁を焼き払ったため、政府は東京から「天兵」三中隊（肥前藩提出部隊）を派遣して鎮圧にあたり、翌年二月、日田一揆首謀者五名の処刑と同じ日に、北信《ほくしん》一揆首謀者の処刑（斬首六名・絞首二二名）を断行した。

三年末から四年はじめにかけてのこうした農民闘争の全国的高揚は、維新史研究家の佐藤誠朗氏が主張するように、世直し一揆のひとつの到達点をしめすものといえよう。幕末以来、幕府や諸藩が農民を武装させ農兵として利用したことは、明治初年には一揆勢の武装となってあらわれ、兵力を欠く政府直轄府県の官員を窮地におとしいれた。

政府がいまひとつおそれていた尊攘派士族の反政府運動は、実際には世直し勢との結びつきは乏しく、全国的な連絡もあまりとれていなかったが、テロ活動をつうじて政府首脳に深刻な脅威をあたえた。四年一月九日におこった参議兼東京府御用掛広沢真臣の暗殺事件は、その頂点をなすものである。岩倉と大久保・木戸が西下していたため、三条とともに東京における最高責任者であった広沢が私邸で刺殺されたことは、政府にたいするかつてない挑戦であり、首脳部を文字どおり震撼《しんかん》させた。

この事件は、多数の容疑者が検挙されたにもかかわらず、犯人がついに判明しなかったのであるが、広沢が東京府下をはじめとする反政府運動の取締りを指揮していたことを考えると、下手人《げしゅにん》は反政府的な尊攘派士族グループに属していたとみて、まずまちがいないであろう。

広沢暗殺を契機として政府は反政府的な尊攘派の一斉検挙にのりだし、三月から四月にかけて東京・京都と九州を中心に大弾圧を展開した。反政府武力蜂起《ほうき》の盟主にそれぞれかつがれた公卿《くぎょう》愛宕通旭《おたぎみちてる》と外山光輔《とやまみつね》が、国事犯として逮捕、処刑されたのはこのときであり、長州諸隊反乱の首謀者と目された大楽源太郎《だいらくげんたろう》をかくまった罪に問われた久留米《くるめ》藩は、知藩事をまもるため大楽を謀殺《ぼうさつ》した。

以上のような農民と士族たちのはげしい反政府行動にたいする対応が、四年四〜六月の薩長土三藩による親兵《しんぺい》の東京集結であった。それは廃藩置県をめざした政策ではなかったが、翌七月の廃藩決行をささえる重大な条件となったことはいうまでもない。では、廃藩置県そのものは、誰がどのように提起し、決行したのであろうか。

3　薩長藩閥官僚のクーデター

山県・井上の提言

明治四年（一八七一）二月の西郷隆盛の上京は、過剰気味の薩長土三藩兵士の「親兵」への取り立てと、政府の改革とを目的としていた。

しかし、政府改革については、大久保利通が立法担当の参議《さんぎ》を廃止して行政担当の諸省長官の卿《きょう》がそれを兼ねることにより大蔵省の独走を逆におさえようと主張するのにたいし、諸省長官とは別の立法担当者をむしろ増員すべきだとする木戸孝允の構想がするどく対立した。さらに土佐《とさ》藩の板垣退助は、諸藩の代表者会議を重視する「公論」主義をとなえており、三者の対立はおさまりそうもなかった。

結局、大久保が妥協して、六月二五日、木戸・西郷の二人のみを参議とするかたちでとりあえず新体制を発足させ、そのもとで制度改革をすすめることとなったが、制度取り調べ会議は七月八日には意見が対立して暗礁《あんしょう》にのりあげてしまった。このままでは、人員整理や支出節約もおぼつかないと、大久保は中央政府の将来について、深刻な危惧をいだいていた。

ちょうどそのとき、長州藩出身の中堅官僚山県有朋《やまがたありとも》と井上馨から、中央集権化して財政をたてなおすため廃藩置県を断行すべきであるとの提言がなされたのである。話の発端は、七月はじめに麴町《こうじまち》富士見町の兵部少輔《ひょうぶしょうゆう》山県の屋敷をおとずれた兵部省出仕《しゅつし》鳥尾小弥太《とりおこやた》（長州藩）と野村靖《のむらやすし》（同）が山県に廃藩をせまったことにあったという。野村も長州藩の兵制改革で苦労したことがあるから、同夜の話はおそらく政府がすすめつつある兵制改革と三藩親兵がテーマであり、それとの関連で廃藩の提言がなされたのであろう。

山県は、西郷従道《つぐみち》（隆盛弟）とともに二年六月からヨーロッパへ兵制調査におもむき、三年八月に帰朝するや、兵部少輔に任ぜられ、兵部権大丞《ごんのだいじょう》西郷従道と協力して兵制改革に従事していた。三年一一月に発布された徴兵《ちょうへい》規則はその第一歩で、府藩県から一万石につき五人ずつの兵卒をさしださせることとした。「士族卒庶人ニ不拘《かかわらず》、身体強壮」な二〇歳代の者、とあるから、士族軍隊否定の方向がいちおう打ちだされている。だが、この徴兵は四年春までに約九〇〇人をあつめたところで打ち切られた。前述の三藩親兵の維持費と競合したためである。

薩長土三藩の親兵は徴兵制へむけての兵制改革に逆行するものであったが、直轄地＝府県で激発する世直《よなお》し一揆や、尊攘派士族による反政府運動に対処するためにはやむをえぬ方策であった。また、薩摩藩の巨大な軍事力を政府側にひきつけておくためにも、親兵化は必要だったのである。だからこそ、西下する岩倉具視に山県が随行し、西郷隆盛の説得にみずからあたったのであった。そのさい、親兵の維持費をどうするかとの西郷の問いに、山県は「藩力平均の配当を断行」して捻出《ねんしゆつ》すると答えている点が注目される。兵部省の通常予算の枠内では、とうてい八〇〇〇の親兵をやしなうことはできなかったからである。

四年六月下旬に三藩親兵が集結しおわったにもかかわらず、政府改革がいっこうにすすまなかったことは、親兵八〇〇〇の維持費の捻出が困難になったことを意味した。ここに兵部省の責任者山県が、局面打開をもとめてうごきださねばならない根拠があった。のこされた道は、廃藩の断行による全国貢租の中央集中と政府予算の抜本的再編をつうじて、親兵の維持費をひねりだすことしかない。親兵八〇〇〇の存在は、廃藩置県を可能ならしめた条件であるとともに、それを要求する直接的契機でもあったのである。

廃藩置県の断行

山県有朋は、鳥尾小弥太と野村靖を日本橋兜町《かぶとちょう》の井上馨邸（のち第一国立銀行敷地）へ

山県有朋（1838～1922）
長州藩出身。大村益次郎亡きあとの日本陸軍創設者。のち首相。

つかわしたところ、財源難の大蔵省にあって苦労してきた井上は一も二もなく賛成し、明治四年（一八七一）七月六日には九段《くだん》坂上の木戸孝允の屋敷をたずね、木戸の了解をとりつけた。

そして、同じ六日に山県が馬にのって日本橋蠣《かき》殻町《がらちょう》の薩摩藩邸内の西郷隆盛をたずねると、西郷もあっさりと賛成し、その日のうちに麴町《こうじまち》三年町（霞《かすみ》が関《せき》）の大久保利通の屋敷へ出向いて山県との話を報告している。大久保も廃藩に賛成であった。

山県の回顧談によれば、西郷にたいして、「今日までの兵制改革を見ると、どうしても制度改革の上は、封建を打破して郡県の治を布《し》かなければいかぬ（中略）廃藩置県に着手されてはどうであろう」と話をしたところ、「実にそうじゃ。夫《そ》れは宜《よろ》しかろう」との答えだったという。八〇〇〇の親兵をとりあえずやしなうためにも、いまや廃藩とそれを突破口とする大改革をすすめるしか道がないことを、西郷はとっさに了解したのであろう。

こうして、七月九日夜の木戸邸において、薩長両藩実力者の秘密会合が開かれた。参集したのは、大久保・西郷隆盛・同従道・大山巌《おおやまいわお》の薩摩側と、木戸・井上・山県の長州側で、鳥尾や野村も別室で待機していた。大蔵少輔《しょうゆう》伊藤博文はこのとき大阪造幣寮《ぞうへいりょう》の仕事で東京にいない。

大蔵大輔《たゆう》の大隈重信や土佐《とさ》藩を代表する板垣退助にまったく声をかけなかったことは、このクーデター計画が薩長出身官僚だけの手で極秘裡《ごくひり》に立てられたことをよくしめしており、強固な結束を誇る薩長藩閥はこうした過程をへてかたちづくられていくのである。この会合で、もしも廃藩置県の断行に反対する藩があれば、武力鎮圧もあえて辞さないことが決定された。

三条実美と岩倉具視には、計画全般が練り上げられた七月一二日になって、はじめて報告がなされた。そして、七月一四日、参朝した知藩事一同にたいし、廃藩置県の詔書《しょうしょ》がくだされたのである。同日、大隈と板垣が参議に任ぜられたが、これは肥前《ひぜん》・土佐両藩への宥和策《ゆうわさく》にほかならない。

二六一藩の存立を一挙に否定し、既存の府県と合わせて三府三〇二県を設けた廃藩置県のクーデターは、ほとんど無抵抗のうちに完了した。唯一の例外は、薩摩藩主島津忠義《しまづただよし》の父久光《ひさみつ》で、廃藩を自分への西郷と大久保の裏切りとみたかれは、以後、事あるごとに政府の足をひっぱることとなる。

地方の時代の終わり

廃藩置県によって維新政権はようやく中央集権的な統一国家——以下、明治政権とよぶ——へと転換した。その機構と活動については、以下の各章でおいおいのべていくが、ここでは中央集権化がもたらす地方社会の変貌について、あらかじめエピソード風にふれておきたい。

幕末の藩政改革のなかで、数多くの藩校の振興がなされたが、明治にはいり、さらにあらたな発展をしめすものもみられた。たとえば、かつて橋本左内《はしもとさない》が指導した福井藩の明道館《めいどうかん》（六一ページ参照）は、明治二年に明新館《めいしんかん》と改称され、士族以外の者も入学をみとめる方針をとった。明新館では、さらにアメリカから理化学教師W・E・グリフィスを三年契約でまねき、実験室を設けて斬新《ざんしん》な近代的教育を試みた。教鞭《きょうべん》をとりはじめて間もなく廃藩置県に直面したグリフィスは、そのときの藩士たちのはげしい興奮ぶりを『明治日本体験記』（山下英一訳、平凡社東洋文庫）に活写しているが、問題はその後の明新館である。旧知藩事松平茂昭《まつだいらもちあき》が居を東京へうつしたあと、旧藩有力者の多くが政府に出仕して東京へむかっただけでなく、明新館の教師や学生も次々と東京や横浜へ去っていった。そしてグリフィス自身も在職一一ヵ月で福井を去り、東京の（大学）南校《なんこう》（のちの東京大学）などで教えたのち、明治七年に帰国するのである。明新館の後身福井明新中学は、明治九年、廃校となった。

このエピソードは、中央集権化の裏側において、江戸時代をつうじて各藩＝地方にきずきあげられてきた地方独特の文化とその担い手が急速に消滅しはじめたことをしめしている。いまや、地方の時代は確実に終わりつつあったのであり、明治政権は、政治・経済・文化の各層において強烈な中央集権化を東京を中心におしすすめることにより、近代国際社会の荒波をのりきろうとしていくのである。

第七章　文明開化の光と影

1　欧米外交とアジア外交

明治政権の出発

明治四年（一八七一）七月の廃藩置県《はいはんちけん》により中央集権的な統一国家としての明治政権が誕生し、翌八月にかけて、つぎのような中央政府（太政官《だじょうかん》と諸省）の改革がおこなわれた。

太政官は、正院《せいいん》・右院《ういん》・左院《さいん》からなり、最高決定機関の正院は、太政大臣三条実美《さんじょうさねとみ》と西郷隆盛《さいごうたかもり》・木戸孝允《きどたかよし》・板垣退助《いたがきたいすけ》・大隈重信《おおくましげのぶ》の薩長土肥《さっちょうどひ》出身四参議《さんぎ》が担当した。右院は諸省の卿《きょう》・輔《すけ》（長官・次官）があつまり、正院と連絡しつつ行政上の打ち合わせをするもので、岩倉具視《いわくらともみ》外務卿と大久保利通《おおくぼとしみち》大蔵卿が中心であるが、両名の海外派遣後は有名無実化する。左院は正院が任命した議員からなる立法機関で、後藤象二郎《ごとうしょうじろう》・江藤新平《えとうしんぺい》が正副議長となった。

諸省は、外務・大蔵・工部《こうぶ》・兵部《ひょうぶ》・司法・文部・神祇《じんぎ》・宮内《くない》の八省となった。このうち最大の権限を集中したのが、民部省を吸収した大蔵省で、大久保大蔵卿は井上馨《いのうえかおる》大蔵大輔《たゆう》とともに、同省に有為《ゆうい》の人材をさかんにあつめた。同省は、地方官の人事権まで掌握《しょうあく》している。

区分	官職	人名	出身
正院	太政大臣	三条　実美	公卿
	左大臣		
	右大臣	（岩倉　具視）	公卿
	参議	木戸　孝允	長州
		西郷　隆盛	薩摩
		板垣　退助	土佐
		大隈　重信	肥前
左院	左院議長	（後藤象二郎）	土佐
	左院副議長	江藤　新平	肥前
右院	神祇省　卿		
	大輔	福羽　美静	津和野
	外務省　卿	岩倉　具視	公卿
		（副島　種臣）	肥前
	大輔	寺島　宗則	薩摩
	大蔵省　卿	大久保利通	薩摩
	大輔	井上　馨	長州
	兵部省　卿		
	大輔	山県　有朋	長州
	文部省　卿	大木　喬任	肥前
	大輔		
	工部省　卿		
	大輔	後藤象二郎 （伊藤　博文）	土佐 長州
	司法省　卿		
	大輔	佐々木高行	土佐
		宍戸　璣	長州
	宮内省　卿	（徳大寺実則）	公卿
	大輔	万里小路博房	公卿
	開拓使　長官	東久世通禧	公卿
	次官	黒田　清隆	薩摩

明治4年8月10日現在。（　）は4年中に就任。

図17　中央政府の構成①

これにたいし、かつて太政官の上位にあった神祇官は、神祇省に格下げされ、翌五年には教部省となったのち文部省へ吸収されるが、それは神道《しんとう》国教化への試行錯誤の一段階とみるべきであろう。

四年一一月には県の統廃合がなされ、三府七二県一使（北海道は開拓使《かいたくし》）となったが、地方長官の顔ぶれは一新した。薩摩藩出身の大山綱良《おおやまつなよし》が長官となった鹿児島県などはむしろ例外で、その任地の旧藩出身者ではない者が任命されることが一般的であり、時とともにその傾向が強まった。山口県のばあいをみると、静岡県士族中野《なかの》悟《ご》一《いち》が参事に任命されたが、五《ご》稜郭《りょうかく》にたてこもった筋金入りの旧幕臣中野がえらばれたのは、不平士族の多い同県において中央の政策を強行するのにむしろ適任だとの井上馨の推薦があったためだという。山口県のケースからうかがえるように、四年当時はまだ地方長官の出身についての藩閥《はんばつ》的色彩は濃くないが、数年のうちに薩長土肥出身者が過半を占めるようにかわっていく。

政府の頂点に位置する年若い天皇をとりまく宮中の改革もすすめられた。多くの女官にかこまれて女性的雰囲気のなかで育った天皇に、新国家君主にふさわしい帝王学を身につけさせるべく、女官の総罷免《そうひめん》・精選と側近の華族中心から士族中心への交替がおこなわれた。天皇は、のちに東京大学綜理となる加藤弘之《かとうひろゆき》からドイツ流の立憲的な国家学を学ぶ一方で、儒《じゅ》教主義《きょうしゅぎ》にたつ元田永孚《もとだえいふ》の指導もうけており、しだいに後者の影響を強くうけるようになったようである。

岩倉使節団の派遣

明治政権の最初の大事業は、安政《あんせい》五年（一八五八）にハリスその他とむすんだ不平等条約の改正の準備のための使節団を欧米へ派遣することであった。明治四年（一八七一）一一月一二日、右大臣岩倉具視を全権大使、木戸孝允（参議）・大久保利通（大蔵卿）・伊藤博文《いとうひろぶみ》（工部大輔）・山口尚芳《やまぐちなおよし》（外務少輔）を全権副使とする四六名の大使節団が、華士族留学生五九名（うち女子五名）とともに、太平洋郵船会社（Pacific Mail Steamship Co.）の蒸気船アメリカ号で横浜を出港、サンフランシスコにむかった。

岩倉全権大使の一行　左から木戸，山口両副使，岩倉大使，伊藤，大久保両副使。当初の，大隈大使１名派遣の計画を変更，拡大した。

使節団の目的は、翌年から可能となる条約改正の本交渉ではなく、その条件づくりのための欧米諸国の制度・文物《ぶんぶつ》の調査と、条件がととのうまで交渉を延期する旨《むね》をつたえる挨拶との二点である。その程度の任務を果たすために、ようやく発足したばかりの明治政権首脳の大半がでかけたのは、やや大げさすぎる感じがしなくもない。おそらく、条約改正が明治政権の存在をかけてとりくむべき国民的課題であったことにくわえて、発足した明治政権内部での派閥対立が、使節団を異常に膨張《ぼうちょう》させたのであろう。

使節団派遣の発議は、大久保利謙氏によれば、もともと四年八月二〇日ごろ、各国条約改定御用掛参議であった大隈重信がおこない、正院では大隈の全権使節就任をいったん内定した。ところが才気《さいき》煥発《かんぱつ》の大隈が国民的課題である条約改正の主導権をにぎると、国政全体をも掌握しかねないことをおそれた大久保利通が、岩倉と謀《はか》り、木戸をだきこんで、大隈使節団の計画をくつがえした。そうした政治的かけひきがくわわった結果、数名の小型使節団の予定が、大型使節団に膨張したのである。

留守番役へまわされた大隈は、「鬼の留守に洗濯」をねらうが、同時に西郷や板垣らの動きをチェックしようと、使節団と留守政府の相互監視の約定書《やくじょうしょ》を作成した。しかし、先に暴走しかけてチェックされたのは、留守政府ではなく、アメリカ合衆国へ到着した使節団であった。

使節団の誤算と体験

同年一二月六日、サンフランシスコに到着した使節団一行は、行く先々で大歓迎をうけた。西洋文明にはじめてふれたかれらは驚きの連続であったが、とくに「最も奇怪を覚へたるは、男女の交際」（久米《くめ》邦武《くにたけ》編『米欧回覧実記』㈠）で、婦人に席をゆずり、夫が妻の手をとってたすけるありさまをみて、儒教倫理とのあまりのちがいに反発をおぼえ、嫌悪の情をかくさなかった。

使節団の誤算は、あまりの歓迎ぶりを、条約改正への好機と錯覚したところから生じた。駐米少弁務使《しょうべんむし》森有礼《もりありのり》の交渉提案に、副使伊藤がまず同調し、H・フィッシュ国務長官を相手に交渉がはじまったが、使節団が持参した全権委任状には改正交渉権が明示されていないため、大久保と伊藤があらたな委任状をとりに日本に帰ることとなった。

こうした使節団の目的変更にたいし、留守政府側ははげしく抵抗し、大久保と伊藤がやっとの思いで全権委任状を手に入れてワシントンへついた六月一七日には、使節団のほうで対米交渉の困難さと単独調印の不利なことに気づき、交渉打ち切りを決定していた。

たとえば、アメリカが要求する内地旅行権を、法権・税権にかんするなんらかの譲歩とひきかえにあたえたばあい、ほかの国々は、そうした譲歩ぬきでも内地旅行権だけは自動的に獲得するという片務的な最恵国《さいけいこく》条項が各国との条約にあることを、使節団もこのときになって気づいたのである。不平等条約を改定しようとする使節団が、不平等性の三大特徴（五五ページ参照）の一つにまったく無自覚だった点に、かれらの外交的未熟さがよくしめされていたといわねばならない。

苦い体験をかみしめながら、使節団は七月三日、ボストンをたち、イギリスへむかう。条約交渉をあきらめたかわりに、かれらがヨーロッパ各国の制度・文物の見学と調査にいかに熱中したかは、『米欧回覧実記』に生き生きと記されているとおりである。

使節団の各国ごとの滞在日数を訪問順にしめすと、図18のとおり米・英・仏が多いが、アメリカは大久保らの一時帰国をはさんでいるためで、記録の『実記』冊数はイギリスとおなじ二〇冊である。ドイツは滞在日数が少ないわりに記録冊数がフランスを上回っており、同国での滞在中の印象が強烈であったことをうかがわせる。

世界の工場イギリスで、かのアームストロング砲の製造元をニューカッスルに訪問した一行は、「『アルムストロンク』氏は、年七旬《じゅん》（七〇歳）に近し、丈《たけ》高きこと七尺余、言寡《すくな》く温温たる老翁《ろうおう》にて、容貌愚なるか如し、凡《およ》そ諸方を回り、高名なる製造家に逢《あ》ふに、往往にかかる人多し」（原文のカタカナをひらがなに変え、（　）を付した）と記している。盛大な工業と貿易をになう民間ブルジョアジーの層の厚さと、かれらの精力的な活躍ぶりにおどろくとともに、かれらの多くが温厚篤実《とくじつ》な紳士《しんし》（『史記』に「君子は盛徳、容貌愚なるが若《ごと》し」とある）であることにも畏敬《いけい》の念をいだいたのである。

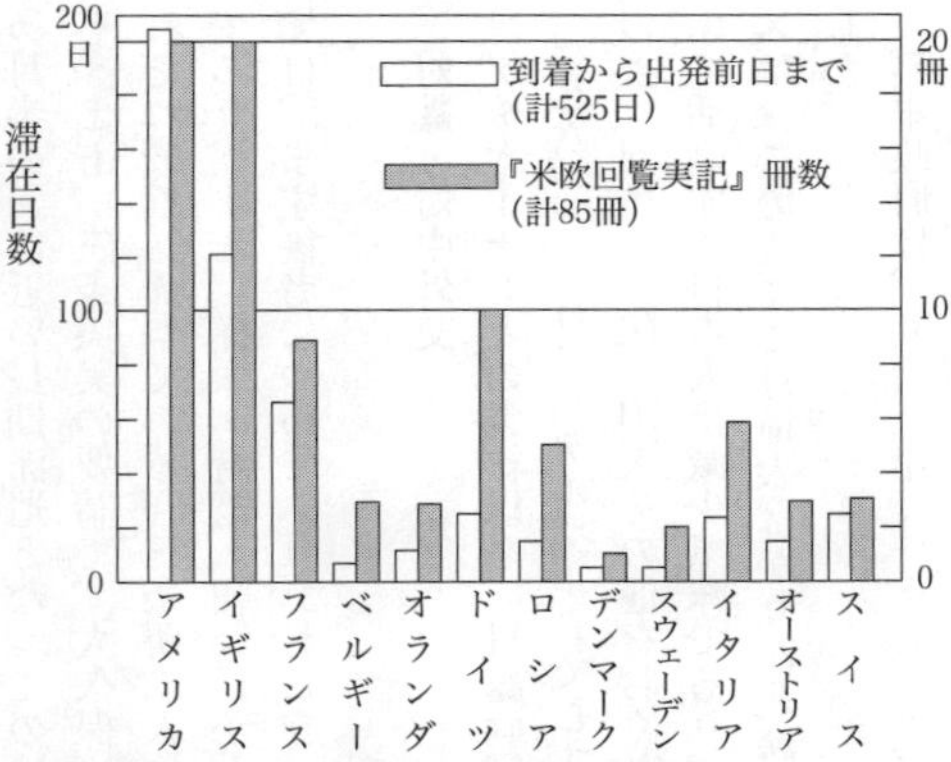

図18　使節団の各国滞在日数と記録冊数

ドイツでは、宰相《さいしょう》ビスマルクと会見したとき、弱肉強食の現代世界では、万国公法は頼りにならず、国力・武力を振興してはじめて大国と対等の交渉ができるようになる、という自己の体験にもとづく演説を聞かされ、大きな衝撃をうけた。日本もプロシアが小国から大国へと発展したコースをたどらねばならぬ、との思いが大久保・木戸・伊藤らの胸中に刻みこまれたにちがいない。出発前からドイツ皇帝ウィルヘルム一世とビスマルクの関係を聞き、日本のビスマルクたらんとひそかに志していた大久保は、とりわけふかい感動をこの演説からうけたようである。

岩倉使節団が横浜へもどったのは、明治六年（一八七三）九月一三日であった。予定の一〇ヵ月半の二倍近い長期派遣となったのは、主としてアメリカでの誤算と失敗のためである。もっとも、三条実美の要請で、大久保は六年五月二六日、木戸は七月二三日と、一足先にそれぞれ横浜へ帰っている。三条が二人に早期帰国を命じたのは、大蔵省と各省の紛糾のゆえであり、また、樺太《からふと》・台湾・朝鮮にかんする重大な外交問題が発生したためであった。ここでは、まず後者についてふれておこう。

対露・対中外交

プチャーチンとの条約以来、日露両国民雑居とされてきた樺太《からふと》（サハリン）は、慶応《けいおう》二年（一八六六）二月にペテルブルグでむすばれた仮規則でも日露両属とされた。ロシア側はその後、同島に軍隊・囚人《しゅうじん》その他をおくりこみ、勢力拡張につとめたのにたいし、同島沿岸漁場で活動する日本人は減少気味であり、公使館員を派遣して調べさせたイギリス公使パークスは、このままでは樺太ばかりか北海道までロシアの勢力下にはいると、くりかえし警告した。

日本政府は、明治三年（一八七〇）二月、樺太開拓使《かいたくし》を前年七月設置の開拓使から独立させたが、担当者の黒田清隆《くろだきよたか》は樺太よりも北海道を重点開発すべきだと主張し、四年八月に樺太開拓使は開拓使へ併合された。現地では、両国民間の衝突事件が続発したため、五年六月から駐日ロシア代理公使ビューツォフと副島種臣《そえじまたねおみ》外務卿のあいだで、樺太問題の交渉がはじまった。

副島は二〇〇万円で樺太を買収したいと提案したが、ビューツォフは拒否し、千島《ちしま》列島のウルップ島との交換をもちかけている。副島はそれを不満とし、六年八月二二日の交渉では、樺太譲渡の代償として、日本の対朝鮮出兵とそのためのロシア領通過をみとめるよう要求した。正院《せいいん》が西郷の朝鮮派遣をきめた直後のことである。ロシア政府の拒否回答がとどく前に、六年一〇月政変で副島は辞任し、交渉は中断することになるが、このことは、当時の政府が「征韓《せいかん》」問題をいかに重視していたかをしめすものといってよい。

他方、日本政府は、明治四年七月二九日、中国とのあいだで対等の性格をもつ日清《にっしん》修好条規を締結したが、その最大の狙いは、朝鮮の宗主国《そうしゅこく》たる中国と同格の国際的地位を得ることにより、「朝鮮（に対して）は無論に一等を下し候《そうろう》礼典を用」（四年四月外務省）いることができるはずだという期待にあった。朝鮮側からみれば、とうていみとめがたい身勝手な論理であることはいうまでもない。

中国とのあいだで処理されねばならない問題としては、日清両属の歴史をもつ琉球国《りゅうきゅうこく》のあつかいがあった。日本政府は廃藩置県にさいして、琉球国をとりあえず鹿児島県の管轄《かんかつ》下においた。ところが四年一二月、台湾に漂着した琉球船の乗員六六人中五四人が「生蕃《せいばん》」に殺害される事件がおきると、政府内で琉球問題が急速にクローズアップされた。政府は五年九月一四日、参朝した琉球使節にたいし、琉球国中山《ちゅうざん》王尚泰《おうしょうたい》を琉球藩王とし、華族に列する旨《むね》、宣告し、ついで同月二八日には琉球の外交事務を日本外務省に移管した。事件問罪の台湾出兵のためには、殺された人びとが日本国民だというかたちをととのえねばならないか

琉球国王尚泰（1843～1901）４歳で19代王位に。明治12年，王国は滅び，侯爵となる。

大院君（1820～98）
朝鮮王高宗の実父。鎖国策をとり，日本とも対立する。

らである。

しかし、中国側はそれをみとめなかった。六年三月に副島外務卿が日清修好条規の批准《ひじゅん》のため渡清するが、副使の外務大丞《だいじょう》柳原前光《やなぎはらさきみつ》との六月の北京《ペキン》会談において清国総理衙門《がもん》大臣は、琉球・台湾二島とも清国領土につき殺害事件は国内問題にすぎぬと主張している。ただ、そのさい、「生蕃」は王化に服さない「化外《かがい》の民」だとのべたことと、朝鮮の内政外交にたいし中国は不干渉の立場だとのべたことが、日本側での「征台」「征韓」論を沸騰させる契機となるのである。

「征韓」への胎動

朝鮮にたいしては、明治元年一二月、政府は従来の慣例にしたがい、対馬《つしま》藩主宗義達《そうよしあき》をとおして、王政復古《おうせいふっこ》の通告をしようとした。ところが、その書契《しょけい》（書類）のなかに、明治天皇を中国皇帝と同様に、朝鮮国王の上位におく「皇」と「勅」の用語があったため、朝鮮側は従来の外交慣例に反するとして書契を受理せず、用語の改修をもとめた。維新政権の首脳とくに木戸孝允ははやくから「征韓」をとなえており、朝鮮側の改修要求に応ずることなく、中国との条約締結を先行させることにより事態をのりきろうとするのである。

当時の朝鮮は、一八六三年に即位した年少の高宗《こうそう》王の実父李是応《りぜおう》が大院君《たいいんくん》と称して政権を掌握し、大両班《ヤンバン》地主勢力をおさえつつ、台頭する商人勢力を基盤に中央集権化を推進していた。鎖国《さこく》策を堅持する大院君政権は、一八六六年と七一年に、ソウルの関門にあたる江華島《こうかとう》をそれぞれ占拠したフランス艦隊六隻とアメリカ艦隊六隻を交戦の末撃退しているが、前者の事件後、大院君は対馬藩主を介して徳川幕府に警戒をうながしており、鎖国はあくまでも「洋夷《ようい》」にたいするものであった。維新政権の書契の受理を拒否したのは鎖国策のゆえではなく、日本側の「征韓」的姿勢を警戒したためである。

明治四年七月に廃藩置県と日清修好条規調印を果たした明治政権は、対馬藩消滅を機会に対朝鮮外交の一元化をはかり、外務省は五年九月、旧対馬藩が使用していた釜山《プサン》の草梁倭館《そうりようわかん》を接収して、「大日本公館」と改称、翌六年四月には外務省七等出仕《しゆつし》広津弘信《ひろつひろのぶ》が「朝鮮国在勤」を命ぜられて着任した。広津は対馬商人にかぎってみとめられていた貿易を、他の日本商人にもひそかにおこなわせはじめた。

こうした日本側の一方的措置にたいし、大院君政権が反発したのは当然であろう。六年五月、朝鮮側の役所である東莱府《とうらいふ》の門前に、密貿易取締りの命令書が掲示されたが、そのなかに、日本人の最近の行動をみると日本は「無法之国」というべきだとの文言があった。広津から報告をうけた外務少輔《しょうゆう》上野景範《うえのかげのり》はこれを重大視し、三条実美太政大臣に正院《せいいん》での審議をもとめた。これが「征韓」論争を契機とする明治六年政変の直接の発端となるのである。

だが、この程度のことで朝鮮側の「無礼」を問責できるとは、現地の広津自身が考えていなかった。正院での議論が「征韓」をめぐって沸騰したのは、前述した「征台」論とのかかわりがあっただけでなく、留守政府の急激な近代化政策にたいする国内での反発という内部要因によるところが大きい。そこで、明治六年政変を論ずる前に、廃藩置県以降、主として留守政府のリードのもとで展開した「文明開化」の実態をみておくことにしよう。

2　文明開化の諸相

土地緊縛の廃止

幕藩制社会《ばくはんせい》は、領主が百姓の自由な移動を禁止し（土地への緊縛《きんばく》）、年貢《ねんぐ》をとるという関係を基本としていた。宗門人別帳《しゅうもんにんべつちょう》をもちいた人口史研究は、実際には出稼《でかせ》ぎなどのかたちで農村と都市のあいだの人口移動がかなり活発であったことを実証しているが、それも領主の許可を得られる限度内での話である。

幕藩制社会での国内旅行は、今日でいえば海外旅行なみの鑑札《かんさつ》が必要であり、家族ぐるみでの藩境をこえた移住はまず不可能であった。維新政権は、慶応《けいおう》四年（一八六八）三月の

「五榜《ごぼう》の掲示《けいじ》」の第五札で、あらためて士民の本国脱走を禁じ、四年四月四日制定の戸籍法《こせきほう》では、旅行と寄留のための新鑑札制度をくわしく規定していた。

自由な移動を旧来どおり制限する新鑑札制度は、しかし、実施される前に廃藩置県《はいはんちけん》とぶつかった。政府は四年七月二二日に鑑札制廃止を布告し、ここに人びとは土地緊縛から解放されたのである。掲示第五札も、同年一〇月四日の布告により撤去された。

廃藩置県直後には、幕藩制以来のさまざまな封建的制限が次々と撤廃された。農民は土地への緊縛から解放されただけでなく、四年九月七日の田畑勝手作《かってづくり》許可により土地利用の自由を得、五年二月一五日の土地永代《えいたい》売買解禁により、土地処分の自由を得た。しかし、農民の土地私有権がこれだけで十全なものとして保障されたわけではない。土地を利用して得た収益を、農民が自分のものとして獲得できるか否《いな》かという肝心の点がはっきりしないからである。後述する地租《ちそ》改正は、まさにその点をめぐる改革であった。

上からの四民平等

士農工商の身分制度を撤廃する布告も、廃藩置県の直後にあいついでだされた。すでに明治三年九月一九日には、平民《へいみん》に苗字《みょうじ》使用をゆるす旨《むね》の布告がだされていたが、四年八月九日には散髪・脱刀・服装の自由がみとめられ、同月二三日には華族から平民にいたるまで相互に結婚がゆるされた。

散髪・脱刀等の許可令というのは、井上勲氏によれば、「一切の身分象徴からの解放令」

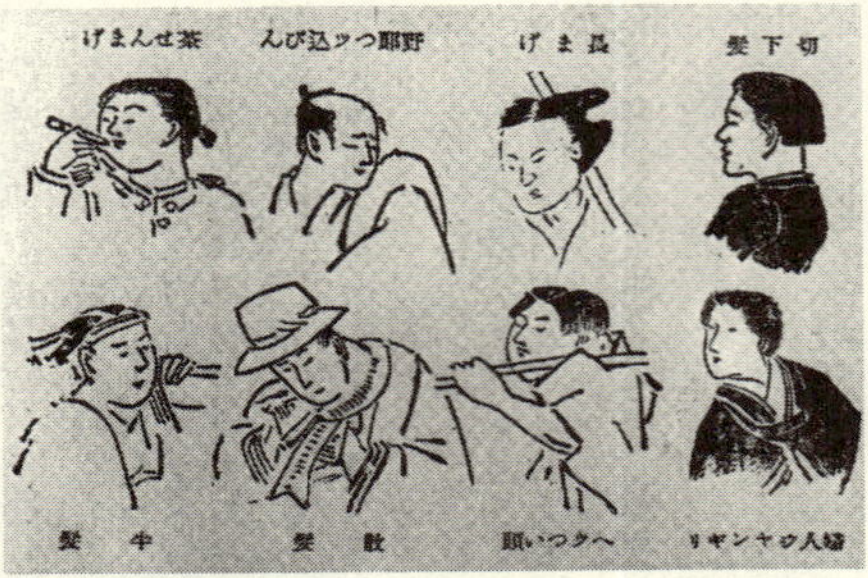

新旧頭髪のいろいろ　旧型のまげにも各種あり，断髪の仕方も一様ではない。中間の総髪はここにはない。

ともいうべき画期的な意味をもっていた。身分制社会においては、髪型も服装も帯刀《たいとう》もすべて身分をしめす象徴であり、脱刀は士族の身分象徴の放棄にほかならなかった。

明治四年五月の『新聞雑誌』第二号は、当時の俗歌としてつぎの三首をあげている。

半髪頭《はんぱつあたま》をたゝいて見れば因循姑息《いんじゅんこそく》の音がする
総髪頭《そうはつあたま》をたゝいて見れば王政復古の音がする
ジャンギリ頭をたゝいて見れば文明開化の音がする

半髪頭とは、幕末に流行した丁髷頭《ちょんまげあたま》の一種で、武士と庶民《しょみん》とでは型がはっきりと異なっていた。俗歌のなかには、半髪頭ではなく丁髷頭と歌うものもある。丁髷はまさに伝統的な身分象徴であるといえよう。総髪頭は、もともと医者や儒者《じゅしゃ》などの髪型で、坂本竜馬《さかもとりょうま》ら幕末の浪士《ろうし》たちが好んだ髪型のため、過渡的な王政復古型とみたのであろう。

これらにたいし、散切頭《ざんぎりあたま》というのは、髪を束ねずに短く切って散らしたままにしたものをさし、明治六年ごろからは左右に分け、いまの形に近くなった。丁髷から散切への転換は、海外渡航者・洋式軍隊兵卒《へいそつ》からはじまり、東京・横浜からみるみるうちに全国へ普及したが、そこでは地方官による強制をふくんださまざまな奨励がおこなわれた。愛知県では、邏《ら》卒《そつ》（巡査）が往来で半髪の者を発見しだい髪を切らせたため、六年中に丁髷姿はほとんど消滅したと報ぜられている。このことは、四民平等なるものが、政府の必要によって上からおしつけられた性格のものであることをよくしめしている。

その点は、散髪許可令が女性をまったく念頭においていなかったことにもしめされている。結婚した女性が眉《まゆ》をそり、歯を黒く染める習慣は維新後、急速にすたれたが、散髪した女性が出現したときに、当時の報道はそれを非難した。そして、五年四月五日の東京府布告は女子の散髪を禁止し、同年一一月八日に政府が定めた違《い》式詿違《しきかいい》条例（今日の軽犯罪法）は、婦人の断髪を罰金付きで禁じたのである。文明開化は、なによりも男性のためのものであり、女性の解放はあまり問題とされなかった。

女性の解放という点では、あとでのべる学制が、初等教育については男女平等の建前だったことが注目されよう。また、岩倉使節団に随行した官費留学生のなかに五名の女子がいたことも、文

1回かぎりの官費女子留学生　左から津田梅子，山川捨松（出発時12歳）と永井繁子（同9歳）。

明開化の時代風潮をしめすものであった。最年少の津田梅子《つだうめこ》はわずか八歳であったが、アメリカ合衆国東部のジョージタウンで勉学にはげみ、明治一五年の帰国後は女子高等教育に力を注ぎ、やがて女子英学塾（現在の津田塾大学）を創立することになる。だが、女子留学生の官費派遣はこのとき一回かぎりであり、まったくの例外措置《そち》にすぎなかった。

四民平等のポイントは、武士身分の解体であったが、それは平民の人権意識の高揚によるものではなく、幕末に進行した鉄砲中心の軍事改革が、武士層内部の身分格式を打破し、さらに武士身分そのものの存立基盤を掘りくずした結果であった。欧米の近代軍隊に対抗するためには、古い軍役《ぐんやく》基準により荷物運びの雑兵《ぞうひょう》までそれぞれひきつれた武士軍隊を解体し、全員が平等に鉄砲をもつ軍隊をつくらねばならない。幕末から急ピッチですすんだこうした軍事改革という国家的必要こそが、上からの四民平等政策を打ちだした背景だったのである。

部落解放令の発布

身分制度撤廃をおしすすめたこのような事情が、明治四年（一八七一）八月二八日の部落解放令のあり方をも規定した。廃藩置県《はいはんちけん》直後の一連の解放令の末尾にだされた部落解放令は、「えた・非人」の称を廃し、身分・職業とも平民同様とする、という、それ自体としては画期的な法令であった。

幕末の動乱にさいして、部落民の解放への期待は高まったが、その期待は幕府や諸藩により部落民の軍事動員というかたちで利用された。長州藩諸隊のなかには、維新団《いしんだん》や屠《と》勇隊《ゆうたい》など部落民からなる軍隊があった。かれらは第二次征長《せいちょう》の役《えき》にさいし芸州口《げいしゅうぐち》で奮戦したが、戦いが終わるとそれらは解散させられ、同藩での部落解放はなんら実現していない。むしろ注目されるのは、幕府が慶応《けいおう》四年（一八六八）一月一三日に、江戸在住のえた頭《がしら》弾左衛門を長州再征時の協力のゆえに平民身分にひきあげ、二月五日にはその直接の手下の者六五人についても賤称《せんしょう》廃止をみとめたことであろう。

　維新政権発足後、明治二年四月の公議所において部落解放の論議がなされ、圧倒的多数で可決された。席上、会計官権判事《ごんのはんじ》加藤弘之《とうひろゆき》は、部落差別は「天理」にそむくこと、幕府ですら着手した解放を新政府が実行できないはずはないと主張している。民部省《みんぶしょう》内部でも議論がはじまり、とくに大江《おおえ》卓《たく》が四年一月と三月に提出した解放建議は、たんなる賤称廃止にとどまらず、部落民のための勧業政策もふくむすぐれたものであった。

　四年八月の解放令は、そうした動きと無関係ではないが、むしろ四民平等政策のいわば仕上げとして打ちだされた性格が強いといえよう。そこには、大江建議にみられたような、国民の身分意識や職業観念の変革をいかにおこなうかという配慮はまったくみられず、一方的な理念の宣告がなされるにとどまった。

　当時は、四民平等がとなえられながらも、華士族はまだ刀を帯び、家《か》禄《ろく》を給付される特権を有して、平民はその一段下に位置づけられていた。部落民の解放、平民籍への編入が、当初、平民からのはげしい反発をまねいた一因は、身分制度全体の撤廃の不徹底さにあったといわねばなるまい。

明治四年の部落解放令が実質的な解放への意義をもちうるようになるためには、部落解放運動の側が、これを闘いの武器の一つとして活用しうるまでに成長することが必要であった。そうした事例は、明治四年九月の奈良県での祭礼参加要求や、五年六月の滋賀県での氏《うじ》子《こ》加入要求、あるいは、八年の群馬県での氏子加入をもとめる訴訟や、九年八月の長野県での県権令への部落民の子供の就学要求などにはじまり、自由民権運動の高揚とともに数を増していくのである。

暦と時計

封建的、身分的束縛が徐々にではあれ消滅するのにともない、西洋近代の文明が奔流のように日本社会へ流れこんできた。明治五年一一月九日の太政官達《だじょうかんたつし》による太陽暦と定時法の採用もその一つで、国民の日常生活のリズムを大きく変化させていった。

太陽暦の採用は、諸外国との外交・通商がさかんになったため、旧来の太陰暦《たいいんれき》では不便きわまりないというのが理由であり、旧暦の明治五年一二月三日が新暦の六年一月一日とされた。一二月がたったの二日しかなかったわけで、月給取りの政府役人らにたいしては、同月分の給料は支払われなかった。

太陽暦の採用宣言の直後の一一月一五日には、神武《じんむ》天皇紀元が制定され、旧暦の元日にあたる一月二九日を同天皇即位日としてまつるとの布告がだされた。開化とワンセットになった復古調の動きである。『日本書紀』に神武《じんむ》天皇即位日が辛酉《しんゆう》年正月元日と記されているのを、西暦紀元前六六〇年と比定し、明治三年を二五三〇年と計算した左院《さいん》制度局少史《しょうし》横山由清の意見が採用されたのであるが、神武天皇即位は架空の事柄にすぎず、国威発揚のための政治的計算であった。

また、旧暦の元日は太陽暦では年により変化するので、翌六年に、即位当時の太陽暦への換算を試みた結果と称して二月一一日に固定し、紀元節《きげんせつ》とよぶことが定められた。これも当時の学問水準からして根拠のある換算ではない。また、いかに綿密に計算したとしても、依拠した『日本書紀』の記述がフィクションにすぎない以上、とうてい史実とはいうことはできない。それにもかかわらず、紀元節は明治天皇生誕の天長節《てんちょうせつ》（一一月三日）とならんで、いちはやく祝日として指定された。

太陽暦の採用当時の官庁の休日は、毎月一六《いちろく》の日（つまり六回）と定められていた。もっともなかには、大阪の兵学寮その他のように、お雇《やと》い外国人教師との関係上、日曜休日をすでに実施しているところも若干あった。官立学校全部が日曜休日制となったのは、明治七年三月の文部省通達によってであり、官庁全体に普及したのは九年四月からのことである。

定時法の採用も人びとの日常生活に大きな影響をあたえた。江戸時代の時法は、昼と夜をそれぞれ六等分するもので、季節によって、昼と夜の一時《とき》の長さが変化する不定時法であった。西洋から輸入した機械時計を改造・模倣して、不定時法の時を刻む和時計をつくり、各城下町や農村では時刻を告げる城鐘や寺院時鐘《じしょう》の音《ね》が鳴りひびいていた。日の出から日没まではたらく農耕中心の社会は、それで十分だったといえよう。

一日を二四等分した定時法は、明治にはいってから官庁でつかわれはじめる。慶応四年七月の京都兵学校規則に「八字《じ》ヨリ十字迄《まで》練兵、十字ヨリ二十分時之間休息、十字二十分時ヨリ十二字迄兵学」とある「字」がそれである。明治五年五月にできた最初の鉄道時刻表にも、上《のぼ》り始発は横浜午前八字発車とあり、旧来の不定時法の「時《とき》」と区別していた。それが、明治六年からは、何時と書けば、定時法の時刻をさすように一変したのである。その結果、和時計は廃物となり、物好きの小道具にすぎなかった洋時計が実用品へと転化し、明治六年に激増した。

もっとも、当時は輸入の掛時計・置時計が平均二円台、懐中時計《かいちゆう》は八円前後の価格であったから、日当四〇銭の大工や左官には、時計は簡単には手がだせない贅沢品《ぜいたくひん》だった。東京では四年九月から千代田城本丸跡で正午に大砲が発射されており、人びとはその「ドン」に時計の針を合わせたという。

銀座煉瓦街

文明開化を空間的にもっとも凝縮したかたちでしめすものとして、よく指摘されるのが東京銀座《ぎんざ》の煉瓦街《れんががい》である。明治五年（一八七二）二月の大火を機会に、政府は東京を不燃都市へ改造する計画をたて、手はじめに京橋《きようばし》から新橋《しんばし》にいたる、のちの銀座八丁の大通りに煉瓦造りの建物が立ち並ぶ街を建設した。一五間《けん》（二七メートル）幅のひろい街路の両側にある

「東京名所之内銀座通煉瓦造鉄道馬車往復図」　明治15年当時の銀座煉瓦街。この年，新橋—日本橋間に開通した鉄道馬車は利用者が合図すれば乗降自在であった。三代広重画。

煉瓦舗装《ほそう》の歩道脇には松・桜・楓《かえで》などが植えられ、ロンドンとパリをまねたしゃれた街並みが七年正月にはいちおうできあがった。

洋装の紳士が婦人と腕を組み、馬車や人力車の走る街頭を散歩する風景は、三代広重《ひろしげ》らのえがくいろどり鮮やかな錦絵をつうじて、全国につたえられた。七年一二月にともったガス灯は、銀座の夜景をいっそう華やかなものにかえることになる。銀座にはその後、数多くの新聞社や出版社が社屋を構えるようになり、ジャーナリストたちは、文明開化を代表する新名所として銀座煉瓦街を大げさに賛美した。

だが、ガス灯の光に照らされた銀座煉瓦街をすこしはなれると、そこには無人のままに放置された武家屋敷がひろがっており、得意先の武士層を失った商工業者も苦境にあえいでいた。幕末に一三〇万といわれた江戸の人口は、明治五年にはその三分の二に激減した。

銀座煉瓦街自体も、小木新造氏の指摘によれば、住民にとってけっして住みよい所ではなく、ドアで仕切られた商店は客足を遠ざけた。人びとは木造の下屋《げや》を建て増して住み、それが禁止されると空家が増加した。政府への建築費返済も容易でなく、先祖伝来の地を立ち退かざるをえない住民も多かったという。

銀座煉瓦街は、良い意味でも悪い意味でも、当時の文明開化のありかたを象徴するものであったといってよい。そこには、西洋物質文明をどん欲なまでに吸収しようという、当時のアジア社会では希有の積極的姿勢がみられたが、政府主導型のこうした動きは国民に多くの犠牲を強《し》いるものであった。東京の一角に光りかがやく文明開化のシンボルを創出しようとする試みの背後には、その動きにとりのこされた広大な暗黒の空間がひろがっていただけでなく、光のシンボルの創出自体が、住民追い出しといったあらたな影の部分をつくりだしつつあったのである。

開化のイデオロギー

しかし、それ以上に問題となるのは、文明開化の精神的側面であろう。福沢諭吉《ふくざわゆきち》が『学問のすゝめ』第五編（明治七年一月出版）において、「今日本の有様を見るに、文明の形は進むに似たれども、文明の精神たる人民の気力は日に退歩に赴《おもむ》けり」と、慨嘆《がいたん》したように、最先端の西洋文明を次々と導入する独走気味の政府に、民衆は圧倒されそうな様相が確かにみられた。

明六社《めいろくしゃ》に結集した西周《にしあまね》・中村正直《なかむらまさなお》・加藤弘之・福沢諭吉ら啓蒙《けいもう》主義者は、そうした政府と民衆のあいだのギャップを埋めるべき啓蒙活動を精力的におこなった。そして、福沢のあの「天は人の上に人を造らず、人の下に人を造らずと言えり」にはじまる『学問のすゝめ』全一七編などは、各編ごとの小冊子が二〇万部も売れるというおどろくべきベストセラーとなり、国民の意識を大きく変革した。

もっとも、啓蒙の成果は経済と政治とでは、かなりちがっていた。経済の世界では、たとえば群馬県碓氷《うすい》郡の養蚕《ようさん》製糸農民を結集して組合製糸碓氷社を創設した豪農萩原鐐太郎《はぎわらりょうたろう》のように、『学問のすゝめ』にふかく感動して熱心な福沢ファンになった人びとが、民間産業発展のリーダーとしてさまざまな活躍をこのころ開始した。

福沢諭吉（1835～1901）　中津藩下級武士の出身。洋学を修め幕末に3回も欧米旅行。慶應義塾を創立。明治3年撮影。

そうした動きは、岩倉使節団がイギリスその他で出会った強力な民間ブルジョアジーの卵が日本でも育ちつつあることをしめすものであった。後述する内務省設立後の勧業政策――官業中心から民力重視への転換――は、豪農商らの経済人としての覚醒を基盤としてすすめられるのであり、啓蒙家らの意図は、みごとにその目的を達していくことになる。巨大な官営事業中心の段階をぬけだせない隣りの中国とは対照的に、日本は民間の活力が発揮される産業革命へのコースをともかくも歩みはじめる前提が、こうしてつくりだされていった。

もともと幕藩制の成立以来、現世的利害が至上視される徹底的に世俗化された社会となった日本では、経済活動の活性化のためには、西欧のような宗教改革はかならずしも必要ではなく、自由な経済活動を抑圧する政治体制の変革と、豪農商らの経済人としての覚醒があれば足りた。そのかぎりで、啓蒙主義者は十分にその役割を果たしたのである。

これにたいして政治の世界では、事態は福沢らの予測と異なった方向へすすんだ。啓蒙家は、民衆の政治的主体性を喚起しながらも、実際にはかれらを愚民視する態度がぬけきらず、また、形成されつつある近代天皇制国家への批判を、ほとんどもちあわせていなかった。したがって、七年一月の民撰《みんせん》議院設立建白《けんぱく》を契機に、自由民権運動が台頭しはじめると、思いもかけぬ政治的主体の登場により衝撃をうけたかれらは、時期尚早論をとなえてこれに反発した。

さらに、八年六月に、政府が讒謗律《ざんぼうりつ》・新聞紙条例を公布して言論弾圧の姿勢をあらわにするや、政府との対立をおそれて機関誌『明六《めいろく》雑誌』を廃刊とした。それはかれらの権力論の甘さをしめすものであった。こうして、啓蒙思想は、その教え子ともいうべき自由民権思想によるきびしい批判にさらされ、担い手たちの転向とあいまって、はやばやと政治の世界では姿を消すこととなるのである。

3　留守政府内の政策対立

金本位へ向けて

岩倉《いわくら》使節の帰国より一足はやく、随行《ずいこう》していた大久保利通と木戸孝允がよびもどされた理由は、すでにのべた対外緊張の激化とともに、留守政府内の大蔵省と諸省の対立がぬきさしならぬところへいたったことであった。大蔵大輔《たゆう》として留守政府財政の総責任者であった井上馨と、同省三等出仕《しゅっし》として井上の右腕となって活躍した渋沢栄一《しぶさわえいいち》は、諸省との対立激化の末、大久保・木戸が帰国する直前の明治六年（一八七三）五月一四日、ついに辞職した。

この辞職は、財政収支バランスを重視する均衡財政論者井上が、「開化」政策を推進する文部・司法・工部・陸軍各省の莫大《ばくだい》な支出要求に抗議しておこなった、と従来説明されてきたが、それだけでは政策対立の深刻さを理解したことにはならない。財政面と密接にむすびついた幣制《へいせい》面の問題——一言でいえば金本位制《きんほんいせい》をどう確立するか——が、対立の根底に存在していたからである。

明治四年二月一五日、右大臣《うだいじん》三条実美以下政府高官や各国公使らが多数列席して、大阪の造幣寮開業式が盛大におこなわれた。大阪城内と天保山《てんぽうざん》

井上馨（1835〜1915）旧名聞多。長州出身で伊藤博文の親友。三井家と縁が深い。

沖の軍艦からの祝砲が鳴りひびき、にぎやかな花火が打ち上げられるなかで、祝宴が開かれ、造幣寮首長キンドルや各国公使が祝辞をのべた。このの ち大阪造幣寮は、貨幣鋳造《ちゅうぞう》に必要な硫酸《りゅうさん》・コークス等の製造もおこない、西洋技術移植の一大センターとなっていく。

同年五月一〇日公布の新貨条例は、純金一・五グラムを一円とし、従来の一両と等価とすることを定め、造幣寮で本位金貨の鋳造が開始された。実際には、たとえば慶長小判《けいちょうこばん》一両が一〇円六銭、天保《てんぽう》小判一両が四円三六銭で取引きされたが、当時もっとも多く流通していた万延《まんえん》二分判(九〇ページ参照)二個(=一両)の素材価値は新金貨一円のそれにほぼひとしかったので、両の円への変更はスムーズにおこなわれた。

国内的には金銀複本位を脱して金本位へとすすみつつあった幕末日本の状況からみて、金本位の採用はそれなりの必然性をもっていたのである。

もっとも、当時の東アジアでの貿易通貨はメキシコドルという銀貨であったから、政府は当初、キンドルらの進言によって銀本位案を考えていた。それが、アメリカに出張中の大蔵少輔《しょうゆう》伊藤博文の意見書により、欧米先進国の動向にそう金本位案にかわったのである。そのさい、開港場においては、貿易の便宜上、洋銀一ドルと同位同量の補助貨幣一円銀貨の無制限通用をみとめたから、事実上は金銀複本位制がとられたといってよい。

さらに、この本位制は大量の不換《ふかん》紙幣が存在するかぎり、きわめて不十分なものであった。政府は金札《きんさつ》=太政官札《だじょうかんさつ》をやがて正貨兌換《だかん》とする公約をしており、明治四年一〇月発行の最初の円単位紙幣である大蔵省兌換証券六八〇万円や、翌五年一月発行の開拓使《かいたくし》兌換証券二五〇万円は、いずれもその名のしめすように金貨兌換券で、「為換座《かわせざ》」三井組《みついぐみ》が発行・兌換を担当した。

この兌換方針は、太政官札や藩札《はんさつ》などがそれらの整理統一のために五年四月から発行された新紙幣とよばれる不換紙幣と交換される過程でしだいに後退していき、九年四月には大蔵省・開拓使の両兌換証券も新紙幣と交換されてしまうが、だからといって政府が兌換へむけての方針まですてさったわけではない。

とくに井上馨は、渋沢栄一がのちに「(井上大蔵大輔は) 紙幣は兌換法にせにやいかぬと云《い》ふだけは、余程強く頭に入れてござつた。だから正貨を積むと云ふ事を常に仰《おつ》しやられて、私はその時分には、そんなに喧《やか》ましく言はんでも宜《よろし》いと思つた位《くらい》である」とのべたほど、政府紙幣の兌換準備正貨の積み立てに力を注いだ。五年六月に井上は準備金規則を定め、ためこんだ一一三三万円の資金をその基金とし、増殖をはかることとした。あとでのべる司法卿江藤新平《えとうしんぺい》との対立は、その取り崩しの可否をめぐって爆発する。

五年一一月の国立銀行条例の制定も、金札引換《ひきかえ》公債を発行し、それを抵当に兌換銀行券を発行させることにより、不換の金札→金札引換公債→兌換銀行券という順序で、政府の借金証書といえる不換の政府紙幣をひきあげることが狙いであった。この構想は、おりから世界的な銀価下落がはじまったために、事実上の金銀複本位国日本から続々と金貨が流出し、発行された銀行券もただちに金貨兌換を請求されて流通できなかったため失敗するが、井上の兌換制樹立への努力の一環であったことは確かであろう。

このような金本位制＝兌換制をめざす井上の姿勢を考えると、井上財政は、たんなる均衡財政の域をこえ、紙幣兌換用の正貨の積み立てにあてる黒字を捻出する、超均衡財政的なものであったことになり、それだけに諸省の要求への対応の幅はきわめてきびしく限定されざるをえなかったのである。

家禄処分案の挫折

もちろん、井上も諸省が推進する近代化政策の重要性は十分にわかっていた。それゆえ大蔵省では、毎年の支出の三分の一（約一八〇〇万円）を占める華士族への家禄《かろく》支給を整理、削減する計画を急いで作成して、近代化政策の財源創出をはかろうとした。

明治五年（一八七二）二月決定の家禄処分案がそれであるが、現家禄の三分の一を削減し、のこりを六年間だけ支給して打ち切るという井上の計画は、九年の金禄公債《きんろくこうさい》による処分（三六九ページ参照）よりもかなり過酷《かこく》なものである。留守政府はこの案をきめると同時に、大蔵少輔《しょうゆう》吉田清成《よしだきよなり》を家禄処分費その他にあてる外債三〇〇〇万円募集のために渡米させた。

だが、この処分案は、アメリカで大使岩倉具視や副使木戸孝允から、華士族の生計への配慮を欠くとして反対をうけただけでなく、駐米中弁務使森有礼の猛反対にあった。世襲されてきた家禄を華士族の私有財産と信じてうたがわない森は、吉田をはげしく非難し、反対の意見書を英文で公表するなど、弁務使の職分を忘れて暴走した。廃刀令《はいとうれい》をとなえたかと思うと、家禄維持に汲々とする森の分裂した精神構造は、それ自体興味ある問題であるが、吉田はアメリカでの募債をあきらめてイギリスへ渡る。

そして、留守政府内でも井上案への批判が強まり、当初計画は使節団帰国後に再検討されることとなった。おそらく、島津《しまづ》久光《ひさみつ》を筆頭とする旧領主階級からの圧力が、西郷隆盛あたりを介して井上にくわわったのであろう。五年八月には、吉田にたいして、計画変更にともない募債は一〇〇〇万円見当でよいとの新委任状がおくられた。吉田はイギリスでオリエンタル銀行の手をへて、六年一月、七分利付英貨公債二四〇万ポンド（一一七一万円余）の発行に成功する。

財源ぬきの学制

政府が家禄処分の延期を定めた明治五年（一八七二）八月に発布された学制は、「自今以後一般の人民華士族農工商及婦女子必ず邑《ゆう》に不学の戸なく、家に不学の人なからしめん事を期す」という格調高い理念をかかげつつも、そのための財源をほとんど用意せず、民衆にあたらしく負担をおしつけるかたちで出発せねばならなかった。大木《おおき》喬任《たかとう》文部卿の六年度予算請求二〇〇万円は井上馨によって一三〇万円に削られるが、その請求の多くは高等教育関係のもので

森有礼（1847〜89）
薩摩藩士で幕末に英米に留学。外交・教育両分野で活躍した。

教室風景　寺子屋以来「読み書きそろばん」が初等教育の基本。明治中期。モース・コレクションより。

あり、初等教育の経費はもともと受益者負担を原則としていたのである。

民衆にとっては、児童は生計をささえる大事な労働力であり、教育費を負担してまで就学させることは大きな苦痛であった。出席率を考慮した推定実質就学率が、六年の二三パーセントから九年の二九パーセントに上昇したあと伸びなやむのは、学制が富国強兵《ふこくきょうへい》をささえるすぐれた労働力と兵士をつくりだすという政策上の必要から設定された結果にほかならない。

この就学率は、幕末の推定就学率と大差ないもので、当時の世界ではトップクラスの高さだったといってよい。小学校教育をささえたのは、幕末以来、広範な普及をみせていた寺子屋《てらこや》・私塾の活動であり、二万をこえる小学校の大半は、寺子屋を合併、改造したものであった。

寺子屋から変化したのは教育内容と教育方法である。初期には福沢諭吉の『学問のすゝめ』や翻訳書などが自由に教科書として採択され、机と椅子《いす》、黒板や掛図をもちいた一斉教授法が普及していった。小学校の校舎にも個性的なものがみられた。現存する長野県松本市の開智《かいち》学校校舎は、地元の棟梁《とうりょう》立石清重《たていしせいじゅう》が東京の洋風建築をモデルに設計・施工した二階建の擬洋風建築である。静岡県磐田《いわた》市の見付《みつけ》学校校舎は、名古屋の宮大工伊藤平左衛門《いとうへいざえもん》の設計・施工になる三階建の建物である。

民間の大工棟梁が伝統技術をもちい、洋式スタイルを模倣して建てた大規模な小学校校舎が、草深い農村各地に忽然とあらわれた状況は、政府の強制だけで説明できるものではなく、民衆の解放されたエネルギーの発露としても見るべきであろう。

徴兵令の制定

薩長土三藩兵八〇〇〇からなる親兵《しんぺい》を背後に断行された廃藩置県は、諸藩軍隊を解体し、明治四年八月には、東京・大阪・鎮西《ちんぜい》（熊本）・東北（仙台）に四鎮台《ちんだい》がおかれた。旧藩兵中約八〇〇〇が鎮台兵に編成され、中央政府の指揮下におかれた。親兵も翌五年三月に近衛《このえ》兵《へい》と改称され、以後、近衛兵は天皇直属の職業軍隊として鎮台兵から選抜され、陸軍省は同年七月に、旧親兵を翌六年三月かぎりで除隊することとした。

陸軍大輔山県有朋《たゆうやまがたありとも》が中心となって仏独式の徴兵令《ちょうへいれい》制定の準備をすすめた結果、五年一一月二八日に徴兵の詔書《しょうしょ》と太政官告諭《だじょうかんこくゆ》がだされ、その半月後の翌六年一月一〇日に徴兵令が発布された。これは、鎮台兵を志願する者が少なく、その行く末が案ぜられたためであった。

本来、同時にだされるべき詔書・告諭と徴兵令が、半月のズレをもって発せられた裏には、陸軍省原案が左院《さいん》・正院《せいいん》により大幅に変更されるという事実があった。藤村道生氏の論文「徴兵令の成立」（『歴史学研究』四二八号）によれば、陸軍省原案は、士農工商の四民に服役のこまかい差異を設けることにより、士族中心の徴兵軍隊をつくりだそうとするものであったが、後藤象二郎が議長をつとめる左院において四民平等論からする批判をうけ、大修正を余儀なくされたという。

その結果、原案では主として農工商むけに規定されていた免除条項（代人料二七〇円を納入した者、一家の主人とその後継者など）が全体に適用されることとなり、士族軍隊とはまったく異質な貧農の二、三男中心の軍隊を生みだすこととなった。山県が原案の大修正をうけいれてまでも徴兵令制定をいそいだのは、旧親兵の除隊期限を目前にしていたためであった。

広範な免除条項により、政府は鎮台兵不足に悩まねばならなかった。いくらかの金を払って養子縁組をおこなう徴兵逃れが流行し、徴兵養子とか兵隊養子とよばれた。戸籍《こせき》制度の不備を利用し、満二〇歳の徴兵年齢に達したときにわざと生年の訂正をし、満二一歳に変更して徴兵をまぬがれる脱法行為もしばしばみられた。

徴兵令そのものに反対する一揆も続発した。徴兵告諭が徴兵を「血税《けつぜい》」とよんだことから、血税一揆とよばれるこの一揆は、西日本を中心に十数件おこる。なかでも六年五月の北《ほう》条《じょう》県（岡山県美作《みまさか》地方）血税一揆は、県庁への強訴《ごうそ》の過程で旧大庄屋《おおじょうや》格の戸長《こちょう》層・被差別部落・小学校などを次々と襲撃し、参加者中で処刑された者が死刑一五名をふくめ二万六九〇六名にのぼるという大規模なものであった。蜂起をよびかけたのは旧組頭《くみがしら》格の中農層で、徴兵令・学制・部落解放令など新政全般への不安と不信が一揆の動機であった。

このように、徴兵令は政府内部でも、政府と民衆とのあいだでも、はげしい対立をうんだが、陸軍省と大蔵省の対立にはいたらなかった。井上が山県の六年度予算要求一〇〇〇万円の八割をみとめるという比較的寛大な態度をしめしていたためである。

司法省対大蔵省

これとは逆に、大蔵省との対立がもっともはげしかったのは、江藤新平司法卿のひきいる司法省であった。明治四年七月に設置された司法省の権限は弱く、東京府以外の府県では大蔵省監督下の地方官が民事裁判をおこなっていた。旧幕時代の代官とおなじである。五年四月に司法卿となった江藤は、全国の裁判権を司法省のもとに統一しようと試み、各地に裁判所を設置しようとした。そのことは、地方官を管轄する大蔵省とのあいだの権限争いを誘発せざるをえない。司法省からの六年度予算請求約九六万円にたいし、井上馨がわずか四五万円しかみとめようとしなかった背後には、こうした権限争いがあったのである。江藤は準備金を取り崩せとせまったが、井上は拒絶した。

そこで六年一月二四日、江藤は大蔵省の予算大削減に抗議して辞表を提出する。おどろいた三条実美太政大臣は辞表を却下するとともに、正院による予算の再検討をはじめた。四月一九日には、三条・西郷隆盛・板垣退助・大隈重信の四人からなる正院に、後藤象二郎・江藤新平・大木喬任が新参議《さんぎ》としてくわえられた。そのうえ、五月二日には太政官職制を変更して、正院に立法・予算編成の全権を集中したのである。こうなると参議でない井上は手も足もでない。翌三日、井上大蔵大輔《たゆう》と三等出仕《しゅつし》渋沢栄一は辞表を提出し、一四日付で免官となった。

江藤司法卿の職をかけた強行策が成功して、このあと裁判権の地方官から司法省への集中がすすんだ。しかし、地方官の権限はなお実質的には強かったため、江藤は行政庁に関する人民の訴訟の道を開き、地方官の恣《し》意をおさえようとした。小野組《おのぐみ》（三三八ページ参照）が本籍を京都から東京へうつそうとして長州出身の槇村正直《まきむらまさなお》京都府大参事に阻止され、六年五月、京都裁判所へ訴えて要求をつらぬいた、いわゆる小野組転籍事件はこうしておこった。

江藤司法卿はさらに、長州閥の有力者井上馨と山県有朋を汚職容疑で追いつめた。すなわち、旧南部藩御用商人鍵屋茂兵衛《かぎやもへえ》から没収した尾去沢《おさりざわ》銅山を、腹心の政商岡田平蔵へ払い下げた事件で、前大蔵大輔井上馨を拘留しようとし、また、陸軍省公金約六五万円を私消《ししょう》したあげく五年一一月、自殺した元奇兵隊士《きへいたいし》の同省御用商人山城屋和助との癒着容疑で、陸軍大輔山県有朋を追及したため、政府内の長州閥の反発をまねいていった。

なお、井上と渋沢が免官となる直前の五月一二日の地方官会同《かいどう》は、会議主宰者であった井上の辞表提出にもかかわらず、地租改正方法草案を決議し、正院へ提出するが、地租改正については、その実施過程とあわせて次章でふれることにしよう。

4　明治六年政変の実像

西郷隆盛の真意

明治六年（一八七三）八月一七日の正院は、参議西郷隆盛を隣国朝鮮へ使節として派遣することを決定した。帰国していた大久保利通は、参議でないから正院の会議には出席しておらず、木戸孝允は参議であるが病気と称して欠席した。したがって、これは留守政府の参議たちによる決定である。

三条実美太政大臣は、箱根宮の下に避暑中の明治天皇に上奏したところ、天皇は了承したが、岩倉具視大使の帰朝をまって熟議のうえ、さらに奏聞すべしとつけくわえたという。おそらく、事の重大さに鑑《かんが》み、三条自身がそのように工作したのであろう。

西郷がみずから使節をかってでた真意をめぐっては、従来からさまざまな推測がなされており、近年では毛利敏彦氏が、西郷はけっして「征韓《せいかん》」即行論者ではなく、その真意は、むしろ平和的交渉をつうじて朝鮮国との修交を期すことにこそあったと主張している。西郷が即時派兵論をおさえて使節派遣論を説いたことは事実である。しかし、明治天皇を中国皇帝なみに朝鮮国王の上位におく威圧的態度への朝鮮側の抵抗を「無礼」とみる態度を、西郷も他の参議と共有していたかぎり、西郷もまた「征韓」論にたっていたことは否定しがたいといわねばなるまい。

そうした姿勢で交渉にのぞもうとするならば、そこに平和的な交渉妥結の余地がありえないことも当然であった。とくに、朝鮮では一八七三年（明治六）一一月二四日に王妃閔《びん》氏一族が政権をにぎるまで、大院君政権が対外強硬策を堅持していたから、丸腰の使節西郷がでかけてもとりつくしまはなかったはずである。現地のきびしい情勢は探索方をつうじて留守政府も知っていたから、西郷が殺される覚悟をかためていたというのは、けっして単なるポーズではなかったのである。客観情勢は、毛利氏の想定とは逆に、使節派遣を契機とする開戦の危険を十分にはらんでいた。

西郷がそうした危険を知りつつ、あえて使節派遣に固執したのは、よく指摘されているように、留守政府の急激な「開化」政策にたいする士族層の反発を外にそらすためだったのであろう。

大久保利通の立場

これにたいして、帰国した大久保利通は、なにを考えて西郷遣韓《けんかん》に反対したのであろうか。大久保が「征韓」そのものに反対でなかったことは事実であるが、だからといって、留守政府の中心人物にのしあがった江藤新平への反感から、使節派遣反対の立場をとったとする毛利説が正しいとは思えない。

留守政府内における司法卿江藤の活躍ぶりはたしかにめざましいものがあったが、長州閥のメンバーはともかく、薩摩出身の大久保がどうしてもたおさねばならぬと思いつめるほど大きな敵対的地位を占めていたとは、とうてい考えられないからである。

大久保が親友の西郷ときびしく対決したのは、やはり使節派遣が開戦に直結するという判断をもっていたためだと、すなおに理解すべきであろう。後述する明治八年九月の江華島《こうかとう》事

「征韓論之図」　向かって左側に大久保・岩倉ら，右側に西郷・板垣・江藤らがいる。正院での論争の錦絵だが，参議以外の人々も描かれている。楊洲斎周延画。

件（三〇六ページ参照）などにみられる強硬策は、朝鮮側の対外政策の転換を察知したうえでとられたものであり、六年一〇月段階での慎重策と矛盾するものではない。

一〇月一四日の正院には、その直前に参議となった大久保が出席し、使節派遣は開戦に直結するが、戦争に耐える国力がないことを指摘して、派遣延期をとなえた。しかし、西郷は自説を主張してゆずらず、翌一五日の会議は西郷派遣をあらためて確認した。

正院で敗れた大久保は三条太政大臣に参議辞任を申し出、岩倉も辞意を表明した。政府の完全分裂という未曾有の危機に直面して、三条は精神錯乱におちいり卒倒する。そして、大久保の宮中工作が効を奏して太政大臣代理に任命された岩倉は、二三日に正院決定を上奏するさい、自己の反対論をあわせ上奏し、翌二四日、天皇は岩倉の意見どおりにせよ、との勅書《ちょくしょ》をさずけた。正院決定を天皇の権威をもちいてひっくりかえすという大久保・岩倉の逆転工作が、みごとに成功したのである。

こうして、西郷・板垣・後藤・江藤・副島《そえじま》の五参議が辞職し、かわってあらたに伊藤博文・寺島宗則《てらしまむねのり》・勝海舟《かつかいしゅう》が参議に任ぜられた。明治六年の政変は、最終的には大久保ら使節団メンバーによる留守政府首脳の追放というかたちで終わったのである。

第八章　大久保内務卿の独裁

1　大久保独裁と士族の反発

新政府の陣容

明治六年（一八七三）一〇月の政変により、西郷隆盛《さいごうたかもり》ら五参議《さんぎ》が「病気」と称して辞職したあと、岩倉具視《いわくらともみ》右大臣《うだいじん》は大久保利通《おおくぼとしみち》参議と相談のうえ、伊藤博文《いとうひろぶみ》・寺島宗則《てらしまむねのり》・勝海舟《かつかいしゅう》（安芳《あわ》）の三名を参議にした。木戸孝允《きどたかよし》・大隈重信《おおくましげのぶ》・大木喬任《おおきたかとう》とあわせて参議七名、薩《さつ》・長《ちょう》・肥《ひ》各二、幕臣《ばくしん》一という陣容である。

各参議はいずれも各省の卿《きょう》（長官）を兼ねることとなり、大隈大蔵卿、大木司法卿、伊藤工部卿、勝海軍卿、寺島外務卿がそれぞれ参議兼務で任命された。一一月には大久保が新設の内務卿になり、協力をしぶっていた木戸も七年一月、文部卿に就任した。山県有朋《やまがたありとも》陸軍卿だけが七年八月まで参議にならなかったのは、おそらく、汚職の嫌疑濃厚の山県にたいする薩摩《さつま》・土佐《とさ》出身の近衛兵《このえへい》その他の反発を回避するためだったのであろう。

大久保が新政府を組織するにあたって、岩倉以外でとくにたよりにしたのは、伊藤と大隈であった。

一〇月二四日朝、天皇が岩倉の西郷派遣にたいする反対論をみとめたとの知らせをうけた大久保は、岩倉へのおりかえしの手紙で、参議・省卿兼務の方針を「大隈伊藤両子へ内談仕《つかまつり》候《そうろう》処《ところ》、各《おのおの》同意」だと知らせており、翌二五日午後六時には伊藤をさそって大隈邸をおとずれ、新政府の基本方針を相談している。

大久保の日記によれば、その方針とは、「至尊《しそん》（天皇）御輔《ほ》導《どう》」、「大臣」の人材選抜、「同僚」の一致協力、の三ヵ条であったという。士族層の圧倒的人望をあつめた西郷に対抗す

区分	官職		人名	出身
正院	太政大臣		三条　実美	公卿
	左大臣		島津　久光	薩摩
	右大臣		岩倉　具視	公卿
	参議		木戸　孝允	長州
			大隈　重信	肥前
			大木　喬任	肥前
			大久保利通	薩摩
			伊藤　博文	長州
			勝　安芳	幕臣
			寺島　宗則	薩摩
			（伊地知正治）	薩摩
			（山県　有朋）	長州
			（黒田　清隆）	薩摩
左院	左院議長		（伊地知正治）	薩摩
右院	内務省	卿	・大久保利通	薩摩
		大輔		
	外務省	卿	・寺島　宗則	薩摩
		大輔		
	大蔵省	卿	・大隈　重信	肥前
		大輔		
	陸軍省	卿	・（山県　有朋）	長州
		大輔	西郷　従道	薩摩
			津田　出	紀州
	海軍省	卿	・勝　安芳	幕臣
		大輔	川村　純義	薩摩
	司法省	卿	・大木　喬任	肥前
		大輔	佐々木高行	土佐
			（山田　顕義）	長州
	文部省	卿	・木戸　孝允	長州
		大輔	（田中不二麿）	尾張
	工部省	卿	・伊藤　博文	長州
		大輔	山尾　庸三	長州
	宮内省	卿	徳大寺実則	公卿
		大輔	万里小路博房	公卿
	教部省	大輔	宍戸　璣	長州
	開拓使	長官	・（黒田　清隆）	薩摩

明治7年4月27日現在。
・印は参議兼任。（　）は7年中に就任。

図19　中央政府の構成②

大久保利通（1830～78）　薩摩藩士。倒幕を実現し，西郷，木戸と「維新の三傑」と呼ばれるが，新政府内では西郷と対立する。

るためには、政府に人材をあつめて結束をかためねばならないが、その権威づけのためには若い天皇をうまくみちびいていく必要がある、というわけである。

しかし、天皇の権威はこの時期、政府内部においてもまだ確立していなかった。西郷の参議・近衛都《と》督《とく》辞職につづいて、陸軍少将桐野利秋《きりのとしあき》（薩摩藩出身）もまた辞表をだし、軍隊とくに近衛兵の動揺がはげしくなった。そこで、天皇は一〇月二五日、近衛局長官の陸軍少将篠原国幹《しのはらくにもと》（薩摩藩）以下、近衛将校団《しょうこうだん》を召集し、西郷は依然として陸軍大将であり、「国家柱石」であることにかわりはない、とつたえて動揺をしずめようとしたが、肝心の篠原が召集に応じないありさまであった。天皇は、一〇月二九日にも再度召集をかけるが、予定の時刻を一時間過ぎても篠原はあらわれず、病と称して出頭しない将校が多かった。

こうして近衛兵の中心勢力であった薩摩・土佐出身者の多くが帰国した。かれらにとっては、明治天皇への忠誠よりも、西郷や板垣退助《いたがきたいすけ》への信頼関係のほうがはるかに重要だったのである。軍人にたいする天皇の権威を確立するためには、こののち山県らによる軍人勅諭《ちょくゆ》などのさまざまな人為的工作が必要であった。

内務省の設立

大久保が新政府の中核としたのは、明治六年一一月一〇日設置の内務省であり、同月二九日にはみずから内務卿に就任した。

内務省と大蔵省　ともに創設以来大手町一丁目二番地。関東大震災後内務省が霞ケ関に移り，大蔵省は昭和15年7月霞ケ関へ移る。

内務省を設立し、大蔵省の掌握下にあった地方行政をそこへ移管する計画は、留守政府の手によってすでにつくられていたが、大久保は当初の計画を大きく変更した。原案では戸籍寮《こせきりょう》が省内機構の首位におかれ、警保《けいほ》寮と勧業寮がその下に位置づけられていたが、七年一月決定の内務省官制では勧業寮と警保寮が一等寮として省務の中枢をになうものとされ、戸籍寮は二等寮としてやや下にランクづけされたのである。

このことは、徴兵《ちょうへい》・徴税《ちょうぜい》の基礎台帳としての統一的戸籍の作成（六年三月に壬申《じんしん》戸籍が完成）をもとにおこなわれる地方支配＝人民支配の意義が低下したことを意味するのではない。むしろ、内務卿が直接に人事権を掌握した勅任官《ちょくにんかん》（勅命で任免）・奏任官《そうにんかん》（内務卿・地方長官の奏薦《そうせん》により勅裁《ちょくさい》をへて任免）クラスの地方官をつうじて地方行政をうごかすさいに、民業育成と警察強化の二つを前面におしだす方針がはっきりしたことをしめすものといえよう。

内務省の勧業政策の内容については次章であらためてあつかうが、従来の工部省中心の勧業政策が、鉄道敷設や鉱山開発を中央政府みずからがおこなう官営事業に重点をおいていたのにたいし、内務省のそれは、民間の在来産業の近代化に力点をおくものであった。そこには、欧米の機械文明が、多数の民間ブルジョアジーの力によってきずきあげられたことをつぶさに見聞した大久保の海外体験が、反映しているといってよい。

在来産業を対象とする以上、そこでは地方官の役割が重要なものとならざるをえないであろう。

大久保は、司法省二等寮であった警保寮を一等寮に格上げして内務省へうつした。と同時に、警察は犯罪人の捜査・逮捕という司法警察機能だけでなく、人民保護・衛生・風俗取締り・国事犯探索という広範な行政警察機能も担当するものとさだめられた。

警察が国民生活のすみずみにまで介入しうるという警察重視の内政は、ヨーロッパ各国の警察制度を視察して帰国した薩摩藩出身の川路利良《かわじとしよし》の建策によるものである。川路は、自治体による司法警察に中心をおく英米型の制度よりも、中央集権的な行政警察重視の独仏＝大陸型の制度を導入しようと提言したのであるが、その背後には「政府は父母なり、人民は子なり、警察は其保傅《そのほふ》（子守役）なり」という、国民＝未成年者観が横たわっていた。

従来の大蔵省内政が警察力をもたないため、治安維持の面で円滑さを欠いたのにたいし、警察力をにぎった内務省内政は、士族反乱や農民闘争の鎮圧にも威力を発揮していくことになる。

大久保独裁体制

大久保内務卿の省内における地位は絶対的であった。勝田孫弥『甲東逸話《こうとういつわ》』におさめられているつぎの話は、そのあたりの雰囲気をよくつたえるものといえよう。

甲東（大久保利通の号）が毎朝馬車を駆つて内務省に到り、玄関前にて車より下り、長い敷石《しきいし》の上や廊下《ろうか》を歩むとき、戛々《かつかつ》たる其靴音《そのくつおと》は、省の隅々までも響きわたり、階上階下共に雑談や笑声を止めて、省内は恰《あたか》も水を打つたやうに静まりかへつた。

同書はつづけて、「甲東の威風は下僚《かりよう》のみで充《み》たされた内務省ばかりでなく、太政官《だじようかん》に登朝したときでも亦《また》同様であつた」と記しているが、政府全体のなかでの大久保内務卿の独裁的地位をささえたものとしては、大隈《おおくま》大蔵卿と伊藤工部卿の役割が重要であった。

内務・大蔵・工部三省は、膨大《ぼうだい》な数の官員をかかえており、明治一〇年（一八七七）には図20にしめしたとおり、全体の過半を占める官員を擁《よう》していた。そして、その中心は薩長土肥四藩の出身者でかためていた。地方官についても、田中彰氏が指摘するように、一〇年当時の長官の七一パーセントが薩長土肥出身者、次官の四六パーセントが薩長出身者であり、藩閥《はんばつ》色は中央と同様に濃厚であるといってよい。

三省の優位は歳出額においてもあきらかである。明治九年度（九年七月〜一〇年六月）の歳出決算額（図21参照）をみると、内務省支出額（警視局支出をふくむ）は、工部省のそれに匹敵することがわかるが、さらに、本図にふくまれない「府県」関係四科目の支出合計六〇八万円余も、内務省の影響下にあるとみてよい。それを考慮すると、内務・大蔵・工部三省の歳出は、陸海軍両省のそれをも大きく上回る高い比重を占めるといえよう。

大隈・伊藤を左右にしたがえて内務・大蔵・工部三省を直接掌握した大久保の独裁権は、軍事・外交面などにもおよんだ。すぐ後でみる佐賀の乱の鎮圧や台湾出兵をめぐる中国政府との交渉における大久保の活躍ぶりが、それを証明してあまりあろう。大久保内務卿は、三条実美太政大臣や岩倉右大臣をもうごかす最高権力者であり、事実上の独裁者であった。

大久保が明治六年一一月に起草した立憲政体に関する意見書において、将来は「立君独

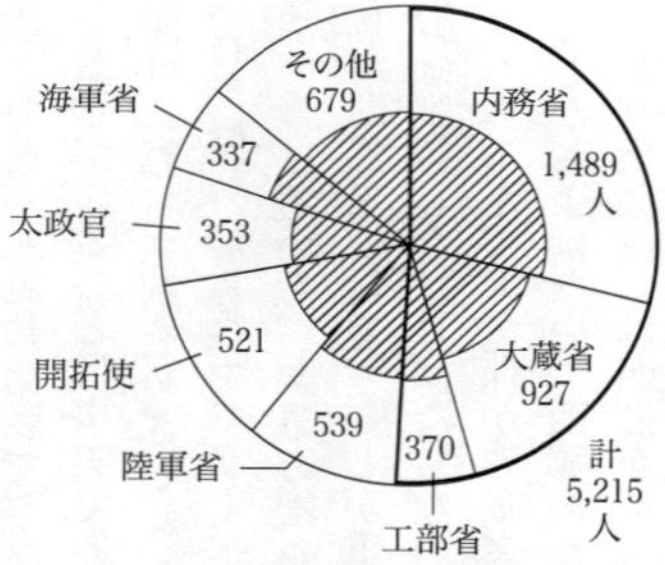

石塚裕道『日本資本主義成立史研究』より。

図20　明治10年当時の太政官・各省使の判任官以上官員数と薩長土肥出身者(斜線)

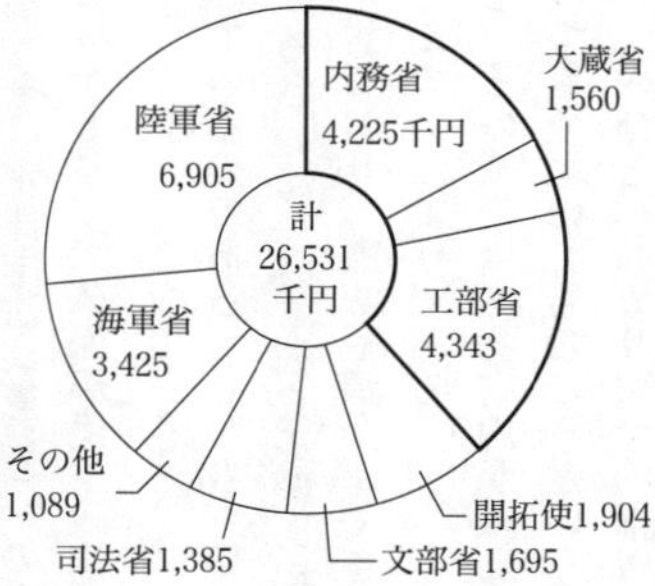

『明治財政史』第３巻より。

図21　明治９年度の太政官・各省使の歳出決算額

裁」でも「人民共治」でもない「君民共治」を「定律国法（憲法）」のもとで実現すべきだと論じていることは事実である。だが、これをもって大久保が民主政治を理想としつつ、当面は立憲君主制をめざした、などと評することはできない。漸進《ぜんしん》主義の大久保は、当面は「君主擅制《せんせい》（専制）」でゆくべし、と明記しているのである。しかも、将来目標たる「君民共治」のばあいも、国事万端を決定し実行するさいに「必ず独立不羈《ふき》の権を有する処《ところ》有て、以《もっ》て断然之《これ》を行ふ」ことが重要であるとのべており、憲法や議会ができても、専制主義の根幹は維持しなければならないと大久保は考えていたようである。

もちろん、大久保が独裁者だといっても、その威厳は内務省内からせいぜい中央政府全体にしかおよばない。西郷のためならばいつでも死地におもむこうという薩摩藩士族は大勢いたが、大久保には西郷がもっていたそうした人びとへのカリスマ的権威がまったく欠けていた。政府部内での大久保の威厳も、つきつめてみれば大久保個人に発するというより、機構の頂点に立つ実力者としての大久保から生ずるものにすぎなかったのである。

神格化される天皇

そのことをだれよりも自覚していた大久保は、君主としての天皇の権威を高めつつ、自分は天皇の補佐役にすぎないというポーズをとることにつとめ、必要に応じて天皇の権威を利用した。近代天皇制は、熱狂的な尊王《そんのう》主義者によってではなく、幕末の条約勅許《ちょっきょ》問題で「非《ひ》義《ぎの》勅命は勅命に有らず」（一五〇ページ参照）といいきって天皇を相対化しえたリアリスト大久保の手によって、文字どおり設計され、創出されていったのである。

明治天皇は、ほとんど毎年のように国内を旅行しているが、明治九、一一、一三、一四年の地方巡幸は、とくに大規模なものであった。じつは、明治五年にも、五月二三日から七月一二日にかけての長期間、天皇は近畿・中国・四国・九州方面を巡幸しているが、これは、廃藩置県《はいはんちけん》をいきどおる島津久光《しまづひさみつ》を慰撫《いぶ》するために鹿児島へいくのが、本来の目的であった。天皇は、参議西郷隆盛以下七〇人余をひきつれて軍艦で往復し、その途中でいくつかの都市にたちよったにすぎない。

明治天皇の写真　明治６年に内田九一が撮影。明治中期以後の「御真影」は，肖像画からの写真。

明治九年六月二日から七月二一日にかけての「東奥《とうおう》」巡幸は、陸路宇都宮をへて福島・仙台・盛岡・青森へいき、函館へわたってから船で帰るというもので、右大臣岩倉具視、内閣顧問木戸孝允以下二三〇人余をしたがえた大行列の巡幸そのものが目的であった。天皇一行は行く先々で、官庁・学校・病院・工場などをおとずれ、行在所《あんざいしょ》や高官の宿泊所に豪農商の住居を指定し、かれらの支持をひきだした。

こうして面目をほどこした豪農商は、地域内での社会的地位をかためていくのである。

民衆は、巡幸をお祭りさわぎでむかえた。小学校生徒をはじめおおくの人びとが着かざって沿道にならび、一行を歓迎した。もっとも、農繁期で忙しい村々では、そうはいかない。随行《ずいこう》した東京日日新聞記者岸田吟香《きしだぎんこう》は、仙台をたった日の一行について、つぎのように記している。

田野山林の間を過ぎ玉ふに、拝見人も処々に居たれども、みな股引《ももひき》をはきたる娘や、鎌鍬《かまくわ》を携《たずさ》へたる農夫どもにて、泥足を田の畔《くろ》に並べ、草に居り敷き、石に腰掛けなどして、丸裸の赤子を背負ひたるまゝ、脊中より脇の下に小児の頭を引き出し、乳を呑《の》ますする婦人などもあり。顔も足も泥によこれたるまゝ、昼寐せしが、ソレ 御通りぞや、拝まぬかと、俄《にわ》かに叩き起されて、目をこすりながら、鳳輦《ほうれん》を拝するもありて、最と可笑《いおか》しき事どもなりき。

吟香が記したとおり、人びとの多くは、天皇を生き神であるかのように拝んでむかえた。巡幸は、権力の最頂点にある天皇自身を民衆の眼前にさらすことによって、民衆を権力の側にひきつける政治的儀式であったが、その天皇が同時に生き神のようにあつかわれ、政府も天皇を現人神《あらひとがみ》として宣伝していったところに、一九世紀後半の日本国の君主の特徴があった。それは、現世を超越した絶対者への信仰や、現世をつらぬく普遍的真理への関心が乏しい、幕藩制以来の日本民衆の弱点につけこんで、権力者があらたに創出しようとする近代天皇の姿でもあった。

明治五年に、造幣首長キンドルが外国の例にならって天皇の肖像を貨幣に刻む提案をしたが、宮中の反発にあって正院《せいいん》で否決された。また、天皇の肖像写真が在外公館や地方官庁・兵営・軍艦、あるいは高・中級官僚の勅《ちょく》・奏任官《そうにんかん》へは下付されながら、明治八年に下級官僚の判任官《はんにんかん》（長官が任免）が下付を願いでたときには拒絶された。これらの事実も、天皇を神格化することによって、天皇をかこむ権力者集団がみずからの専制的支配の正当性を根拠づけようとしたことをしめすものである。それは、国民主権の原理の、まさに対極に位置する発想であったといえよう。

岩倉襲撃と建白書

「征韓論《せいかんろん》」をとなえる西郷隆盛らを排除した新政府にたいし、最初にはげしい反発をしめしたのは各地の士族であった。薩摩《さつま》出身者が西郷とともに鹿児島へ帰り、私学校《しがっこう》を核とする独自の地方権力の構築に力をそそいだのにたいし、土佐《とさ》と肥前《ひぜん》の出身者はとくに活発な反政府活動を展開した。

明治七年（一八七四）一月一四日、高知県士族九名による右大臣岩倉具視襲撃事件が勃発した。前年五月五日に旧江戸城内の皇居が火災で焼け落ちたため、赤坂離宮《あかさかりきゅう》が仮皇居とされており、そこで天皇から晩餐《ばんさん》をたまわった岩倉は、ポルトガル国献上の酒《ワイン》一びんを土産《みやげ》にもらって午後八時に馬車で退出した。ところが、赤坂喰違見附《くいちがいみつけ》（現ホテルニューオータニ脇）で突然、刺客《しかく》におそわれ、岩倉は眉下《まゆした》と左腰に軽傷を負った。さいわい外濠《そとぼり》へ転落したために岩倉は命びろいをしたとはいえ、政府最高首脳の暗殺未遂事件は、大きな波紋をうまずにはおかなかった。

新設された警視庁の川路利良《かわじとしよし》警保助（のち大警視）以下の必死の捜索の結果、一月一七日夜に五人、つづいて四人の下手人が逮捕された。首謀者武市熊吉《たけちくまきち》は元外務省出仕《しゅっし》の陸軍少佐で、「征韓」にそなえて「満州《まんしゅう》」方面の調査を担当した人物、他の者も「征韓論」に立つ元軍人で高知県士族ばかりであった。下手人はいずれも斬罪に処せられ、大久保は警官の大増員をおこなった。

この事件はさらに、一月一七日に左院《さいん》へ提出された「民撰《みんせん》議院設立建白《けんぱく》」の効果にたいしても重要な影響をあたえた。同建白書は、土佐系前参議板垣退助・後藤象二郎らが、イギリス帰りの古沢滋《ふるさわしげる》（土佐藩）・小室信夫《こむろしのぶ》（徳島藩）の協力をえて作成し、肥前系前参議副島種臣・江藤新平らとともに提出したものである。それは、「方今《ほうこん》政権の帰する所を察するに、上《かみ》帝室に在《あ》らず、下《しも》人民に在らず、而《しか》も独《ひと》り有司に帰す」と、大久保らの「有司《ゆうし》（官僚）」専制ぶりをするどく批判しつつ、「夫《そ》れ人民政府に対して租税を払ふの義務ある者は、乃《すなわ》ち其《その》政府の事を与知可否《よちかひ》するの権理《けんり》を有す」（傍点引用者）と、イギリス市民革命のさいの議会派流の議論を展開し、民撰議院の即時開設を要求したのであった。

原案を起草した古沢はともかくとして、板垣らが、民撰議会の根拠となる租税協議権の主張や、君主＝天皇と政府および議会の関係について、どこまで十分考えぬいていたかについては疑問がある。建白書をめぐる論争のなかで、板垣らは議会を立法機関としてよりも朝命伝達の場として論じているからである。だが、そうした限界をもちながらも、この建白が自由民権運動の端緒《たんしょ》をなす画期的な意義をもっていたことはあらためていうまでもない。

しかしながら、建白書をだした当事者たちは郷里へひきこもってしまい、中央政界では活躍することができなかった。高知へもどった板垣は、七年四月、片岡健吉《かたおかけんきち》・林有造《はやしゆうぞう》らと政治結社立志社《りっししゃ》を創立し、徳島へ帰った小室信夫は自助社《じじょしゃ》と称する政社を結成した。帰郷の最大の理由は、建白を提出した当日に逮捕された岩倉襲撃事件下手人とのつながりをうたがわれたためであり、『自由党史』は、同事件が「民撰議院の建白に向《むけ》て苦痛なる打撃を加へ」た、と記している。

むろん、板垣らは岩倉襲撃とは無関係であった。しかし、初期の士族民権家は、民権論者であるまえに「愛国者」＝国権論者であり、民権拡張は国権伸長の手段だと考えていた。そのかぎりでは、板垣と下手人グループは共通の思想的基盤に立っていたのである。建白書に署名した江藤新平が、その直後に佐賀県の「征韓党」の党首として武力蜂起したのも、そうした点から理解すべきであろう。

江藤新平の刑死

明治六年一〇月の政変で下野《げや》した江藤は、腹心の朝倉尚武《あさくらなおたけ》をつうじて佐賀県士族を結集

江藤新平（1834～74）
肥前藩士。貧窮の中で尊攘派に。その制度構想力は抜群。

し、征韓党を組織させた。同県下では別に憂国党《ゆうこくとう》という復古主義の士族グループも結成され、両党は「征韓」の一点で共鳴しつつ佐賀県庁を事実上掌握して反政府姿勢を強めていった。

　征韓党員のもとめに応じて江藤は帰県し、憂国党にまねかれた元秋田県権令《ごんれい》島義勇《しまよしたけ》も帰県するが、かれらの動きに先立ち、七年二月一日に憂国党の一派による小野組《おのぐみ》佐賀出張所襲撃事件がおこり、電報で知らせをうけた大久保内務卿《ないむきょう》は、四日、陸軍大輔《たゆう》西郷従道《さいごうつぐみち》に鎮台兵《ちんだいへい》の出動を内示し、早期鎮圧にのりだした。一〇日には、大久保は反乱軍鎮圧に必要な軍事・司法・行政にわたる全権委任状を、三条実美太政大臣による天皇への上奏裁可をへてさずけられ、みずから九州へおもむく。

　二月一一日に、長崎で東京からきた島と会った江藤は、いわば受身のかたちで熊本鎮台兵との戦闘を覚悟しなければならなくなった。いわゆる佐賀の乱は、こうしてはじまるのである。反乱軍は当初、佐賀城を攻撃して鎮台兵を敗走させたが、あてにした九州諸県や高知県の士族が呼応せず、孤立した結果、大阪鎮台などから増強された政府軍に圧倒され敗退を余儀なくされた。江藤は二月二三日に脱出して鹿児島へ行くが、西郷の協力は得られず、高知へおもむき、さらに徳島へのがれようとしたところを逮捕される。

　政府軍の勝利は、六年一〇月に開通した長崎—東京間の電信線をもちいた迅速な情報収集と、蒸気船による鎮台兵の動員、反乱に呼応しそうな他県士族への周到な対策などによるものであった。政府は佐賀県に臨時裁判所を設置し、高知から護送された江藤をふくむ四一〇名が有罪とされ、江藤・島は「除族《じょぞく》（士族の身分を剝奪）の上梟首《きょうしゅ》（さらし首）」の極刑に処せられた。

裁判といっても名ばかりのもので、審問はわずか二日で判決がくだされた。江藤が弁明の機会を封殺されたまま、見せしめの極刑に処せられた点については、大久保内務卿の権力濫用という側面もあったといえよう。それは、非常事態のもとで大久保独裁の冷酷な本質がもっとも露骨にしめされたものであった。

しかし、江藤がえらんだ道が、征韓党首として憂国党とむすび、「征韓」をめざしつつ士族中心の地方権力を創出しようとするものであった以上、中央との武力対決に敗れた段階での死そのものは避けられなかったであろう。挙兵のさいの「決戦の議」に、江藤は、「夫《そ》れ、国権行わるれば、則《すなわ》ち、民権随《したが》って全《まった》し」と記しているが、それは初期の士族民権家の限界をそのまましめすものであった。かれらは、豪農《ごうのう》を中心とする広範《こうはん》な民衆とむすびつくことによってはじめて本物の民権家に成長するのであるが、江藤は佐賀の地でそうした体験をつむことなく、士族反乱の首領として刑死したのである。時に明治七年四月一三日、享年《きょうねん》四一であった。

2　台湾出兵から江華島事件へ

台湾出兵の賭け

佐賀の乱の鎮圧と江藤新平らの刑死にもかかわらず、全国各地の士族の反政府気運はいっこうにしずまらなかった。そこで政府は、留守政府のころから準備をかさねてきた台湾出兵をいよいよ実行することにした。

明治七年（一八七四）二月六日、先の襲撃事件で傷ついた岩倉具視の屋敷で大臣・参議があつまり、大久保利通と大隈重信の提出した「台湾蕃地《ばんち》処分要略」を修正のうえ承認した。原案では「琉球《りゅうきゅう》人民の殺害せられし（二五三ページ参照）を報復し、其地を拠有《きょゆう》す」とあったが、後段の領有計画には反対があり削除された。そして、琉球を日本の「藩属《はんぞく》」であるとの前提のもとに、「無主の地」台湾へ遠征し、中国＝清国政府との交渉はそのうえでおこなうこととされた。

ところが、遠征計画を立案してきた政府お雇いアメリカ人のリ・ジェンドルは、その後ふたたび領有方針をおしだし、それに西郷従道や大隈らが賛成するようになる。二月六日の会合に欠席した木戸孝允参議は、家近良樹氏が論文「「台湾出兵」方針の転換と長州派の反対運動」（『史学雑誌』九二編一一号）において指摘するように、出兵自体には反対ではなかったが、「要略」で削除されたはずの台湾領有＝植民地化の方針の復活には、対清《しん》開戦の危険をおかすものとみてはげしく反対し、ついに参議兼文部卿を辞任した。

この間、佐賀の乱鎮圧に忙殺されていた大久保は、領有方針の復活を知らなかったが、木戸とほぼ同意見だったとみてよかろう。しかし、もともと内治重視をとなえていた大久保が、殖産《しょくさん》興業費を抹殺するために、地方官たちの不平をかうことになる台湾出兵に積極化したのは、たんなる不平士族対策ではない特別な事情があったとみなければなるまい。坂野潤治氏の論文「征韓論争後の「内治派」と「外征派」」（『近代日本研究』三）によれば、それは政府内にも陸海軍を中心に対清開戦を主張する強硬派の勢力が強かったためであり、かれらをおさえるためには、大久保は開戦という最悪事態をさけつつ対清強硬策をとるしかなかったのである。そのさい大久保には、「征台」が日清開戦にまで発展することはあるまいという、楽観的な予測があったことも事実であろう。

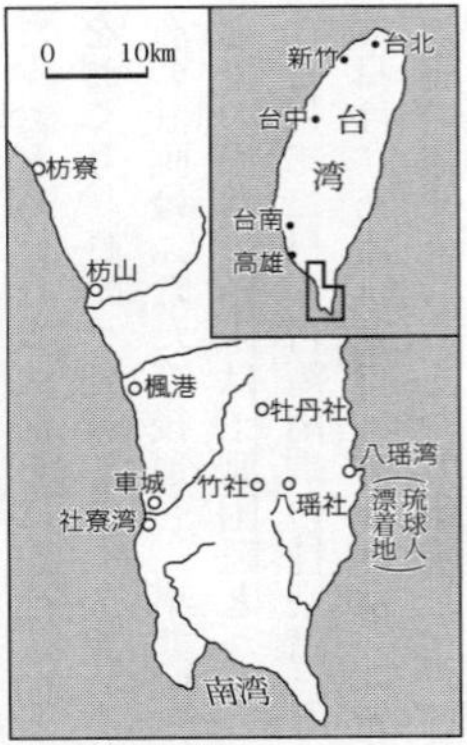

図22　台湾出兵

こうして、佐賀の乱鎮定後の四月四日、陸軍中将西郷従道が台湾蕃地事務都督《ととく》に任ぜられ、翌五日には大隈が正院《せいいん》内の台湾蕃地事務局長官に就任した。ところが、西郷らが長崎で出兵準備をしているとき、駐日イギリス公使パークスと、駐日アメリカ公使ビンハムから、中国政府へ無断で出兵することにたいして異議がだされ、予定したアメリカ汽船の使用やリ・ジェンドルらの同行が差し止められる事態が発生した。おどろいた大久保らは遠征延期をきめるが、西郷はもはや中止はできぬと独断で先発軍をおくり、長崎へ到着した大久保も大隈・西郷と会い、出兵を追認した。そのさい、台湾領有の計画はふたたび後退し、事態解決まで兵若干《じゃっかん》をのこすこととされたが、米英の批判のもとでの出兵の結末は予測困難となり、大久保らは大きな賭けにでたのであった。

五月二二日、台湾南端の社寮《しゃりょう》湾に上陸した日本軍は計三六五〇名にのぼり、半月の戦闘で六月はじめには牡丹社《ボンタンしゃ》の「生蕃《せいばん》」（先住民）を征圧した。だが、中国政府との外交交渉は中国側の強硬姿勢にあって難航し、七月八日の宮中での廟議《びょうぎ》は、やむをえぬばあい戦争を覚悟すると決定、同月三〇日には、大久保がみずから全権として中国へ交渉にでかけることとなった。

日清開戦の危機

明治七年八月六日、横浜を出帆した大久保は、上海《シャンハイ》・天津《テンシン》をへて九月一〇日、北京《ペキン》についた。天津には時の清国の実力者である北洋大臣・直隷《ちょくれい》総督の李鴻章《りこうしょう》がおり、北京をおとずれる各国使節はまず李に会うのが通例であったが、大久保はわざと李に会わず、正式交渉相手の恭親王奕訢《きょうしんのうえききん》以下諸大臣のいる北京へのりこんだ。

九月一四日から総理衙門《そうりがもん》（外務省）において交渉がはじまり、大久保は随行したフランス人法律顧問G・É・ボアソナードと相談しつつ、台湾「蕃地」が中国の版図内にあるとする根拠をしめせと追及し、また、領地だとすれば漂流民の殺害されるのを放置するのはなぜか、とつめよった。

これにたいし中国側は、実際にどの程度、政治的支配がおよんでいたかという詰問は内政干渉だと反論し、議論は平行線をたどった。周辺部を朝貢《ちょうこう》国や属国のベルトによってとりかこまれる中華帝国体制を長年にわたってきずきあげてきた中国当局者の頭には、もともと近代的な「国境」の観念は存在しておらず、大久保の要求は、ないものねだりとうけとられたのであろう。

一〇月五日の第四回会談で、大久保が「近く帰朝す可《べ》し」と宣言したのにたいし、中国側も「強《しい》て駐《とど》むる所に非《あら》す」といいはなち、交渉は決裂寸前におちいっている。大久保が随員たちと開戦の名分やタイミングについても論じていることからみて、ここで決裂したばあいには、なんらかのかたちでの日清開戦の可能性があったことは否定しがたい。

このとき、かねてより日清両国の仲裁を試みてきた駐清イギリス公使T・F・ウェードの動きが前面にでてくる。ウェードは、フランス公使と協力して天津の李鴻章《りこうしょう》の意見も聞きつつ、総理衙門大臣らの依頼をうけて大久保に接近した。ウェードは大久保にたいし、中国側を説得して償金をださせる用意があるがどう思うか、ともちかけてきたのである。石井孝氏によれば、ウェードは中国陸海軍は自力で日本軍と戦える状態になく、戦端が開かれれば全国各地で内乱がおこり、イギリスとの通商関係が大打撃をうけるとみており、日清開戦の回避に奔走《ほんそう》したのであった。

ウェードの償金案の背後には、琉球漂流民と日本兵士への若干の「撫恤《ぶじゅつ》」金の提供を条件に撤兵させるという李鴻章意見書の線を総理衙門がみとめた事実があったのであろう。

こうして、一〇月一八日から事態打開の具体策をめぐる交渉がすすめられた。しかし同月二三日、「撫恤」名義という中国側要求を容《い》れたうえで三〇〇万ドル＝二〇〇万両《テール》をもとめた日本案が、それでは「償金」なみであると拒絶され、交渉はまたもや決裂状態におちいった。大久保はふたたび帰国の姿勢をしめすが、ここでまたウェードが調停役にたち、中国側の最終譲歩額五〇万両を大久保につたえたところ、大久保は台湾出兵を「義挙《ぎきょ》」とみとめることを条件にそれをうけいれたのであった。

たびかさなる開戦の危機をのりこえて、一〇月三一日、日清両国間互換条款《ごかんじょうかん》が調印された。大久保は、天津で李鴻章と会見したのち、台湾で西郷都督と撤兵のうちあわせをし、一一月二七日、帰京した。横浜港での大歓迎ぶりについて、大久保は日記に「人民歓喜の体《てい》、誠に意外の有様なり」と記している。一部の士族は別として、日清開戦にいたらないですんだことをよろこばぬ人はなかった。大久保が交渉に出発してからの三ヵ月ほどの日本国内の緊張ぶりはたいへんなものであり、朝野《ちょうや》とも開戦の覚悟で日々をおくっていたのである。

のちにみるように、三井組とならぶ大政商小野組が官金抵当増額令によりあえなく破綻したのは、こうした緊張ぶりの一結果であり、それとは逆に、新興海運業者岩崎弥太郎《いわさきやたろう》が軍事輸送を担当して大政商三菱《みつびし》としての発展の契機をつかんだのも、このときのことであった。

国家権威の上昇

大久保政権が中国から得た償金は、九五五万円におよんだ台湾出兵戦費の一〇分の一以下にすぎなかった。しかし、同政権は、この外交交渉の決着をつうじて、はじめて政治権力としての権威を獲得した。とくに、士族層の動員を不可避とする開戦の危機をのりきったことは、士族層の解体という基本政策をそれだけ容易にさせたといってよい。

中国との関係では、懸案の琉球帰属問題があらたな展開をみせた。先の互換条款《ごかんじょうかん》において中国側が琉球島民を「日本国の属民」とする表現をみとめたことを手がかりに、大久保は琉球藩の処分（＝沖縄県設置）へむけてうごきだした。明治八年（一八七五）五月、この年二月に即位した清《しん》の光緒帝《こうちょてい》への慶賀使《けいがし》の派遣が琉球でとりざたされているのをみて、政府は琉球の中国への宗属関係を全面的に断ち切る方針をかため、内務大丞《だいじょう》松田《まつだ》道之《みちゆき》（鳥取藩）を琉球へつかわして、その旨を厳達した。こうして、明治一二年三月の軍事力を背景とする琉球王国の最終的解体への歩みが着々とすすんでいくのである。

いまひとつ、台湾出兵を契機として解決した対外懸案に、横浜からの英仏駐屯軍の撤退問題があった。文久《ぶんきゅう》三年（一八六三）以来の駐屯軍（一七一ページ参照）の存在は、明治二年当時の岩倉具視《いわくらともみ》の表現によれば、まさに「我が皇国の恥辱《ちじょく》甚《はなはだし》きもの」であった。岩倉はパークスを相手に撤兵交渉を試みたが、イギリスは兵力を削減しながらも全面撤退は拒否し、四年一〇月当時の横浜には英軍三〇一名、仏軍二〇〇名が依然として駐屯していた。

遣外使節団をひきいた岩倉は、イギリスとフランスにつくと、それぞれの外相と会って撤兵交渉をしたが、イギリス外相グランヴィルなどは、賜暇《しか》帰国中のパークス公使が出席した会合で、駐日公使から撤兵しても安全という報告があればそうしましょうというのみで、パークスも黙して語らないため、気まずい沈黙がつづき、さすがの岩倉も話をうち切らざるをえなかったという。

ところが、明治八年一月二七日に、突然、駐日英仏公使から自発的な全面撤兵の申し入れがなされ、三月一日に兵舎をひきはらった両国軍隊は、翌二日、横浜港を去ったのである。申し入れにさいしてパークス公使は、佐賀の乱や台湾出兵などがあって撤兵がおくれたが、いまや清国とも平和な状態となり心配がなくなったと寺島宗則《てらしまむねのり》外務卿にのべている。台湾出兵を画期とする大久保政権の権威の上昇が、先進国にも評価されたとみてよかろう。

北方領土問題

副島種臣《そえじまたねおみ》外務卿のあとをついだ寺島宗則は、「征韓」重視の副島の線をうけつぎながら、そのためにもロシアとの国境確定が先決だと考えた。だが、その交渉をロシア政府とやり合うだけの見識をそなえた人材は当時の政府中枢には見あたらない。そこでうかびあがってきたのが、開拓次官黒田清隆《くろだきよたか》の推す旧幕臣榎本武揚《えのもとたけあき》であった。

箱館五稜郭《はこだてごりようかく》の戦いに敗れて降伏した榎本は、二年七ヵ月の獄中生活ののち、五年一月の恩赦で出獄した。死罪はまぬがれないと思われた「賊将」榎本の助命運動をおこなったのは、榎本追討軍参謀の黒田である。獄中の榎本は、オランダ留学中に学んだ科学技術の研究をふかめ、釈放後は黒田のまねきに応じて北海道の鉱物資源調査に従事していた。しかし、語学力が抜群で、国際法にもくわしい榎本は、むしろ外交畑ではたらかせたほうがよいと黒田は考えたのであろう。七年一月、榎本は駐露公使に任ぜられ、さらに武官のほうが外国では権威があるというので一躍、海軍中将に任命された。

榎本のように旧幕臣で高い地位をあたえられた事例は少ないが、薩長藩閥政府の中下級官僚には多数の旧幕臣がおり、かれらの有能さが政府を下からしっかりとささえていた点を、このさい留意しておこう。

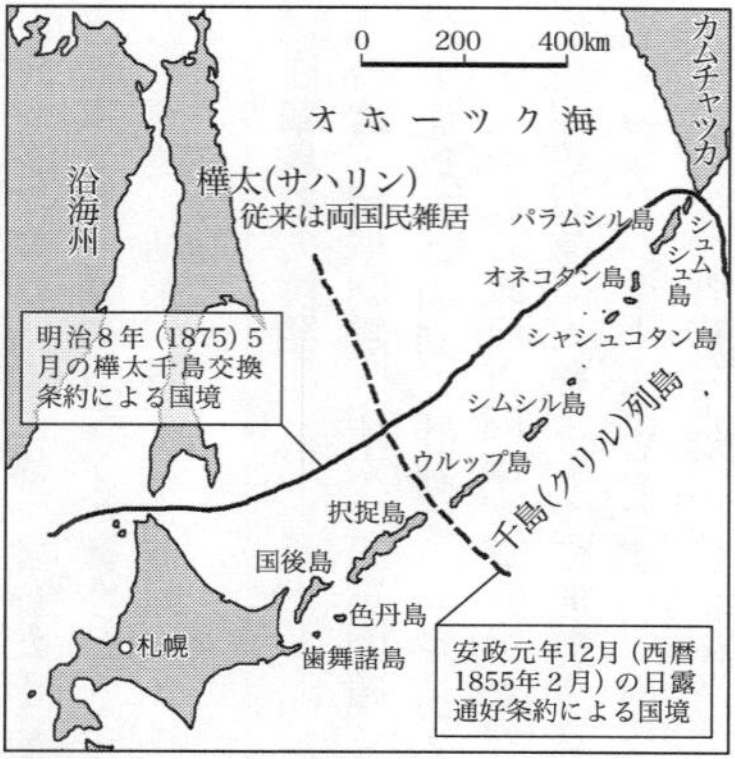

図23　樺太千島交換条約

七年六月、ペテルブルグに到着した榎本は、さっそくロシア外務省との交渉にはいり、日本政府が定めていた方針どおり、樺太《からふと》（サハリン）全島を放棄するかわりに千島《ちしま》（クリル）列島全部を入手する線で話をまとめることに成功した。こうして八年五月七日、宰相兼外相ゴルチャコフの官邸において、樺太千島交換条約が調印されたのである。

同条約にたいしては、日露両国内でそれぞれ不利な決着だという非難の声もあがったが、日本側では樺太放棄は既定の方針であり、代償としてロシア側が当初しぶっていた千島列島全部を入手しえたことは、成功であったといえよう。東アジアでのロシアの譲歩は、トルコ方面におけるイギリスとの緊張が強まったためであり、その結果、日本は先進列強とはじめて対等の条約をむすぶことができたのである。

江華島での挑発

台湾・琉球問題、樺太・千島問題とならぶ懸案の朝鮮問題について、政府は下野《げや》した「征韓」派以上に周到な計画をたててのぞんだ。明治七年（一八七四）二月はじめ、三条・岩倉・大久保ら政府首脳は、ロシアとの北方領土問題が決着したうえで、朝鮮に使節をつかわすが、その前に人をおくって形勢をさぐらせることをきめた。

そのスケジュールにしたがい、同年三月一〇日に榎本がロシアへ出発したあと、政府は五月一五日付で外務省六等出仕《しゅつし》森山茂《もりやましげる》を「事情探索」のため釜山《プサン》へ派遣した。到着した森山は状況が大きく変化しつつあることを発見する。前年一一月に大院君《たいいんくん》政権をたおした閔《びん》氏政権は対日姿勢を軟化させ、対日外交を担当する東莱府《とうらいふ》使《し》とその下の訓導を更迭したうえ、九月四日には新任の訓導が「草梁《そうりょう》公館」に森山をわざわざ訪ねるという未曾有の事態まで生じたのである。

事態の進展をよろこんだ森山は、探索任務をこえて外交交渉を試み、日本外務省からの書《しょ》契《けい》を東莱府に持参する約束をして、いったん帰国した。政府は森山を外務少丞《しょうじょう》に昇進させ、理事官として寺島外務卿の書契を持参させることとした。

だが、この状況変化に応じて、森山と日本政府の態度はしだいに高姿勢になっていく。八年二月二四日、副官広津弘信《ひろつひろのぶ》とともに釜山へついた森山は東萊府使との面会をもとめたが、洋式礼服の着用と正門からの出入に固執したため、慣例に反するとして拒絶された。一年前には朝鮮との交渉にさいしてなるべく「古風之体面」をたもつべきだと外務卿に建議していた森山の、この変身ぶりはどうであろう。出発前の森山が今回は洋装を固守するというのを聞いたパークスは、朝鮮での慣例を無視するものと心配したが、結局、これが六月二四日の交渉断絶の直接的原因となった。

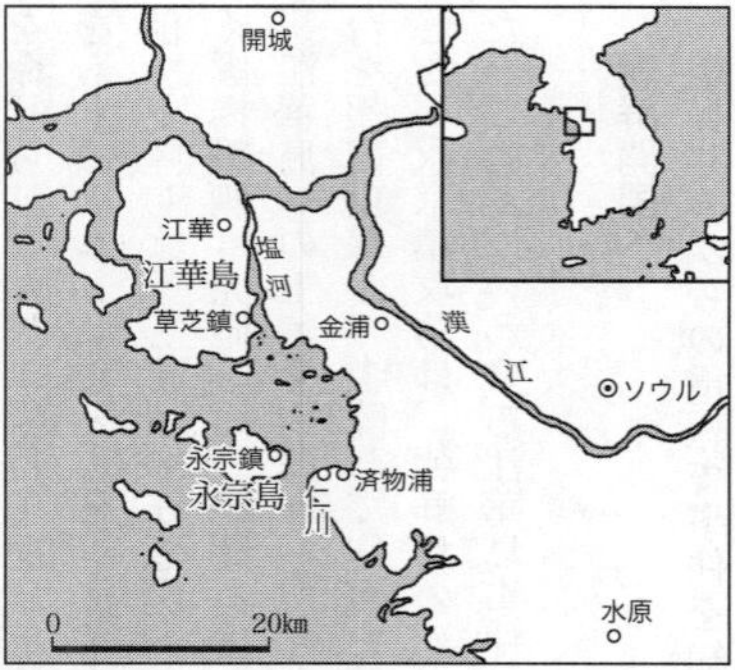

図24　江華島事件

洋装の可否であらそっている最中に、森山は広津を帰国させ、軍艦一、二隻を測量ということで派遣して圧力をかけてほしいと寺島外務卿に依頼した。岩倉・大久保の了解を得た海軍大輔《たゆう》川村純義《かわむらすみよし》（海軍卿勝海舟《かつかいしゅう》は八年四月辞任）は、寺島の依頼にこたえて軍艦雲揚《うんよう》と第二丁卯《ていぼう》を五月下旬から六月中旬にかけて釜山港へおくり、艦砲の発射演習をさせて朝鮮官民を威嚇した。

長崎港へもどった雲揚艦（二四五トン）は、艦長井上良馨《いのうえよしか》（薩摩藩）海軍少佐の指揮下に、こんどは朝鮮西海岸から中国牛荘《ぎゅうそう》あたりまでの「航路研究」

を命ぜられ、九月二〇日午前、首都ソウルに近い江華島《こうかとう》沖でボートをおろし、上陸して淡水をもとめようとしたところ、江華府草芝鎮《そうしちん》砲台から砲火をあびた。首都の入口をまもる砲台前で上陸しようとするのが意図的な挑発であることは、むろん井上も熟知している。さっそく雲揚艦側も発砲し、一時間あまり砲撃戦がつづいた。

江華島への上陸を困難とみた井上は、午後にはいってから南の永宗《えいそう》島東端にある永宗鎮砲台を報復攻撃し、上陸して砲台を破壊、大砲三七門や小銃その他をうばって長崎へひきかえした。永宗鎮攻防は、朝鮮兵の死者三五名、日本兵の死傷二名という、かなりの激戦であった。これが、いわゆる江華島事件である。

朝鮮開国へ

艦長井上からの電報で事件を知ると、日本政府はとりあえず釜山へ軍艦春日《かすが》をおくって「草梁《そうりょう》公館」と居留民を保護したが、その後の対策は政府内部の対立があって簡単にはきまらなかった。

台湾出兵後に噴出した国内諸勢力の不満をおさえるべく、大久保は、八年二月の大阪会議で木戸孝允（長州藩）と板垣退助（土佐藩）の参議復帰をとりつけ、四月には漸次《ぜんじ》、立憲政体《りっけんせいたい》をたてるとの詔書がだされ、元老院《げんろういん》・大審院《だいしんいん》が設立された。元老院は立法上の諮問機関、大審院は最高裁判所であるから、三権分立への本格的な第一歩というわけである。だが六月に讒謗律《ざんぼうりつ》と新聞紙条例を定めて反政府運動の息の根を止めようとした大久保らにたいし、板垣は復古主義者の左大臣島津久光《しまづひさみつ》とまで連携して参議・省卿分離による政権改造をはかる。そこで、板垣と組んできた木戸は大久保との提携による事態乗り切りへと転換した。「征韓《せいかん》」問題が再燃するなかで、在野「征韓」派が島津とむすんで権力をにぎるかもしれないことを、木戸はもっともおそれたのである。

大久保は三条実美太政大臣をつうじて明治天皇をうごかし、天皇は一〇月一九日、朝鮮事件がおこったことを理由に板垣・島津の政権改造案の中止を命じた。これを不満とした両名は、一〇月二七日、辞職する。こうして大久保は、対外危機にさいし天皇の権威をもちいて政権内部の左右両極を排除し、木戸との連携による薩長藩閥政府の構築に成功した。あとは、朝鮮問題の解決に成功すれば、かれらの政権の基礎はますます強固なものとなるであろう。

木戸はみずから朝鮮派遣使節となることを希望したが、病気で断念し、かわりに参議兼開拓長官黒田清隆（薩摩藩）が正使に任命され、その補佐役というか暴走のおさえ役として元老院議官井上馨が副使に命ぜられた。大久保と木戸の協力態勢下での、絶妙の薩長バランス人事である。

明治九年（一八七六）一月六日、黒田全権一行は品川を出帆、一月一五日に釜山へ入港した。軍艦二隻・輸送船四隻に陸海軍兵士ら総勢八〇九名がのりくんでおり、下関《しものせき》では陸軍卿山県有朋が開戦にそなえて陸軍部隊出動の準備をしていた。

こうして、二月一一日から艦船六隻による威圧のもとで、江華府《こうかふ》において両国全権の交渉がはじまり、同月二七日、日本側の計画どおり、日朝修好条規が調印されたのである。それは、釜山その他の開港と日本との自由貿易の開始を定めたもので、朝鮮開港場では日本の領事裁判権がみとめられた。さらに八月二四日締結の貿易規則では、第七則でわずかな港税のみを課することが定められ、海関税《かいかんぜい》は免除された。

黒田全権が戦わずして不平等条約のおしつけに成功したのは、近代的軍事力による圧力に閔氏政権が屈したためであるが、その背後には、朝鮮の宗主国《そうしゅこく》たる中国の動きがあった。当時の中国は、イギリス公使館通訳官A・R・マーガリーが雲南《うんなん》省で殺害された事件をめぐって、イギリス政府ときびしい対決状態にあった。李鴻章《りこうしょう》は明治九年一月一九日、総理衙門に意見書をおくり、朝鮮政府にたいして日本からの使節を隠忍自重してむかえるよう勧告せよ、ともとめた。イギリスにくわえて日本との紛争が激化すると、中国としては対応しきれないと判断したのである。この勧告は、江華府で黒田全権と交渉中の朝鮮政府へつたえられ、条約締結へむけての動きに決定的影響をあたえた。

朝鮮問題の解決は、大久保の牛耳る薩長藩閥政府の権威を対内的にも大きく高めることとなった。宮地正人氏の適切な表現を借りれば、「幕末以来の根本的課題であった国家権力の確立問題は、支配の正当性の局面を棚上げにしたまま、ここに一応の結末を迎えることとなる」のである。だが、それはあくまでも「一応の」ものにすぎなかった。

3　地租改正事業と農民

破天荒な神田案

明治六年（一八七三）一一月の意見書において、当面は君主専制でゆくべしとのべた大久保利通が、その専制的態度を断固としてつらぬいて実現した大事業が、地租《ちそ》改正《かいせい》であった。地租改正関係法令は、すぐあとでのべるように、地方官会同《かいどう》での決議をへて、明治六年七月に太政官《だじょうかん》から布告されるが、それに先立って明治五年二月からいわゆる壬申《じんしん》（壬申は明治五年の干支）地券《ちけん》の発行がはじまっている。この地券の発行こそは、地租改正の前提となり基礎となる画期的なできごとであった。それを提案したのは、美濃《みの》国不破《ふわ》郡岩手村（岐阜県不破郡垂井町）に生まれた蘭学者で旧幕臣の神田孝平《かんだたかひら》である。

神田案としては、明治三年六月の田租《でんそ》改革建議が有名であるが、神田はそれと同趣旨の提案をすでに明治二年四月に公議所（二〇七、二一五ページ参照）にたいしておこなっていた。議案録によって、その主要部分をかかげよう。

旧来の税法を廃し、田地売買を許し、其沽《そのこ》券《けん》値段に準じて租税を収めしめば如何《いかん》。右の法にすれば、是《これ》まで煩《わずら》はしき上中下田の別、石盛《こくもり》幷《ならびに》検見《けみ》など云《い》ふに及ばず。検地《けんち》も要用にあらず、田畑山野市《し》井《せい》村落等一切地税一律に帰し、悉《ことごと》く金納たるべし。且《かつ》其沽券には役所の割印を押すべし。

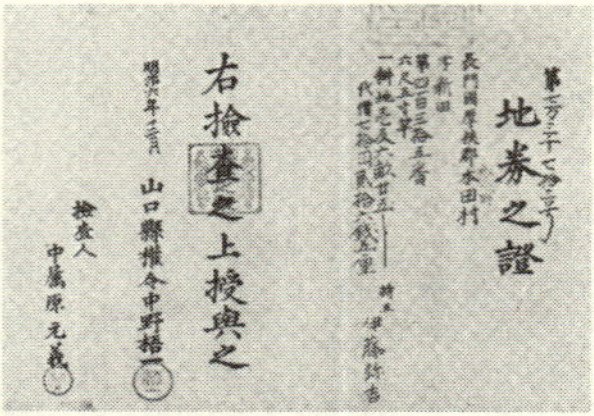

地券　その後地租改正が進むと，地租額も記された地券にかわる。明治22年，地券は廃止され土地台帳制にかわった。

福島正夫氏によれば、このように土地売買の自由をみとめ、売買地価にたいして課税する方法が沽券＝地券という具体的手段をともなって提起されたことは、当時としてはまったく破天荒なできごとであった。年貢軽減と不公平是正への要求が高まるなかで、増租につらなるのが常であった検地はおこなうわけにいかず、手づまり状態であったところに前途の光明をあたえたのが、この地券方式だったのである。しかし、あまりに斬新なアイディアであっただけに反対も多く、その実現には、廃藩置県という大きな変革をまたねばならなかった。

神田は、この地券のアイディアを、おそらく旧幕時代からみられる沽券状（土地所有証券）から得たものと思われるが、それを地価賦税とむすびつけたのは神田の独創であった。もっとも、はじめは従来ほとんど無税だった市街地の地券だけが、券面金額の一〇〇分の二（のち一〇〇分の一）の地租をともなうこととされ、大部分を占める郡村地券には地価が記載されただけで、地租は記されていない。政府は地券発行により全国地価の税額を点検したうえで、具体的な地租賦課の方法を考えるつもりだったからである。五年七月には、売買のさいだけでなく、すべての土地について地券を発行する方針がだされた。

このように、新課税と切りはなされた郡村地券が、地方官から農民に授与されたことは、農民の土地にたいする権利保障の面のみをクローズアップさせ、地券の評判は高く、その信用はあつかった。しかしながら、壬申地券には大きな難点があり、その発行が予定の半数にも達しないうちに地租改正法が公布され、あらたな地券が交付されることになる。

壬申地券の難点は、地域差の大きい旧来の貢租をそのままにして売買地価を記載しようとしたところにあった。おなじ収穫のある土地でも、貢租の高低により売買地価は当然、異なるわけであり、それをもって将来の地租賦課の基準とするのは不合理だとの批判が、地方官から大蔵省租税寮へ次々とよせられたのである。

こうした難点を克服するには、田畑の地価をその土地の生産力＝収益にもとづいて定める収益地価の方式しかない。そうした考えは、明治五年四月、紀州《きしゆう》藩出身の神奈川県令陸奥宗光《むつむねみつ》の田租改正建議にすでに記されており、陸奥は同年六月、大蔵省租税頭《そぜいのかみ》に栄転して、地租改正の計画づくりを担当することとなった。

未発表の人民告諭書

地租改正方法草案の審議を最大の議案とする大蔵省地方官会同は、明治六年四月一二日から五月一二日まで、一ヵ月にわたって開催された。途中で議長の大蔵大輔井上馨が辞表を提出するという不測の事態が生じたが、大蔵省事務総裁の大隈重信がかわりの議長となって、草案の審議を完了した。

幹事役の租税頭陸奥宗光の懸命の努力がそれを可能にしたのであるが、地方官たちも熱心に審議に協力した。かれらは、減租をもとめて高揚する農民闘争への対応策を、なんとしてもつくりださねばならなかったからである。

一揆《いっき》・騒動の件数は、明治五年には三四件とやや少ないが、水害防止用の信濃《しなの》川分水工事の負担に反対する越後分水騒動や、武田信玄《たけだしんげん》以来といわれる独特の低率金納制である大小切《だいしょうぎり》租法《そほう》の廃止への反対一揆、あるいは減税をもとめる豊後《ぶんご》大一揆などは、いずれも数万人が参加する大闘争であった。六年にはいると、農民闘争の件数はふたたび増加し、六月には、ついに参加者三〇万人、官吏・士族・農民の死者四〇名という空前の規模の筑前竹槍《ちくぜんたけやり》一揆が勃発するまでになる。

六年七月二八日、地租改正法令が公布され、(1)土地調査にもとづき地券を交付する、(2)算定地価の一〇〇分の三を地租とする、(3)地租は金納とする、の三点が定められた。さらに、(4)将来煙草《たばこ》その他の物品税の増加にともない地租は一〇〇分の一まで減少させること、が太政官布告《だじょうかんふこく》別紙「地租改正条例」第六章に明記されるという異例の措置がとられた。関税自主権をとりもどす条約改正が思うようにすすまない状況のもとで、農民への課税を減らしたくても減らせない大蔵官僚の苦肉の策である。

ところで、大蔵省内部で作成されながら、ついに公表されなかった人民告諭書《こくゆしょ》という文章がある。これは地租改正が強権的な検地などと異なり、人民の納得《なっとく》ずくの協力のもとですすめられるようにとの趣旨から作成されたもので、とくにその冒頭部分はたいへん興味深い。

人民一方に聚《あつま》りて群をなし、言語風俗を同《おなじ》ふするもの、之《これ》を名《なづ》けて国《くに》といふ。国には必ず政府あり。政府は人民一統の好む所《ところ》に随て、規則を立《たて》、法令を布《し》き、其好む所の目的を達せしむる為に設けたる役所にして、其政府の官員は人民一統の総代に立《たち》て事を行ふものなり。（中略）此等《これら》の役所を設《もうく》る為《ため》には若干の費用を要する也。此《この》費用は国内の人民一統の為に消費するものなれば、国内の人民一統に割合《わりあい》て出さねばならぬ当然の務《つと》めにて、一村の入用は村中に割合、一郡の入用は郡中に割合て出金すると同じことなり。此割合金を名けて租税といふ。故に此租税の割合方は、一方に重くかけ、一方には軽く割当る等のことあることなく、公平正当に割合て出さしむるを以《もっ》て本旨とす。

政府の役人は「人民一統の総代」にすぎず、政府は「人民」のためにこそあるのだ、というこの国家論は、有司《ゆうし》専制を批判した、かの「民撰議院設立建白」と同質の近代国家論であり、ここに記された租税論は、そうした近代国家を前提とした近代的租税の本質を説いたものといえよう。

当時の大蔵官僚のなかに、このような内容の告諭書を草しうる人物がいたこと自体がおどろくべきことであるが、重要なことは、この冒頭部分があるために、この人民告諭書はついに公表されなかったという事実である。各府県地方官がそれぞれ作成、公布した地租改正告諭書は、この人民告諭書を原型としているが、冒頭の国家論・租税論はほとんどのばあいカットされているのである。

人民告諭書が発表されずに終わったことは、地租改正法令のなかにもりこまれた収益地価方式という、それ自体は近代的な租税制度が、その実施過程をつうじて後退、変質していくことを暗示するものであった。

押付反米への変質

収益地価は、地方官心得書《こころえしょ》に記された検査例第一則によれば、水田一反歩《たんぶ》（一〇アール）の収穫高を価額でしめし、そこから「種籾肥代《たねもみこえだい》」と地租・村《むら》入費《にゅうひ》を差し引いて純収益をもとめ、それをその地方慣行の利子率で割って算定するものとされた。そこでは必要経費が一五パーセントしかみとめられず、労賃や農具代などが考慮されていないうえ、利子率も実勢より低目におさえられて、高地価が算定される仕組みになっているなど、さまざまな難点があった。検査例でいえば、地価は反当たり収量（価額）に一定数八・五を乗ずるだけで自動的にもとめられるわけである。

そうした制約はありつつも、反当たり収穫量が農民の正確な申告を基礎に下からつみあげられていくならば、算定地価が土地の収益を正しく反映したものとなる可能性も強かったであろう。しかし、明治七年末までの改租状況（着手は半数の三六府県、完了は二県一郡）から、新地租が旧租額より約六

$$X(\text{地価})=\frac{P(\text{収穫米}\times\text{米価})-0.15P(\text{種籾肥代})-\left\{\frac{3X}{100}(\text{地租})+\frac{X}{100}(\text{村入費})\right\}}{0.06(\text{利子率})}$$

$$\therefore X=8.5P$$

図25　検査例第１則（自作地）

〇〇万円（約一六パーセント）もの大幅減額となる見込みであることを知った政府は、従来の実施方法を抜本的に転換した。

すなわち、明治八年三月に、それまで大蔵・内務両省に分割されていた地租改正事務の統一がきまり、同年五月、総裁に大久保参議兼内務卿、御用掛《ごようがかり》に大隈参議兼大蔵卿が就任し、三等出仕《しゅっし》の松方正義《まつかたまさよし》（大蔵少輔兼租税頭）と前島密《まえじまひそか》（内務少輔）――とくに松方――が事実上のリーダーとなった強力な地租改正事務局が発足した。そして、まず同年七月制定の地租改正条例細目により、中央から地方へ平均反収の「目的額」＝「内示額」をおしつけて減租を回避する地位等級制度が適用されることとなり、さらに同年一〇月には、改正事業がおくれたばあいは検見《けみ》法により収税するという強迫じみた布告を発し、農民の抵抗を排除しようとした。

地位等級制度というのは、土地丈量《じょうりょう》（土地の測量）が終わったところで、まず各郡・各村・各耕地の等級（相対的格づけ）決定をおこない、ついで府県の平均反収を確定し、順次それを下部へ割り当てていくという方式である。しかも、府県レベルでの平均反収の決定は、地租改正事務局の「目的額」＝「内示額」を下回ることはゆるされず、中央に非協力的な地方官は、岡山県や徳島県などのように更迭されることとすらあった。

松方正義（1835～1924）
薩摩藩士。政治家としてよりも財政家としての評価が高い。

中央から赴任《ふにん》した地方官の大多数は中央の方針に忠実であり、それを地方民衆へおしつけるべく懸命であった。中央の「見据《みすえ》」（査定）を村総代《むらそうだい》に吞《の》ませようとした石川県令の威嚇ぶりをしめそう。

官の見据は少しも動かず、縦令《たとい》富士山が崩るるとも見据は変ぜず。鉄槌《てっつい》を以《もっ》て打つとも見据は砕けず。然《しか》らば到底《とうてい》受くべきもの也《なり》。若《も》し之《これ》を受けざる時は太政官と首引の成敗《せいばい》を決せん。如何《いか》に成敗を決せんとて政府は堂々たるものなれば、瑣々《ささ》たる人民共の企て及ぶ所に非ず。之を受けざる者は朝敵なり、故に外国へ赤裸にして追放すべし。

このことばを、先に引用した政府の人民告諭書の文言と比較すれば、大蔵省租税寮の役人が当初考えていた近代的租税制度の構想がいかにゆがめられ、変質してしまったかがわかるであろう。当時、こうしたかたちで決定された反収を称して「押付反米《おしつけたんまい》」とよんだが、まさにこの押付反米こそが、地租改正の本質をしめすものであった。

地租は誰のものか

明治八年（一八七五）後半から強制的な色彩を濃くしながら急ピッチですすめられるようになった改租事業は、権力と農民のあいだの緊張を高めずにはおかなかった。明治九年には、茨城県の真壁《まかべ》暴動や三重県を中心とする伊勢暴動のように、軍隊の出動によって鎮圧される大闘争も激発し、士族反乱との合流をおそれた政府は翌一〇年一月に地租率を地価の三パーセント（三分）から二・五パーセントへ引き下げると布告し、かろうじて反対の波をおさえることができた。反対闘争は地租の高さにたいする反対からさらにすすんで、地租の一方的なおしつけそのものへの反対へと発展し、国会開設をもとめる自由民権運動に合流していくことになる。

改正地租の歴史的本質については、古くからこれを近代的租税とみる考えと、ブルジョア革命以前の半封建貢租とみる考えが対立してきた。ここでその論争にふかくたち入る余裕はないが、ブルジョア革命というのは、ブルジョアジーに代表される国民の私有財産権を保障する国家権力をつくりだす革命であった、という原点にたちもどってみなければならないと思う。そのさい、「もし何人《なんぴと》でも、人民の同意を得ないで、自分自身の権威によって人民に租税を賦課するという権力を要求するならば、彼はこれによって所有の根本法を侵害し、政府の目的を破壊することになる」（『市民政府論』傍点原文）というジョン・ロックのことばをかみしめる必要があろう。

イギリスのピューリタン革命における国王と議会の対立点は、つきつめれば、国王に臣民の財産を処分する権利があるという立場と、国民の私有財産権こそが絶対的なものだという立場との対立であり、そこに「衝突全体の核心」（A・L・モートン『イングランド人民の歴史』）があったのである。そして、私有財産権の絶対性を、ロックは、自分の労働によって自然の一部に手をくわえたという点によって基礎づけようとした。自分の労働は自分自身のものであるから、その労働によって手に入れたものは、その人の所有の対象としてみとめられるべきだというのである。

実際の所有のありかたは、むろんこのようなものばかりではないが、ブルジョア革命期には、労働に基礎づけられた私有財産権の主張は、たんに土地を支配するだけの封建領主への痛烈な批判となったのである。

このように考えると、地租の性格は、だれがそのありかたを決定するかという点によって最終的には判断されるべきであることがわかろう。かりに地租を支払ったあとの農民に、ある程度の余剰が残されたとしても、それが専制政府の一方的決定のもとであたえられたものであるかぎり、地租の本質を近代的とするわけにはいかない。どんなに経済的にまるまると太っても、みずからの手で租税のありかたや政府の政策を決定できない国民は、近代的市民としての資格はないのである。

君主専制を自称する大久保独裁体制は、その意味で世界史的にはブルジョア革命前の絶対王政に類比されうる権力形態であった。しかし、イギリスやフランスの古典的絶対王政とは世界史の発展段階に大きなちがいがあった。それは、自由民権運動の開始に対応してブルジョア議会制をとりこむ方向性をもつとともに、列強の外圧に対抗しつつ機械制大工業の移植を政策的に推進することを使命とする、特殊日本的な絶対王政であったというべきであろう。

第九章　ブルジョアジーの誕生

1　経済自力建設の路線

貿易赤字の累積

幕末の貿易収支が黒字つづきだったのと反対に、明治初年の貿易は図26、27に図示したとおり連年大幅入超《にゅうちょう》であり、赤字の累積額《るいせきがく》は当時の日本経済の実力からみてたいへんな額に達した。

もっとも、実際の累積額がどれくらいかとなると、当時の貿易統計は正確さを欠くので、ここでは『長期経済統計14』所引の建元正弘氏の修正値を利用したい。明治七年（一八七四）ころから金本位《きんほんい》を採用する国がふえたため、世界的な銀価の低落がはじまり、金貨と銀貨ではおなじ円でも差が生じてきた。ところが当時の貿易統計は、金貨国からの輸入は金円で、銀貨国からの輸入は銀円で評価し、そのまま合計している。そこで、輸出品と同様にすべて銀円で評価しなおしたのが建元推計の第一点である。その結果、原史料の赤字累積額（明治元～一〇年）五七六二万円は、八〇八万円ふえて六五七〇万円になった。

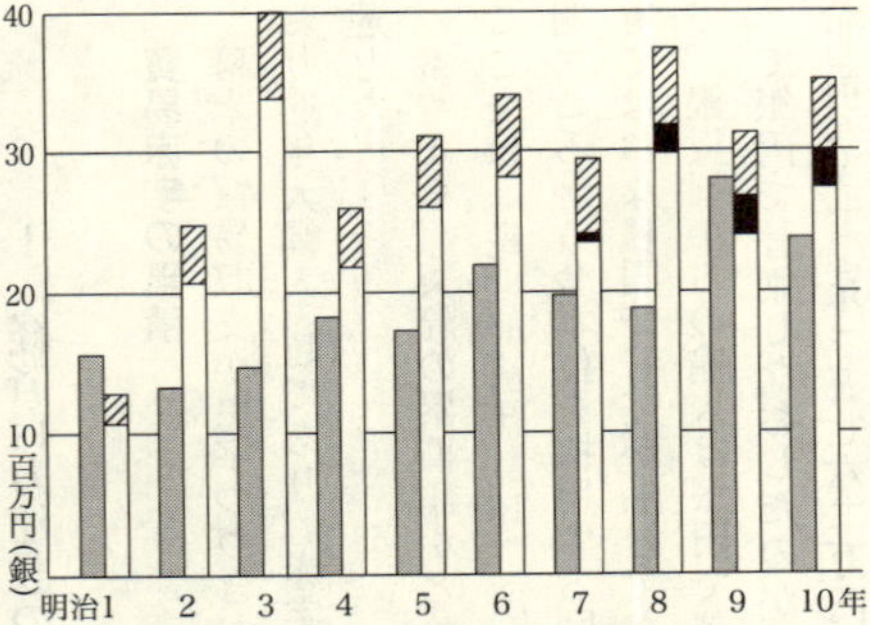

左側＝輸出，右側＝輸入（斜線は到着港価格への換算分，黒地は金銀混計を銀に統一するための加算分）。

図26　明治初年の輸出入額（全国）

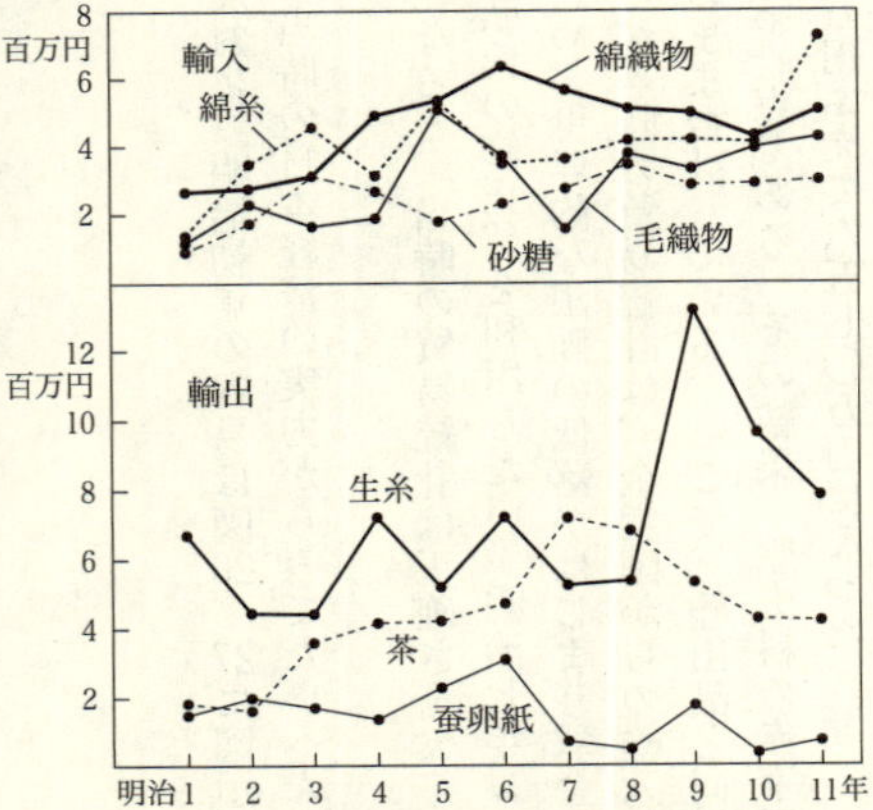

『横浜市史』資料編2〔増訂版〕による。

図27　明治初年の主要輸出入品（全国）

建元氏はさらに、当時の輸入額統計が到着港価格でなく積出港価格であることから、入超額を算出するには運賃や保険料をくわえねばならないと主張している。この第二点の建元推計によれば、先の一〇年間の赤字累積額はさらにふえて、なんと一億八八〇万円にも達するのである。

明治三年と六年の外債《がいさい》発行額は計三四〇万ポンド（約一六六〇万円）にすぎないから、慶《けい》応《おう》三年（一八六七）末の金銀貨在高一億三六七万両は明治一〇年までにほとんど流出しつくす計算になる。貿易赤字は、明治初年の日本経済をしだいに難局へとおいつめつつあったといわねばなるまい。どうして、そのようなことになったのであろうか。また、そうした窮迫した状況のなかから、日本経済の近代化がいかにして実現していくのであろうか。

貿易の中味を、図27に示した主要商品についてみると、輸入品では繊維《せんい》製品や砂糖《さとう》などがじりじりと増加している。図26でとくに輸入総額の多かった明治三年には米穀《べいこく》、八年には兵器・汽船の輸入が全体をおしあげているが、これはそれぞれ前年の凶作や台湾出兵が原因である。この図で注目したいのは、在来綿織物業の強敵である輸入綿織物の増加が明治六年で止まり、かわって綿糸輸入額がおいあげ、一一年にはついに綿織物を抜くことである。となりの中国ではこうした逆転がみられないのに、日本ではなぜ逆転が生じたかが問題となろう。あとでのべるように、明治七、八年という時点は、世界恐慌《きょうこう》により単価が急落した輸入綿糸をつかって、在来綿織物業が力強く再生しはじめる画期をなしているのである。

他方、輸出品の中心は生糸と茶の二品で、第三位の蚕卵紙《さんらんし》は明治七年以降、激減している。フランスの科学者L・パスツールが、猛威をふるった蚕《かいこ》の微粒子病を防ぐため、母蛾《が》を個体別に産卵させて検査する一蛾別採種法を考案し、その結果、伊仏両国の蚕種・養蚕業が再生したためである。それはまた、伊仏両国の器械製糸業をよみがえらせ、幕末開港以来、伊仏器械生糸にかわってもちいられてきた日本座繰《ざぐり》生糸は、深刻な輸出不振におちいった。

明治七、八年は、アメリカむけ製茶輸出の好調が生糸輸出の後退をカバーし、製茶輸出額が生糸輸出額を上回るという空前絶後の事態が生じている。だが、製茶輸出はその後、低迷しており、貿易バランスの動向は、生糸輸出の回復いかんにかかっていた。のちにみるとおり、座繰製糸の改良と器械製糸の開始へむけての苦しい転換期がこの明治七、八年だったのである。

外資排除の路線

『東京日日新聞』明治七年（一八七四）二月一四日号は、「横浜は開港以来未曾有の大不景気にて、舶来品の値段一昨年に比すれば三分の一なり。然《しか》るも更《さら》に買人なし」と記し、神戸港についても、二月二八日号で、「貿易商人及《およ》び小間物屋《こまものや》等の店追々《おいおい》減少せり。其他《そのた》何商売にても大不景気なり」と報じている。貿易赤字の累積《るいせき》が、外国製品にたいする購買力の減退をまねいているといってよかろう。

こうした状況を打開する処方箋《しょほうせん》として、来日した外国人が異口同音にとなえたのが外資導入による経済建設であった。たとえば、明治五年から日本政府に招聘《しょうへい》されたフランス人法律学者G・ブスケは、明治一〇年に著わした『日本見聞記』（野田良之・久野桂一郎訳、みすず書房）のなかで、日本の貿易赤字と財政赤字にふれつつ次のようにのべている。

このように日本は、蓄積資本を失い、目下のところは交換手段の補給が不充分なため、自分の土地の天然資源の開発ができない状態である。しからば、日本はこの停滞状態に永久にとどまらねばならないのだろうか。——否、決して。対策は極めて簡単で、一目瞭然《りょうぜん》である。不足しているのは産業資本である。それが国内にない以上、他に行ってこれを求めねばならない。ヨーロッパの財布に助けを求めるべきである。ヨーロッパは印度《インド》・オーストラリア・ブラジル・その他の地で行ったように、どこか新天地にその活動を広げることをこよなく望んでいるのである。

ブスケはつづいて、鉱山その他への外国人の直接投資をみとめる必要があると説くのであるが、同様な意見は開拓使《かいたくし》顧問のアメリカ人H・ケプロンものべており、大蔵省に雇われて銀行業務の指導にあたったイギリス人A・A・シャンドも外資導入論者であった。世界的な常識からすれば、資本蓄積の乏しい後発国が工業化をめざそうとするかぎり、外資依存はあたりまえのことであったといってよい。江戸時代の経済的遺産ともいうべき金銀貨の大部分をうしなった危機的状況ともなれば、なおさらのことであろう。

ところが、大久保ら日本政府首脳の方針は、外資をむしろ排除して経済の自力建設をはかる、というものであった。明治六年一〇月の「征韓」反対の意見書のなかで、大久保は、

亜細亜洲《あじあしゅう》中に於《おい》て、英《イギリス》は殊《こと》に強盛を張り諸州に跨《また》りて地を占め、国民を移住して兵を屯《たむろ》し艦を泛《うか》へて卒然不虞《そつぜんふぐ》の変に備へ、虎視眈々《こしたんたん》朝《あした》に告《つぐ》れは夕《ゆうべ》に来《きた》るの勢あり、然《しか》るに今我国の外債多くは英国に依《よ》らさるなし、若《も》し今吾国《わがくに》に於《おい》て不虞の禍難《かなん》を生し、倉庫空乏《くうぼう》し人民

貧弱に陥《おち》い《い》り其負債を償《つぐな》ふこと能《あた》はすんは、英国は必す之《これ》を以《もっ》て口実とし、終《つい》に我内政に関するの禍《わざわい》を招き、恐くは其弊害言ふ可《べか》らさるの極に至らん。

と、外国債の発行がもたらしうる対外従属の危険性を強調した。そして、明治三年と六年にロンドンで外債を発行したあと、日清《にっしん》戦後にいたるまで、政府による外債の発行はまったくおこなわれなくなる。

外国人による直接投資についても、政府は禁止を原則としていた。むろん、居留地内には数多くの製茶再製工場や造船所がたちならんでいたし、キリンビールの前身は明治三年の横浜居留地にW・コープランドが興《おこ》した醸造所であるというふうに、居留地での直接投資はみとめられていた。しかし、居留地の枠をこえて外国企業が内地へ侵入することは、きびしく排除されたのである。

欧米人が好んでねらう鉄道建設と鉱山開発のうち、鉄道は前述のように政府がみずから外債をつのり、外国人技師を雇って建設をすすめるかたちで直接投資を排除した。鉱山に関しては、明治五年三月に旧肥前《ひぜん》藩主鍋島直大《なべしまなおひろ》から高島《たかしま》炭鉱をオランダ貿易会社と共同経営したいと上申してきたのにたいし、政府はいそいで鉱山心得書を頒布してこれを拒否した。鉱山経営は日本人にかぎるという世界的に異例の本国人主義がうちだされたのである。この点は翌六年七月公布の日本坑法でより明確に規定され、高島炭鉱は七年一月に官収された。政府が高島炭鉱への外資投下を懸命になって阻止しようとしたのは、この一点が突破されると外商の内地通商権の排除策までもが全面崩壊しかねなかったためであろう。直接投資をいったんみとめれば、関係する外国人企業家と技術者の内地での営業活動は当然みとめなければならない。そして、オランダ人にみとめた権利は、最恵国《さいけいこく》条項により、ただちに他の外国人へもあたえられてしまうのである。

　内地侵入を試みる外商は、豊富な資力をもつだけでなく、領事裁判権にまもられていた。一種の治外法権をもった強力な外商が居留地の限界をこえて内地へのりこめば、劣弱な日本商人が国内流通機構からもしめだされるおそれは十分にあった。

明治六年二月の生糸改《きいとあらため》会社規則により、政府が横浜生糸売込み商と地方生糸商を指導して組織させた生糸改会社は、粗製濫造の防止を表向きの目的にかかげていたが、その真のねらいは外商の内地侵入を阻止することであった。輸出生糸の流通ルートを、製造人↓地方改会社↓開港場改会社↓居留地外商、と一本化することにより、外商の活動を居留地内に封じこめようとしたこの試みは、自由貿易原則に違反するシルク・ギルドだとする外商と外国公使のきびしい抗議をまねき、政府は入退社の自由と取引きの自由を承認せざるをえなかった。だが、その裏側で、政府は各地方改会社に外商（および使用人）との直接取引きの禁止を指令しているのである。

しのびこむ外資

外資排除をめざす政府の規制にもかかわらず、資金不足の国内経済界へは、さまざまなかたちで外資がしのびこんだ。もっとも、外資といっても金融の世界的中心地ロンドンにおける募債《ぼさい》は前述の二回の国債だけで、投資の主体は開港場に上陸した外国商社や外国銀行である。

一八六六年（慶応二）恐慌によって、それまで自己勘定《かんじょう》＝見込み取引きで多大の利益を得てきた巨大商社のうちにも、デント商会のように破産するものが生じ、一八七一年（明治四）に長崎までとどいた海底電線は、手数料収入めあての中小商社の活躍をささえ、商社間競争を激化させた。そのことは、居留地の枠をこえでようとする外商の蓄積衝動を強めずにはおかなかったであろう。

明治六年には、横浜のドイツ商社クニッフレル商会の日本人手代《てだい》が、上州《じょうしゅう》へ蚕種《さんしゅ》仕入れに出向き、政府に買荷を差し押さえられる事件が発生しているが、これはたまたま手代が外商に雇われていることを公言したために事件となったまでで、同様なかたちでの産地仕入れは無数におこなわれた可能性がある。横浜最大の製茶売込み商の大谷嘉兵衛《おおたにかひょうえ》商店につとめていた山口金太郎（明治六年生）の話では、明治元年にスミス・ベーカー商会から独立開店したとされる大谷は、その後も同商会の番頭をつづけ、大谷商店の入荷の大部分を同商会へ売りこんでいたという。中国におけるコンプラドール（買弁《ばいべん》）と類似した経営形態を大谷はかなり長くたもっていたわけである。このばあいにも、外商の資金を大谷が使用したことは、ほぼまちがいない。

外商の投資残額が一〇〇万ドル台という巨額に達した事例としては、ジャーディン・マセソン商会による高島炭鉱への投資がある。同商会横浜支店のE・ウィッタルは、香港《ホンコン》本店からおくられる輸入品の売上代金を無断流用して、後藤象二郎《ごとうしょうじろう》が鴻池《こうのいけ》ら大阪商人と組んで設立した金融・商業機関蓬萊社《ほうらいしゃ》へ融通し、明治六年度中の延《のべ》融通額は一五〇万ドルに達した。ところが、蓬萊社の事業は失敗つづきで、貸倒れを心配したウィッタルは、七年一一月に後藤が高島炭鉱の払下げをうけると、後藤のもとめに応じてあらたな融資を次々とおこない、同炭鉱の利益から貸金回収をはかろうとした。

だが、かれらの目論見《もくろみ》ははずれ、商会側の計算によると後藤への貸金残高は明治一一年には一三〇万ドルをこえ、ついに商会香港本店がのりだす訴訟事件に発展する。貸金のうち炭鉱用機械の購入や賃銀支払いにあてられた部分はごく一部で、多くは商会以外からの蓬萊社旧債の返済につかわれたため、火災・暴動がくりかえされ、商会貸金回収のめどがたたなくなったのである。

しかし、裁判となると日本坑法違反の事実がうかびあがり、商会の立場は弱くならざるをえない。事件は、最終的には大隈重信《おおくましげのぶ》の仲介により、一四年三月に岩崎弥太郎《いわさきやたろう》が同鉱山をひきとり、商会は即金二〇万ドルで手を引いて決着した。ジャーディン・マセソン商会の高島投資は、結局、日本政府の外資排除政策のぶあつい壁に激突して挫折したのであり、同商会の経営多角化は、以後、もっぱら香港・上海《シャンハイ》を拠点に中国においてすすめられていくこととなる。

民業育成の政策

では、このように外資を排除しつつ、政府はどのようにして世界市場に伍《ご》していける経済の自力建設をおこなおうとしたのであろうか。内務省勧業寮を中軸とする新政策の特徴は、輸出振興・輸入防遏《ぼうあつ》をめざす民間産業の振興であり、従来の工部省による官営事業中心の政策から大きく転換した。

工部省官営事業の中心であった鉄道建設は、東京─横浜間の開通につづいて、七年五月に大阪─神戸間が開業し、西南《せいなん》戦争がはじまる一〇年二月には大阪─京都間も開業するが、八年以降の工事費は急減した。八年一月の大隈建議にみられるように、政府部内では鉄道建設より海運近代化を先行させるべきだとの説が強まり、後述する三菱《みつびし》保護政策がすすめられる反面、華族《かぞく》有志の東京鉄道組合へ東京─横浜間鉄道を払い下げる約条までむすばれたのである（九年八月。のち取り消し）。

工部省事業の中心は、こうして鉱山にうつり、釜石《かまいし》鉄山での新高炉《こうろ》建設がはじまるとともに、三池《みいけ》炭鉱での採炭が本格化した。かつての非鉄金属鉱山重視とことなり、工業力の基礎である「鉄と石炭」の重要性が確認され、それと関連して兵庫・長崎造船所や東京の赤羽《あかばね》工作分局も拡充された。

これにたいして、内務省直営事業は農牧業と農産加工が主柱をなした。農牧業では、内藤《ないとう》新宿《しんじゅく》（東京）試験場が西洋種の果樹・穀菜の試植と配布につとめ、下総《しもうさ》牧羊場は輸入毛織物への対抗をめざしてメリノー種の増殖を試みた。また、農産加工では、大蔵省から富岡《とみおか》製糸場をひきつぎ、新町《しんまち》（群馬）屑糸《くずいと》紡績所、千住製絨所《せんじゅせいじゅうしょ》、愛知・広島両紡績所、紋鼈《もんべつ》（北海道）製糖所を設立した。

これらはしかし、欧米技術の機械的模倣にすぎず、民間への技術導入のパイプ役としての役割は製糸・紡績などで若干、果たされるにとどまった。技術水準の上昇という点では、内務省統轄下の府県に設けられた勧業場《かんぎょうば》などをつうじて、国内最高水準の技術伝播が急速にすすんだことのほうが、むしろ注目されねばならない。西陣《にしじん》・桐生《きりゅう》の織物技術、群馬・福島の養蚕技術、宇治《うじ》の製茶技術などが府県を介して後進地へスムーズにつたえられていく事態は、統一国家になったからこそ可能であったといえよう。

政府が民間会社や個人にたいして、さまざまなかたちで財政資金の貸付けをおこなったことも、この時期の特徴であった。ここでは、その中心をなした

	融資先	年度	融資額（返納率）
会社	三菱会社	明治8-12	2,479,940（77）
	広業商会	明治10-13	670,000（10）
	三井物産会社	〃	625,000（85）
	起立工商会社	〃	310,000（3）
	新燧社	〃	310,000（34）
	東京為替会社	〃	300,000（9）
	上毛繭糸改良会社	明治14	300,000（—）
	日本商会	〃	262,004（—）
	其他共計(33口)		7,339,697（49）
個人	五代友厚	明治8-12	690,660（8）
	渋沢・益田・原	明治10	500,627（37）
	島津忠義	明治12-15	251,062（100）
	岩倉具視	明治9，10	240,000（100）
	川崎八右衛門	明治9	200,000（100）
	田中平八	明治9	186,000（98）
	後藤象二郎	明治8	150,000（100）
	笠野吉次郎	明治12	150,000（100）
	其他共計(25口)		3,199,508（64）

ほかに府県経由17口，81万円，銀行26口，4164万円がある。
石井寛治『日本経済史』を一部訂正。

図28　準備金の民間融資

「準備金」（二七一ページ参照）からの会社・個人貸を表示しておく（図28）。会社貸のトップを占める三菱会社は大久保の海運助成策の対象であり、広業商会《こうぎょう》以下の四社は直《じき》輸出資金の貸付けを直接うけたもの、上毛繭糸改良会社《じょうもうけんし》と日本商会は横浜正金《しょうきん》銀行経由で直輸出資金を貸与されたもので、三井物産以外への直輸出資金貸はほとんど貸倒れに終わっている。最大の個人貸をうけた五代友厚《ごだいともあつ》は、薩摩《さつま》出身の政商《せいしょう》で、大久保とのコネにより大製藍所《せいあい》朝陽館《ちょうようかん》の創設資金五〇万円を無利子で借り出している。渋沢栄一《しぶさわえいいち》が益田孝《ますだたかし》および原善三郎《はらぜんざぶろう》と借りた資金は、過剰な輸出蚕種を横浜で始末したさいの緊急融資、島津忠義《しまづただよし》への融資は鹿児島県内での鉱山事業のためのものである。

このように、準備金の貸付けは群馬県の蚕糸農民が結成した上毛繭糸改良会社など豪農層への融資も若干ふくまれるとはいえ、大部分は政府高官とのコネをもつ特定政商へ集中的におこなわれた。もっとも、政府資金を利用しえた政商にも発展する者と挫折する者があり、けっして一様ではない。あとでいくつかの事例に即してその点をみるが、その前に一地域としてはきわめて多額の政府資金が投入された点で別格あつかいされた北海道の開拓使《かいたくし》事業について一瞥《いちべつ》しておこう。

開拓使事業の屈折

明治三年（一八七〇）五月に開拓次官となった黒田《くろだ》清隆《きよたか》（七年八月、長官に昇任）は、鹿児島出身官僚によって開拓使をかためつつ、アメリカからケプロン以下の顧問団をまねいてその助言のもとに開拓事業をすすめた。

政府はロシアにたいする国防上の要請もあって、北海道の開発を重視し、明治五年から一〇年間毎年一〇〇万円の政府資金を投下することをきめた。以後一五年二月に廃止されるまで、開拓使は管内漁民からの収税六八五万円ももちいつつ、合計二〇〇〇万円以上の事業投資をおこなっている。

当初はケプロンの雄大な開拓構想にしたがい、土地測量や道路整備など、移住者受け入れのための基礎事業を重視していた黒田は、六年一一月にケプロンの批判を無視して、基礎事業のいちおうの完了を宣言し、官業中心の産業振興に力を注ぎはじめた。窮迫する財政事情のもとで、黒田としては一刻もはやく開拓の成果をうみださねばならぬというあせりがあったのである。ケプロンは八年五月かぎりで帰国した。

開拓使は、アメリカの化学者W・S・クラークを明治九年、教頭にまねいて設立した札幌農学校や官園（農事試験場）において、技術者の養成と西洋式農法の導入をはかりつつ、ビール・製粉・精糖・製麻などの各種工場を設立し、鉱山開発や鉄道建設にも巨費を投入した。だが、その割には開拓使事業の成績は悪く、その廉価払下げをめぐる事件は、のちに明治一四年政変の契機となるのである。

旧幕時代から日本人商人や漁業家による過酷な収奪をうけて人口が減少気味であったアイヌは、開拓使による日本語奨励や毒矢使用禁止をはじめきびしい同化政策のもとにおかれた。その日本人漁業家の活動は、ケプロンの開拓構想では振興の対象に予定されていたが、六年一一月の政策転換以降、開拓使は漁業を産業振興の対象からはずし、広業商会に昆布輸出を独占させるなど流通面からの規制を強めた。こうして、日本人漁民もまた、開拓使事業のもとで発展の展望を閉ざされることになるのである。

2 諸政商の浮き沈み

ケプロン（1804〜85） 来日したときは68歳の高齢。左から２人目。

アイヌとクラーク博士（1826〜86） 樺太千島交換条約で札幌近郊に移った樺太アイヌに関心をよせる博士。

政商とは?

政府の殖産《しよくさん》興業政策とむすびついてもっとも大きな利益をあげたのは、いわゆる政商であった。「政商」ということばをはじめて自覚的に定義してもちいた山路《やまじ》愛山《あいざん》は、その著『現代金権史』（明治四一年）のなかで、「政府が自《みずか》ら干渉して民業の発達を計るに連れて自《おのず》から出来たる人民の一階級あり。我等《われら》は仮りに之を名づけて政商と云ふ」と記している。

山路は政商を中国にも江戸時代の日本にもない独特の存在としているが、政府との特権的結合を基礎に活動する前期的資本家（商人・高利貸）という意味に解すれば、それは西欧の絶対王政期に出現した初期独占と基本的に共通した性格のものとみてよい。

政商のなかには、三井《みつい》・小野《おの》・住友《すみとも》のように旧幕時代からすでに巨大な蓄積をなしとげていたものもあれば、三菱《みつびし》・五代《ごだい》・安田《やすだ》・古河《ふるかわ》・大倉《おおくら》のように、幕末維新期に急速に頭角をあらわして致富《ちふ》したものもある。いずれにせよ、いま問題にしている明治初年ないし明治前期は、政商としての活動の最盛期であり、ある者は経営の多角化をすすめてやがて財閥に成長転化していくが、ある者は経営に失敗して没落の道をたどったのである。

では、政商が活動していた当時、かれらは何とよばれていたのであろうか。この点の検討はまだ十分でないが、「御用《ごよう》商人」といういいかたがもっとも多かったのではないかと思われる。

たとえば「官有物払下《かんゆうぶつはらいさげ》」を論じた『朝野《ちようや》新聞』明治一九年（一八八六）五月二一日号は、「繁昌《はんじよう》せるものは世に謂《い》ふ所の御用商人なる者にて、或《あるい》は政府の保護を受け、或は官金を借用したる等世間普通の外に在る事業家にして、即ち政府を以《もっ》て商業の泉源と為《な》したる者なり」とのべ、『国民之友』一九一号（二六年五月）は、「議員と御用商人」と題する記事で、「当路官吏と結託《けったく》して濡手《ぬれて》で粟《あわ》の奇利を博《はく》したる」御用商人が、国会開設後はさらに議員の歓心をもとめ、結託せんとしている、と指摘している。このいいかたは、江戸時代以来の用語の転用であり、三井組・小野組を「明治政府の御用達《ごようたし》商人の重立《おもだち》たるもの」（『太陽』三巻七号、三〇年四月）とよぶいいかたも、同類だといってよい。

あたらしい表現としては、明治一四年八月に開拓使官有物払下げを批判した演説会で、福《ふく》地《ち》源一郎《げんいちろう》が「寵商《ちょうしょう》」ということばをつかっている。「我国民の共有物を或は無代価にて一、二の寵商に譲与《ゆずりあた》へ或は低価にて一二の商会に棄売する」（『東京日日新聞』一四年八月二九日号）とはなにごとか、と批判しているのである。傑作は、徳富蘇峰《とくとみそほう》が明治二一年二〜四月の『国民之友』に連載した「田舎紳士《いなかしんし》」論で使用した、「世の所謂《いわゆ》る電気商人」という表現であろう。「其筋《そのすじ》の御意《ぎょい》を得る」ことを「一種の電気に感する」ことと表現しているのは、普及しはじめた電灯のまぶしさにおどろく当時の人びとのようすがうかがえておもしろい。

「政商」という表現も、なかったわけではない。『国民之友』二九五号（二九年五月）が、「政商の弊《へい》」と題して帝室財産払下げの周旋《しゅうせん》をして利益をえるといったたぐいの「政商」を批判しているのは、その一例といえよう。もっとも、ここでの政商は仲介者をさしており、払下げをうけた三菱＝岩崎を政商とよんでいるのではない。その意味で、明治前期の「御用商人」を「政商」とよんだのは、やはり山路愛山の独創であり造語であったとかんがえるべきであろう。

以下、代表的政商である三井と岩崎をとりあげ、それぞれ小野と五代に対比しつつ、発展の条件をさぐってみたい。

三井組対小野組

鳥羽《とば》・伏見《ふしみ》の戦いがはじまるまでは、幕府側と朝廷側へ双股《ふたまた》かけたかたちで接触し、双方へ献金をしていた三井家は、その後、はっきりと新政府支持の態度をしめし、小野家・島田家とともに、慶応《けいおう》四年（一八六八）二月には新政府の会計事務局為替方《かわせがた》となり、会計基立金《もとだてきん》の募債や金札《きんさつ》の発行などに協力した。かれらの支持を得たことによってはじめて、維新政権は旧幕府側を圧倒できたのである。

三井・小野・島田の三家は、いずれも京都を本拠として商業・金融業を手びろくいとなんでいたが、幕末における営業状態は、かならずしも良好とはいえず、資力の点では、大坂を本拠とする鴻池家《こうのいけ》のほうが断然優位にあったといわれる。鴻池家も会計基立金の募債には他の大坂商人とともに協力しているが、その態度はきわめて消極的であった。それはおそらく、大名貸《だいみょうがし》に営業の主力をおいていた鴻池家などのほうが三井家などよりもはるかに幕藩体制に密着し、その支配体制と一体化していたためであろう。鴻池家が新撰組《しんせんぐみ》をたよりにして資金援助をした（一三二ページ参照）のは、けっして偶然ではないのである。政商路線にのりおくれた鴻池家は、第十三国立銀行（明治三〇年に鴻池銀行）を設立し、明治期いっぱいは全国有数の富豪の座をたもつが、以後、その地位の低下はおおいがたい。

三井・小野・島田三組にとって維新政権への加担は、当初、大きな賭けであったが、同政権の支配力がかたまるにつれて、為替方《かわせがた》三組は巨額の官金をあずかり、運用することができるようになった。官金取扱いについて、もっとも積極的だったのは小野組である。維新政権の最初の財政責任者由利公正《ゆりきみまさ》の回顧によれば、鳥羽・伏見の戦いがはじまったとき、まず軍資金の相談相手にえらんだのは小野家の番頭西村勘六《にしむらかんろく》であり、西村が三井・島田両家をさそったという。慶応二年（一八六六）に三井家へ雇われ、維新期の三井組の政商活動の総責任者となる三野村利左衛門《みのむらりざえもん》は、幕府関係業務をあつかう三井御用所の担当者として江戸で活動中であり、このころ京都にはいない。

明治七年一〇月ないし一一月当時の官金預り高をみると、図29のように小野組が第一国立銀行をおさえてトップの地位を占め、三井組はかなり劣る第三位にすぎない。これは、三井組が大蔵省為替方の地位を第一国立銀行にうばわれただけでなく、府県為替方への進出の点で小野組に大差をつけられた結果である。明治六年ごろの府県為替方については、三井組が二府一三県、小野組が二六県、三井・小野組共同が一府二県、島田組四県、という数値があり、小野組が圧倒的に優勢であったことがうかがえよう。

官金その他の運用において、もっとも多彩な活動ぶりをしめしたのも小野組であった。米穀や生糸の取引きを盛大におこなった点は小野組も三井組も似ているが、小野組の特徴は器械製糸業や鉱山業への投資を積極的におこなったことである。

明治三年一〇月、小野組では番頭古河市兵衛《ふるかわいちべえ》の提案により、前橋《まえばし》藩営器械製糸場の設立・指導をおえたばかりのスイス人技師C・ミューラーを雇い入れ、東京築地《つきじ》入船《いりふね》町に六〇人繰《く》りのイタリア式器械製糸場を設立した。民間最初の洋式製糸場である。その後、小野組は福島二本松《にほんまつ》や長野各地に器械製糸場をみずから設立し、また資金援助をおこなった。

東北地方諸鉱山にたいする小野組の投資も活発であった。小野一族では、鍵屋《かぎや》権右衛門《ごんえもん》家が南部《なんぶ》藩釜石《かまいし》鉄山の御用達として、幕末から同鉱山の実質的経営者の地位にあったが、維新後、小野組を結成した井筒屋《いづつや》善助《ぜんすけ》家（および助次郎家・又次郎家）のばあいは、明治五年一〇月から横浜引取り商岡田平蔵《おかだへいぞう》の阿仁《あに》や院内《いんない》（秋田県）をはじめとする諸鉱山の経営に資金融通するかたちをとり、七年一月に岡田が急死したあとは、それらをひきついで小野組糸店の古河市兵衛が直接経営にあたった。のちの鉱山王古河の出発点は、このときの経験にあったといってよい。

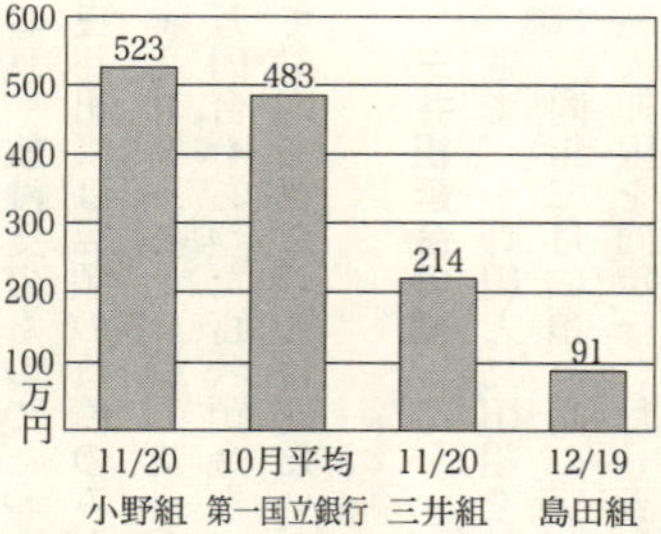

図29　官金預り高の比較（明治7年）

これにたいして、三井組の資金運用の中心は、諸商人その他への貸付けであった。その点に着目し、小野組や島田組の放漫経営に比して三井組の堅実経営ぶりを強調する研究がこれまで多かったが、貸付けの実態は「金がフンダンにあるものだから無理に貸付けた。其貸が固定していけなくなったのです」という東京店担当者の回顧談がしめすとおり、放漫そのものであった。八年六月末の調査では、不良貸三五三万円余を差し引くと、三井組には巨額の負債のみがのこるという深刻な事態になっていた。第一国立銀行が、すぐあとにのべる七年二月と一〇月の官金抵当令《ていとうれい》および同増額令に接するや、六年末には六〇〇万円台もあった官公預金を、貸付け金回収その他をつうじて一挙に二〇〇万円台まで減らして対応できたのとは、たいへんなちがいであったといわねばならない。

三井組延命の鍵

さて、小野組と島田組を破綻《はたん》させた明治七年（一八七四）一〇月二二日の官金抵当増額令は、同年二月に預り高の三分の一と定められていた抵当を預り高全額相当にふやし、しかも納入期限を同年一二月一五日とするというきわめてきびしいものであった。このような増額令がだされた契機としては、台湾出兵による中国との開戦の危機が切迫していた事実がもっとも重視されるべきであろう。戦費調達のためには、政商の一つや二つつぶれることなどかまっていられないというほどの緊張感が、当時の政府内部にみなぎっていたのである。

為替方《かわせがた》御三家のうちで、三井組だけがこの難局をのりきることができた理由について、かつては政府の特別な保護があったとの推測がなされたり、三井組の経営の堅実さが強調されたりした。だが、前者は政府が三井組にたいしてだけ株券を抵当としてみとめた事業のほかは実証されておらず、後者のあやまりはすでに指摘した。近年あきらかにされたのは、この危機にさいして三井組がオリエンタル銀行横浜支店から一〇〇万ドルにおよぶ巨額の融資をうけたという事実である。外国銀行とのそうした強力な資金パイプを確保していたことが、三井組延命の最大の鍵《かぎ》だったとみてまちがいなかろう。

三井組とオリエンタル銀行の関係が緊密化したのは、明治二年に同行が日本政府と貨幣鋳《ちゅう》造《ぞう》条約をむすび、三井組もまた明治四年に新貨幣為替方に単独で任命され、それぞれ外国人と日本人相手の古金銀回収と新旧貨幣の交換を担当するようになってからである。幣制《へいせい》の中枢にまでくいこみ、外国銀行とも密着していたことが三井組にさいわいした。

だが話はこれで終えるわけにはいかない。明治九年七月に三井組をひきついで発足した三井銀行が、経営難におちいりかけたオリエンタル銀行からのきびしい返済要求に直面して、あらたな窮地にたたされたからである。もしも返済不能となれば、抵当に差し出した三井銀行全株の半分がオリエンタル銀行のものとなり、外資による日本の金融中枢の制圧と三井家の没落という事態が生ずるであろう。

三井高福（右）と三野村利左衛門　幕末の三井家当主高福（たかよし）は，両替屋三野村を登用した。

進退きわまった三野《みの》村《むら》利左衛門《ざえもん》は、大隈重《おおくましげ》信《のぶ》大蔵卿《きょう》とくりかえし交渉の末、九年七月に発足した三井物産が政府米の輸出をあつかい、オリエンタル銀行からあずかる輸出代金の前払いの大半を三井銀行の借入金返済に一時流用するという保護をひきだすことにようやく成功した。こうして三井家存続のめどをつけた三野村は、翌一〇年二月、胃癌《いがん》のため力つきて死去するのである。

岩崎対五代

幕末維新期の激動のなかにおいて、その精力的な企業者活動をつうじて政府とむすびつき、みるみるうちに日本最大の政商にのしあがったのは、土佐藩《とさはん》の地下浪人《じげろうにん》（元郷士《ごうし》）出身の岩崎弥太郎《いわさきやたろう》である。

岩崎は土佐藩士後藤象二郎《ごとうしょうじろう》のひきたてにより、慶応《けいおう》三年（一八六七）から藩営商会の仕事にたずさわり、長崎や大坂で活躍し、明治四年の廃藩置県《はいはんちけん》にさいして汽船夕顔船および鶴船その他の払下げをうけて独立の海運業者になった。このときの汽船二隻の払下げ代価四万両は、夕顔船＝太平丸を土佐藩が外商から買ったときの原価一五万五〇〇〇ドル（慶応二年）、鶴船＝千年丸のおなじ原価一〇万ドル（明治三年）と比較して、かなり有利であったといえよう。

岩崎は、明治六年（一八七三）三月に三菱商会を名のる前には三川《みつかわ》商会と称したが、それは実務担当の川田小一郎・石川七財・中川亀之助の三名の「川」をとったものであった。この事実が象徴するように、岩崎には有能な協力者が多く、アメリカに留学した弟弥之助《やのすけ》は、慶應義塾《けいおうぎじゆく》や開成《かいせい》学校（のちの東京大学）の出身者のリーダー格をつとめた。

ライバルの日本国郵便蒸気船会社が一〇隻の政府払下げ船を擁し、東京為替会社などの資金的援助のもとに半官半民の大会社として活躍したのにたいし、三菱商会はアメリカのウォルシュ・ホール商会やイギリスのオールト商会などの在日外商からさかんに資金を借り入れて、汽船の増加をはかった。三菱商会の強味は、社員の結束と庶民的な顧客サービスにあり、規模と特権においてまさるライバルをおいつめていった。

明治七年五～一二月の台湾出兵は、三菱商会がまさに政商として飛躍する画期となった。同年七月二八日に、台湾蕃地《ばんち》事務局が三菱商会に「蕃地海運御用」を命じたのは、ブリティッシュ・コロンビア大学のW・D・レイ氏の大著『三菱と日本郵船』（W.D.Wray, *Mitsubishi and the N.Y.K., 1870-1914*）もあらためて強調しているとおり、米英の中立宣言で傭船《ようせん》計画が挫折したうえ、たのみの郵便蒸気船会社に協力をことわられた大隈の最後の手段であった。台湾での戦闘は終了していたが、北京《ペキン》での大久保《おおくぼ》利通《としみち》の交渉のゆくえは予断をゆるさず、三菱商会は所有船と政府購入の汽船九隻をもちいて、年末にいたるまで台湾とのあいだの兵士・武器・食料の輸送に従事したのである。

岩崎弥太郎（1834～85）
実業家。土佐の元郷士の出で，大財閥を築く。絶倫の気迫と行動力を持つ。酒豪であった。

三菱商会の力が台湾へむけられているあいだに国内航路を独占しようとした郵便蒸気船会社は、七年一一月の小野組破綻の影響で窮地におちいった東京為替会社から借入金四〇万円の返済をせまられていきづまり、翌八年六月に解散した。

政府の期待にこたえた三菱商会は、かねてからの約定《やくじょう》により、その後も官船の委託をうけ、

五代友厚（1836～85）
薩摩藩士随一の開明派。下野して，大阪財界のリーダーになる。

八年一月には政府の命により上海《シャンハイ》航路を開設した。そして、同年五月に大久保内務卿《ないむきょう》が提示した海運政策についての三つの選択（⑴自由放任、⑵民業保護、⑶海運官営）のうち第二案が裁可されたことにより、三菱会社保護が決定されていく。

八年九月の第一命令書は、三菱会社に委託中の官船一三隻の無償下付と、年二五万円の助成金給付を定め（翌年の第二命令書で一四年間の継続給付確定）、さらに、旧郵便蒸気船会社から買い上げた一七隻が三菱会社へ無償下付された。こうして国内最大の海運業者になった三菱会社は、上海航路からアメリカの太平洋郵船会社やイギリスのP＆O汽船会社を駆逐し、明治一〇年の西南戦争では約一二二万円の巨利をえた。その一部をもちいて、無償で下付された船舶の代価をあえて支払うことにより、岩崎は政府への自主性を獲得し、その後の経営多角化をきりひらくことになる。

岩崎弥太郎のこうした軌跡と対照的なのが薩摩《さつま》藩士五代友厚《ごだいともあつ》の活躍と挫折の歩みである。

明治二年七月、会計官権判事《ごんのはんじ》を辞した五代は、大阪に金銀分析所を開設、古貨幣を吹き分けて造幣寮《ぞうへいりょう》へ納入し、巨利を博した。ついでその利益をもとに各地の金属鉱山を買収し、弘《こう》成館《せいかん》のもとに経営した。小野組の資金も導入され、のちには第一国立銀行から融資をあおいだ弘成館傘下の四金属鉱山産額は明治一〇年には約一三万円に達し、住友別子《べっし》銅山（愛媛県新居浜市）の産額約二五万円につぐ地位を占めている。

だが、その損益を福島県半田《はんだ》銀山についてみると、図30に示したとおり最初は損失つづきであり、一〇年代中葉の高利益も、それまでの創業費合計約二六万円を差し引いて評価せねばならない。

もっとも、当初は奈良県天和《てんわ》銅山や岡山県和気《わけ》銅山が利益をあげていたが、それらをくわえても明治一〇年の「各山差引」は推定二万円台の黒字、一二年のそれは一万円台の赤字で、あまりかんばしい成績ではない。

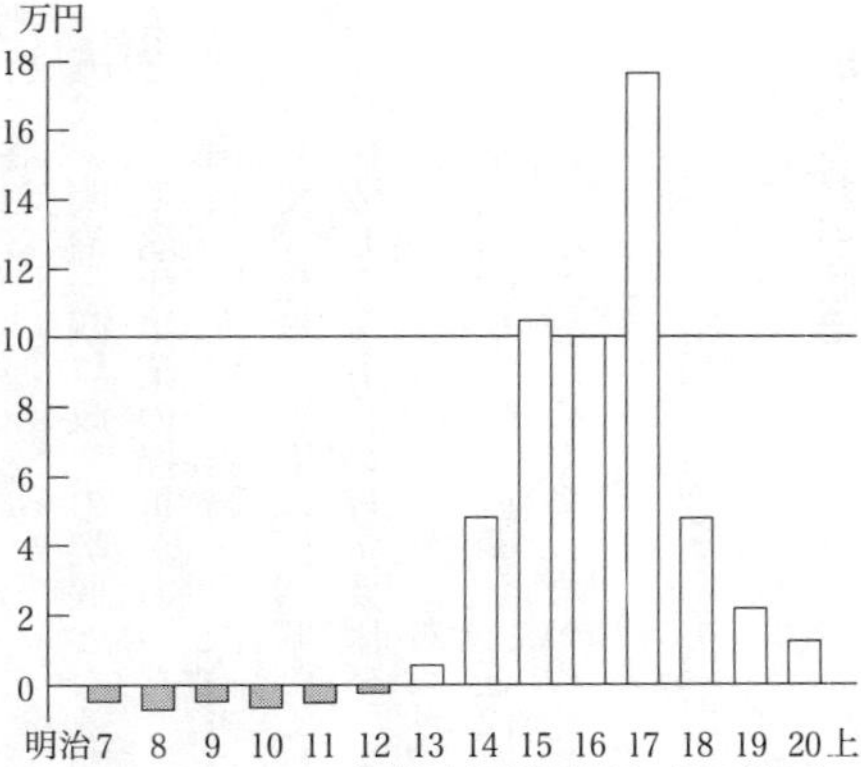

『五代友厚伝記資料』第3巻より。

図30　半田銀山損益

弘成館とならぶ五代の大事業は、朝陽館《ちょうようかん》による近代的製藍《せいあい》業であった。インディゴ（インド藍）の輸入に対抗しようと、明治六年から阿波《あわ》藍を原料にインディゴの試作をはじめた五代は、前述のように（三二二ページ参照）大久保利通にたのみこんで政府準備金から五〇万円を無利子で貸与してもらい、九年九月、大阪に朝陽館を設立した。

だが、中国その他への輸出もめざした壮大なこの事業は、製品の価格高と代金回収難で挫折に終わる。

五代が明治一四年政変の契機となる開拓使官有物払下げにかかわった背景には、かれの事業とくに朝陽館事業の挫折があった。五代の画策は北海道航路に進出していた三菱会社の利害とも衝突し、大隈・岩崎・福沢諭吉《ふくざわゆきち》らによる反撃をまねき、払下げは失敗する。

こうして、生没年ともほぼ岩崎弥太郎と同じ五代友厚は、岩崎と異なり政商から財閥への転身に失敗した。五代の挫折要因は、岩崎ほど巨額の政府援助をうけえぬままリスクの大きい新事業に手をひろげたことにあった。また、東の渋沢栄一《しぶさわえいいち》とならび称されるほどさかんな財界世話役活動を大阪で展開した五代だが、その企業者としての活動を身近にあってささえるすぐれた協力者にめぐまれなかったことも、かれの敗北の原因といってよかろう。

3　製茶農民と蚕糸農民

広がる茶樹栽培

明治初年に停滞・衰微する生糸《きいと》・蚕卵紙《さんらんし》貿易と対照的に輸出をのばしたのが製茶貿易であった。その輸出先は、図31に示したようにアメリカに集中し、横浜港と神戸港からサンフランシスコへおくられる大量の緑茶の輸入によって、アメリカはこの年はじめて日本にとって最大の輸出相手国となった。しかし、その地位が安定するのは、対米茶輸出にくわえて対米生糸輸出が大きくのびる明治一二年（一八七九）以降のことである。アメリカの経済は、南北戦争以来の急速な発展により一八八〇年代をつうじて工業生産額がイギリスをぬきさるが、そうしたアメリカ経済としっかりむすびつくことにより、日本経済の発展も可能となったのである。

当時のアメリカ人の飲料の中心はコーヒーであり、イギリス人は中国さらにインド・セイロン（スリランカ）産の紅茶を好んでいた。内務省勧業寮では紅茶製造技術の移植をはかったが、半奴隷的労働に立脚するインド・セイロンのプランテーション経営産出の低廉な紅茶にはとうてい対抗できないことが判明する。日本茶輸出といえば、したがって、アメリカむけ緑茶輸出にほぼ限定されたが、アメリカでは先輩の中国緑茶をしだいにおいあげ、ついに明治七年にこれを凌駕したのであった。

煎茶《せんちゃ》を中心とする緑茶輸出はその後さらにふえ、明治一三年に三〇〇〇万斤《きん》（一斤は約六〇〇グラム）台に達するが、その後はほとんどのびなくなる。角山栄氏によれば、それはアメリカ人が砂糖やミルクを入れて緑茶を飲んだためデリケートな香りが消えてしまい、紅茶に対抗できなかったためだそうである。コーヒーを主とし緑茶を従とするアメリカ人の飲料構成は、明治期いっぱいでくずれ、コーヒーと紅茶にかわっていく。

（千円）

		生　糸	茶	其他共計
相手国別	アメリカ	128	6,930	7,465
	中　　国	501	155	3,655
	イギリス	2,286	105	3,233
	フランス	2,194	—	2,759
港別	横　　浜	5,295	4,848	12,579
	神　　戸	7	2,048	3,051
其他共計		5,302	7,194	17,954

租税寮編『大日本各港輸出入年表』明治７年１～12月。

図31　輸出貿易の内容（明治７年）

茶の輸出港は、生糸が横浜一港だったのと異なり、横浜・神戸の両港であった。そのことは、開港後輸出される焙炉《ほいろ》をつかった煎茶の生産が、その発祥地の山城国《やましろ》綴喜《つづき》郡宇治田原郷《うじたわらごう》を中心に山城・近江《おうみ》両国で古くからおこなわれ、駿河《するが》・遠江《とおとうみ》両国に焙炉製法が普及し、同地が質量ともに輸出茶の主産地となるのは明治期以降であることと関連している。横浜イギリス領事が、駿遠《すんえん》両国茶の改良がめざましく、有名な山城茶の好敵手となるだろうと報告したのは、明治六年三月のことであった。

横浜開港当初に輸出された茶は、山城茶や伊勢《いせ》茶が多かったといわれている。それまでの江戸積みの茶が、直接横浜積みにかわるか、江戸茶問屋の手をへて横浜へおくられるようになったのであろう。たとえば、山城国綴喜郡青谷村（城陽《じょうよう》市）の茶商島本徳次郎は、江戸茶商山本嘉兵衛と古くから取引きがあったが、開港後横浜取引きに手をだし、明治七年ごろからは神戸取引きにかわっている。

茶貿易の盛況に刺激されて、茶樹の栽培を試みる者が各地で続出した。明治一六年当時の樹齢調査によれば、全国三万七四〇〇町歩《ちょうぶ》の茶畑のうち、一〇年以上（明治六年以前に植えたもの）が四六・五パーセント、五〜一〇年（明治七〜一二年）が四一・七パーセント、四年未満（明治一三〜一六年）が一一・八パーセントで、とくに明治七年から一二年にかけての茶園拡張のさかんなようすがうかがえる。地域別にみると、駿河・遠江両国には山城・近江両国と異なり、比較的あたらしい茶畑が多い。

農民の茶業経営

では、輸出むけ煎茶を生産する農民の茶業経営はどの程度の規模のものだったのであろうか。この問題については、雇用労働者をもちいたブルジョア的経営への発展を強調する大経営説と、大経営事例は士族授産による開墾《かいこん》か技術伝習のためのもので、早晩解体の運命にあったとし、茶業の発展は小経営がになったとする小経営説があり、対立したままになっている。決め手となる実証分析がおこなわれていないためである。

ここでは、煎茶生産の発祥地山城国の二つの村の事例を紹介してみたい。第一は、京都の綴喜《つづき》郡《きん》郷之口《ごうのくち》村（宇治田原《うじたわら》町）であるが、ここは慶応《けいおう》三年（一八六七）当時すでに一万四八〇〇斤の産額を記録しており、明治六年の二万六五〇〇斤（うち煎茶一万一六五〇斤、番茶九〇〇〇斤）、同一二年の二万四〇三一斤と比較してみても、古くからの茶業地であることがわかる。

農家番号	耕宅地（明治９）	製茶量（明治12）
①	69 反	290 貫
②	55	205
③	46	200
④	37	165
5	32	10
6	29	95
7	26	95
8	21	90
9	15	75
10	15	…
11	14	175
12	14	75
13	14	70
14	14	65
15	11	95
⑯	7	95
⑰	5	80
18	13	75
19	—	75

同村文書による。〇印は茶商。

図32　郷之口村の製茶農民

表中①〜④の茶商は村内最高の土地所有者であり、みずからも大規模な茶業経営をおこなっている。②（万屋《よろずや》）並木重郎兵衛と③（田丸屋《たまるや》）潮見久右衛門は、慶応三年の丁吟江戸店《ちょうぎんえどだな》帳簿に上方《かみがた》送金相手としてあらわれており、かれらはすでに幕末から田原郷《たわらごう》の製茶を横浜茶売込み商へおくりだしていた。

表中7の奥村宗三郎家の『日誌』抄録（『宇治田原町史』資料篇4）には、明治一五年（一八八二）五月中旬に茶摘子《ちゃつみこ》が毎日二六人、焙炉師《ほいろし》が七〜八人で製茶をしたとあるが、この年の製茶量は記されていない。その後の製茶量からみて、この年もかりに一二年なみの九五貫だとすれば、のべ七五人の焙炉師の一人一日生産量は一・三貫程度となり、一二年最大の①の経営では二二名の焙炉師がはたらいていた計算になる。一二年産額七五貫以上のこのクラス一五戸で、同村の製茶農民九八戸の総生産量の四九・〇パーセントを生産しており、かれらは同村製茶業の中心的担い手であった。

第二の事例は、やはり京都の相楽《そうらく》郡観音寺《かんのんじ》村（木津川市加茂《かも》町）の明治一八年（一八八五）のばあいである。やや時期がずれるが、雇用労働者の実態がくわしくわかるので、所有地・製茶量の上位例をかかげておいた。同村は開港後に茶業がさかんになった所で、個別経営規模は小さいが、最上位の地主（約七町歩）を例外として村内最上層以下いずれも茶業をいとなんでいる。ほとんどすべての経営が焙炉師一〜二名とその倍数の茶摘子を雇い入れており、日数はせいぜい一週間と短い。

明治一一年五月当時の同村各戸別「茶製人雇入止宿人名簿控」によれば、大部分が大和国《やまと》から流入しており、農民が妻と娘をつれてきて、同一農家に雇われている事例がかなりある。おそらく、きわめて短期間の出稼ぎ労働だったのであろう。焙炉師一人一日の生産量は五斤すなわち〇・八貫というばあいが多く、先の郷之口村より生産力が低かったようである。

以上、わずか二村の事例にすぎないが、古くからの茶業地と新興の茶業地の姿をしめしてみた。大経営から小経営まで、いずれも雇用労働者に依拠して茶摘と製茶をおこなっているが、雇用期間はごく短期であり、製茶にさいして生葉を蒸《む》す工程と焙炉で手揉《ても》みする工程が、どの程度別の労働者によって担当されていたかはわからない。おそらく、大経営では作業場内の分業も導入されつつあり、それが生産性を高めていたのであろう。

したがって、大経営を一時的、例外的なものとみるべきではないが、雇用期間の短期性は大経営が本格的なブルジョア的発展をとげることを大きく制約していた、といわなければならない。

農家番号	耕地地価(明治12)	製茶（明治18年5月）			
		斤量	焙炉師	摘子	日数
	円	斤	人	人	日
1	5,077	—	—	—	—
2	1,697	50	2	4	5
3	1,524	62	2	4	6
4	1,167	20	1	2	4
5	1,071	50	2	4	5
6	1,002	35	1	3	6
7	996	35	1	2	7
8	911	20	1	2	4
9	901	20	1	2	4
10	872	40	2	4	3
11	844	65	2	4	7
12	694	80	2	4	6
13	76	75	8	19	4
14	672	60	2	4	6

同村文書による。番号13の人数は延べ数であろう。

図33　観音寺村の製茶農民

製糸ブルジョアジーの簇生

こうした製茶農民の状態と対照的に、養蚕《ようさん》と製糸をいとなむ蚕糸農民のなかからは、中小の製糸ブルジョアジーが続々と誕生した。器械製糸業の中心地長野県における器械製糸場は、創業年次別の統計図（図34）にあきらかなように、明治五、六年から少しずつ設立がはじまり、九年以降いっきょに増加する。

明治五年（一八七二）以降、小野組《おのぐみ》は諏訪《すわ》郡上諏訪《かみすわ》村の土橋半蔵、上高井《かみたかい》郡雁田《かりた》村の関菊之助、上伊那《かみいな》郡宮田《みやた》村の平沢長造、下伊那《しもいな》郡喬木《たかぎ》村の長谷川範七その他に資金と技術を提供して、器械製糸場の設立を促進した。とくに五年設立の上諏訪の深山田《みやまだ》製糸場は小野組築地《つきじ》製糸場の分身ともいうべきもので、六年に築地製糸場が閉鎖されると、その器械は深山田へうつされた。また、富岡《とみおか》製糸場へ横田英ら伝習工女をおくった松代《まつしろ》藩士族が明治七年に設立した西条《にしじょう》村製糸場（のちの六工社《ろっこうしゃ》）も、当初の運転資金を小野組に依存していた。そして、深山田製糸場と西条村製糸場の技術的影響をうけつつ、明治八年五月、諏訪郡平野村（岡谷市）に設立されて、簡便な諏訪式製糸器械を開発した中山社も、計画当初は小野組の資金をあてにしていたのである。

このように、長野県の初期の有力器械製糸場への小野組の資金面でのかかわりは絶大であり、七年一一月の同組破綻《はたん》はそれらに甚大《じんだい》な打撃をあたえた。だが、そのことは、逆にみれば矢木明夫氏のいう同県製糸業の「下からの途《みち》の発展」への障害が消え去ったことをも意味していた。八年以降、急増する中小の器械製糸場は、その必要資金を政商小野組にあおぐ強力な競争相手に悩まされる心配がなくなったのである。

そこで、かれら中小製糸ブルジョアジーの出自を諏訪郡平野村についてみると、図35に表示したように所有地一町台（四〇〇～八〇〇円）の中位の農民以下が多く、地価一〇〇〇円以上の上位土地所有者はまったく製糸業経営に手をだしていないことがわかる。地主的蓄積が製糸業に投下されたわけではないのである。となると、かれらはいったいどうやって投下資本不足の問題を解決したのであろうか。

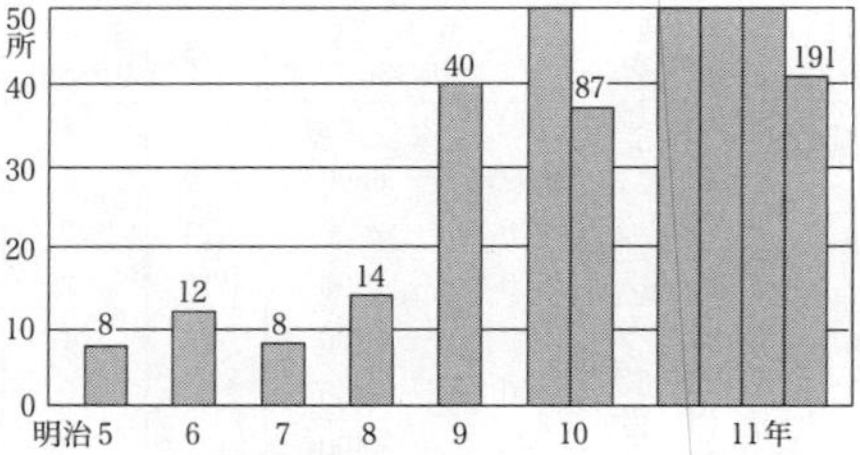

『信濃蚕糸業史』下巻による。明治12年2月調べ。

図34　長野県10人繰以上器械製糸場の創業年次別件数

一つは、設備の簡便化をはかるとともに、一〇～二〇人繰《くり》程度からスタートすることにより、投下資本額を極力きりつめたことである。器械製糸が座繰《ざくり》製糸から区別されるのは、繰枠《くりわく》を心棒《しんぼう》にとおしていっせいに回転させ、女工を繰糸《そうし》作業に専念できるようにした点と、複数の繭《まゆ》からとった糸条《しじょう》の抱《ほう》合《ごう》を生糸《きいと》同士をこすりあわせてしっかりとさせた点であり、その原理さえつかめば、設備の簡便化は容易であった。

工場建物も富岡風のレンガ造りである必要は毛頭ない。こうして、三〇〇釜《かま》の富岡製糸場が二〇万円近い設備資金（一釜あたり六〇〇〇円台）を要したのにたいして、五〇釜の西条

所有地価（明治12）			戸数	製糸家（明治10）
以上		未満		
2000円	—	6000円	4	0
1000	—	2000	14	0
800	—	1000	16	2
600	—	800	16	1
400	—	600	51	0
200	—	400	177	8
100	—	200	174	2
50	—	100	134	2
50円未満			298	5
無所有			95	0
計			979	20

同村文書による。

図35　平野村の蚕糸農民

村製糸場のそれは二九五〇円（一釜あたり五九円）で足り、九六釜の中山社にいたっては、わずか一三五〇円の投資（一釜あたり一四円）で出発したのであった。

いま一つは、運転資金の借入れである。製糸家は、六、七月の春繭出廻《はるまゆでまわり》期に必要な原料繭仕入れ資金を付近の金貸しや銀行から借り入れるのを常とし、銀行でとりくんだ荷為替《にがわせ》代金は、出荷先の横浜生糸売込み商が立替払《たてかえばら》いをした。売込み商はあずかった生糸を居留地《きょりゅうち》外商に売り込むまでのあいだ、荷主の製糸家に融資をしているわけである。明治一〇年前後に各地に設立された国立銀行や私立銀行は、そうした売込み商金融にささえられつつ荷為替金融をおこない、製糸家の資金回転をはやめたのである。

製糸ブルジョアジーの簇生《そうせい》は、こうした製糸金融システムの形成を背景とし、前提とするものであった。そして、いわば「上から」の金融的バックアップをうけた製糸家は、養蚕農民からの原料繭買叩《まゆかいたた》きを重要な利益源としていくのであり、系譜的には「下から」出現した製糸ブルジョアジーの活動は、全機構的には「下からの途」の発展を一定限度内におしとどめていくのである。

改良座繰への道

ところで、民間の器械製糸場の設立は、蚕糸業地としては比較的あたらしい長野県や山梨県・岐阜県に集中し、「古蚕国」といわれる福島県や群馬県ではあまりみられなかった。その理由はどこにあったのだろうか。

群馬県東部の南勢多郡《みなみせた》水沼村《みずぬま》（桐生市）の豪農《ごうのう》星野長太郎が明治七年に設立した水沼製糸所の女工の大半が遠隔地の出身であることに着目した海野福寿氏は、「賃労働を必要とする器械製糸工場は群馬のごとき農民層の分解がおくれた地域では不適当であった」と論じている。

だが、群馬・福島が長野・山梨に比して商品経済化（したがって農民層分解）がおくれていたとは、一概にはいえないであろう。むろん、近在から製糸女工を雇い入れるには、小作貧農に没落した農家が存在しなければならない。しかし、群馬・福島のように高度の座繰技術が普及していた地域では、没落農家でも簡単な座繰器さえ確保できれば自宅で製糸業をいとなむことができるから、製糸工場にはなかなか女工があつまらないのである。「古蚕国」に器械製糸場が少ない基本的な理由は、むしろそうした点にもとめられるべきであろう。女工の手工的熟練に大きく依存する工場制手工業《マニュファクチュア》段階にあった器械製糸は、座繰小経営を駆逐《くちく》できないのである。

しかし、イタリア・フランス製糸業が再生してくると、旧来の座繰糸のままでは欧米市場で通用しなくなるおそれがでてきた。こうした事態に対応して座繰製糸の改良をすすめたのが、先の星野長太郎である。星野は明治九年（一八七六）三月、実弟新井領一郎をニューヨークへ派遣し、外商の手をへない直《じき》輸出のルートを開拓させていたが、一〇年三月、友人の前橋藩士族速水《はやみ》堅曹《けんぞう》に教えられて、小枠《こわく》にとった生糸を左右にうごかしながら大枠に巻きとる綾取《あやとり》装置付の揚返器《あげかえしき》をそなえた共同揚返所をつくる計画をたてた。そして新井へおくった見本糸が好評なことを知り、同年七月、村内の蚕糸農民を結集して製糸結社亙瀬《わたらせ》組を組織した。

こうした星野の動きに触発されて、前橋町では士族が次々と改良座繰結社をつくり、翌一一年に入ると、改良座繰の波は西上州の碓氷《うすい》郡・北甘楽《きたかんら》郡にもおよび、組合製糸碓氷社・甘楽社の前身が設立されるのである。

4　外圧下の綿業と糖業

外圧はほんとうにあったのか？

ブルジョアジーは、世界市場の開発をつうじて、あらゆる国々の生産と消費を全世界的なものにした。（中略）彼らの商品の安い価格は、どんな万里《ばんり》の長城をもうちくずし、未開人のどんな頑固《がんこ》な外国人ぎらいをも降伏させずにはおかない重砲である。（中略）ブルジョアジーは、自分の姿に似せて一つの世界をつくりだす。

マルクスが『共産党宣言』にこう記したのは、一八四八年のことであったが、一八五九年に開港した日本においては、マルクスのいうほど「世界の工場」イギリス製の綿布《めんぷ》商品は威力を発揮できなかった、という説が日本経済史学界ではとなえられている。一種の外圧否定論である。

西洋綿業とアジア綿業の構造比較を試みた川勝平太氏は論文「アジア木綿市場の構造と展開」（『社会経済史学』五一－一）において、生金巾《きかなきん》（Grey Shirting）に代表される輸入イギリス綿布は細糸をつかった薄地《うすじ》布であり、日本国内で生産されてきた太糸による厚地布とは競合せず、むしろ絹織物の代用品としてもちいられたとのべ、「イギリス綿布輸入の脅威は、在来綿織物業に関するかぎり、基本的に存在しなかった」と主張した。近代日本の産地綿織物業史を研究する阿部武司氏も、こうした問題提起をうけとめつつ、衰退する機業地《きぎょうち》は輸入綿布の直接的圧力のゆえに衰退したのではなく、先進機業地との激化する産地間競争に敗れて衰退したのだと主張し、川勝説を補強した（「明治前期における日本の在来産業」梅村又次・中村隆英編『松方財政と殖産興業政策』所収。一九八三年）。

従来の通説が綿布の品質のちがいを無視し、価格だけで競争力を考える傾向があった弱点を、川勝説はするどく突いたといってよい。だが、はたして輸入綿布と国産綿布の競合はまったくなかったのであろうか。川勝氏も引用する明治一二年（一八七九）の大阪商法会議

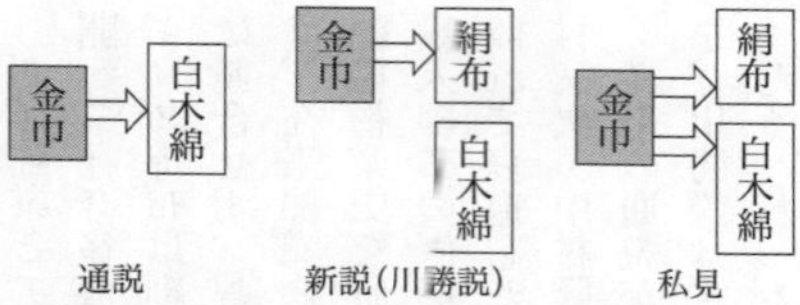

図36　輸入金巾の競合関係についての諸説

所の答申には、つぎのように記されている（傍点および（　）内は引用者）。

○上等金巾は裏地用なり。秩父《ちちぶ》絹に代用す。其比較は綿絹の中間に位《くらい》するなり。
○中等金巾は裏地に用ふ、都鄙《とひ》共に中等以下の者の需用なり。其比較は伯州《はくしゅう》（伯耆《ほうき》）木綿《もめん》当時凡《おおよそ》四十八銭物に必的す。
○下等生金巾は裏地に用ふ。皆田舎《いなか》向なり。其比較は泉州《せんしゅう》（和泉《いずみ》）木綿一反三十五銭物に必的す。故《ゆえ》に其価格の割合大に差あり。近来一時輸入を減ぜしは、其由《より》て来《きた》る所のもの二あり。（中略）其一は内国にて唐綛《からかせ》を以《もつ》て木綿を織立つるの多きに基くなり。

すなわち、当時の輸入綿布の代表であった生金巾にもいろいろあって、下級絹織物の代用品とされたのは上等金巾だけで、中等・下等金巾は伯州木綿や泉州木綿（いずれも白木綿）と比較され、競合していたのである。簡単に通説と新説の要点、および、それにたいする私見を図示しておいた（図36）。

川勝氏は、白木綿については「必的す」とあって「代用す」と記されていないから競合関係にないと主張するが、高村直助氏が論文「維新前後の〝外圧〟をめぐる一、二の問題」

（『社会科学研究』三九－四）において指摘するように、「代用」というのは使用価値が元来、異なるもの（絹と綿、米食と代用食など）についてのみつかわれることばであり、おなじ綿製品間の「代用」はもともとありえない、と解すべきであろう。

引用史料のなかに、下等金巾の輸入減の一因として「唐綛」（輸入綿糸）をもちいた木綿生産の発展が指摘されていることにも注意しよう。横浜のイギリス領事は、明治八年中に増加した輸入綿糸の国内での利用が金巾輸入を減少させたと報告しているが、一時衰微していた泉州木綿の生産は、ちょうどこのころから回復していくのである。阿部説では、そうした先進機業地自体の衰退・回復という動きが説明できないであろう。

中国のばあいは、先進的綿織物業地である揚子江《ようすこう》中流域の湖北《こほく》省南部一帯において、洋糸（輸入綿糸）利用を禁止する同業組合規制がつづき、洋糸はかえって後進地で利用されたのにたいし、日本では先進地の尾西《びさい》・泉南《せんなん》機業地に洋糸の流入が集中した。天保改革《てんぽうかいかく》のさいの株仲間《かぶなかま》解散令以降、ギルド的規制がゆるみっぱなしの日本の状況と、規制の存続する中国の状況との差異がみてとれるのであり、そのことが洋糸輸入額による綿織物輸入額凌駕の有無を生んだのである。

機業地の再編成

いま必要なのは、幕末維新期の機業地（綿と絹の双方）の実態を、外圧とのかかわりにおいて立ち入って検討することであり、すでに谷本雅之氏らがその作業に着手している。

ここでは、しかし、あたらしい実証を提示するだけの用意はない。洋糸の導入を契機に機業地にどのような変化が生じたかを、尾西《びさい》と泉南《せんなん》についてのべるにとどめよう。

文久年間《ぶんきゅう》（一八六一～六三）からはやくも洋糸が流入しはじめた尾張西部の機業地についての研究によれば、主として同地域内の農民の生産した繰綿→綛糸《かせいと》を原料としていた織物マニュファクチュア経営者は、安い洋糸がはいってくると織物業をやめて地主になるかあるいは没落してしまった。かわって、横浜の洋糸引取り商から洋糸を買ってくる一宮《いちのみや》の地方洋糸商とむすびついた在郷《ざいごう》商人が、下層農民を相手に出機《だしばた》（問屋制経営）を開始する。それまでは地域内部での社会的分業を基礎に、下からの小生産者型発展がすすみつつあったのにたいし、いまや横浜引取り商とつながる地方洋糸商の下に機業地が再編成され、小生産者型発展のコースは遮断されたのである。

和泉《いずみ》南部の機業地でも、幕末には綿織物マニュファクチュアが展開していたが、明治八年ごろからの洋糸流入にともない、大阪・神戸の洋糸引取り商から堺《さかい》・岸和田《きしわだ》の地方洋糸商を介して洋糸を仕入れた泉南地域の在郷商人が、やはり出機をいとなむようになったようである。ここでも、おそらく小生産者型発展の挫折と、洋糸流通をにぎる商人による上からの機業地再編がすすんだとみてよかろう。

これらの洋糸商を重要な担い手としながら、やがて機械制綿紡績工場が設立されることになるが、それは明治一〇年代以降のことで、本書の範囲をこえた話である。

洋糸をもちいて再編成に成功した機業地は発展し、棉作・紡糸部門の衰退をよそに綿織物業は存続・拡大をとげた。だが、この「成功」の裏には、下からの小生産者型発展の挫折があり、それと不可分のかたちで形成されつつあった市民社会関係（共同体と権力から自立した諸個人相互の関係）の成長停止があったのである。「工業化」がすすんだわりには「民主化」が停滞するという後進資本主義国の困難な状況の基礎構造が、こうしてうみだされていく。

没落する糖業

繊維《せんい》製品につぐ重要輸入品砂糖の主要積出地は、台湾の高雄《カオシユン》と中国南部の汕頭《スワトウ》および香港《ホンコン》であった。世界市場への編入は、欧米諸国とアジア諸国との貿易だけでなく、アジア諸国間の貿易の開始・拡大を意味したが、砂糖輸入はその典型例であったといえよう。

ここでは中国商人の活躍がめだっている。幕末の横浜ではジャーディン・マセソン商会をはじめとする欧米商人が砂糖をあつかったが、明治六年（一八七三）の横浜では、輸入砂糖のほぼ半分は中国商人があつかい、神戸・大阪ではほとんどすべての砂糖が中国商人によって輸入されていた。明治四年七月の日清修好条規締結が中国商人進出の画期をなし、のちに台湾製糖株式会社の大株主の一人となる台湾高雄の有力商人陳中和《ちんちゆうわ》が、台湾産赤糖《あかとう》を帆船に満載して横浜へはじめて到着したのは、明治六年六月のことであった。

輸入糖の多くは粗糖《そとう》すなわち赤糖で、うち半分近くが台湾産であった。白砂糖の輸入もかなりあったが、そのほとんどは在来精糖技術によるもので、香港の中華糖局と太古《タイク》糖局からの機械製精製糖の大量流入は明治一七年以降に属する。したがって、それ以前の日本糖業の競争相手は、中国在来糖業であった。

国内農村へ独自の市場をひろげていった鹿児島・沖縄産の黒砂糖は、輸入糖との競合は少なく、安価な輸入赤糖・白糖の圧迫をうけたのは、香川県産の白砂糖であった。慶応《けいおう》元年（一八六五）のピーク時には四〇〇〇町歩《ちょうぶ》近かった讃岐《さぬき》糖業の甘蔗《かんしょ》植付面積は、明治八、九年には二〇〇〇町歩台までおちこむが、それは、白下糖＝初製糖製造をかねる蔗作農家の経営赤字を反映していた。かれらから白下糖を購入して白糖に加工する搾屋《しぼりや》の多くは地主＝高利貸でもあり、白糖生産の近代化にたちむかう意欲に乏しく、輸入糖の圧迫を蔗作農家へ転嫁するだけであったから、讃岐糖業の没落はさけられなかった。

明治二一年に台湾糖業を視察した宮里正静《まさやす》は、粗糖製造をおこなう糖廍《トンポー》の「規模の宏壮《こうそう》なる」ことと、古来勤勉の評判高い讃岐・阿波《あわ》地方の「職工」に数段まさる同地労働者のはたらきぶりに舌を巻いている。日本の在来糖業は、それゆえ香港のイギリス系機械製糖業に敗れる前に、相対的にすすんだ中国在来糖業との競争に敗れつつあったといえよう。

このように、従来しばしば一口で「西洋からの圧力《ウエスタン・インパクト》」といわれてきたことも、その中味をよくみると、それほど単純なものではない。それは、在来産業をかならずしも絶滅させなかったが、存続した在来産業のありかたを大きく変化させた。また、世界市場へ次々と編入されたアジア諸国のあいだで、新たな多角的貿易がひろがりはじめ、それによる国際分業の再編もすすんでいった。近年の経済史学界で強調されるアジア内貿易の展開である。そうしたダイナミックな展開がみられたことは、資本主義的工業化への可能性が、西洋とはことなる面をもちながら、東洋においてもさまざまな姿で存在していたことをしめすものといえよう。

第十章　華族・士族のゆくえ

1　秩禄処分の明暗

維新三傑の分裂

開国と維新の歴史をたどってきた本書の叙述も、いよいよ最終段階をむかえる。明治一〇年（一八七七）の西南《せいなん》戦争の終結をもって、叙述の下限とすることになっているからである。西南戦争の終結をもって維新の終幕とする見方は、遠山茂樹氏が『明治維新』（岩波全書、一九五一）で主張して以来、学界の通説としての地位を占めてきたといってよい。

私は、あとでふれるように、一九世紀後半という世界史的状況のもとでの明治維新変革の終期は、むしろ明治憲法体制の成立と日本産業革命の開始におくべきだと考えているので、西南戦争で筆をおくことは、議論を中途で打ち切る感じをもつが、やむをえない。

西南戦争で維新が終わったとする通説の根拠は、維新変革の主体勢力であった倒幕派の政治的生命が終わったという点である。倒幕派の中核的軍事力をなした薩摩《さつま》藩《はん》の士族軍団の全面的敗北は、たしかに倒幕派の消滅といってよいであろう。しかし、考えてみると、変革の主体勢力が消滅したときに、変革が達成され、終了する、というのは、なんとも奇妙な話である。かれらはいったい誰のために戦い、誰によって滅ぼされたのであろうか。そして、明治維新とは、いかなる国家権力をうみだす変革だったのであろうか。

こうした問いをあらためて発しなければならないのは、明治維新そのものがもたざるをえなかったきわめて複雑な性格のためである。ここでは、戦前の「講座派《こうざは》」対「労農派《ろうのうは》」以来の論争史にふかく立ち入ることはできないが、本書の基本的立場が、いわゆる講座派のそれに近いことはあらためて説明するまでもないであろう。ブルジョアジーの成長を促進する国家権力でありさえすれば、すべて近代ブルジョア国家とみなす労農派以来の、単純な経済還元論的国家論は、政治権力そのものの分析をほとんど放棄したものにすぎず、国家論の名にあたいしない。かといって、ヨーロッパの古典的絶対王政との類似面をあれこれ数えあげるだけでは、古代専制国家以来の永い変遷の歴史を背後にもちながら、近代世界に強制編入される過程で創出された近代天皇制国家の複雑な性格をあきらかにしたことにはならない。

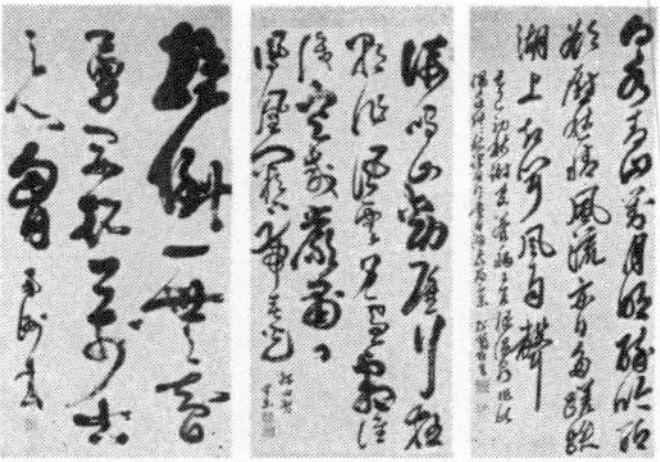
西郷・大久保・木戸の書（左から）
西郷の豪放篤実，大久保の沈着剛毅，木戸の繊細怜悧な性格がうかがえる。

維新変革の複雑さは、その主体勢力としての倒幕派をふくむ華族《かぞく》・士族層の解体をめぐる対立となってあらわれた。維新変革の立役者トリオであり、しばしば「維新三《さん》傑《けつ》」とよばれる大久保利通《おおくぼとしみち》・西郷隆盛《さいごうたかもり》・木戸孝允《きどたかよし》の三者の意見が、明治六年から一〇年にかけて大きく分裂したのは、維新の主体勢力でありながら、いわば自己否定をせまられた華族・士族層、とりわけ士族層の命運をめぐってであった。

孤立する木戸孝允

明治六年一〇月の政変の原因となった西郷の遣韓《けんかん》使節志望が、士族層への配慮にもとづくものであったことは前述した。西郷らが下野《げや》したあと、正院《せいいん》に懸案の家禄処分案を検討し、六年一二月二七日には、家禄税の賦課《ふか》と家禄奉還制の実施が公布された。家禄税は、禄高（現石《げんこく》）に応じて二～三五パーセントの累進課税《るいしんかぜい》をなすもの、家禄奉還《ほうかんせい》制は、希望者に家禄六年分を現金と秩禄公債《ちつろく》（年八分利）で一時に支給し、あわせて官林荒蕪地《こうぶち》を時価の半値で払い下げて帰農《きのう》の道を開くもので、支給すべき現金には、さきに吉田清成《よしだきよなり》がイギリスでつのった英貨公債の手取り金があてられることとされた（二七三ページ参照）。

正院《せいいん》での討議にたいし、病気で不参の木戸孝允は強い反対をとなえた。一二月七日付建議《けんぎ》で木戸は、士族の力にたよって成立した政府が、にわかにかれらの衣食の道をうばうのは「不義」であると非難し、家禄の三分の一を官収して積み立て、一五～二〇年後に下付《かふ》する案を提示した。木戸のこの案は、現在の家禄の三分の二で生計を立てうる中級以上の士族を念頭におき、強制貯蓄による資本創出をねらったもので、政府支出の減少にはつながらない。かつての大蔵省開明派官僚の保護者木戸は、ここでは士族のブルジョアジーへの転化の保護者としてあらわれ、支出削減をもとめる大蔵省の足をひっぱっている。

丹羽邦男氏の指摘によれば、これら両制度の実施により家禄支給高・人員ともに約二〇パーセント減少したが、下級武士勢力の強い鹿児島・山口・佐賀など西南雄藩では家禄奉還者がすくなかった。家禄奉還制度は、客観的には西南雄藩の下級武士勢力を孤立させる役割を果たしたといえよう。

家禄支給高の減少にもかかわらず、米価上昇でその金額換算額は増大し、地租《ちそ》収入の減少とあいまって、財政支出中の家禄の比重は依然三分の一前後を占めつづけた。そこで、政府はまず八年九月に家禄の金禄定額化をきめるとともに、禄制の最終処分案の検討をはじめた。八年九月に大蔵省国債頭郷純造《ごうじゅんぞう》が起草し、大隈重信《おおくましげのぶ》が手を入れて翌九年三月二九日正院へ提出した家禄処分案は、処分理由をつぎのようにのべている。

> 家禄なるものは、曩者《さきに》武門政権を奉還して朝綱《ちょうこう》維新に属するや、是《こ》れ即《すなわ》ち封建中の約は既に消尽するの時にして、仮令《たとひ》永世の家禄と云《い》ふとも直《ただち》に之《これ》を廃するに於《おい》て素《もと》より妨なかるへし。然《しか》るを尚《な》ほ之を存し荏苒《じんぜん》今日に至るものは、特《とく》に情勢の已《や》むを得さる所あるに出《いず》るのみ、豈《あに》永世之を其家に給すへきものならんや。

すなわち、大政奉還《たいせいほうかん》により武士の世は終わったので、家禄を支給するという「封建中の約」束も消滅した、というのである。もっとも、だからといって領有権の無償廃棄が打ちだされたわけではなく、つぎにみるような金禄公債の給付という有償廃棄がなされるのである。

これにたいして、ひとり反対論をとなえたのは、またしても木戸孝允であった。木戸も禄制廃止自体はやむをえぬものとしてみとめていたが、大蔵省の案は、士族とくに「中等以上」の士族にたいしてあまりに過酷な処分だ、というのである。しかし、正院ではもはや木戸の意見に耳をかたむける者はいなかった。

正院での議論を主導したのは、いうまでもなく大久保利通である。木戸の反対論は、維新変革の直接の担い手たる士族の利害に立つかぎり当然のものであり、木戸は西郷のように政府と決裂するのでなく、内閣顧問の立場から大久保・大隈の政策を批判したのである。だが、農民の反抗をおさえて地租収入の減少阻止に全力をあげつつ、殖産《しょくさん》興業資金の捻出に苦慮していた政府にとって、木戸の要求を容《い》れる余地はまったくなかった。機械制大工業と近代的軍事力の創出は、一九世紀中葉の近代世界体制のもとで独立を維持していくために不可欠の課題であったが、倒幕を推進した士族層にはそれを階層として担当することは不可能だったのである。

倒幕のリーダーが同時に新国家建設のリーダーになることは、その意味では至難の業であった。中央政府の官僚となったかれらは、まず所属藩の立場を超克せねばならなかったが、いまや所属階層の利害を否定し、かつての仲間をいわば切り捨てるという秩禄処分《ちつろくしょぶん》事業を遂行しなければならない。そうしたたびかさなる自己変身＝脱皮にたえられない西郷がまず政

金禄高（推定現石）	公債利子	金禄高に乗ずる年数	利子の対旧収入比	公債受取人員	発行総額	1人平均
1000円以上 (220石以上)	5分	5.00— 7.50	35—44%	519人 (0.2)%	31,414千円 (18.0)%	60,527円
100円以上 (22石以上)	6分	7.75—11.00	46—74	15,377 (4.9)	25,039 (14.3)	1,628
10円以上 (2.2石以上)	7分	11.50—14.00	88—98	262,317 (83.7)	108,838 (62.3)	415
売買家禄	1割	10.00	100	35,304 (11.3)	9,348 (5.4)	265
合　　計				313,517 (100)	174,638 (100)	557

丹羽邦男『明治維新の土地変革』による。

図37　金禄公債の交付

府を去り、いまや木戸も政府内で孤立する。そして、みごとに天皇制国家の最高実力者にまで変身した大久保も、やがて暗殺されるのである。ここに、明治維新のもつ複雑な性格が端的にしめされているといってよい。

金禄公債の配分

木戸の反対をおさえつつ、正院《せいいん》は家禄《かろく》処分案を決定し、明治九年（一八七六）八月五日、金禄《きんろく》公債証書発行条例が布告された。すべての華士族にたいして、旧来の家禄支給にかえて、家禄＝金禄の五〜一四年分の額の公債（年五分〜一割利）が交付されたのである。

図37にしめしたとおり、ほぼ旧藩主層とみなしうる五分利付公債受給者の収入減少率がもっとも大きく、上・中士層にあたる六分利付公債受給者、下士層に該当する七分利付公債受給者の順に減少率が小さくなっていた。また、これまで禄券

として売買されていた家禄については、同年一二月一一日の太政官《だじょうかん》布告により、とくに高の多少にかかわらず一〇年分の金額の一割利付公債を交付し、旧来と同額の収入を保証しているが、これは暴発寸前の鹿児島県士族への宥和策であった。

収入の減少率からみれば、上層にきびしく下層にゆるやかな家禄処分であったが、問題は収入の絶対額にあった。下士層への公債交付額は一人平均四一五円であり、年収では二九円五銭、日収でにわずか八銭足らずである。大部分の士族は、大工職（日給四五銭）や土方人足《どかたにんそく》（同二四銭）よりはるかにすくない利子収入しか得られず、なんらかの定職にありつけぬかぎり、かれらの前には公債を売却してその日暮らしの極貧層へと転落する道しかなかったのである。

これに比して、旧藩主クラスのばあい、収入の減少率は高かったとはいえ、公債利子の絶対額は生活費を満たしてあまりある金額であり、のこりを資本としてさまざまな分野へ投下し、その利殖をはかることが可能であった。旧家臣団である士族の窮状とは対照的に、大名華族が高収入を保証されたのは、明治二年の版籍奉還《はんせきほうかん》にさいして、前述のように知藩事《ちはんじ》の家禄が一律に現石《げんこく》（藩収入）の一〇分の一と定められたためである。

窮迫する藩財政のもとで、それまで家臣とともに質素な生活を余儀なくされてきた大名の多くが、急に裕福な生活をするようにかわったのは、版籍奉還を画期としてであった。維新政権の官僚は、そのとき以来、旧藩主層を抱きこむことによって、新国家建設への道を歩みつつあったのであり、そのことが、秩禄処分のさいの華族と士族の運命の明暗を分けることになったのである。

2　資産家となる大名華族

恵まれた殿様

華族が比較的多額の金禄公債を受給したといっても、個々の華族によるちがいもむろん大きかった。一〇万円以上の公債受給者は、大名華族二八七名のうち六七名だけで、旧大名のうち過半の一六六名は五万円（年利収入二五〇〇円）未満の公債しか受給していない。公家《くげ》華族一九五名にいたっては、最高の三条実美《さんじようさねとみ》でもやっと六万五〇〇〇円で、大部分が二万円（年利収入一〇〇〇円）未満の公債を得たにすぎない。

このような格差は、基本的には旧幕時代の諸大名・公家の経済的地位を反映しているが、同時に、維新変革におけるそれぞれの政治的役割を強く反映していた。その点は、次ページに図示した大名華族の公債額ベストテンをみても明白である。最高額の島津《しまづ》家には、このほか島津久光《ひさみつ》分の賞典禄《しようてんろく》収入（二〇二ページ参照）一万二五〇〇石《こく》に対応する金禄公債三七万六六六四円があることを留意しながら、検討しよう。

大名家禄と賞典禄の収入から公債額を算出するやりかたは、島津家と前田家の順位の逆転がしめすように、石代相場のきめかたである程度、操作できるが、それには限界があり、公債額に大きな影響をあたえているのは、むしろ戊辰《ぼしん》戦争のさいの賞典禄の有無であった。

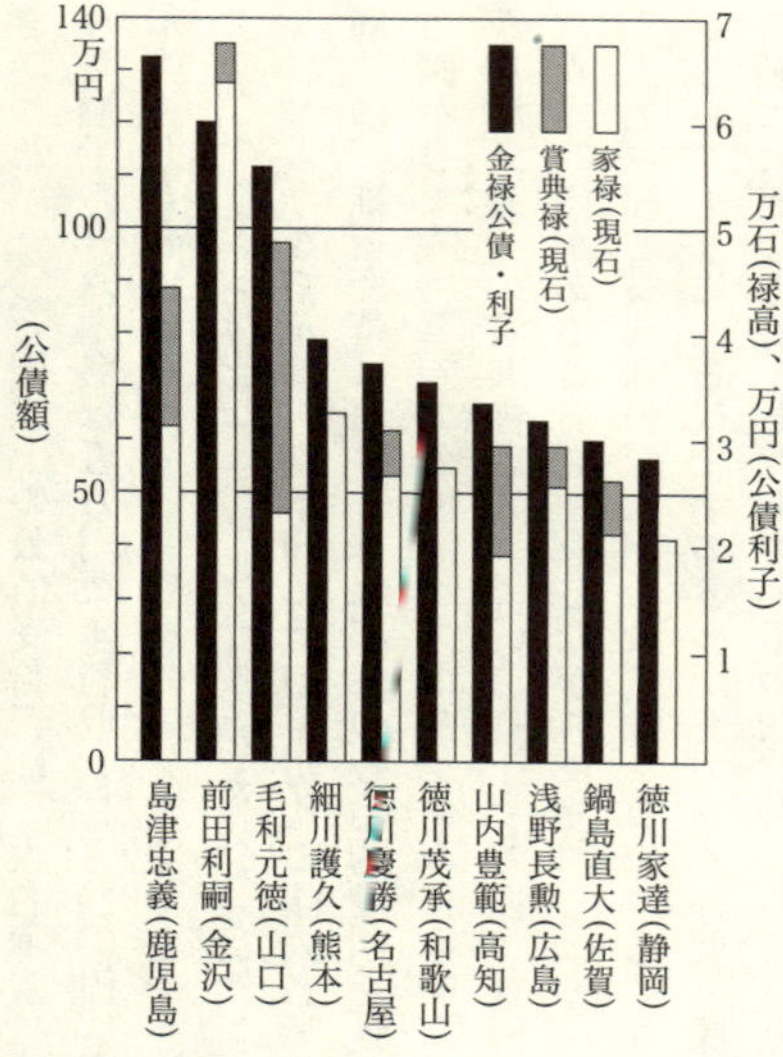

石川健次郎「明治前期における華族の銀行投資」による。

図38　金禄公債の上位受給者

抜群の大領主であった旧将軍家は、駿河《するが》七〇万石へ移封《いほう》された結果、かろうじて第一〇位に姿を見せるにとどまり、賞典禄を多く入手した薩《さつ》長土肥《ちょうどひ》といった西南雄藩《ゆうはん》の旧大名家が上位に名をつらねているのである。

大名華族の公債利子は年五パーセントであるから、一〇〇万円の公債からは五万円（図38の右側目盛り参照）の利子収入があることになる。明治一〇年ごろの五万円というのは、たいへんな額であった。政商岩崎《いわさき》家や三井《みつい》家をのぞくと、民間の富豪でも当時年収五万円というのはほとんどなかったのではあるまいか。幕末最大の富豪鴻池《こうのいけ》家のばあいでさえ、明治九年（一八七六）当時の利子収入は一万四一九円にすぎず、一七年のそれは三万五五〇円で、第十三国立銀行の鴻池善右衛門《ぜんえもん》名義の一七年株式配当二万七五〇〇円をくわえて、ようやく五万八〇五〇円に達するのである。

すなわち、旧大名家は維新の激動を敵味方とも乗りこえただけでなく、経済的には旧幕時代よりもはるかに安定した巨額の家産の所有者となり、有力華族の所得は、公債利子収入だけでも、少数の政商クラスの者のみが比肩しうるほどの高みに達したのである。旧支配階級の頂点部分がこのように全体として存続しえた事実こそは、維新変革のもつ変革としての限界をもっともよくしめすものであろう。

巨大な華族銀行

岩倉具視《いわくらともみ》が全華族にはたらきかけて、かれらの金禄公債をもとに資本金一七八二万六一〇〇円という巨大な第十五国立銀行を設立したのは、せっかく形成された華族家産の分散・消滅を防ぐためであった。

華族銀行設立を岩倉に進言したのは大蔵大輔《たゆう》松方正義《まつかたまさよし》だったといわれるが、同時に明治天皇が岩倉にたいして「華族の輩《やから》をして前途の目的を立て家政を斉整《せいせい》せしむべく、一層誘導を励むべし」とのべている点も注目されよう。君主制が十全に機能するためには、貴族制による支えが不可欠であるが、まさに形成されつつある近代天皇制もその例外ではなく、天皇みずからが華族の重要性を自覚していたのである。

岩倉はなんとかして華族全員の受領公債全体を同行に結集しようと努力した。明治一〇年五月三日付大隈重信《おおくましげのぶ》あて書簡で岩倉は、のこる鍋島直大《なべしまなおひろ》（旧肥前藩主）らを是非とも加入させるよう尽力してほしいとのべているが、それはほうっておくと旧藩士族と組んで国立銀行を設立する者が続出しそうだったからである。華族と士族の利害の切断、それのみが華族延命の条件であることに岩倉は気づいていた。

こうして明治一〇年五月二一日、鍋島や蜂須賀茂韶《はちすかもちあき》（旧徳島藩主）をのぞくほとんどすべての華族を株主とする第十五国立銀行が開業した。頭取《とうどり》は毛利元徳《もうりもとのり》（定広）、店舗《てんぽ》は東京の木挽町《こびきちょう》七丁目（中央区銀座八丁目）の蓬莱社《ほうらいしゃ》（三二九ページ参照）旧社屋の本店のみである。巨額の資本金にもかかわらず店舗がたった一つという奇妙さは、同行が近代的銀行とはほど遠い、政府と密着した存在だったことをしめしている。同行は、明治九年八月一日公布の改正国立銀行条例に準拠し、不換《ふかん》銀行券の発行権をもっていたが、さらに、ほかの国立銀行と異なる特別待遇をうけていた。

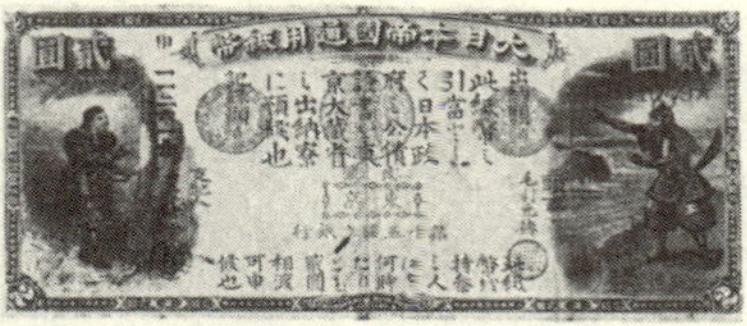

第十五国立銀行券　ほかに20円，10円，5円，新5円，1円，新1円。図案は各行共通。

まず、金禄公債の一般交付は一〇年七月からであるが、華族にかぎり事前に仮証書が交付され、しかも当時、元老院《げんろういん》の決定により禁止されていた同公債の抵当《ていとう》差入れが、同行にかぎりみとめられ、銀行券発行が実現した。さらに銀行券引換え準備通貨比率も、一般の二五パーセントにたいし同行政府貸上げ分は五パーセントでよいとされ、資本金の一〇分の一以上の大口貸出し禁止規定にもかかわらず、同行は政府へ一五〇〇万円の貸上げが許された。政府としても西南戦争の戦費調達に苦慮していたからである。士族と華族の差別待遇は、誰の目にもあきらかであろう。

こうして、華族の受領金禄公債の「囲い込み」がほぼ終了したうえで、一〇年三月、同公債の売買・質入《しちいれ》が事実上解禁され、士族による国立銀行の設立ブームが出現する。政府のねらった華族と士族の分断はみごとに成功した。

徳川家と細川家

大名華族のなかには、金禄公債を受領するまえから、家禄《かろく》や賞典禄《しょうてんろく》などの収入をさまざまなかたちで運用して家産の増殖に努めていた者が多かった。

松平秀治氏による尾張《おわり》徳川家（図三八の第五位）の研究（「明治初期尾張徳川家の経済構造」『社会経済史学』四二－五）によれば、明治二年の版籍奉還《はんせきほうかん》時に約一四万八〇〇〇円であった同家資産は、一〇年末には第十五国立銀行株式四三一四株の額面四三万円余を筆頭に、合計九六万円余に激増した。八年間で六・五倍の伸びである。年率二六パーセント（株式を除いても一七パーセント）という増殖率は、明治後期の三井・三菱《みつびし》の同一四パーセントを大きく上回っているが、その理由は簡単である。出発点の元金が少ないことと、年々あらたな元金が外部＝政府から追加され、とくに一〇年には金禄公債の大量交付があったためである。

つまり、華族資本としばしばよばれるものは、この段階（厳密には金禄公債の交付までだが、同償還までも見かたによっては入る）には、私的資本とはまったく異質の領主的側面をもっており、時期をさかのぼるほど自己増殖する資本としての性格が弱まり、農民からの権力的収奪《しゅうだつ》に依存する領主的な性格のものへと純化していくのである。版籍奉還を契機とする家産保障から、秩禄《ちつろく》処分による収入激減までの明治初年こそは、華族資本そのものが、国家権力の直接的介入のもとに、いわば本源的に蓄積＝創出される決定的な時期だったといえよう。

尾張徳川家のばあいは、本拠地名古屋での収入のじつに七〇パーセント近くが家禄・賞典禄収入であり、のこりは主として所有建物・道具の売却代金や貸付け金返済で占められ、江戸期いらいの同家開発新田《かいはつしんでん》等一一七町歩《ちょうぶ》や新規買入田畑からの小作料収入は五パーセントあまりにすぎない。しかし、同家はこの間の収入を東京や名古屋での貸付け金や土地集積にまわして、さかんに増殖をはかっており、明治一〇年（一八七七）末の貸付け金残高は三三万円余、所有地地価は名古屋周辺で八万円余（三三二町歩）、東京と合わせて一五万円余に達した。

同家にあたえられた五分利付金禄公債は、家禄・賞典禄合計額の五ヵ年分にあたる七三万八三二六円であり、第十五国立銀行への出資にさいしての評価額は額面の五五パーセントとされたので、それに若干の現金出資をくわえて、前述の四三一四株をえたのである。秩禄処分によって領主的側面を失った尾張徳川家は、地主＝高利貸的性格に銀行株主としての性格をくわえ、華族資本としての活動を本格化することになる。

いま一つ、肥後《ひご》細川《ほそかわ》家（図38の第四位）のばあいを千田稔氏の研究（「華族資本の成立・

展開」『社会経済史学』五二－一）によってみよう。同家も江戸期から藩庁《はんちょう》とは区別されたかたちでの事業をいくつかいとなんでいる。その一つは有明海《ありあけかい》の干拓《かんたく》事業で、「御内家開《ごないかびらき》」とか「御側開《おそばびらき》」とよばれる藩主資金による干拓地はかなりの広さであり、明治一〇年代中葉には新規購入地をくわえて細川家の所有地はすくなくとも六四二町歩におよび、推定一万二八六七俵の小作米収入を同家にもたらしたという。やがて明治三〇年代に同家は千町歩地主へと成長する。

同家はさらに、製蠟《せいろう》事業もいとなんでいた。享和《きょうわ》三年（一八〇三）に藩庁の櫨方《はぜかた》とは別に設けた水前寺《すいぜんじ》蠟締所がそれで、廃藩置県《はいはんちけん》でいったん官収されたが間もなく返還され、明治七年には旧藩営蠟締所も二万八三〇〇円で払い下げてもらい、熊本県の製蠟業は一時細川家の独占するところとなった。

こうして細川家のばあいは、毎年の家禄収入を熊本と東京で土地購入や物品抵当貸付けに投入して増殖をはかりつつ、江戸期以来の干拓地経営・製蠟経営からも収益をあげたのであり、華族資本としての活動開始はきわめてはやかった。

参考までに、やや時期がさがるが、明治二〇年当時における五万円以上の高額所得者一覧表（図39）をかかげておく。所得税法施行にともなう最初の総合所得調査の結果である。

表にない三井家は、総領家の三井八郎右衛門《はちろうえもん》の二万九五七三円を筆頭に八家の所得が分散記載され、呉服店主三越得右衛門《みつこしとくえもん》は二万八八五八円である。八家の所得は三井大元方《おおもとかた》からの支給金とほぼひとしいので、それと得右衛門の所得をくわえると、おそらく一五万円前後と

順位	氏　名（所在・旧領）	所得（円）
1	岩崎久弥（東京）	696,596
2	岩崎弥之助（東京）	250,664
③	毛利元徳（山口）	173,164
④	前田利嗣（石川）	145,543
5	原六郎（神奈川）	117,062
⑥	島津忠義（鹿児島）	111,116
⑦	細川護久（熊本）	98,354
8	渋沢栄一（東京）	97,316
9	住友吉左衛門（大阪）	77,351
⑩	徳川茂承（和歌山）	74,842
⑪	徳川義礼（愛知）	72,586
⑫	池田章政（岡山）	71,190
13	平沼専蔵（神奈川）	61,670
14	鴻池善右衛門（大阪）	60,354
⑮	浅野長勲（広島）	57,240
⑯	松平頼聡（香川）	57,153
⑰	山内豊景（高知）	53,920
18	茂木惣兵衛（神奈川）	53,022
⑲	藤堂高潔（三重）	52,285
20	久次米庄三郎（徳島）	52,131
㉑	黒田長成（福岡）	51,233
22	原善三郎（神奈川）	51,211
㉓	鍋島直大（佐賀）	50,591
24	本間光輝（山形）	50,096

阿部勇『日本財政論・租税』による。○は華族。

図39　高額所得者（明治20年）

なろう。華族については、本表の順位に○印を付したが、その地位の高さは一目瞭然であろう。

三条家の蹉跌

おなじ華族でも公家出身の華族の収入は乏しく、生活は苦しかった。一〇〇〇石台の家禄受給者が九条《くじょう》家と近衛《このえ》家のみという状態だから当然である。三条実美《さんじょうさねとみ》家の家禄収入は三七五石、岩倉具視《いわくらともみ》家にいたってはわずか二七八石であり、両家はそれぞれ賞典禄の収入一二五〇石を加算することで、ようやく公家のなかで一、二位の座をたもっていた。三条・岩倉のばあいは、大臣俸給《ほうきゅう》が重要な収入であった。

　三条家のばあいをみると、一石六円として家禄・賞典禄収入が九七五〇円、太政《だじょう》大臣俸給が九六〇〇円、同交際費が六〇〇〇円で、年収合計二万五三五〇円となり、当時としてはなかなかの大金である。同家の家令《かれい》丹羽《にわ》正庸《まさつね》と家扶《かふ》会計方《かいけいかた》村井三四之助らが興業社なる組織をつくり硝子《ガラス》製造所設立のための投資をはじめたのは明治六年（一八七三）八月のことであった。丹羽はほかに紀州《きしゅう》徳川家と共同で広島県内に鉱山を経営し、村井も独自に村井鉄工所の経営に着手していた。こうなると、三条家の収入を流用するだけではとても足りず、かれらは三条の名義で横浜外商から高利の借金をし、八年末にはその元利合計が一〇万円近くにのぼった。

　金勘定に暗い三条は、家計をまかせきっていたが、かれらが細川家からの借金一万円を勝手につかいこんだことから、ようやく事態の重大さに気づき、旧臣尾崎三良《おざきさぶろう》（太政官二等法制官）に家政整理を依頼した。尾崎は家令らを罷免のうえ、工部卿《こうぶきょう》伊藤博文《いとうひろぶみ》にたのんで品川に建設中の硝子製造所を工部省へ買い上げてもらい、宮内省からの下賜金《かしきん》や、地所・鉱山採掘権の売却代金などももちいて、やっとの思いで外商借金を返済した。細川家からの借金返済は無利息三〇年賦で処理したという。

　こうして家政整理が一段落したところへ、秩禄処分がなされ、三条家の公債利子収入はわずか三二五〇円となり、第十五国立銀行の株券に転換しても年収は四〇〇〇円以下であった。ほかに大臣俸給などがあるが、家計の逼迫を心配した尾崎は、井上馨《いのうえかおる》を介して毛利家から一〇万円を無利息一〇年賦で借用し、一割利付公債を買い入れて利殖をはかった。その結果、明治二四年に三条実美が死去したさいの同家の所有株式は時価一七、八万円に達し、宮内省から下賜された整理公債六万円をくわえて、なんとかその後も華族の体面をたもつことができたのである。

3 「士族の商法」の成否

官吏・教員への道

では、それだけでは生計をささえるに足りない少額の金禄《きんろく》公債を受けとった士族《しぞく》たちは、その後どのような道をたどったのであろうか。時期的には本書の範囲を若干《じゃっかん》はみだすが、およその見当だけはつけておかねばならない。

かれらの最大の就職先は、身につけた文筆の才を活かしうる官吏《かんり》や教員であり、武芸に自信のある者は警察官を志願した。政府はそれらの採用にあたって士族をしばしば優先した。明治一六年（一八八三）末現在の状態を図40によってみると、区郡町村吏においてはすら、士族の比率は士族の対全人口比率を上回っていること、中央・府県官公吏においては士族が圧倒的優位を占めていることがわかる。もっとも、四二万戸（一九五万人）の士族のうち、こうしてサラリーマン化しえた者は一部にすぎなかった。

東京大学（明治一〇年創立）や慶應義塾（前身は安政五年創立）に代表される高等教育機関にも、士族の子弟があつまり、立身出世して、零落した自分の「家《いえ》」を再興しようと熱心に学業にはげんだ。慶應義塾では、文久《ぶんきゅう》三年（一八六三）から明治四年（一八七一）までの入塾生総数一三二九名中、平民はわずか四〇名にすぎず、明治五年からふえはじめた平民入塾生が士族のそれを上回るのは明治一三年のことであった。これにたいして、明治一四年の東京大学卒業生六六名のなかで、士族は四五名を占め、平民の二一名の二倍以上におよんでいた。その後も官学には士族の子弟が殺到しつづける。

区　分	人　員	うち士族（比率）
中央・府県官公吏（含巡査）	90,317 人	58,704 人 （65.0）%
区郡町村吏	83,821	9,013 （10.8）
公立学校教員	83,943	34,629 （41.3）
計	258,081	102,346 （39.7）
全人口	37,451,727	1,945,638 （ 5.2）

『第四統計年鑑』による。

図40　士族出身の官吏・教員（明治16年）

幕府旗本《はたもと》や佐幕《さばく》諸藩士族の子弟にとって、そうした高等教育機関への入学は、またとない出世への機会をあたえてくれた。たとえば、東京大学名誉教授土屋喬雄の実父は、旗本の家に生まれ、維新後、ひどく貧乏したが、勝海舟《かつかいしゅう》の書生《しょせい》をしながら明治一三年に東京大学を卒業し、大審院《だいしんいん》判事をつとめ、のち弁護士を開業している。

戊辰《ぼしん》戦争で敗北した南部《なんぶ》藩の原敬《はらたかし》は、母親が住宅の大部分を売却して工面した費用で上京し、明治四年一二月、旧領主南部利恭《としゆき》の設立した英語学校共慣《きょうかん》義塾に入った。ところが、半年で学費がつきたため、原はフランス人宣教師マリンの神学校をへて、新潟で宣教師エブラルの学僕ダビデ・ハラとしてはたらき、再上京して九年七月に司法省法学校（のち東京大学へ合併）へ入学する。しかし、在学三年足らずで校長と対立し、放校処分をうけた原は、新聞記者をへて外務省へ入るのであるが、そのさい法学校での勉強が役立ったことはまちがいなかろう。

ブルジョアジーへの道

福沢諭吉《ふくざわゆきち》は、明治一四年九月刊の『時事小言』のなかで、「人身に譬《たとえ》れば、百姓町人は国の胃の腑《ふ》にして、士族は其脳《のう》の如《ごと》く、又《また》腕の如きものなり。事を為《な》すの本源は脳に位《くらい》して、其働《はたらき》は脳に在《あ》り」と士族礼讃論をぶち、

士族なる者は、唯《ただ》文学政治に関して脳たり腕たるのみに非《あら》ず、近年は漸《ようや》く農工商の事にも着手して、往々大業を企る者多し。或《あるい》は其中に失敗なきに非ざれども、失にも、得にも、之を企る者は必ず士族に多くして、旧来の百姓町人に稀なるは何ぞや。士族の働はよく殖産の界に入て亦《また》国の胃の腑たる可《べ》きの証《あかし》なり。（傍点引用者）

と、士族が果敢《かかん》に新事業に挑戦しているようすをのべている。

当時の士族の企業者精神の役割を高く評価する考えは、今日においてもくりかえし主張されている。東畑精一が、「日本資本主義において企業的精神の発揮者となり、産業の戦士(Captain of industry) となったものには、旧武士が圧倒的に多かった。明治の企業者の系

譜は彼らによって色どられている」（『日本資本主義の形成者』）とのべているのは、その代表例といってよい。東畑は、「士族の商法」という嘲笑《ちょうしょう》的なことばは一面的、検事的な見かたに立つものにすぎず、士族が身につけた事物の組織力こそが、かれらを新社会の経済活動の主体たらしめたという。

こうした主張については、幕末における武士階級の組織力＝秩序形成力がとみに低下していたからこそ、維新の動乱がおきたのではなかったかという疑問がただちに生じるが、それはあとで考えるとして、実際の士族の企業者活動ぶりはどうだったのであろうか。

士族の企業者活動が全国的に活発化した画期は、かれらが受領した金禄《きんろく》公債を出資して国立銀行を設立した明治一一年であった。一二年六月当時の国立銀行一四八行の株主中、華士族は二万九六三〇人（出資三〇五八万円強）で、平民《へいみん》四七三〇人（同八八八万円弱）を大きく上回っている。しかし、その後士族株主数はみるみるうちに減少し、持株数でも、華族分をのぞくと、明治一四年には平民分によって凌駕《りょうが》されてしまうのである。

かつては「例外的」に成功した「士族銀行」事例と評価された前橋《まえばし》第三十九国立銀行のばあいも、じつは設立当初から前橋藩士族にくわえて横浜生《き》糸《いと》売込み商渋沢《しぶさわ》喜《き》作《さく》・作太郎《さくたろう》親子が大株主・取締役として参加していたことがほぼ確実であり、明治二〇年の倍額増資にさいして平民持株が華士族持株を圧倒し、二四年一月には前橋生糸商江原芳平《えばらよしへい》が頭取に選出されるのである。

あるいは、同様な事例とされた館林《たてばやし》第四十国立銀行のばあいも、発足時の株主には桐生《きりゅう》の織物買次ぎ商小野里《おのざと》喜左衛門《きざえもん》や佐羽《さば》吉右衛門《きちえもん》がくわわっており、一五年末には株主総数三二五名中士族は二三二名を数えつつも、持株数でははやくも平民に凌駕されるにいたった。一四年一月から小野里らが取締役にくわわるが、同行のばあい、南条新六郎《なんじょうしんろくろう》頭取、笠原円蔵《かさはらえんぞう》取締役の士族コンビが三三年上期までつづいている。館林藩士族の両名は、二九年には日本製粉会社を創設するなど、意欲的な企業者活動をおこなっており、そのことが、株主層の地すべり的変動をよそに、同行での地位を持続させたのであろう。

　国立銀行など民間金融機関の簇生《そうせい》にささえられて、士族による産業投資も活発化した。政府もさまざまな名目で低利の士族授産資金を貸与し、その総額は明治一二〜二二年度に約五二六万円に達している。養蚕《ようさん》・製糸・開墾《かいこん》・機織《はたおり》をはじめ、製茶・牧畜・紡績・製糖などの分野で、推定二〇万近い士族が団体・結社をつくって資金貸与をうけたが、大多数は失敗に終わったようであり、二二年度の貸付け金整理では全額の八割以上が棄捐《きえん》（法令により貸借関係を破棄する）に付せられた。

　製糸業でいえば、松代《まつしろ》藩士族による前述の六工社《ろっこうしゃ》（三五二ページ参照）が明治一二年に政府資金一万五〇〇〇円を貸与されて設備改善をおこない、米沢《よねざわ》藩士が旧藩主の援助をうけて明治一〇年に設立した米沢製糸所とともに、良質な生糸を生産して全国の器械製糸場の模範となったが、これらはごくまれな成功例といえよう。

　幕末以来の内職であった製糸技術を生かした前橋藩士族の改良座繰《ざくり》結社も、明治二〇年代には次々と没落し、唯一生きのこった交水社《こうすいしゃ》においても、器械製糸業への転換をリードしたのはあとから加入した平民製糸家たちであり、製糸ブルジョアジーに成長しえた士族製糸家はみられなかった。

このように、ひろく全国的視野で検討すると、士族こそ「産業の戦士」の代表だとする通念は、実証的にみてとうてい支持しがたい。そこで、やや視野をせばめて、指導的な実業家の出自をあらためて問題としよう。

J・ヒルシュマイアーは、『日本における企業者精神の生成』（土屋喬雄・由井常彦訳、東洋経済新報社）のなかで、日清戦争以前に革新的な活動をおこない成功した五〇人の指導的実業家をえらび、その出自が士族二三人、農民一四人、商人一三人であることを確かめた。一見すると士族が優勢にみえるが、総人口中に占める比率が、士族七パーセント、富農三パーセント、商人五パーセントであることを考えると、士族出身と農商出身の度合いは「驚くほど均等」だと評価する。そして、出自ということは、企業家を形成するばあいの決定的に重要な要因ではなく、かつての経済生活のきずなを断ち切りつつ、あたらしい価値体系を吸収しえたか否かが重要だ、と結論した。

おそらく、この結論がもっとも妥当な判断であろう。「武士は食わねど高楊枝《たかようじ》」といった旧態依然たる精神のままで、武士がブルジョアジーに成長転化できるはずはなく、そこには大きな飛躍と転換が必要であった。その点では、幕藩制社会の体制に順応していた「平民」とても基本的には同様であった。幕末の自生的な経済発展段階と、到達すべき世界水準の経済段階とのギャップは、そう簡単には埋められるものではない。その橋渡しを担当する実業家となるためには、出自のいかんを問わず、文字どおり命がけの飛躍が必要であった。ヒルシュマイアー説が正しいのは、後進国ブルジョアジー論における系譜論的分析のそうした限界を無意識のうちに踏まえているためといえよう。

農民か窮民か

農業中心の社会において、サラリーマン（官吏・教員）やブルジョアジーになる道がかぎられていた士族にとって、のこされた有力コースは農民化の道であった。

士族の農民化への努力は、廃藩置県《はいはんちけん》以前の諸藩においてすでにはじめられていた。駿河《するが》七〇万石へ移封《いほう》された旧幕府＝静岡藩にとって、それはとくに緊急の課題であった。明治二年（一八六九）末当時の改正扶持高《ふちだか》によれば、旧幕臣で「朝臣《ちょうしん》」となって維新政権につかえた東京在住者は、たとえば旧石高二〇〇〇石《ごく》（実収入は三分の一で約七〇〇石）ならば、実収一〇五石への削減にとどまったのにたいし、新藩主徳川家達《いえさと》を奉じて駿府《すんぷ》（静岡市）その他へおもむいた旧幕臣のばあいは、おなじ旧石高二〇〇〇石の者がわずか八人扶持＝実収一四・四石しか受給できず、一万五〇〇〇戸に達する同藩士族はいずれも他に生計の道をもとめなければならなかったからである。

藩庁《はんちょう》はさまざまな授産事業をおこなったが、なかでも注目されるのが駿河国榛原《はいばら》郡牧之原《まきのはら》（牧之原市）の開墾である。台地で水利にめぐまれず入会《いりあい》採草地であった同地へ、中条景昭らにひきいられた旧幕臣の精鋭新番組《しんばんぐみ》二二五名が入植し、茶樹栽培に着手したのは、明治二年七月のことであった。明治一一年までの開墾地は四九三町歩《ちょうぶ》におよび、翌一二年には内務省から二万円を貸与されているが、同年の一戸あたり平均収支は生葉売却高一一九円、培養費（自家労賃を除く）八八円、差引き益金は三一円で、米四石相当であったから、一家が食べるのにせいいっぱいというところであった。

したがって、明治一六年以降の茶価低落はかれらの生計を圧迫し、内務省貸下げ金は返納難におちいり、二三年に事実上の棄捐措置《きえんそち》をうけている。農民化に失敗して他地方へ去った者もいたが、茶園はその後も発展し、日本最大の茶産地となっていくのであり、牧之原開墾はその意味で士族授産のいちおうの成功例といってさしつかえなかろう。

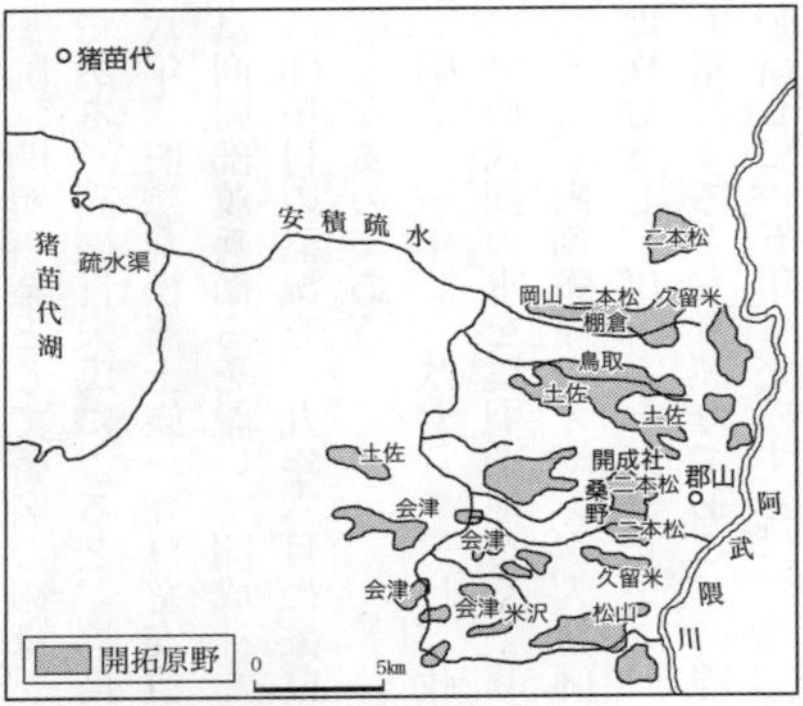

図41　安積疏水と各藩の開拓原野

政府もまた明治三年一二月、民部省に開墾局を設けて全国の荒蕪地《こうぶち》を調査し、時価払下げをおこなったが、六年一二月に家禄奉還制《かろくほうかんせい》を実施してからは、前述のとおり還禄士族への時価払下げを開始した。八年六月までのそうした払下げ地は八万町歩余に達し、その後の士族一般への払下げ・貸下げ地も一七年までにすくなくとも二万町歩はこえたという。

国営開墾事業として著名なのは、福島県安積《あさか》郡（郡山市）の安積原野開墾と安積疏水《そすい》工事である。高橋哲夫氏によると、福島県令《けんれい》安場保和は、典事《てんじ》中条政恒の計画にもとづき、明治六年、旧二本松《にほんまつ》藩士族一九戸を安積野の一角に移住させ開墾にあたらせるとともに、郡山《こおりやま》の富商阿部茂兵衛らを説いて開成社なる開墾会社のもとに開拓村（桑野村）をつくらせた。この開拓村の盛況を、九年六月に来県した大久保《おおくぼ》利通《としみち》内務卿が視察したことが、国営事業の発端となるのである。

明治一一年（一八七八）三月、政府は安積野《あさかの》開墾を決定し、内務省勧農局南一郎平を中心に猪苗代湖《いなわしろこ》の水を奥羽《おうう》山地をくぐりぬけて安積野へひきこむ安積疏水の測量・設計をおこなわせた。内務省雇《やとい》のオランダ人技師C・J・ドールンは、南らのつくった設計図をもとに実地検分をし、ほとんど無修正でこれをパスさせた。ドールンを設計者とする俗説は、高橋氏も指摘するとおり誤りである。幹線五二キロ、分水路七八キロの大工事は、延べ八五万人を動員して一五年に完成する。

疏水工事に並行して、明治一一年の旧久留米《くるめ》藩士族を先頭に、合計五〇〇戸が次々と入植した。最初共同長屋に案内されたかれらは、板敷の上に荒筵《あらむしろ》をしきならべた部屋を見て、われわれは荒筵に座る罪人なみのあつかいをうける理由はないと憤慨したが、それは当時の一般農家の風習にすぎなかった。

一戸平均三二六円の無利息長期融資をうけて開墾は順調にすすんだが、収穫のすくなさはいかんともしがたく、コスト高がそれにくわわった。コスト高の主因が雇人夫賃にあったことは、士族が農民になりきれなかった結果でもあったといえよう。こうして開墾に成功した時点から、土地は高利貸付けの対象と化して、開墾者たる士族の手をはなれ、士族の多くは離散していったのである。

政府の手あつい補助をうけた安積野の事例は、士族の農民化がけっして容易なできごとではないことをしめしている。農民になりきれずに終わった士族の多くは、都市下層に沈澱《ちんでん》する無為無産の窮民《きゅうみん》と化した。農商務省編『興業意見』（明治一七年）には、「士族は大概皆薄資無産にして、其纔《わずか》に克《よ》く自ら生計を為し得るものは、蓋《けだ》し十中一二に過きす」（山梨県）といった類《たぐい》の記述がならんでいるが、士族層は不熟練労働者の有力な供給源となっていった。

大名華族が資産家への華麗な転身をとげつつあったまさにそのときに、かれらの家臣であった士族の多くはプロレタリア化への道を歩んでいったのである。それは、一九世紀後半の資本主義世界に対応すべく封建支配層が推進したことからくる明治維新の複雑な性格の所産にほかならなかった。

4　最後の士族反乱

敬神党と秋月・萩の乱

秩禄《ちつろく》処分の決定によっておいつめられた士族は、明治九年（一八七六）秋から一〇年にかけて一連の武装反乱をおこした。西南《せいなん》戦争が最大にして最後の士族反乱であることはいうまでもない。明治九年一〇月の熊本敬神党《けいしんとう》（いわゆる神風連《じんぷうれん》）ほかの乱は、いわばその前哨戦であった。

明治初年の熊本には、国粋《こくすい》主義から欧化主義まで各派が競い立っていた。敬神党は明治三年に没した神秘的神道《しんとう》家林桜園《はやしおうえん》の晩年の弟子大田黒伴雄《おおたぐろともお》や加屋霽堅《かやはるかた》を中心に、肥後勤王党《ひごきんのうとう》から分派したもので、激烈な攘夷《じょうい》思想を保持しつづけていた。かれらはとくに帯刀《たいとう》を日本が神《しん》州《しゅう》であるシンボルとみなしていたため、山県有朋《やまがたありとも》陸軍卿の建言《けんげん》による廃刀令《はいとうれい》が九年三月二八日にだされるや、これこそ洋化政策の完成としてはげしく反発し、ついに一〇月二四日夜、立ちあがったのである。

もっとも、熊本鎮台《ちんだい》と政府要人宅をおそうには、一七〇人あまりの敬神党の勢力はあまりにすくなく、また、神軍をもって自任するかれらは鉄砲を好まず、古風な刀槍《かたなやり》を武器とした。そのため、県権令安岡良亮《ごんれいやすおかりょうすけ》に重傷を負わせ（三日後絶命）、鎮台司令官種田政明《たねだまさあき》少将を斬殺《ざんさつ》し、兵営の放火に成功したとはいえ、間もなく態勢をととのえた鎮台兵の組織的火力の前に敗退した。

敬神党側の戦死一八名、自決八七名、死刑三名、禁獄四三名（うち三名獄死）、逃亡五名、無罪七名、計一七三名という記録があるが、死者の比率の高さは異常であり、この反乱は「時代を否認するものの一種の集団自決」（渡辺京二氏）だったという評価をうんでいる。

敬神党決起の報がつたわると、一〇月二七日、福岡県の旧秋月《あきづき》藩士族磯淳《いそあつし》、宮崎車之助《みやざきしゃのすけ》らのひきいる二三〇名余が蜂起した。かれらは小倉《こくら》の鎮台分営を攻撃して山口県萩《はぎ》の前原一誠《まえばらいっせい》のグループと合流することをめざしたが、期待した旧小倉藩の豊津《とよつ》士族の協力が得られず、鎮台分営兵により数日のうちに鎮圧された。

つづいて翌二八日には、元参議《さんぎ》・元兵部大輔《ひょうぶたゆう》前原一誠のひきいる山口県の不平士族が反乱に立ちあがった。かれらは、萩の明倫館《めいりんかん》で「殉国軍《じゅんこくぐん》」を結成し、山口県庁を襲撃する計画をたてていたが、県令のひきいる政府軍が逆に萩を攻撃、大阪鎮台兵も応援にかけつけ、一一月六日には総勢五〇〇人余の反乱軍は壊滅し、前原らは斬刑に処せられた。

これら一連の反乱は、相互に連絡があったにもかかわらず、ついに統一的指導部を形成できぬまま孤立分散的蜂起に終わった。かれらの主張は、廃刀令や秩禄《ちつろく》処分への反対であり士族の特権擁護という後ろむきの主張であったため、民衆とのむすびつきをまったくもちえなかった。そして、この点については、旧薩摩《さつま》藩士族の大反乱である西南戦争も同様だったのである。

士族独裁国家鹿児島

明治六年の政変で下野《げや》した西郷隆盛《さいごうたかもり》とその信奉者たちをむかえた鹿児島は、中央政府の近代化政策を拒絶する士族の独裁国家の様相を呈《てい》していた。廃藩置県《はいはんちけん》以来の県政は大山綱良《おおやまつなよし》が一貫して最高責任者であり、大山は中央政府の打ちだす諸政策に事あるごとに抵抗し、鹿児島県へのストレートな適用を拒もうとした。

たとえば、政府が決定した家禄税《かろくぜい》を士族に課さなかったり、家禄の金禄《きんろく》定額化を実施せずに現米支給をつづけたうえ、金禄公債については前述のとおり一〇年分の金額の一割利付公債の交付という特例を政府にみとめさせた。

地租《ちそ》改正もここでは難航した。薩摩藩では、家臣がそれぞれ領地をあたえられる地方知行《じかたちぎょう》制《せい》が幕末までつづいていたため、かれらはその領地を百姓に耕作させて高率の貢租《こうそ》をとるとともに、一部の土地を自作自収して低率の貢租を藩へ納めていた。地租改正にさいして、前者の土地は百姓の所有地とされ、後者のみが士族の所有地となったうえ、前者なみの高率地租を明治一〇年から課されることとなったため、士族の不平は極点に達したという。

藩政期の専売制度も事実上存続して農民を苦しめた。茶と生糸《きいと》については明治五年から専売が解かれたが、他地方への積出しは新設の国産会社をへることが強制された。また、大島など属島の砂糖惣買入制《そうかいいれせい》も政府の砂糖勝手売買の達《たっし》により廃止されたが、県はこの達を秘密にしたうえ、数名の鹿児島商人がつくった大島商社にすべての産糖の買占め権をあたえた。島民は同商社の買占め価格を不当として県庁に嘆願したが、県令はかれらを逮捕して獄につないだ。

このように、廃藩置県後も鹿児島は「県」というより旧態依然たる「藩」のごとき存在であり、文明開化の光はここへはほとんどとどかなかった。士族はほかの地域より優遇されていたが、農民の生活は苦しいままであった。明治一〇年当時の同県の学齢内就学率は『鹿児島県史』の数値によると、わずか二三パーセントと、青森につぐ全国最低クラスであり、同県の士族比率が二六パーセントに達する特徴的事実とかさねあわせると、鹿児島県農民の過酷な境遇がはっきりとうかびあがってこよう。

明治七年六月から県下各地に創立された「私学校《しがっこう》」も、対象はもっぱら士族青少年におかれ、士族独裁の体制を強化するものでしかなかった。大山県令は、県庁経費によって私学校を支援しただけでなく、私学校員を区長や学校長・警部などに次々と任命し、鹿児島県政全体を私学校色でぬりつぶしていった。鹿児島は中央政府から半ば独立した「士族独裁国家」ともいうべき存在と化したのである。

西南戦争とその意義

このような「国家内国家」の存在を、中央集権国家であるはずの明治政権としては放置するわけにはいかない。独裁という点では、当時の明治政権も大久保独裁といわれる体質をもっていたが、それは士族の諸特権を解消しつつあるかぎり、鹿児島における士族独裁とは決定的な差があったのであり、民権派の出現を前にして、それに対応しうる支配体制を模索していた。

他方、鹿児島士族の実質的なリーダーである桐野《きりの》利秋《としあき》や篠原国幹《しのはらくにもと》・村田《むらた》新八《しんぱち》らとしても、中央政府との対決姿勢をかためたとはいえ、率兵上京によるクーデターの大義名分をさがしあぐねていた。明治九年（一八七六）二月の日朝修好条規調印により、西郷下野《さいごうげや》の原因となった「征韓《せいかん》」問題は、もはや反政府士族を結集する名目とはならなくなっていたからである。民権派と連合して民衆とむすびつく方向は、かれらの鹿児島における日常的実践の方向とはまさに逆のものであった。

こうして、政府側の挑発（火薬搬出《はんしゅつ》と密偵《みってい》潜入）にのせられて、一〇年二月一五日、鹿児島を出発した西郷軍は、「今般《こんぱん》政府へ尋問之《の》筋有之《これあり》」という簡単な届け書を県令へ提出したのみで、国民に訴えるべきなんの大義名分ももたなかったのである。

島津《しまづ》久光《ひさみつ》・忠義《ただよし》両家も西郷軍には冷淡な態度をとった。西郷とともに島津家も立ちあがるとの噂《うわさ》を聞いてかけつけた人びとにたいし、両家では、「今回西郷等の挙動は、両家に於《おい》て全く関係なきは勿論《もちろん》、其《その》趣意の如何《いかん》も知ることなし、又彼等より通知せしことなし」（市来四郎『丁丑擾乱記』）と弁明につとめた。そして、島津両家の出資する第五国立銀行が大山県令の依頼により西郷軍へ一万円の融資をおこなった件を知るや、ただちにその取消しを厳命した。

西郷軍には、適確な状況判断にもとづいた戦略も欠けていた。西郷の末弟小兵衛は、まず海路長崎を奇襲し、ついで全九州を制圧するという優れた戦略を主張したが、桐野や篠原らの全軍をあげて熊本鎮台を落とすという正攻法一本槍《いっぽんやり》の議論におしきられた。桐野らは百姓の徴兵《ちょうへい》がまもる熊本鎮台などは、すぐに降伏するはずだという思いあがった予測にたっていた。

だが、徴兵の弱点を知りぬいていた鎮台司令長官谷干城《たにたてき》（土佐藩）少将は、天下の名城たる熊本城に籠城《ろうじょう》して戦う周到精密な作戦をたてて西郷軍をむかえたため、延々二ヵ月近い攻

西南戦争　熊本城を攻撃する西郷軍の本営を描いた錦絵。篠原国幹がいないのは3月4日に戦死したためか。周延画「鹿児島戦争記」より。

防戦となり、西郷軍は熊本城をめざして南下する政府軍主力にたいする不利な防戦を余儀なくされた。

ここに、田原坂《たばるざか》攻防に代表されるはげしい戦闘が展開されるのであるが、その経過は、橋本昌樹氏の力作『田原坂』（中公文庫）その他にゆずろう。ここでは、政府側の徴兵軍事力をどの程度に評価できるかについてだけふれておきたい。

熊本城へむかった西郷軍は、歩兵七大隊以下合計約一万三〇〇〇名、これをむかえ撃つ熊本城には三分の二が徴兵からなる歩兵第一三連隊ほか二五八四名に、小倉《こくら》からかけつけた第一四連隊の一部三三〇名と東京から派遣された内務省警視局の巡査四五一名が合流し、合計三三六五名が守りを固めていた。西郷軍はこのあと徴募兵と他県から参加したいわゆる党薩《とうさつ》諸隊をくわえて総動員兵力約三万といわれ、政府側の総動員兵力は合計四万五八一九名、うち壮兵《そうへい》（士族志願兵）は一万七九一三名におよんだ。

問題は、この政府軍壮兵である。明治九年末の近衛《このえ》および六鎮台の部隊は合計三万二七七七名にすぎなかったから、政府軍も兵力不足に悩まされた。そのため、士族兵の募集がはやくから問題とされたが、大日方純夫氏の論文「西南戦争における「巡査」の臨時徴募」（『日本歴史』三六二号）によれば、その提唱者は山県有朋《やまがたありとも》でなく岩倉具視《いわくらともみ》だったようである。むろん岩倉も表立って士族兵にたよれば徴兵制が根底から破壊されることを知っていたから、かれらをいったん巡査として徴募したうえで、戦地へおくるという便法《べんぽう》を提起していた。政府としても、巡査を各地の反乱・一揆《いっき》の鎮圧に出動させることはたびたび経験ずみであり、熊本鎮台にも前述のように巡査を応援におくりこんでいたからである。

こうして、二月末から巡査の名目での事実上の士族兵の募集が次々とおこなわれはじめた。伊藤博文が四月に山口県で実施した壮兵一三〇〇名の募集は、巡査名義をつかわなかった唯一の例外であり、五月の山県提案にもとづき士族兵によって編成された新撰旅団《しんせんりょだん》も、募集は内務省が担当し、巡査名義でなされた。

だが、五月ごろになると、積極的に士族が徴募に応ずる状況はなくなり、岩倉が旧藩主をまねいて旧家臣へのはたらきかけを依頼しても、質の高い志願兵をあつめることはできなくなっていた。三月中旬の田原坂に出現し、その勇猛な戦闘ぶりで西郷軍の心胆を寒からしめた士族巡査抜刀隊《ばっとうたい》は、あらたに徴募された士族ではない。

そうした点を考えると、徴兵軍事力を補完したものとしての士族志願兵の役割は、かならずしも決定的だったとはいえないであろう。白兵戦においても、徴兵はしだいに西郷軍抜刀隊の威力をはねかえすようになった。着剣したスナイドル銃をかまえた数人が弧形の陣をつくり、敵が六～七メートル近くにきたときに一斉射撃し、さらに銃剣で突き立てるという集団戦法があみだされたからである。

こうして、三月二〇日には田原坂の難関が政府軍によって突破され、四月一四日に西郷軍の背面をついて八代《やつしろ》方面に上陸した政府軍が熊本城へ入城するや、西郷軍は人吉《ひとよし》へむけて撤退した。

このあと、九月二四日の城山《しろやま》陥落までの五ヵ月あまりの戦闘は、しだいに兵力・弾薬の乏しくなる西郷軍を優勢な政府軍がおいつめる掃討戦であった。西郷軍の兵士は超人的なねばり強さを発揮したといってよいが、もともと民衆から孤立していたかれらにとってゲリラ的戦闘はのぞむべくもなく、城山にたどりついたときはわずか三〇〇あまりの兵力になっていた。そして、九月二四日午前四時にはじまった政府軍の総攻撃のもとで、負傷した西郷隆盛は午前七時ごろ自刃し、波瀾に満ちた五〇年の生涯を閉じたのである。

西郷軍の敗北は、鹿児島における士族独裁体制が維新変革の中途に咲いた徒花《あだばな》にすぎぬことを立証した。これ以後、士族反乱はなくなり、窮乏する士族への授産政策が盛大に、しかし効果乏しく、実施されたことは、前述したとおりである。士族を切り捨て、華族のみを天皇の周辺に温存することにより、近代天皇制国家は成立していくことになるのである。

市民革命と産業革命——おわりに

維新変革の目標

城山《しろやま》の戦いでの西郷隆盛《さいごうたかもり》の自刃《じじん》のときをもって、本書の叙述はおわりとしなければならない。このとき、かつての薩長《さっちょう》同盟の相手役木戸孝允《きどたかよし》は、すでにこの世にいなかった。西郷の身を案じつつ病床にあった木戸は、西郷が人吉《ひとよし》の陣地から宮崎へむかってさらに落ちのびようとしていた明治一〇年（一八七七）五月二六日午前六時、四五歳で亡くなっている。そして、盟友西郷と心ならずも対決した大久保利通《おおくぼとしみち》も、翌一一年五月一四日午前八時ごろ、石川県士族島田一郎らの手にかかって暗殺された。四九歳であった。

明治一〇〜一一年におけるいわゆる「維新三傑」のあいつぐ死は、たしかに維新変革における一つの画期を象徴するものであったが、すでにのべたように、筆者は、この時点で維新変革が終了したとは考えない。というよりは、終了しえなかったからこそ、西郷と大久保は非業の死をとげねばならなかったのではないか、と思う。

かれらの死は、黒船ショックにいかに対応するかを直接の課題として展開した維新変革が、その課題を達成するためには倒幕派士族の予想をはるかにこえた地点まで突きすすまなければならなかったことの結果である。近代国際社会に伍《ご》していけるだけの力量のある政治権力とそれをささえる経済構造の構築こそが、維新変革の最終目標とされねばならず、そのためには、倒幕派士族そのものが否定される必要があった。命をかけて倒幕運動を戦った仲間である士族層の切り捨てに反対する西郷は、かれらの反乱の首領におしあげられて自刃し、士族層解体と反乱鎮圧の責任者大久保は暗殺された。そして、維新変革はかれらの死をのりこえて、残された課題を果たすべく、さらにすすんでいくのである。

市民革命の課題

明治一〇年段階で残された課題の一つは、近代世界に伍していける力量のある政治権力をどのように樹立するかであった。すでに廃藩置県《はいはんちけん》によって中央集権化を達成した明治政権は、機械制大工業の移植を阻害する封建的諸制限を次々と撤廃し、近代的軍事力の創出に邪魔となる身分制度の解体もおしすすめた。

それらは、いずれも列強との対抗をめざした明治政権の主導のもとに実施され、幼弱なブルジョアジーを中心とする国民の下からの意見が政治に反映される仕組みはほとんど形成されていなかった。天皇の権威を利用した大久保内務卿《ないむきょう》による独裁政治が、明治一〇年段階における基本的な政治形態だったのである。

しかし、こうした政治形態は、その下にある国民の支持＝合意をとりつけていないため、じつはきわめて不安定な権力にすぎない。近代世界に伍していくことのできる政治権力とは、統一国家としての権力の集中という側面をもつだけでなく、その権力の支持基盤をできるだけひろげておく拡大＝統合の側面をもたなければならなかった。

明治七年一月の「民撰議院設立建白」において、板垣退助《いたがきたいすけ》らが「夫《そ》れ政府の強き者何を以《もっ》て之を致すや、天下人民皆同心なればなり」と主張しているのは、その意味で「有司《ゆうし》（官僚）」専制の弱点をするどくついたものであった。西南戦争のさなかの明治一〇年六月、天皇へあてて提出された植木《うえき》枝《え》盛《もり》執筆の「立志《りっし》社《しゃ》建白書」において、民権派の主張は、はじめて市民的自由の理論に自覚的に立つようになり、民権運動はブルジョアジーを中心とする国民が主権をにぎる国民主権（人民主権ではない。念のため）をもとめる市民革命としての性格をはっきりと帯びるにいたった。

この民権運動そのものは、政府の対応と弾圧のもとで挫折に終わるが、かれらの政治参加の要求はゆがめられつつも明治二二年発布の大日本帝国憲法の中へ吸収された。維新変革の政治的帰結は、国民主権の実現という市民革命の課題を、天皇大権＝君主主権の枠の中へ歪曲しつつ部分的に吸収した外見的立憲君主制としての明治憲法体制の成立であったといえよう。

産業革命の課題

残されたいま一つの課題は、世界市場におけるはげしい競争にたえうる経済力の構築であった。製糸業のばあいはイタリア・フランスなみの手工業的工場《マニュファクチュア》を設立すれば足りたが、綿紡績業などのばあいはイギリスなみの機械制大工業の移植が不可欠であった。

このように、市民革命が問題とされた時点で、同時に産業革命までもが課題となるところに、後進国日本の変革のむずかしさがあったといえよう。そのことは、資本主義の初期的形成と市民社会の成立とがむすびつき並行してすすんだイギリスとは異なった政治と経済のダイナミズムを、日本において生みだすこととなる。それは、一言でいえば、民主化を犠牲にした工業化の進展であった。

イギリスのばあい、絶対王政下でたゆみなくすすんだ農村工業化の担い手は中産的生産者層とよばれる諸個人であり、共同体を内部から解体させたかれらは、市民革命の担い手でもあった。そこでは、工業化と民主化のみごとな結合現象がみられたといってよい。しかし、後進国日本が主として直面したのは、産業革命によって生みだされた機械制大工業の移植であり、工場労働という集団的生産力の定着が問題とされたのである。それは、幕末経済の担い手、先端に若干のマニュファクチュアをうみだしつつある段階の小生産者の手にはあまる課題であり、まず政府が、ついで商人と地主が、工場制度の移植に手をだした。

そのさい、対外経済自立をまもるため、外資導入は極力排除されたから、政府と直接間接につながる商人＝地主層の資金が動員されねばならなかった。それゆえ、第一国立銀行頭取渋沢栄一《しぶさわえいいち》が明治一五年に設立した大阪紡績にみられるような、株式会社形態による大都市商人資金の集中と、輸入した最新型機械による出稼《でかせぎ》女工の昼夜二交代制労働の採用こそが、日本産業革命を開始させたといってよい。共同体が存続したままで、地主＝商人の資金と小作人家族からの出稼女工がむすびつき、前近代的関係を色濃くのこした農村を収奪しつつ、資本主義的工業化が進展した。

ここでは、市民社会関係の十全な展開は、かならずしも工業化の前提条件ではなくなっている。もちろん、工場の集団労働にたえうる能力と意欲を身につけた労働主体の形成は必要である。だが、産業革命の展開は、軽工業については出稼女工の短期間の訓練で操作可能な機械体系をうみだしており、最新型工場と半封建的農村とのむすびつきを可能としていたのである。

こうして、民権運動を挫折せしめて成立した近代天皇制国家のもとで、そのさまざまな保護によりつつ日本産業革命が本格化することになる。明治九〜一三年の製糸業・銀行業の企業勃興のあと、松方デフレをへて明治一九〜二二年に出現した綿紡績業・鉱山業・鉄道業を中心とする企業勃興は、機械制大工業の定着・発展をしめすものであり、日本産業革命の開始を画期づけた。維新変革の経済的帰結は、かかる産業革命の開始であったといってよかろう。大阪紡績を創立して産業革命を先導した渋沢栄一は、「はじめに」で引用したように、ブルジョアジーの自立性の乏しさを嘆いているが、それは、民主化を犠牲にした政府主導の工業化にともなう必然的現象であった、といわねばならない。

基本史料一覧

本書の時代にかかわるもので、入手・閲覧しやすい活字史料をあげた。〔　〕は発行所その他。

■対外関係

①『ペルリ提督日本遠征記』
F・L・ホークスがペリーの依頼により提督・士官の覚書・日記をもとに編集した公式報告。

〔土屋喬雄・玉城肇訳、全四冊　岩波文庫〕

②『ハリス日本滞在記』
T・ハリスの一八五五年五月から五八年六月までの日記をM・E・コセンザが編纂。

〔坂田精一訳、全三冊　岩波文庫〕

③『新異国叢書』
第I輯全一五巻、第II輯全一〇巻。幕末関係では、『ペリー日本遠征日記』『エルギン卿遣日使節録』『ポンペ日本滞在見聞記』『ゴンチャローフ日本渡航記』『アンベール幕末日本図絵』ほかを収録。

〔雄松堂書店〕

④『大君の都』
初代イギリス駐日公使R・オールコックの日本観察記録。

〔山口光朔訳、全三冊　岩波文庫〕

⑤『一外交官の見た明治維新』
駐日イギリス外交官アーネスト・サトウの自伝的記録。文久元年から明治二年初めまでの内外の政局に詳しい。

〔坂田精一訳、全二冊　岩波文庫〕

⑥『ヤング・ジャパン』
幕末維新期に横浜・東京で新聞を発行した英人J・R・ブラックがまとめた記録。

〔ねず・まさし・小池晴子訳　平凡社、東洋文庫〕

⑦『大日本古文書・幕末外国関係文書』
東京大学史料編纂所編。嘉永六年以降の外交関係文書を年次順に編纂。現在文久元年四月までの五三冊と付録八冊が刊行済。

〔東京大学出版会〕

⑧『大日本外交文書』
外務省所蔵の主要文書が外務省の編纂により昭和一一年から公表され、一五年までに第九巻（明治九年）

まで刊行。昭和二四年から『日本外交文書』と改称され継続刊行。

⑨『米欧回覧実記』

岩倉使節団に随行した久米邦武が編纂した報告書。全一〇〇巻。明治一一年刊。

〔田中彰校注、全五冊　岩波文庫〕

■維新史

⑩「日本史籍協会叢書」

明治維新に関する重要史料を、日本史籍協会が大正四年以降刊行。計一九二冊。『岩倉具視関係文書』八、『大久保利通文書』一〇、『大隈重信関係文書』六、『木戸孝允文書』八、『奇兵隊日記』四、『昨夢紀事』四、『坂本竜馬関係文書』二、『中山忠能日記』三ほか。

〔東京大学出版会復刊〕

⑪『維新史料綱要』

維新史料編纂事務局編『大日本維新史料稿本』の綱文と引用史料の典拠のみを記したもの。弘化三年から明治四年まで。一〇巻。

⑫『孝明天皇紀』

孝明天皇の事績を宮内省が編年体でまとめたもの。明治三九年刊。昭和四二～四四年復刊。

〔全五巻　吉川弘文館〕

⑬『明治天皇紀』

嘉永五年九月から明治四五年七月までの明治天皇の事績。昭和八年、宮内省で編纂完了。昭和四三～五二年に初めて公刊。

〔全一二巻、索引　吉川弘文館〕

⑭『復古記』

戊辰戦争についての官軍側正史。原本は明治二二年完成。一五冊。

〔東京大学出版会復刊〕

⑮『法令全書』

慶応三年一〇月以降の諸法令を収録したもの。明治二一年より内閣官報局で編纂。

■個人・諸藩

⑯『昔夢会筆記』

伝記編纂のため徳川慶喜に旧事を問うた会の記録。渋沢栄一が編纂した『徳川慶喜公伝』全四冊も東洋文庫として刊行されている。

⑰〔平凡社、東洋文庫〕
⑱『海舟全集』〔同刊行会編、全一〇巻　改造社〕
『岩倉公実記』〔宮内省皇后宮職編、全二巻　原書房より復刻〕
⑲『大久保利通伝』〔勝田孫弥編、全三冊　同文館〕
⑳『大西郷全集』〔同刊行会編、全三巻　平凡社〕
㉑『松菊木戸公伝』〔木戸公伝記編纂所編、全二巻　明治書院〕
㉒『大隈伯昔日譚』〔円城寺清編　立憲改進党党報局〕
㉓『尾崎三良自叙略伝』〔三巻　中央公論社〕
㉔『水戸藩史料』
徳川侯爵家編。嘉永六年から明治四年までの水戸藩の活動を中心に編年的に編集。〔吉川弘文館〕
㉕『薩藩海軍史』
幕末の薩摩藩海軍を中心に、広く幕府・諸藩の動きも記す。〔公爵島津家編纂所編、全三巻〕
㉖『修訂 防長回天史』
末松謙澄著。大量の原史料をそのまま収録している。原本明治四四年完成。大正一〇年修訂版刊行。〔全二冊　柏書房〕
㉗『史談会速記録』
幕末維新の諸事件にかかわった人々の回顧談を記録。全四一一輯。

■社会・経済

㉘『百姓一揆総合年表』
近世から明治一〇年までの一揆・騒動・打ちこわしの網羅的な年表。〔青木虹二著　三一書房〕
㉙『自由党史』
板垣退助監修の下で明治四三年刊行。〔遠山茂樹・佐藤誠朗校訂、全三冊　岩波文庫〕
㉚『明治前期財政経済史料集成』
大蔵省などに所蔵されていた重要史料を収録。〔大内兵衛・土屋喬雄編、全二一巻　改造社〕

㉛『五代友厚伝記資料』
現在、大阪商工会議所にある五代友厚関係文書を整理したもの。
〔日本経営史研究所編、全四巻　東洋経済新報社〕
㉜『雨夜譚』
渋沢栄一が明治六年大蔵省退官までの経歴を語った自伝。竜門社編『渋沢栄一伝記資料』全六八巻においても、初期資料の中心をなす。
〔長幸男校注　岩波文庫〕
㉝『三井事業史』
三井文庫所蔵史料による資料編四冊と本編三巻六冊。
〔三井文庫編〕
㉞『岩崎弥太郎伝』
三菱グループの後援する岩崎弥太郎・弥之助伝記編纂会から昭和四二年に刊行された正史上・下の復刊。

〔東京大学出版会〕

■文化・思想

㉟『明治事物起原』
西洋文明の移植の実情を精細に究明したもの。初版明治四一年。増訂版大正一五年。
〔石井研堂『増訂 明治事物起原』　春陽堂〕
㊱『明治文化全集』
明治維新期の重要文献を明治文化研究会が分野別に編集。昭和二～五年版は二四冊。戦後改訂版は一六冊。
〔明治文化研究会編、日本評論社。改訂版は日本評論新社〕
㊲『日本思想大系』
本書に関係するものとしては、『吉田松陰』『渡辺華山・高野長英・佐久間象山・横井小楠・橋本左内』『幕末政治論集』『民衆運動の思想』『民衆宗教の思想』などがある。
〔岩波書店〕
㊳『日本近代思想大系』
明治前期の思想関連史料を分野別に編纂。『開国』『天皇と華族』『宗教と国家』『法と秩序』『経済構想』など二三巻、索引。
〔岩波書店〕

参考文献

幕末維新史に関する参考文献・引用文献のうち、比較的新しい重要な著書をあげた。末尾の数字は刊行年（西暦）。

■通史・講座

『明治維新』遠山茂樹　岩波書店（51）
『日本現代史Ⅰ　明治維新』井上清　東京大学出版会（51）
『日本の歴史⒆　開国と攘夷』小西四郎　中央公論社（66）
『日本の歴史⒇　明治維新』井上清　中央公論社（66）
『シンポジウム日本歴史⒂　明治維新』学生社（69）
『日本の歴史㉓　開国』芝原拓自　小学館（75）
『日本の歴史㉔　明治維新』田中彰　小学館（76）
『岩波講座　日本歴史⒁　近代1』岩波書店（75）
『岩波講座　日本歴史⒀　近世5』岩波書店（77）
『日本近代化の世界史的位置』芝原拓自　岩波書店（81）
『講座　日本近世史⑼　近世思想論』有斐閣（81）
『講座　日本近世史⑺　開国』有斐閣（85）
『講座　日本歴史⑺　近代1』東京大学出版会（85）
『日本歴史大系⑷　近代1』山川出版社（87）
『明治維新観の研究』田中彰　北海道大学図書刊行会（87）
『日本の歴史⒂　開国と倒幕』田中彰　集英社（92）
『日本の歴史⒃　明治維新』中村哲　集英社（92）
『日本近現代史⑴　維新変革と近代日本』岩波書店（93）

■外交史

『増訂　明治維新の国際的環境』石井孝　吉川弘文館（66）
『明治初期日韓清関係の研究』彭沢周　塙書房（69）
『日本開国史』石井孝　吉川弘文館（72）
『朝鮮の歴史』朝鮮史研究会編　三省堂（74）
『岩倉使節の研究』大久保利謙編　宗高書房（76）
『朝鮮の攘夷と開化』姜在彦　平凡社（77）
『琉球処分論』金城正篤　沖縄タイムス社（78）
『幕末維新期の外圧と抵抗』洞富雄　校倉書房（77）
『明治初期の日本と東アジア』石井孝　有隣堂（82）

『神戸事件』内山正熊　中央公論社(83)
『黒船前後の世界』加藤祐三　岩波書店(85)
『開国の使者』宮永孝　雄松堂出版(86)

■政治史

『戊辰戦争』原口清　塙書房(63)
『明治維新政治史研究』田中彰　青木書店(63)
『明治維新の権力基盤』芝原拓自　御茶の水書房(65)
『明治維新政治史序説』毛利敏彦　未來社(67)
『日本近代国家の形成』原口清　岩波書店(68)
『明治維新草莽運動史』高木俊輔　勁草書房(74)
『近代天皇制研究序説』下山三郎　岩波書店(76)
『戊辰戦争』佐々木克　中央公論社(77)
『明治維新研究序説』千田稔・松尾正人　開明書院(77)
『明治六年政変の研究』毛利敏彦　有斐閣(78)
『幕末・維新の政治構造』佐藤誠朗　校倉書房(80)
『公武合体論の研究』三上一夫　御茶の水書房(79)
『北関東下野における封建権力と民衆』秋本典夫　山川出版社(81)
『天皇制の政治史的研究』宮地正人　校倉書房(81)
『戊辰戦争論』石井孝　吉川弘文館(84)
『廃藩置県』松尾正人　中央公論社(86)
『明治維新の政治過程』大久保利謙　吉川弘文館(86)
『近代天皇制形成期の研究』佐藤誠朗　三一書房(87)
『近代天皇制の成立』遠山茂樹編　岩波書店(87)
『明治国家形成期の外政と内政』永井秀夫　北海道大学図書刊行会(90)
『王政復古』井上勲　中央公論社(91)
『幕藩権力と明治維新』明治維新史学会編　吉川弘文館(92)

■社会史

『明治維新の社会構造』堀江英一　有斐閣(54)
『士族反乱の研究』後藤靖　青木書店(67)
『村方騒動と世直し』佐々木潤之介編　青木書店(72〜73)
『新訂　華士族秩禄処分の研究』深谷博治　吉川弘文館(73)
『日本近代建築の歴史』村松貞次郎　日本放送出版協会(77)
『神風連とその時代』渡辺京二　葦書房(77)

『改訂 明治軍制史論』松下芳男 国書刊行会(78)
『維新政権の直属軍隊』千田稔 開明書院(78)
『維新政権の秩禄処分』千田稔 開明書院(79)
『世直し』佐々木潤之介 岩波書店(79)
『部落「解放令」の研究』小林茂 解放出版社(79)
『東京時代』小木新造 日本放送出版協会(80)
『徴兵制』大江志乃夫 岩波書店(81)
『安積野士族開拓誌』高橋哲夫 歴史春秋社(83)
『ええじゃないか始まる』田村貞雄 青木書店(87)
『天皇の肖像』多木浩二 岩波書店(88)

■**経済史**

『寄生地主制論』塩沢君夫・川浦康次 御茶の水書房(57)
『日本近代製糸業の成立』矢木明夫 御茶の水書房(60)
『地租改正の研究』福島正夫 有斐閣(62)
『明治維新の土地変革』丹羽邦男 御茶の水書房(62)
『明治維新の政局と鉄道建設』田中時彦 吉川弘文館(63)
『地租改正の研究』近藤哲生 未來社(67)
『明治の貿易』海野福寿 塙書房(67)
『地租改正と農民闘争』有元正雄 新生社(68)
『明治維新の基礎構造』中村哲 未来社(68)
『小野組の研究』宮本又次 新生社(70)
『財閥形成史の研究』安岡重明 ミネルヴァ書房(70)
『日本資本主義成立史研究』石塚裕道 吉川弘文館(73)
『円の誕生』三上隆三 東洋経済新報社(75)
『近世の物価と経済発展』新保博 東洋経済新報社(78)
『貨幣の語る日本の歴史』山口和雄 そしえて(79)
『茶の世界史』角山栄 中央公論社(80)
『世界市場と幕末開港』石井寛治・関口尚志編 東京大学出版会(82)
『近代日本とイギリス資本』石井寛治 東京大学出版会(84)
『変革期の商人資本』丁吟史研究会編 吉川弘文館(84)
『シンポジウム・歴史のなかの物価』原田敏丸・宮本又郎編著 同文舘(85)
『日本の鉄道』野田正穂・原田勝正・青木栄一・老川

慶喜編　日本経済評論社(86)
『アジア交易圏と日本工業化1500―1900』浜下武志・川勝平太編　リブロポート(91)

■文化史・思想史

『維新の精神』藤田省三　みすず書房(67)
『幕末政治思想史研究』山口宗之　隣人社(68)
『福沢諭吉』遠山茂樹　東京大学出版会(70)
『文明開化の研究』林屋辰三郎編　岩波書店(79)
『文明開化』飛鳥井雅道　岩波書店(85)
『文明開化』井上勲　教育社(86)
『「文明論之概略」を読む』丸山真男　岩波書店(86)
『日本近代化の精神世界』宮沢邦一郎　雄山閣(88)

■人物史

『勝海舟』松浦玲　中央公論社(68)
『大久保利通』毛利敏彦　中央公論社(69)
『西郷隆盛』井上清　中央公論社(70)
『幕末の豪商志士白石正一郎』中原雅夫　三一書房(70)
『大村益次郎』絲屋寿雄　中央公論社(71)
『横井小楠』松浦玲　朝日新聞社(76)
『幕末悲運の人びと』石井孝　有隣堂(79)
『明治維新の敗者と勝者』田中彰　日本放送出版協会(80)
『岩瀬忠震』松岡英夫　中央公論社(81)
『怪商スネル』高橋義夫　大正出版(83)
『高杉晋作と奇兵隊』田中彰　岩波書店(85)
『女たちの明治維新』小松浅乃　文園社(86)

年表

西暦	和暦	天皇	将軍	日本（*印は世界）
一八五二	嘉永五	孝明	徳川家慶	6 オランダ商館長ドンケル・クルチウス、翌年のアメリカ使節来航を予告。7 肥前藩、反射炉による大砲鋳造に成功。
一八五三	六		徳川家祥（家定と改名）	6 アメリカ東インド艦隊司令長官ペリー、軍艦四隻を率いて浦賀に来航。幕府、久里浜でアメリカ大統領フィルモアの国書を受領。ペリー、琉球へ去る。将軍家慶没。7 老中阿部正弘、米国国書の返事につき諸大名・幕臣の意見を求める。幕府、前水戸藩主徳川斉昭に幕政参与を求める。ロシア使節プチャーチン、軍艦四隻を率いて長崎に来航。12 プチャーチン長崎に再来し、国境・通商に関し幕吏と協議。 *太平天国軍、南京を占領。
一八五四	安政元 11・27			1 ペリー、軍艦七隻を率い神奈川沖に来泊。3 日米和親条約（神奈川条約）締結。下田・箱館二港を開く。プチャーチン、長崎に再来。吉田松陰、下田で米艦に密航を求め拒絶され、捕えられる。4 佐久間象山、投獄される。閏7 イギリス東インド艦隊司令長官スターリング、長崎に入港。8 幕府、日英和親条約に調印。11 プチャーチンの乗艦ディアナ号大破。12 日露和親条約を下田で調印。 *英・仏、ロシアに宣戦布告（クリミア戦争、～五六）。
一八五五	二			3 幕府、梵鐘を大小砲に改鋳するよう布告。フランス艦隊、下田来航。イギリス艦隊、箱館来航。6 オランダ国王、蒸気船スームビン

西暦	和暦	天皇	将軍	日本（＊印は世界）
一八五五	安政二	孝明	徳川家祥（家定と改名）	グ号（のち観光丸）を幕府に贈る。7 長崎に海軍伝習所を設ける。10 江戸で安政大地震。佐倉藩主堀田正睦、老中首座となる。12 日蘭和親条約を調印。
一八五六	三			2 幕府、蕃書調所を設立。4 江戸築地に講武所を開く。7 米駐日総領事ハリス、下田に来航。8 ハリス、通商の自由および通貨交換比率取決めを下田奉行に要求。10 幕府、老中堀田正睦を外国事務取扱・海防月番専任とする。外国貿易取調掛を設置。この年、吉田松陰、松下村塾を開く。
一八五七	四			5 日米条約を下田で締結（下田協約）。10 ハリス登城、将軍に米大統領ピアスの親書を提出。12 ハリス、幕府全権の下田奉行井上清直・目付岩瀬忠震と日米通商条約交渉を開始。＊セポイの反乱勃発（～五九）。ムガル帝国滅亡。
一八五八	五		徳川家茂	1 幕府、勅許奏請のため通商条約調印の六〇日延期をハリスに伝える。4 井伊直弼、大老就任。5 お玉ヶ池に種痘所を設置。6 下田奉行井上清直・目付岩瀬忠震、小柴沖のポーハタン号でハリスと日米修好通商条約に調印。7 将軍家定没。外国奉行を設置。日蘭・日露・日英修好通商条約を調印。8 戊午の密勅。9 日仏修好通商条約調印。安政の大獄始まる。＊清朝、列強と天津条約締結。
一八五九	六			5 英駐日総領事オールコック着任。幕府、神奈川・長崎・箱館を六

				月から開港し、露・仏・英・蘭・米五ヵ国との自由貿易を許可する。幕府、新二朱銀の通用につき通達。6 幕府、新二朱銀を廃止し、一ドル＝一分銀三個替えを英米に通告。7 シーボルト、長崎に再来。8 幕府、徳川斉昭に国許永蟄居、同慶篤に差控、同慶喜に隠居・謹慎、水戸藩士安島帯刀に切腹を命令。9 米国長老派教会宣教医ヘボン夫妻、横浜へ来航。10 橋本左内・頼三樹三郎・吉田松陰刑死。12 下田港閉鎖。
一八六〇	万延元 3・18			1 軍艦奉行木村喜毅・軍艦操練所教授勝海舟ら、咸臨丸で米国へ向かう。遣米特使外国奉行新見正興・村垣範正・目付小栗忠順ら、米艦で出航。3 大老井伊直弼、桜田門外で水戸浪士らに殺される（桜田門外の変）。閏3 雑穀・水油・蠟・呉服・生糸の横浜直送を禁じて江戸問屋経由を命ずる（五品江戸廻送令）。4 幕府、国益主法掛を設置。5 所司代酒井忠義、将軍家茂と皇妹和宮の婚儀勅許斡旋を関白九条尚忠に請う。6 日葡修好通商条約を江戸で調印。7 水戸藩の西丸帯刀と木戸孝允ら、水戸藩の条約破棄・攘夷決行と長州藩の事後収拾を盟約（丙辰丸盟約）。8 朝廷、和宮の降嫁勅許を幕府に内達し、鎖国復活・公武融和等を求む。12 米国通訳官ヒュースケン、三田の路上で浪士に斬殺される。幕府、プロシアと修好通商条約を江戸で調印。
一八六一	文久元 2・19			2 ロシア軍艦ポサドニック、占領を意図して対馬に来泊。3 幕府、仏・蘭・露・米・英国へ江戸・大坂と兵庫・新潟の開市・開港七

西暦	和暦	天皇	将軍	日本（＊印は世界）
一八六一	文久元	孝明	徳川家茂	ヵ年延期を要請。長州藩士長井雅楽、「航海遠略策」を藩主に建言。4 幕府、上海で貿易を試みる。5 高輪東禅寺の英公使館、浪士に襲撃され館員が負傷。10 和宮、京都を出発し、江戸へ向かう。12 幕府遣欧使節竹内保徳ら、開市開港延期交渉のため横浜を出帆、福沢諭吉ら随行。＊ロシア、農奴解放令。イタリア王国成立。アメリカ、南北戦争勃発。
一八六二	二			1 老中安藤信正、水戸浪士らに襲われ負傷（坂下門外の変）。2 将軍家茂と和宮との婚儀挙行。4 島津久光、藩兵一〇〇〇人余を率いて入京、朝廷に建議。挙兵計画の薩摩藩士有馬新七ら、島津久光の命で斬られる（伏見寺田屋騒動）。5 幕府使節竹内保徳ら「ロンドン覚書」に調印。8 島津久光の行列護衛の薩摩藩士、生麦村で英人を斬る（生麦事件）。閏8 幕府、京都守護職に会津藩主松平容保を任命。参勤交代制度を緩和。11 幕議、攘夷の勅旨に従うことを決定。12 朝廷に国事御用掛設置。高杉晋作・久坂玄瑞ら品川御殿山に建設中の英国公使館を焼く。＊ビスマルク、プロシア宰相となる。
一八六三	三			2 朝廷に国事参政・国事寄人設置。尊攘派公卿、朝議に参画。3 家茂、上洛。天皇、賀茂社行幸攘夷祈願。新撰組、京都守護職に属す。4 幕府、五月一〇日を攘夷期限と上奏する。5 幕府、生麦事

				件などの賠償金一一万ポンド（四四万ドル）を英国に支払う。長州藩、下関で米・仏・蘭船を砲撃。幕府、英・仏両国守備兵の横浜駐屯を許可。6 米・仏軍艦、長州藩砲台を報復攻撃。高杉晋作ら奇兵隊編成。7 薩英戦争。8 大和五条で天誅組の変。公武合体派クーデターにより朝議一変（八月一八日の政変）。10 生野の変。12 鎖港談判のため、池田長発ら欧州へ出発。
一八六四	元治元 2・20			1 将軍家茂入京。3 仏公使ロッシュ着任。武田耕雲斎・藤田小四郎ら筑波挙兵（天狗党の乱）。4 将軍、横浜鎖港・海岸防禦などを朝廷から委任される。5 池田使節一行、フランスとパリ約定に調印。6 新撰組、池田屋を襲撃。7 佐久間象山暗殺。長州藩兵、京都御所諸門で幕軍と交戦（禁門の変）。平野国臣ら獄中で殺害。幕府、英・仏・米・蘭にパリ約定廃棄を通告。第一次征長の役。8 四国連合艦隊、下関砲撃。11 長州藩、禁門の変責任者の三家老に自刃を命令。12 高杉晋作ら馬関襲撃。 ＊第一インターナショナル結成。
一八六五	慶応元 4・7			3 長州藩、諸隊を再編成し軍制改革。閏5 英公使パークス着任。7 長州藩、坂本竜馬と薩摩藩の仲介により英商グラバーから小銃購入。9 英・米・仏・蘭四国代表、条約勅許・兵庫開港要求のため軍艦で兵庫に来航。幕府の横須賀製鉄所起工式（首長は仏人ヴェルニー）。10 条約は勅許、兵庫開港は不許可となる。
一八六六	二			1 坂本竜馬の仲介で西郷隆盛と木戸孝允、薩長同盟を密約。5 幕

西暦	和暦	天皇	将軍	日本（＊印は世界）
一八六六	慶応二	孝明	徳川家茂 徳川慶喜	府、英・仏・米・蘭と改税約書調印。大坂・江戸で打ちこわし。6 第二次征長の役戦闘開始、幕府軍艦、長州藩領を砲撃。武州一揆、信達一揆。ベルギーと修好通商条約調印。7 イタリアと修好通商条約調印。将軍家茂没。8 征長停止の沙汰書が出される。12 徳川慶喜、征夷大将軍に補任される。孝明天皇没。
一八六七	三	明治		1 睦仁親王践祚、二条斉敬摂政となる。2 将軍慶喜、内政・外交についてロッシュの助言を受ける。4 海援隊、坂本竜馬隊長となり土佐藩に属す。高杉晋作没。5 土佐藩板垣退助・中岡慎太郎らと薩摩藩西郷隆盛ら京都で討幕を密約。兵庫開港勅許。6 京都で大政奉還などの薩土盟約七ヵ条結ばれる。7 三河地方に「ええじゃないか」おこる。東海道・江戸・京畿その他一円に拡大。10 薩摩の大久保利通と長州の品川弥二郎、王政復古策を岩倉具視らと協議。将軍参内、大政奉還勅許の沙汰を受ける。11 坂本竜馬・中岡慎太郎、暗殺される。12 兵庫開港、大坂開市。朝廷、王政復古を宣言、小御所会議開かれる。 ＊パリ万国博覧会。
一八六八	明治元 9・8		将軍職廃止	1 鳥羽・伏見の戦（戊辰戦争おこる）。岡山藩兵、外国兵と衝突（神戸事件）。2 天皇、親征の詔を発布。官制を改め三職八局の制を定める。総裁熾仁親王（有栖川宮）を東征大総督とする。慶喜、上野寛永寺に閉居。堺事件。『中外新聞』創刊。英公使パークス、刺客に

西暦	年号		事項
			襲われる。3　相楽総三ら、偽官軍として処刑。西郷、勝と会見し、江戸開城の諒解なる。**五箇条の誓文**。**五榜の掲示**。4　官軍江戸入城。閏4　長崎で浦上キリシタンを弾圧。政体書を定め、七官両局の制とする。5　奥羽越列藩同盟成立。官軍、上野に彰義隊を討つ。太政官札発行。7　江戸を東京と改称する。8　天長節を定める。天皇、即位式をあげる。9　明治と改元し、一世一元の制を定める。会津藩降伏。11　東京開市。12　榎本武揚ら蝦夷地を占領。
一八六九	二		1　横井小楠暗殺される。天理教祖中山みき、「おふでさき」を書き始める。2　造幣局設置。太政官を東京に移すことを達する。3　公議所を東京に開く。5　榎本武揚ら降伏（戊辰戦争終わる）。6　**諸藩主の版籍奉還を許し、各藩知藩事**（二七四人）**に任命**。公卿・諸侯を華族と改称。藩知藩事家禄の制を定め、家臣を士族と称する。東京九段に招魂社創建。7　大学校設立。職員令を制定し官制を改革、二官六省・集議院・開拓使等を設置（二官六省の制）。8　民部・大蔵両省を合併する。蝦夷地を北海道と改称。9　大村益次郎、襲われ重傷（のち死亡）。12　浦上キリシタン三〇〇〇人余の流刑。東京―横浜間に電信開通。 　＊アメリカで初の大陸横断鉄道完成。スエズ運河開通。
一八七〇	三		1　長州藩諸隊脱隊兵士が、藩庁を包囲。2　樺太開拓使設置。3　和泉要助、東京府より人力車渡世を許される。5　『The Far East』創刊。6　神田孝平、「田租改革建議」を提出。7　民部・大蔵両省分離。8　山県有朋、軍制改革に着手。9　平民に苗字使用を許可。10　兵制を海軍は英式、陸軍は仏式と定める。閏10　工部省を置く。11　日田県（大分）で農民一万人暴動。松代藩農民七万人騒擾。

文庫版あとがき

本書は、「大系　日本の歴史」第一二巻『開国と維新』として、一九八九年に小学館から刊行されたものである。刊行後三〇年近くたった本書を、講談社学術文庫の一冊として刊行しないかと声をかけてくださったのは、同文庫の一冊として『日本の産業革命』を刊行した時にお世話になった講談社学術図書出版の稲吉稔氏であった。二〇一八年は、一八六八年の明治維新から一五〇周年となるので、一般向けの啓蒙書として刊行したいとのことであった。

三〇年前と比べて明治維新の実証的研究は格段に発展したが、明治維新の全体像を世界史的視野のもとで総合的に論じた啓蒙書は、最近に至るまでほとんど見られない。三〇年以上前に小学館シリーズの明治維新期の執筆者として経済史の専門家にすぎない筆者が依頼されたのは、ケンブリッジ大学に留学した機会にイギリス商社ジャーディン・マセソン商会文書を閲覧し、『近代日本とイギリス資本』（東京大学出版会、一九八四年）を刊行したためだと思う。明治維新を世界史的視野から論ずることを筆者に期待されたのであろう。その意味で本書になにがしかの今日的意義があればと考え、再刊の話をお引き受けした。

明治維新研究の古典としては、一九五一年に相次いで刊行された遠山茂樹『明治維新』

（岩波書店）と井上清『日本現代史Ｉ　明治維新』（東京大学出版会）が、今日においても二大名著として定評がある。本書を執筆するさいに考えたのは、国内の階級対抗を軸に専制的な近代天皇制国家の形成を論じた遠山説と、対外的な民族対抗をつうじて日本が独立を全うできたことを評価した井上説の流れを統合できないかということであった。そのために解明すべきことは、独立を全うしようという徳川幕府と明治政府の「権力的対応」とそれを支えた「民衆的対応」の役割であったが、本書は、とりわけ両者の中間に位置する豪商農の「商人的対応」に注目して議論を組み立てた。

執筆当時は、実践的にも学問的にも、先進国の支配を受けない「内発的発展路線」が疑問視されはじめ、先進国からの資本輸入を利用した「開放経済化路線」の有効性が唱えられるようになっていたが、一九世紀後半には資本輸入は帝国主義支配の手段となる危険性が高かったため、明治政府は外資を排除しつつ近代化を達成するという二律背反的な難問を解決しなければならなかった。本書は、そうした対外緊張のもとで明治維新の変革を担った人々の実相を政治・経済を中心に論じ、近代日本が如何にして「自力工業化の奇跡」を達成したかを明らかにせんと試みたのであり、そこに本書の最大の現代的意義があるといえよう。

明治維新を世界史的視野から捉えようとする本書が主張したことは、中国貿易に熱中して日本貿易の可能性を予見できなかったイギリス商人を尻目に、アメリカのペリーが日本開国に先鞭をつけたのは、難破船救助という人道目的からでなく、アジア貿易の推進という経済目的からであったことである。ペリーを支援したニューヨークの貿易商パーマーらの活動はアメリカ歴史学界では周知の事実であったが、日本の歴史学界ではアメリカ議会文書の活用がなされず、外交文書だけに依存した人道説が幅を利かせていた。しかし、そうした人道目的は、議会向けの論理としてペリーらによって敢えて強調されたことが、その後明らかにされており（P・B・ワイリー著、興梠一郎訳『黒船が見た幕末日本』TBSブリタニカ、訳書一九九八年）、いまでは人道説は成り立つ余地がほとんどなくなった。また、明治六年一〇月の「征韓」論論争の性格を議論するばあいに、当時の朝鮮側の政治体制が対外強硬策を堅持する大院君政権であり、同年一一月の王妃閔氏一族が政権を握る直前であったことの評価が欠けていることを強調した。総じて、当時の明治維新史研究は、交渉相手の側から日本を見る視点が弱いことを、本書は強調したのである。

横浜など開港場の居留地の植民地的性格を強調する議論に対して、外国商人の内地侵入を防ぐ「民族的防壁」としての評価を前面に押し出したのも本書の特徴である。先進国の支配が貿易商品の国内流通にまで及んで貿易利益を収奪したことを主張するA・G・フランクに始まる従属的発展論と、その正しさを中国におけるジャーディン・マセソン商会の利益分配データから実証した石井摩耶子『近代中国とイギリス資本』（東京大学出版会、一九九八年）に集約される研究成果を踏まえて、本書は、徳川幕府と明治政府が外国商人の内地通商を一貫して拒否したことの資本蓄積上の決定的意義を強調した。この内地通商拒否は、権力による拒否だけでなく、民間商人によって開港場での現金取引がスムーズに実行された結果として効果を発揮したのであり、その背後には旧特権商人を含んだ国内の為替決済システムの発達が存在した。階級的には反動化しつつある旧特権商人が対外的＝民族的には大きな役割を果たすという事態が幕末維新期には現れたのである。この問題は、その後、開港前の三都両替商の経営分析を行った拙著『経済発展と両替商金融』（有斐閣、二〇〇七年）において深めることができた。いまや、幕末経済発展の評価は、生産者レベルでの断絶説に代わって商人レベルでの連続説が実証されつつあり、そこに「自力工業化の奇跡」を解く鍵が求められていると言ってよかろう。

もっとも、だからといって筆者は、近代的工業化が近世商人の蓄積資金を動員することによって易々と実現されたなどと言いたいわけではない。明治政府の厳しい権力的収奪による工業化資金の捻出という事実の結果としての国内緊張の高まりが、国民の関心を早くから対外膨張に向けさせたことも留意すべきであろう。本書が民主化を犠牲にした工業化の問題性を論じたのはそのことを言いたかったためである。

本書が刊行された一九八九年の夏、歴史学研究会近代史部会は、岐阜県長良川畔の夏季合宿で、本書と同シリーズの坂野潤治『近代日本の出発』の同時合評会を行った。今でも覚えているのは、維新政治史の専門家が、石井の政治史叙述で興味深かったのは、「親兵八〇〇〇の存在は、廃藩置県を可能ならしめた条件であるとともに、それを要求する直接的契機でもあった」と論じた点だと評価したことである。歴史学界ではちょうど廃藩置県に関する原口清氏の問題提起がなされていた折であって、私見を恐る恐る書いてみたのであるが、それに注目して一定の評価をしてもらえてホッとした。もっとも、専門家が啓蒙書を引用することが憚られたせいか、石井仮説はその後無視されたかに見えたが、最近になって、吉川弘文館の「日本近代の歴史」シリーズ第一巻の奥田晴樹『維新と開化』（二〇一六年）が、「「御親兵」が廃藩置県を可能にするとともに、それを維持するためには廃藩置県が必要だった」と述べているのを読んで、石井説が間違っていなかったことが評価されたようで感激した。

本書で展開した議論の大筋は今日でも通用する一例がここにはあると言えよう。

一維新一五〇周年」が唱えられる今日と対比する時、明治維新にさいして日本の官民が必死になって追求した課題は、欧米とアジアから押し寄せる多様な外圧に抗して、日本の政治と経済の独立性を如何に守りつつ近代化を図るかということであった。彼らの多くは「攘夷」論を唱え、「開国」論者と対立した。攘夷論者は破壊的行為しか行わないとして、政治史家は低い評価しか与えないことが多い。確かに、外国人へのテロ行為や外国船への無謀な砲撃はあったが、「攘夷」論の根底には外国人による支配への抵抗という「独立の精神」が沸々と息づいていることが見落とされてはなるまい。当初、外国人を「禽獣」のような者と思っていた民間商人たちは、市場での取引を通じて次第に相手も自分と同じ「人間」だという事実を発見する。もちろん、そこには手強い競争相手への緊張感という健全な「ナショナリズム」の感情も生まれてくるが、「独立の精神」こそは、幕末維新期の人々を突き動かしたもっとも強力なエートスであった。こうして彼（女）らは、単純な「攘夷」でも「開国」でもない「攘夷のための開国」路線に立って日本の政治と経済を動かしていった。今日の日本人にもっとも欠けている「独立の精神」（詳しくは、拙著『資本主義日本の歴史構造』東京大学出版会、二〇一五年、参照）を学び取ることに、明治維新を振り返る今日的意義のひとつがあるように思う。

二〇一八年一月

石井寛治

本書の原本は、一九八九年三月、小学館より「大系 日本の歴史」第一二巻「開国と維新」として刊行されました。本講談社学術文庫は、一九九三年六月に同社より刊行された、小学館ライブラリー版を底本としています。

石井寛治（いしい　かんじ）

1938年生まれ。東京大学大学院経済学研究科博士課程単位取得退学。東京大学大学院経済学研究科教授，東京経済大学経営学部教授を経て現在，東京大学名誉教授，日本学士院会員。経済学博士（東京大学）。専門は日本経済史。著書に『日本経済史』『日本の産業革命』『近代日本流通史』『帝国主義日本の対外戦略』『資本主義日本の歴史構造』『資本主義日本の地域構造』ほか多数。

講談社学術文庫

定価はカバーに表示してあります。

明治維新史《めいじいしんし》　自力工業化《じりきこうぎょうか》の奇跡《きせき》

石井寛治《いしいかんじ》

2018年4月10日　第1刷発行

発行者　渡瀬昌彦
発行所　株式会社講談社
東京都文京区音羽 2-12-21 〒112-8001
電話　編集（03）5395-3512
販売（03）5395-4415
業務（03）5395-3615
装　幀　蟹江征治
印　刷　豊国印刷株式会社
製　本　株式会社国宝社
本文データ制作　講談社デジタル製作

ISBN978-4-06-292494-8

「講談社学術文庫」の刊行に当たって

これは、学術をポケットに入れることをモットーとして生まれた文庫である。学術は少年の心を養い、成年の心を満たす。その学術がポケットにはいる形で、万人のものになることは、生涯教育をうたう現代の理想である。

こうした考え方は、学術を巨大な城のように見る世間の常識に反するかもしれない。また、一部の人たちからは、学術の権威をおとすものと非難されるかもしれない。しかし、それはいずれも学術の新しい在り方を解しないものといわざるをえない。

学術は、まず魔術への挑戦から始まった。やがて、いわゆる常識をつぎつぎに改めていった。学術の権威は、幾百年、幾千年にわたる、苦しい戦いの成果である。こうしてきずきあげられた城が、一見して近づきがたいものにうつるのは、そのためである。しかし、学術の権威を、その形の上だけで判断してはならない。その生成のあとをかえりみれば、その根は常に人々の生活の中にあった。学術が大きな力たりうるのはそのためであって、生活をはなれた学術は、どこにもない。

開かれた社会といわれる現代にとって、これはまったく自明である。生活と学術との間に、もし距離があるとすれば、何をおいてもこれを埋めねばならない。もしこの距離が形の上の迷信からきているとすれば、その迷信をうち破らねばならぬ。

学術文庫は、内外の迷信を打破し、学術のために新しい天地をひらく意図をもって生まれた。文庫という小さい形と、学術という壮大な城とが、完全に両立するためには、なおいくらかの時を必要とするであろう。しかし、学術をポケットにした社会が、人間の生活にとってより豊かな社会であることは、たしかである。そうした社会の実現のために、文庫の世界に新しいジャンルを加えることができれば幸いである。

一九七六年六月　　　　野間省一

日本の歴史・地理

伊藤之雄著
伊藤博文　近代日本を創った男

討幕運動、条約改正、憲法制定、そして韓国統治と暗殺。近代国家を創設した最大の功労者の波乱の生涯と、「剛凌強直《ごうりょうきょうちょく》」たる真の姿を描き切る。従来の「悪役イメージ」を覆し、その人物像を一新させた話題の書。

2286

小林英夫著
満鉄調査部

戦時経済調査、満蒙・ソ連研究、華北分離政策などの活動実態から、関東憲兵隊との衝突、戦後日本の経済成長やアジア研究への貢献まで。満洲から国策を先導した、「元祖シンクタンク」満鉄調査部の全貌に迫る。

2290

酒井直樹著
死産される日本語・日本人　「日本」の歴史―地政的配置

「日本語」や「日本人」は、近代に生まれたときには、古代に仮設した共同体と共にすでに死んでいた……。斬新かつ挑発的な問題提起で、刊行当初から幾多の議論を巻き起こした話題の書に新稿を加えた決定版。

2297

今村啓爾著
日本古代貨幣の創出　無文銀銭・富本銭・和同銭

日本最古の貨幣とはなにか？　無文銀銭→富本銭→和同銀銭→和同銅銭……。謎が謎を呼ぶ古代日本貨幣史に考古学と文献学の知見を総動員して挑む。律令国家による銅銭導入の意図と背景を解明する画期的著作！

2298

徳富蘇峰著（解説・御厨　貴）
徳富蘇峰　終戦後日記　『頑蘇夢物語』

占領下にあっても近代日本最大の言論人は書き続ける。封印された第一級史料には、無条件降伏への憤り、昭和天皇への苦言、東條・近衛ら元首相への批判と大戦の行方を見誤った悔悟の念が赤裸々に綴られていた！

2300

大濱徹也著
天皇の軍隊

兵士たちは「皇軍」に何を期待し、いかに傷ついたか。そして日本人にとって「軍隊」とはなんだったのか。入営から内務教育、戦場体験までの彼らの心情と生活実感を探り、近代日本の「軍隊の本質」を描き出す。

2302

ルートヴィッヒ・リース著／原　潔・永岡　敦訳（解説・関　幸彦）

ドイツ歴史学者の天皇国家観

近代日本の「歴史学の父」は、静かに暮らす人々を観察し、俗悪な新聞に憤り、濃尾地震に衝撃を受ける。大津事件、日英同盟、日露戦争……。明治という時代と武士道、「大和魂」はどう見え、分析されたのか。

2305

藤田　覚著

遠山金四郎の時代

その改革に異議あり！　天保の改革で奢侈一掃のため寄席撤廃、歌舞伎三座移転を目論んだ老中水野忠邦に対し、真正面から抵抗した町奉行。「いれずみの金さん」の虚実を現存する史料から丹念に明らかにする。

2317

伊藤　隆著

大政翼賛会への道　近衛新体制

太平洋戦争前夜、無血革命に奔った群像！　憲法の改正や弾力的運用で政治・経済・社会体制の変革と一党支配を目指した新体制運動。これを推進した左右の革新派の思惑と、彼らが担いだ近衛文麿の行動を追跡。

2340

落合弘樹著

秩禄処分《ちつろくしょぶん》　明治維新と武家の解体

明治九年（一八七六）、ついに〈武士〉という身分が消滅した！　支配身分の特権はいかにして解消され、没落した士族たちは、この苦境にどう立ち向かっていったのか。維新期最大の改革はなぜ成功したかを問う。

2341

山川三千子著（解説・原　武史）

女官　明治宮中出仕の記

明治四十二年、十八歳で宮中に出仕した華族・久世家の長女の回想記。「雀」と呼ばれた著者は、明治天皇夫妻の睦まじい様子に触れ、皇太子嘉仁の意外な振る舞いに戸惑う。明治宮中の闇をあぶりだす一級資料。

2376

尾崎行雄著（解説・奈良岡聰智）

民権闘争七十年　咢堂回想録

代議士生活六十三年、連続当選二十五回。「憲政の神様」の語る戦前の政党の離合集散のさまは面白くも哀しい。回想を彩る鋭い人物評、苦い教訓と反省は、立憲主義、議会政治の本質が問われている今なお新しい。

2377

《講談社学術文庫　既刊より》

政治・経済・社会

お金の改革論
ジョン・メイナード・ケインズ著／山形浩生訳

インフレは貯蓄のマイナスをもたらし、デフレは労働と事業の貧窮を意味する——。経済学の巨人は第一次世界大戦がもたらした「邪悪な現実」といかに格闘したか。『一般理論』と並ぶ代表作を明快な新訳で読む。

2245

歴代日本銀行総裁論　日本金融政策史の研究
吉野俊彦著（補論・鈴木淑夫）

明治十五年（一八八二）、近代的幣制を確立すべく誕生した日本銀行。明治から平成まで「通貨価値の安定」のため、時々の総裁はいかに困難に立ち向かったか。三十一代二十九人の行動を通してみる日本経済の鏡像。

2272

最暗黒の東京
松原岩五郎著（解説・坪内祐三）

明治中期の東京の貧民窟に潜入した迫真のルポ。残飯屋とは何を商っていたのか？　人力車夫の喧嘩はどんなことで始まるのか？　躍動感あふれる文体で帝都の貧困と格差を活写した社会派ノンフィクションの原点。

2281

ユダヤ人と経済生活
ヴェルナー・ゾンバルト著／金森誠也訳

資本主義を発展させたのはユダヤ教の倫理であって、プロテスタンティズムはむしろ阻害要因でしかない！　ヴェーバーのテーゼに真っ向から対立した経済学者の代表作。ユダヤ人はなぜ成功し、迫害されるのか……。

2303

増補新訂版　有閑階級の理論
ソースティン・ヴェブレン著／高　哲男訳

産業消費社会における「格差」の構造を、有史以来存在する「有閑階級」をキーワードに抉り出す社会経済学の不朽の名著！　人間精神と社会構造に対するヴェブレンの深い洞察力は、ピケティのデータ力を超える。

2308

立志・苦学・出世　受験生の社会史
竹内　洋著

日本人のライフ・コースに楔《くさび》のように打ち込まれている「受験」。怠惰・快楽を悪徳とし、雑誌に煽られてひたすら刻苦勉励する学生たちの禁欲的生活世界を支え続けた物語とはいったい何だったのかを解読する。

2318

《講談社学術文庫　既刊より》

松本三和夫著
科学社会学の理論
福島原発事故以降、注目を集める科学社会学。その第一人者が地球環境問題、原子力開発を例に、私たちが科学技術と正しく付き合う拠り所を探る。深刻なリスクと隣り合わせの現代社会を生きるための必携書。
2356

小林一三著（解説・鹿島 茂）
逸翁自叙伝 阪急創業者・小林一三の回想
電鉄事業に将来を見た男はどんな手を打ったか。沿線の土地買収、郊外宅地の開発分譲、少女歌劇……。誰も考えつかなかった生活様式を生み出した、大正・昭和を代表する希代のアイデア経営者が語る自伝の傑作。
2361

佐々木惣一著（解説・石川健治）
立憲非立憲
京都帝大教授を務め、東京帝大の美濃部達吉と並び称された憲法学の大家・佐々木惣一が大正デモクラシー華やかなりし頃に世に問うた代表作。「合憲か、違憲か」の対立だけでは、もはや問題の本質はつかめない。
2366

尾崎行雄著（解説・奈良岡聰智）
民権闘争七十年 咢堂回想録
代議士生活六十三年、連続当選二十五回。「憲政の神様」の語る戦前の政党の離合集散のさまは面白くも哀しい。回想を彩る鋭い人物評、苦い教訓と反省は、立憲主義、議会政治の本質が問われている今なお新しい。
2377

鈴木 淳著
関東大震災 消防・医療・ボランティアから検証する
防ぎようがない天災。しかし災害の規模は、人的活動によって大きく左右される。市民、首相、華族、在郷軍人会、青年団――。東京を襲った未曾有の災害に人びとが立ち向かった一週間が物語る歴史の教訓とは。
2381

ヴェルナー・ゾンバルト著／金森誠也訳
ブルジョワ 近代経済人の精神史
中世の遠征、海賊、荘園経営。近代の投機、賭博、発明。そして宗教、戦争。歴史上のあらゆる事象から、企業活動の側面は見出される。資本主義は、どこから始まり、どう発展してきたのか？ 異端の碩学が解く。
2403